新装版

大本営陸軍部戦争指導班

機密戦争日誌

下

防衛研究所図書館所蔵

軍事史学会編

錦正社

機密戦争日誌　下　目次

目次

機密戦争日誌 上 目次

《凡　例》

一、本文は原文のまま（片仮名書き）とし、原則として旧字体は全て新字体に改めた。
一、改行は原則として原文通りとした。
一、濁点、句読点は原文のままとした。
一、各年ごとに、初出の人名については姓のみの場合、名を［　］で補った。
一、各年ごとに、初出の略号（部隊符号など）については、［　　］によって注釈した。また特殊な専門用語などは、＊印を付し、同日文の末尾に注釈を加えた。
一、明確な誤字、脱字等は［　　］で修正・補備するか、あるいは［ママ］表記を付した。
一、欄外（上欄）の記事は、同日文の末尾に〈上欄〉として挿入した。
一、原文には傍線（主に赤線）が付されている場合があるが、日誌の執筆当時に付されたものではないと判断されるため、傍線は全て削除した。
一、本文中に、大本営政府連絡会議等の決定事項や議事について「別紙」と記載されている場合、あるいは添付文書等が省略されている場合、これらに相当する刊行資料（『杉山メモ』等）が存在するものはそれらの参照文献を［　　］で示した。

［参　考］

一、日誌原本は、「其一」から「其十」まで、全一〇巻からなり、各巻の記述期間は以下の通りであるが、編集にあたっては各年一月一日から始まる暦年編成とした。

其一　昭和十五年六月一日〜十月十日
其二　昭和十五年十月十八日〜十六年四月十七日
其三　昭和十六年四月十八日〜十二月七日
其四　昭和十六年十二月八日〜十七年十二月七日
其五　昭和十七年十二月八日〜十八年五月三十一日
其六　昭和十八年六月一日〜十八年十二月七日
其七　昭和十八年十二月八日〜十九年五月二十日
其八　昭和十九年五月二十一日〜十九年十二月七日
其九　昭和十九年十二月八日〜二十年四月二十三日
其十　昭和二十年四月二十三日〜二十年八月一日

一、戦争指導班の変遷表および陸海軍主要官職の変遷表を巻末に掲載した。

大本営陸軍部
戦争指導班

機密戦争日誌　下

機密戦争日誌　其六

自　昭和十八年六月一日
至　昭和十八年十二月七日

六月一日　火曜

一、外務省ヨリ総務課長ト大臣秘書官トカ連絡ニ来ル昨日決定セシ日華同盟条約ノ形式ト内容トニ関シ「本問題ハ統帥部ノ発意カ発展シ今日ノ成果ヲ得シモノナレハ大臣ヨリ特ニ連絡セヨト命セラレ参上セリ」ト冒頭シテ質問セリ、約一ヶ月以前ヨリ研究セシ結果ヲ種村中佐ヨリ説明セシトコロ外務省側ハ全面的ニハ大綱ニハ同意セシヲ以テ条約案文ヲ参考ノ為ニ手交シ置ケリ

二、昨日ノ御前会議ニ於テ原〔嘉道〕枢密院議長ノ質問ニ対シ対重慶政治工作ニ関シテハ総理・外務大臣間ニモ明瞭ニ見解ノ相違アリ本日ノ部長会議ニ於テモ参謀総長ハ

1、対華措置ニ関シテハ各大臣ノ見解ハ不一致ナルヲ以テ今後具体策ヲ研究スルニ方リテハ先ツ思想ノ統一ヲ図ルヲ要ス

2、対重慶政治工作ヲ政府カ担当スルコトトナレルカ大本営陸軍部ノ遂行シ来レル「ち」*号工作ハ爾後如何ニ処理スルヤ研究ヲ要スル旨意見ノ開陳アリ

三、松谷大佐カ主催シ次長、第一、第二部長、第二課長合同シテ研究セル結論左ノ如シ

1、同盟条約ハ汪政権ノ育成強化、汪政権ノ大東亜戦争完遂ノ為ノ完全協力ヲ律スルヲ主眼トスルモノニシテ蔣介石ニ対シテハ副産物トシテ若干ノ影響力アルヲ予期スルモノナリ

2、対重慶政治工作ハ重慶政権ノ動揺ヲ俟ツテ開始スルヲ原則トス

3、「ち」号工作ハ益々活発ナラシメ作戦謀報路線トシテ依然軍ニテ保持シ重慶政権動向ノ偵諜ニ勉メ情勢ノ進展ニ伴ヒ工作路線ヲ国民政府又ハ帝国政府ニ委譲ス

四、右ノ見解ハ大東亜政略指導大綱ヲ素直ニ読メハ其ノ通リニシテ正シキモノト思惟スルモ統帥部トシテハ能ク政府側ト協議スルヲ要スヘシ

五、御前会議ニ際シ当課ニ於テ準備セル総長御説明案、原議長ノ質疑ニ対スル応答資料ヲ事前ニ第二部ニ相談セサリシ事ニ対シ第二部長ヨリ抗議アリ本抗議ニ対シ敢テ弁明ハセサリシモ　(イ)絶対ニ秘密ヲ保持スル事項トシテ総長ヨリ関係者ヲ限定スル様以前ヨリ注意アリシコト　(ロ)土曜日ノ夜中ニ作業セシモノニシテ当時ハ既ニ第二部ハ退庁後ナリシコトヲ理由ニ挙ケ得ラルヘシ

六、政略大綱ヲ現地ニ伝達スル為「対支根本方針具現ノ現況並ニ「ち」号工作ニ関スル状況報告ノ為総参謀長要スレハ第二、第三課長ヲ帯同シ大本営ニ出頭スヘキ」旨打電ス

御前会議ニ於テ書類ノ持チ帰リヲ総理ハ禁止セシ程機密保持ニ注意セシ事項ナルヲ以テ之ニ関シテハ十分戒心ノ要アリ　従ツテ関係人員ヲ制限スル必要ヲ生スヘシ　特ニ外務省ニ於テ然リ

＊対重慶課報路線を設定し、重慶側の動向を諜知する工作。

六月二日　水曜

一、五・三一御前会議決定中ノ対華方策ニ関スル解釈ハ人ニ依リ異ルヲ以テ統帥部ニ於テハ次長統裁ノ下ニ関係課長以上協議シ見解ノ一致ヲ図ル

即チ同盟条約ハ汪政権ノ育成強化ヲ主眼トスルモノニシテ帝国軍ノ撤兵・駐兵等ノ問題ニハ触レサルヲ本則トスルモノトシテ準備ヲ進ム

二、御前会議決定事項ヲ伝達スル為総参謀長、柴山［兼四郎］最高軍事顧問、第二、第三課長ヲ招致スルニ決定シ現地ニ打電ス

大東亜省側ハ谷［正之］大使ヲ招致スル由

御前会議決定事項ハ中央ニ於テハ人ヲ制限シ事務処理ニ任セシメアルモ本件カ巷間ニ流布セラルルニ至ル公算ハ極メテ多ク其ノ発源地ハ国民政府ナルヘシ

大東亜省カ如何ナル方法ト制限トヲ以テ国民政府ニ帝国ノ意図ヲ示達スルカ最深ノ関心ヲ以テ注視スヘシ

六月三日　木曜

一、船舶徴傭問題ニ関シ軍務局長ヨリ第一部長ニ報告アリ

陸海合計十三万屯ノ徴傭カ国力ニ及ホス影響ハ鋼材三十万屯（熔鉱炉休止六基）減、石炭五十万屯減、アルミニューム一万屯減ハ言フ忍ヒ得サル程度ノ結果ヲ招来スルヲ以テ軍務局長トシテハ陸海合シテ五万屯ヲ徴傭シ之ヲ陸海折半スル案ヲ以テ海軍ニ申込ム意嚮ナル趣ナリ

二、五月三十一日　御前会議決定ト対重慶課報路線工作トノ関係ニ就テ関係課長以上ニ於テ左ノ通協議決定セリ

1、「ち」号工作ハ続行ス

2、政府ノ指導スル国民政府ノ行フ対重慶政治工作開始セラル、際ハ要スレハ「ち」号工作ハ支那側ニ委譲

ス

3、作戦課報ハ依然続行スヘキハ当然トス
対重慶政治工作ハ一般情勢上極メテ至難ナル問題ナルノミナラス軍ハ戦ヒツ、一面和平工作ヲ実施スルハ矛盾アルヲ以テ総長ハ潔ク「ち」号工作ハ廃止シ政府ニ於テ一元的ニ工作セシムルヲ至当トスル意見ナリ
昭十六、十二、二四連絡会議決定ノ「情勢ノ推移ニ伴フ対重慶屈服工作ニ関スル件」ハ現在尚有効ナリ加之国民政府カ対重慶政治工作ヲ前提トスル対重慶諜報路線工作ヲ今直チニ開始セシムルコトハ百害アルヲ以テ国民政府ヲシテ意識的ニ計画実施セシムルコトハ絶対ニ避クルヲ要ス、之カ為政治工作云々ノ件ハ谷大使限リノ含ミトスルヲ要スヘシ本件大東亜省ト密ニ連絡シ思想ヲ一致セシメ置クヲ要ス

六月四日　金曜

一、北海守備隊司令官ノ報告ニ依レハ当面ノ敵ハ進攻態勢ヲ強化シ「キスカ」島ニ対シ執拗ナル空襲並ニ附近海上ノ哨戒ヲ継続中ニシテ敵ハ「キスカ」島ヲ攻略スヘク準備シアルモノ、如シ

二、五月中ニ於ケル船舶沈没数ハＡ・Ｂ・Ｃヲ合シテ十三万屯ニ達シアリ、米国潜水艦ハ極東海面ニ目下六四隻ヲ配置シアルモ年末ニハ百隻ニ達スヘク敵ハ海上交通破壊戦ヲ重視シアルヲ以テ船舶ノ攻撃ハ将来益々激化ノ傾向ニ在リ
帝国カ戦争遂行上致命的影響力ハ船舶ノ損耗ニ存スルヲ以テ速カニ船舶対策委員会（仮称）ヲ設ケ真剣ニ考慮スル要アリ、沈没十三万屯ハ徴傭三十万屯ニ相当スル船舶新徴傭カ僅少額ナルニ拘ラス問題化シ作戦ヲ拘束スルコト甚タシキニ鑑ミ陸海軍ノ努ムヘキハ沈没防止ニ在リ之ノ沈没防止策ハ局地作戦ヨリ寧ロ戦争指導上極メテ地位高ク重要視スヘキナリ

三、船舶徴傭問題ニ関シ海軍トノ交渉経過ニ就キ佐藤軍務局長ヨリ報告アリ
即チＡ・三万屯、Ｂ・三万五千屯ヲ以テ取敢ヘス発足シ不足分ノ徴傭損耗補填策等ハ追テ考慮スルコトト致度ト
作戦課ノ研究ニ依レハ斯クテハ緬甸方面ノ作戦準備、西南及南東方面ノ防備、作戦基地ノ設定等著シク遅滞乃至中止ノ止ムナキニ至リ一部作戦構想ノ変更ヲモ余

儀ナクセラル、虞アルヲ以テ五万屯徴傭ノ絶対的必要性ニ就キ詳細ナル説明資料ヲ添加シ上司ノ決裁ヲ仰キ其ノ結果ヲ陸軍省ニ通達スルコトトナレリ

四、右ノ事情ヲ松谷課長ハ総長ニ報告セシトコロ総長ハ

1、計六万五千屯ハ企画院ノ呈出セシ数字ナリヤ

2、五月ニ於ケル損耗ハA三万屯、B八万屯ナリ海軍ノ船舶ニ対スル慎重性ハ甚シク欠除［如］シアル結果ナリ　陸軍ノ並々ナラヌ苦心ニ対シ国家カ海軍ト平等ニ取扱フコトハ見識ノ足ラサルモノナリ

等ノ所感ヲ洩ラサレタル趣ナリ、尤ナル哉

＊　峯木十一郎少将指揮の西部アリューシャン列島防衛部隊。

［六月五～十八日　欠］

六月十九日　土曜

一、連絡会議（自一五〇〇至一七〇〇）アリ

1、当面ノ対「ソ」施策ニ関スル件

2、今後ニ於ケル船舶ノ増徴並ニ損耗補塡ニ伴フ影響ニ関スル検討［『杉山メモ』下、参照］

第一議題ニ関シテハ岡軍務局長、大蔵大臣、企画院総裁ヨリ『本件実行ニ際シ内外ニ及ホスヘキ影響ヲ例示的ニ説明シ慎重ヲ期スルヲ要スル』旨意見開陳セルニ対シ外務大臣ハ『戦争指導ノ大目的ヨリ対「ソ」友好増進ハ喫緊ノ急務ニシテ且重大ナル事柄ナリ何処ニモ満足ヲ与ヘ得ルコトハ到底不可能ナリ　対「ソ」施策ハ外務当局ヲ信頼シテ委任アレ』ト主張シ遂ニ決定ヲ見タリ　本問題ハ相当議論沸騰［騰］シタルモノ、如ク相当ノ時間ヲ要セシ為第二議題ハ単ニ企画院総裁カ原案ヲ素読セシ程度ニテ説明並ニ研究ハ次回ニ譲ルコトトナル

二、重光大使起案ノ世界情勢判断ヲ読ム

六月二十日　日曜

一、特記事項ナシ

六月二十一日　月曜

一、本二十一日一五時杉山参謀総長ハ元帥府ニ列セラレ特ニ元帥ノ称号ヲ賜リタリ

［六月二十二日　欠］

六月二十三日　水曜

一、対印工作中「ボース」ノ臨時政府ヲ組織シ帝国ノ承認ト全面的援助ヲ要請セル案ニ対シ総長ハ「準備ヲ周到ニシ機ノ熟スルヲ俟ツテ表面化セサレハ宣伝的泡沫的現象ニ終ルヘシ　蓋シ未タ独リ歩キ出来サル内ニ敵ノ対策ニ因リ制圧セラル、ヲ以テナリ」トノ意見ヲ開陳サレシカ正ニ然リニシテ着実ニシテ計画的ニ運ハサレハ実効ハ収メ難カルヘシ

而シテ臨時政府樹立ノ準備ハ現地ヨリモ東京ニ於テ為スヲ可トスヘシ

二、関係官庁間ニ於テ対泰施策並ニ比島独立ニ伴フ大使ノ権限ニ就キ協議セシモ遂ニ結論ニ到達セサリキ

六月二十四日　木曜

一、特命全権大使派遣ノ件

緬甸ノ独立ニ伴ヒ条約等締結ノ為特命全権大使ヲ派遣致度外務省ヨリノ申込ニ対シ統帥部トシテノ意見ヲ取纏メ研究ス

総長ノ意見

顧問トシテ軍政地域タル緬甸ニ派遣シ緬甸独立ト共ニ特命全権大使トス

第一部長・第二部長意見

軍司令官ヲ特命全権大使トシ中央カラハ駐剳大使ノミ派遣ス　問題トスヘキ点ハ

1、大使ノ過早ナル派遣ハ独立準備ヲ妨害シ特ニ軍ト大使ト意見ノ相違アル場合緬甸側ノ乗スル処トナリ帝国ノ為ニ不利ナル結果ヲ招来ス

2、軍政地域ニ特派大使ヲ派遣シ得ル法的根拠ノ薄弱ナリト言フニ存ス、実情ニ即スル方法ハ軍司令官ヲ大使ニ任スルニ在リ、然レ共帝国々内機構ヨリ論ヲ進メ対外的影響ヲ考フル時　文官大使ヲ可トスヘシ

故ニ害ヲ除キ利ヲ収ムルハ総長ノ観察最モ妥当ナルヘシト信シ其ノ主旨ヲ返答ス

二、対泰施策ニ関シ泰緬鉄道、クラ地峡横断鉄道ノ将来ノ帰属問題ニ就キ第三部長ノ意見ハ「大東亜戦争後泰国並ニ緬甸ニ委譲スヘキヲ明瞭ニ示達シ以テ鉄道ノ建設ニ積極的ニ協力セシムルヲ要ス」ルアルヲ以テ此ノ旨総長ニ報告セシトコロ「……戦後委譲ヲ考慮ス」ニ決裁セラレシヲ以テ此ノ旨軍務課ニ通報ス　但シ作戦鉄

道ナル故ヲ以テ其ノ帰属ニ関シテ云々スルハ統帥干犯ノ見解ニ基キ政府ニ於テ右ノ如ク発表スルモ差支ナヒトノ形式ヲ踏ムコト、セリ

三、「シヤン」州「カレニー」州ヲ緬甸ニ編入スルコトニ関シ永ク論議ヲ重ネ来リシカ遂ニ編入スルコトニ総長ノ決裁ヲ得タリ

但其ノ時機ハ別ニ定ムルモノトス

六月二十五日　金曜

一、昨日企画院ニ於テ「船舶問題ニ関スル陸海軍省主務者申合案ニ基ク検討成果ニ就キ」説明アリ

従来ハ船舶増徴ニ因リ熔鉱炉六基乃至七基ノ火カ消ユル結果トナリ国力ニ致命的影響アルカノ如ク企画院ハ説明シアリシモ昨日ノ説明要旨左ノ如シ

判決—鉄鋼・「アルミニューム」ニ影響ヲ及ホサル、如ク調整スルコトヲ得

理由—第一、四半期五八万屯、A・B船解傭増五〇万屯稼行率向上等ヲ加ヘタルニ因ル

但シ軍需及民生ニ影響ナキ分野ニ於テ一二〇万屯ノ物資ヲ輸送シ得サルヘク増徴ニ依リ所要ノ調整ヲ要ス

二、六月九日陸海計六万五千屯ヲ増徴スル案呈出当時ノ企画院ノ国力ニ及ホス影響ハ実ニ悲観的ナリシヲ以テ難航ニ難航ヲ重ネ取敢ヘス緊急要［用］ノ船舶ヲ徴傭スルコトニ決定セラレシ次第ナルカ昨日ノ報告聴キテ嘗テノ難航ハ企画院ノ検討特ニ対策ノ研究ニ於テ不充分ナリシニ因由セシニ鑑ミ統帥部ニ於テハ物動ヲ詳細ニ研究シ企画院等政府側ノ言ヒ分ヲ検討シ得ル能力ヲ保有スルノミナラス専問［門］的ニ夫レ等ヲ指導シ得ル人材ノ養成ヲ必要トス

六月二十六日　土曜

一、連絡会議アリ　議題左ノ如シ

1、比島独立指導要綱

2、大東亜政略指導大綱ニ基ク対泰、対緬方策ノ実行ニ関スル件

3、原住民政治参与ニ関スル件

〔『杉山メモ』下、参照〕

論争トナリシ点ナカリシモ馬来方面ノ失地恢復ニ関シ「トレンガン」州ヲ除外スルヲ要スルヤ否ヤノ意見ニ

対シ総理ハ「現地ニ出張シ政治的遣リ方ニ依リ「ビ[ピ]ブン」ヲ抱キ込ミ度ニ付実情ヲ観テ其ノ趣旨ニテ善処スルヲ以テ委サレ度」ト意志ヲ表明セシ趣ナリ

二、船舶ノ徴傭及損耗補填ニ関シ昭和十八年六月九日大本営政府連絡会議決定ノ一ノ㈢〔『杉山メモ』下、参照〕ニ基キ陸海ニテ具体案ヲ研究中ナリシカ却々結論ニ達セス　省部ノ間ニモ相当意見ノ扞格アリテ対立シアルヲ以テ軍務局長、第一部長夫々幕僚ヲ従ヘテ会議シ一案ヲ得タリ

此ノ程度ナラハ船舶ノ運用ニ依リテ物動ニハ差シタル影響ナキ見込トス

六月二十七日　日曜

特記スヘキ事項ナシ

六月二十八日　月曜

一、馬来ノ一部ヲ泰国ニ移譲スル件ニ関シ岡部隊ヨリ意見具申アリ　要旨左ノ如シ

1、移譲ノ範囲ハ「ケランタン」一州トスルコト

「ケダー」州ハ馬来ノ重要食糧補給源タリ非鉄金属ノ産地タリ泰及緬甸ニ対スル政戦両略上ノ重要地点ニシテ殊ニ印度洋方面ヨリスル敵反攻防衛上軽視シ得サルヲ以テ之ヲ分割スルハ南方態勢維持上致命的損失ナリ

2、移譲ノ範囲如何ニ拘ラス飛行場、港湾、鉄道等我カ軍カ現ニ使用又ハ将来使用スヘキ諸施設ハ之ヲ留保スルヲ要ス

右ハ当方ニ於テモ既ニ考慮シアリシ点ニシテ本件ハ日泰間既存条約、協定ノ適用、軍政ノ移〔委〕譲計画ニ関スル取極メ資源保有ニ関スル等ニ依リ作戦上遺憾ナキ様措置ヲ要スヘシ

東条総理カ南方ニ出張セラル、以前ニ中央ノ意図ヲ現地ニ伝ヘ爾後適当ナル措置ニ遺憾ナカラシムル為打電ノ手続ヲ採ル

二、緬甸ト条約締結ノ為派遣スヘキ特命全権大使ニ関スル件

首題ノ件ニ関シ曩ニ統帥部ノ意見ヲ提示セシカ陸軍省ハ外部トノ関係ヲ考慮シテカ却々納得セス省部ニテ研究ノ結果条約ニ関スル諸準備ハ軍司令官ノ責任ニ於テ準備シ大使ノ権限任務ノ発動ハ独立宣言ノ時ヨリ開始

スルモノトシ且大使ノ「ラングーン」到着ハ独立宣言直前トスルコトニ意見ノ一致ヲ見タルヲ以テ上司ニ報告シ認可ヲ受ク

本案ハ理論上並ニ実際上愚案ナルモ利ヲ収メ害ヲ除カントスル妥協案ナリ

六月二十九日　火曜

一、派緬特別［命］全権大使ノ取扱ニ就テ次長、大臣ハ統帥部ノ原案ニ同意シ大使ハ独立宣言迄ハ軍司令官ノ指揮下ニ入ル如ク手続ヲ取ルコトニ決定ス、従ツテ昨日ノ愚案タル妥協案ハ廃棄セリ

二、船舶ノ徴傭並ニ補填ニ関スル件

「アッツ」島ニ戦雲靡ク頃ヨリ問題トナリシ本件ニ関シ辛ウシテ関係官庁間ニ於テ結論ニ達シ本日ノ連絡会議ニ上提［程］ノ運ヒトナリ論争ナク決定セリ［『杉山メモ』下、参照］

僅々十数万屯ノ船舶徴傭カ難関ニ逢着シテ長時日解決シ得サル程度ニ非常事態ハ逼迫シアルヲ痛感スルモ万策ヲ竭シ異常ナル覚悟ヲ以テ忍フヘカラサルヲ忍ヒ戦力充実ニ邁進スルヲ要スヘシ

統帥部トシテモ船舶徴傭ノ国力培養維持ニ至大ナル影響アルヲ考慮シ最少［小］限ノ要求ヲ呈出セル次第ナルカ先日総長カ参内上奏ノ折ニ

「国力ノ維持培養ニノミ捉ハレ作戦上打ツヘキ手ヲ打タサレハ必勝ノ戦略態勢ニ破綻ヲ来ス虞アリ」ト言フ趣旨ノ　御言葉アリシヤノ由ニ洩レ承リシコトアリ茲ニ於テ聖慮ヲ奉シテ総長ハ既ニ政府ニ対シ要求シアル船舶量ヲ徴傭スル決心ヲ堅メシモノ、如ク「船舶ノ徴傭並ニ補填ニ関スル件」カ急速ニ纏リ且連絡会議ニ於テ決定スルニ至リタルハ実ニ御稜威ノ然ラシムルトコロナリト謂ヒ得ヘシ

三、右ニ依リ鉄、アルミ、石炭、其ノ他物資ノ減産ヲA・B・Cニ於テ負担スヘキ比率ハ船舶徴傭量ニ比例スルコトニ定メラレシカAトシテハ鉄ノ減産量ヲ努メテ兵備ノ維持ニ影響セシメサル如ク着意シテ配分ヲ決定スルコトトセントス

六月三十日　水曜

一、「セ」号機ハ十五時十五分立川ヲ出発シ世紀的ニ記録サルヘキ日独連絡飛行ノ途ニ就ケリ　七月一日十一時

三十分昭南島到着ノ予定ニテ快翔中ナル旨七月一日九時ニ入電アリ

二、二十日四時二十六分敵輸送船五隻ハ「ムンダ」方面ニ上陸中又兵力不明ノ敵ハ同日三時三十分「ナッソウ」湾北岸ニ揚陸中トノ入電アリ、方面軍ハ「ニューギニヤ」方面ノ敵ニ対シ飛行隊ハ主力ヲ以テ又海軍ハ「ムンダ」方面ノ敵ニ対シ反撃ヲ準備中ナリ

増長シツヽアル敵ノ反攻ヲ喰ヒ止メ成シ得ル限リ之ヲ殲滅スルコトハ米軍ノ上昇傾向ニアル気勢ヲ減殺シ反攻ノ自信ヲ喪失セシムル為至大ナル効果アルヘク其ノ好機ハ正ニ到来セルモノトシテ作戦当局ノ慧知ト第一線将士ノ勇奮力闘ニ期待スルヤ大ナルモノアリ

三、東条総理ハ本日東京ヲ出発シ南洋方面旅行ノ途ニ就ケリ「ビ」「ピ」ブン」「バーモ」ニ与フヘキ政治上ノ土産ヲ持参シテ行ケルカ本年十一月ヲ期シテノ政略態勢ノ整備ハ着々進行シアルヲ喜ヒ其ノ効果ヲ期待スルヤ大ナルモノアリ

四、上海共同租界回収ニ関シ予テ交渉中ナリシトコロ多少支那側ニ異見アリシモ概ネ我方ノ要請ヲ認メシメ本日調印　八月一日ヨリ実施スルコトトナレリ

七月一日　木曜

一、九地方協議会並ニ東京都制ノ実施ニ絡ム全面的人事異動カ発表サレ中央、地方行政ノ決戦体制ハ本日ヲ期シテ前進ヲ開始セリ

七月二日　金曜

一、課内研究ヲ実施ス（別館ニ於テ）

1、彼我戦力変転ノ予想特ニ国力判断

2、情勢判断

主トシテ船舶状態ヨリ国力ヲ判断ス此儘推移センカ国力ハヂリ貧状態ヲ辿リ遂ニ積極的行動ヲ執リ得サルニ至ルヤヲ恐ル　然レ共策無キニ非ス　作戦様式ノ変更、生産施設ノ原料地進出、対潜水艦対策等々幾多改善ヲ要スヘキモノアリ　要ハ実行ナリ

更ニ必要ナルハ頭ノ転換ナリ　不幸帝国ハ未タ経験ヲ有セス

世界情勢判断ニ於テハ「ソ」ニ対スル方策ト独伊ノ実力判断ニ困難ヲ感ス　同盟軍ノ内幕不明ナルカ如キ口惜シキ極ミナリ

世界情勢判断ヲ概成ス

枢軸戦争目標ノ不一致ハ宿命的ナルモノアリ凡ユル方策ヲ講シ之カ補備ヲ図ラサルヘカラス

国力判断ヲ修正ス

希望ヲ以テ曲線ヲ描ケハ幾程ニモ上昇セシメ得ヘキモ実態ヲ見透スコトハ仲々困難ナリ

今後数年ノ国力ハ如何ナル線ヲ辿ルヤ、然レトモ吾人ハ線ノ自然的推移ヲ見守ルヘキニアラス　力ヲ以テ線ヲ上昇セシムヘキ立場ニアルヲ自覚シ更ニ奮斗ヲ続行スルヲ要ス

七月三日　土曜

一、別館ニ於テ世界情勢判断、国力判断ノ課内研究ヲ行フ

本日ヲ以テ両者共一通リ成案ヲ得タリ

課長ヨリ独カ本年雌伏シ来年乾坤一擲ノ大攻勢ヲ「ソ」ニ対シ採リシ時如何ニ判断スルヤノ提議アリ

此際問題トナルハ帝国ノ対「ソ」態度ナリ「之ヲ以テ独「ソ」戦ハ終末スルカ如キコト無カルヘシ然レトモ帝国ハ余裕アル限リ対「ソ」戦ヲ準備シアラサルヘカラス」ト判決ス

果シテ帝国々力之ニ応スル如ク蓄積シ得ルヤ否ヤカ問題ナリ

更ニ米ノ弱点ニツキ研究問題ノ提出アリ

彼ハ物ハ多シ唯精神ト人的資源ハ其ノ弱点カ

七月四日　日曜

正午ヨリ別館ニ於テ先日来ノ研究ノ窮極目的タル「長期戦指導要綱」案ヲ研究ス

恐ラク帝国ニテ考ヘラレアル案中最モ長ク先ヲ見越セル戦争指導要領ナルヘシ

長期不敗ノ戦略態勢ヲ確立シツ、国家戦力ヲ充実シ以テ世界戦争ノ主動［導］権ヲ把握シテ終戦ニ臨ムコト其ノ根本ナリ

米英ノ反攻ヲ撃砕シツ、国力ヲ充実ス戦ハ大消耗ナリ　之ヲモ補填シテ力ヲ増加セサルヘカラス　正ニ大事業ナリ

然レトモコノ大事業ヲ成就セサレハ終戦ニ勝利ヲ得サルヘシ

七月五日　月曜

一、特記スヘキ事項ナシ

七月六日　火曜
一、特記スヘキ事項ナシ

七月七日　水曜
本日ヨリ田中中佐支那総軍ニテ行ハル、隷下参謀長会同ニ列席ノ為空路南京ニ向フ

七月八日　木曜
一、特記スヘキ事項ナシ

七月九日　金曜
一、特記スヘキ事項ナシ

七月十日　土曜
一、特記スヘキ事項ナシ

七月十一日　日曜
一、特記スヘキ事項ナシ

七月十二日　月曜
一、本日対潜水艦対策進渉［捗］状態ノ省部会議アリ
航空本部ノ態度ハ不可解ナリ軍部中ニモ未タ対潜水艦対策ノ重要性ノ認識不充分ナリ他ハ推シテ知ルヘシ
速カニ統帥部、政府ニ之カ重要性ヲ徹底シ国家総力ヲ挙ケテ之カ打開ニ邁進スルヲ要ス
北方航路ノ太平洋岸ヨリ日本海岸ヘノ転移ハ着着研究セラレツ、アリ然レトモ日本海ニ敵潜水艦既ニ侵入ノ情報アリ日本海ニハ断シテ入レサルノ処置ヲ要ス
二、船舶増徴ニ伴フ物動計画変更ノ説明ヲ受ク
要スルニ増徴ノ影響ハ六万屯ナリ　従来ノ企画院総裁ノ説明トハ大イニ異ル
議論ハアルヘキモ企画院ノ権威ニ関シ信ヲ失スルニ至ルヘシ之ハ国家ノ為悲シムヘキ事ナリ然レ共苦衷ハ十分察スルコトヲ得

七月十三日　火曜
一、特記スヘキ事項ナシ

七月十四日　水曜

一、対支新政策ノ結実状況報告ノ為ノ参謀長会議ニ参列シ且日華同盟条約ニ関スル総軍トノ協同研究ヲ目的トシ支那ニ出張中ナリシ田中中佐帰京ス

二、対支緊急経済施策ノ件本日連絡会議ニ於テ決定ス
現下ノ支那経済カ却テ物価暴謄［騰］ヲ中心トシテ加速度的ニ破局ニ陥ラントスルノ様相ヲ露呈シアルノ実情ニ鑑ミ日華協力シテ各般ニ亘リ応急的措置ヲ断行シ以テ支那経済ノ崩壊ヲ未然ニ防止シテ一面帝国経済戦力ノ補給基盤ヲ擁護スルト共ニ他面「対支処理根本方針」ノ真髄ニ基ク経済施策ヲ実行スルコトトナレリ
之カ為帝国ハ支那ニ金ヲ現送スルコトニ決ス
惟フニ破局ヘノ素因ヲ有スル支那経済ニ対シ本頓服薬ニ依リテ偉効ヲ奏スルハ事実ナランモ之ヲ動機トシテ健全化スルヤ否ヤ疑問ニシテ更ニ根本的対策ヲ必要トスヘシ、田尻公使ヲ初メ現地大東亜省側ハ金一億円ノ現送ノミニテ十分ニシテ之ニ依リテ儲備券ノ信用ヲ確保シ物価ノ安全ヲ得テ支那ノ経済的自彊方策、現地生産自給計画ハ具体的発足ヲ始ムヘシト言明シ比較的楽観シアリ

七月十五日　木曜

日緬条約案ヲ研究ス
戦後ニ於ケル帝国軍ノ撤兵ヲ確約スル件、大東亜諸国トノ協議機構ヲ創始スル件ハ統帥部ヲ初メ関係官庁主任者悉ク反対セシヲ以テ外務側ハ重光思想ノ実現ヲ期スル為事務当局間ニ於ケル日緬条約ノ検討ハ今後中止シ直チニ連絡会議ヲ開催シ席上外相ハ所信ヲ披瀝シテ判決ヲ得度ト主張セリ
本提案ニ対シテモ各主任者ハ反対シ日ヲ改メテ条約案ヲ検討スルコトトス

七月十六日　金曜

部長会報ニ於テ延原［威郎］・田中中佐ノ支那出張報告アリ
「対支処理根本方針」ノ具現ニ関シ現地軍ハ忠実ニ之ヲ履行シ其ノ努力ハ称讃ニ価スルモ支那側並大東亜省側ニ熱意ト準備ト能力トヲ欠キ為ニ現地軍トノ間ニ真空状態ヲ生セシヲ以テ今次ノ参謀長会議ニ於テ連絡部ヲ強化シ好意アル強力ナル支援ヲ与フル如ク総司令官ヨリ訓示アリ　寔ニ機宜ニ適シタル補強手段タルヘシ
現地ノ実情ハ今尚政治的措置ニテ手一杯ニシテ未タ政治的

新機構モ回転ヲスルニ至ラス　経済的自彊方策ノ運営ノ如キハ中支ニ於テハ計画スラ無キ状態ニシテ物価対策ヲ先決最重要条件トシテ全機関全智全能ヲ挙ケアル実情ナリ兵力ノ集結モ所ニ依リ思ハシカラス　一度集結セシモ治安悪化ニ眩惑セラレ再ヒ分散配置シタル地方アリ　然レトモ八、九月ノ候ニ至レハ相当程度兵力集結ヲ見ル筈トノ事ナルヲ以テ軍トシテ喜フヘキ事項トス

七月十七日　土曜

一、昭和十九年度重要事項予算統制大綱（閣議決定昭18・7・16）ノ件
昭和十九年度重要事項ノ予算ニ付テハ皇国ヲ中心トスル大東亜ノ徹底的戦力化ヲ速行スルノ方針ニ基キ特ニ国民志気ノ昂揚ニ留意シ作戦並ニ戦争ニ関連アル重要事項ニ強力ナル重点ヲ指向スル如ク統制スルコトニ決セリ

二、十六日「ローズヴエルト」「チヤーチル」連名ニテ伊国ニ対シ降伏ヲ観〔勧〕告ス、伊国ノ輿論ハ「生存生活権及植民地ノ保障ナキ観〔勧〕告ハ受諾ノ限リニアラス」トシ仏国ヲ初メ欧州被占領諸国ノ窮状ヲ例証シテ抗戦継続ヲ主張シアルカ如シ
「シシリー」島ノ戦局ニ関シテハ枢軸側ノ観測モ悲観的ノモノ多ク伊本土ニ対スル爆撃モ逐次熾烈化シアリ此ノ儘ニテ推移セハ南部伊太利カ戦場化スルノ日モ近カルヘク英米ノ夢トシテ放置スルヲ許サヽルモノアリ

七月十八日　日曜

特記スヘキ事項ナシ

七月十九日　月曜

特記スヘキ事項ナシ

七月二十日　火曜

特記スヘキ事項ナシ

七月二十一日　水曜

一、ヒ総統・ム首相会見（十九日）
莫斯科〔モスクワ〕西南方地区ヨリ「タガンロッグ」ニ至ル中南部全線一千粁ニ亘リ「ソ」軍ハ十七日ヨリ攻勢ニ転シ「シシリー」島モ既ニ大部ヲ失陥セリ

独「ソ」何レカ先制的攻勢ニ転スルヤ各界ノ観測区々ナリシカ最近ニ至リ独逸ノ準備陣的気配濃厚化シ慎重的態度ヲ保持シアリシヲ以テ今日ヲ予期セサルニアラサリシモ「ソ」連ノ今回ニ於ケル攻勢規模ハ独側ニ於テモ戦史上未曽有ナリト称シアルカ如ク果シテ乾坤一擲ノ大作戦ナリトセハ独側ノ作戦指導宜シキヲ得テ「ソ」連ノ衝力ヲ逆用シ茲ニ殲滅戦ノ展開ハ可能ナルヘク前途ハ強《［アナガ］》チ光明ナキニアラス寧ロ佚ヲ以テ労ヲ俟ツモノニシテ大規模ニシテ悲惨ナル冬季撤退作戦ヲナスノ要ナキニ至リシ点ハ独ニトリテ正ニ絶好ノ殲滅戦ノ機会タリト謂フヘシ

二、英国輿論ハ既ニ戦局ノ前途ヲ楽観シアルモノ、如ク対伊方針ヲ一層明瞭ナラシムヘシトノ声挙ルト共ニ戦後ノ欧州経営論再燃シ米国ハ茲一年半選挙ニ多忙ヲ極ムルヲ以テ他ヲ顧ミル暇ナカルヘキヲ以テ英国主動［導］的地位ニ立チテ欧州経営ニ積極的ニ乗リ出スヘシト論スル者多キ趣ナリ

三、反枢軸軍ノ気勢昂揚ニ反シ枢軸側ハ逐次ニ包囲圏内ニ圧縮セラレントスル傾向ニ鬱々タルモノアリ特ニ帝国亦北ニ一島ヲ失ヒ南ニ熾烈ナル反攻ヲ受ケアル結果国民一般ニ逐次ニ圧迫セラレツ、アル印象瀰漫シ戦局ノ前途ニ対シ危懼シ必勝ノ信念ニ動揺ヲ来シツ、アリ国民ノ志気ハ沈滞シ「ナル様ニシカナラヌ」ト自暴自棄的気分ノ萌芽看手［取］セラレ昔日ノ如キ士気溌溂タル斗争心衰磨ノ兆アルハ為政者タル者、着目スヘキ事項トス

七月二十二日　木曜

一、特記スヘキ事項ナシ

七月二十三日　金曜

岡部隊ノ報告ニ依レハ二十二日三時三十分頃東部爪哇島［ジャワ］ニ三機内外ノ敵機来襲シ約四十分ニ亘リ「スラバヤ」港湾地区及市街地区ニ投弾ス　敵機カ爪哇ヲ襲ヒシハ今回カ初メニシテ豪州ヲ基地トセシモノナランモ敵勢力ノ西漸ハ厳ニ警戒ヲ要スルトコロニシテ「スマトラ」カ敵ノ爆撃圏内ニ入ランカ由々敷大事ナリ

七月二十四日　土曜

一、航空機ノ画期的増産ニ就テ

世界戦争ニ勝チ抜ク為ニモ、船舶損耗対策ノ上カラモ刻下ニ於ケル緊急重要問題ハ航空機ノ画期的大増産ニ在リ、統帥部ノ指導ニ従ヒ企画院ニ於テ具体的ニ研究シ本年中ニ計画外五割増、来年度ハ計画ノ十割増ヲ目標ニ検討セシ結果　生産機構ノ徹底的改編ヲ断行セハ実現ノ可能性アルコト明カトナレルヲ以テ陸海協力シテ企画院ノ計画ヲ実行スヘク統帥部トシテ腹ヲ決ス

二、第一部長ノ作戦指導構想

来春ヲ目途トシ航空機ノ大増勢、海洋決戦兵団ノ整備ヲ一応完了シ夏季ニ攻勢ニ転シ米国ノ反攻気勢ノ頓挫ヲ企画スルヲ要ス

七月二十五日　日曜

一、特記スヘキ事項ナシ

七月二十六日　月曜

一、「ム」首相桂［挂］冠シ「バドリオ」元帥カ首相兼参謀長ニ任命サレ「エマヌエル」三世自ラ陸海空軍ノ指揮ヲ採ル旨発表サル「ム」首相辞任ノ真相ニ関シテハ何等ノ情報ヲ得サルノミナラス最近迄在外帝国使臣ノ報告ニハ其ノ片鱗ヲ窺ヒ知ルヲ得ス全ク突如トシテ起リ而モ世界戦争経過上ニ於ケル重大事件タリ

従来「ム」「ヒ」両者ノ健在ハ枢軸国ノ大黒柱ノ如キ感［観］念ヲ一般ニ与ヘアリシ際トテ「ム」ノ脱落ハ枢軸側民衆ニ与フル精神的影響極メテ大ナルモノアルハ疑ヒナク之ニ反シ反枢軸側ノ志気ハ弥々昂揚シ其ノ鋭鉾［鋒］モ益々時期的ニ量的ニ力ヲ累加セン

「ム」首相ノ桂［挂］冠ノ原因ハ左ノ何レカナラン

1、伊国現状救急ニ関スル「ム」ノ要求ヲ「ヒ」ハ全般ノ戦争指導上応諾セス

従ツテ「ム」ハ戦局打開ノ自信ヲ喪ヒ且国内ニ対スル政治指導上桂［挂］冠シ爾後ノ独伊戦争指導ニ余裕ヲ存セシメントス

2、時トシテ伊ノ破局到来セントスル時其ノ中立化ヲ図ル為「ム」ハ辞職シ皇帝及「バドリオ」元帥ヲシテ其ノ衝ニ当ラシム

3、「ム」首相身辺ノ異変

伊国ハ尚抗戦継続ヲ声明シアリト雖モ本件ヲ動機トシ事態ハ急変シテ思ハサル結果ニ発展スルヤモ測ラレス枢軸側特ニ日本トシテハ伊国ノ完全脱落ヲ警戒防止ス

ルト共ニ諸般ノ準備ニ遺漏ナキヲ期スルヲ要ス

［七月二十七～三十一日　欠］

八月一日　日曜

一、御稜威ノ下第五艦隊決死ノ協力ヲ得テ本八月一日六時在「キスカ」陸軍部隊全員幌筵ニ撤収スルヲ得タリ

二、新緬甸国ノ誕生、上海租界ノ返還、治外法権ノ一部（税制）撤廃、本日夫々厳粛裡ニ実現セリ

斯クテ大東亜ノ政略態勢ハ着々整備セラレ十億民心ヲ大東亜戦争完遂ニ結集セントスル帝国ノ意図ハ結実ヘノ大道ヲ邁進シツ、アリ茲ニ於テ想ヒヲ致スハ独逸ノ威令下諸国ニ対スル政略指導カ余リニ拙劣ニシテ伊太利初メ諸国カ動遙［揺］シツ、アル点ニシテ独逸ハ武力一点張リノ猪武者ノ感アリ

八月二日　月曜

一、重慶放送ニ依レハ重慶政府ハ対ヴィシー政府ト国交ヲ断絶セル趣ナリ　直接原因ハ不詳ナルモ仏租界ヲ南京政府ニ返還セシ事ニ因由スルニアラサルカ、対重慶宣伝ノ口実ヲ自ラ作ルモノト謂フヘシ

帝国トシテ考慮スルヲ要スル点ハ仏印ノ静謐ニ及ホス影響ナリ

二、第二課長ヨリ「キスカ」撤退作戦経過報告アリ

六月一日ヨリ二十六日ニ至ル間潜水艦ヲ以テ八〇〇名ヲ救出セシカ敵側ニ察知サレシ徴候濃厚ナリシヲ以テ霧ヲ利用シ二十九日ヨリ七月三十一日ニ亘リ巡洋艦(2)駆逐艦(11)ヲ使用シ全員ノ撤退ヲ終了セシモノ、如シ

戦場ニ於ケル帝国軍統帥ノ卓越ト天祐［佑］ト熱田島英霊ノ加護ニ因リ成功セシモノニシテ之ヲ公表スルモ国民ニ悪影響ヲ与フルコトハ無カルヘク寧ロ統帥部ニ対スル信頼ハ増加セン

八月三日　火曜

一、「ソ」連駐剳ノ外交団ハ二週間以内ニ莫斯科ニ帰還スルコトニ決定セル旨七月三十日夜外務人員委員部ヨリ正式通告アリタル趣ナリ「ソ」連ノ得意想像ニ余リアリ

二、羅［ルーマニア］ノ油田地帯ニ対シ反枢軸ハ二百機ヲ以テ爆撃ス　本地方ニ対スル爆撃ハ初メテノ事ナルヲ

以テ戦争指導上ニ於ケル意義ハ極メテ深シ我カ生命点ノ「パレンバン」ニ対スル爆撃モ早晩開始セラル、ハ必然ニシテ今ニシテ万策ヲ尽サ、レハ悔ヲ残スコト必定ナリ　防空措置ノ徹底ト分散配置トカ着眼ナルモ事実ハ遅々トシテ対策進マス寒心ニ耐ヘサルトコロナリ

八月四日　水曜

一、伊太利ノ万一脱落スル場合ヲ顧慮シ之カ対策ノ準備研究ヲ現地軍ニ通電ス特ニ之カ漏洩ハ戦争指導上影響スルトコロ至大ナルモノアルニ鑑ミ極秘裡ニ処理スル如ク注意ヲ喚起ス

二、伊太利ノ脱落ヲ防止スルコトハ日独戦争指導上絶対ニ必要ナル喫緊事タルコトヲ主張シ政府、統帥部協力シテ独伊ニ対シ施策スルコトヲ提議セシモ政府側ハ余リ乗気セス　依ツテ両総長ヨリ伊国軍当事者ニ激励電報ヲ取敢ヘス打ツヘク決心シ作案ノ上軍令部ト協議シ同意ヲ得タリ

八月五日　木曜

一、独「ソ」和平問題

伊国ノ政変並ニ之ニ伴フ独逸ノ作戦指導ノ変更等欧州情勢ノ変転ニ伴ヒ独「ソ」和平調停ニ関スル問題再ヒ抬頭シ来レリ総長ノ言ニ依レハ

「御上ニ於カセラレテハ北阿失陥ノ際モ独「ソ」和平問題ニ関シ御言葉アリシカ二―三日前上奏ノ際モ同様御趣旨ノ御洩シアリ」之ニ対シ総長ハ「伊国ノ前途並ニ独逸ノ国力ハ共ニ的確ニ判断スルヲ得ス

若シ本件カ成功ノ見込アラバ誠ニ結構ノ事ナルモ事余リニ重大ナルニ依リ篤ト熟慮致度」旨奉答シアル由ナリ

当課ニ於テハ種村中佐主任トナリテ本問題ヲ再検討ニ着手セシモ「独「ソ」和平ノ実現ハ帝国ノ希望スルトコロナルモ今日ハ尚其ノ時機ニアラス、日独離間、日「ソ」関係不調和等ノ悪害モアルヲ以テ先ツ速カニ戦争指導ニ関シ日独間ニ意見一致ヲ図リツ、独ノ国力判断ニ努メ爾後機ヲ見テ帝国ノ誠意ヲ披瀝シテ和平ヲ勧告スル如クスルヲ可」トスル意見ニ一致ス

八月六日　金曜

一、特記事項ナシ

八月七日　土曜

一、対伊激励電報ハ午後総長ノ決裁ヲ得タルヲ以テ一応外務省ニ打電ノ旨通報セルトコロ重光ハ「伊国ヨリ何等挨拶ナキニ帝国ヨリ打電スルハ帝国ノ格式上面白カラス日高［信六郎］大使ニ早速訓令シ伊国ヨリ何等カノ挨拶アル様工作スヘキニ付発電ハ見合セアリ度」旨意見具申シ来レリ、外務省ノ処置ニ依リ伊国ノ本心ヲ打診シ得ルニアラスヤトノ興味心ヨリ軍令部亦外務省ノ提案ニ同意ノ旨通報シ来レリ

抑々伊国ノ脱落防止ハ世界戦争指導上極メテ重要ナル事項ナルヲ以テ伊国ヲ激励スルト共ニ独逸ノ対伊施策ヲ積極的ニ指導スルコトハ緊急事ナルニ拘ラス外務省ハ徒ラニ型［形］式ニ拘泥シ因循姑息何等為ス無シ海軍、外務トノ歩調揃ハサレハ激励電報モ政治的効果ヲ期シ得サルヲ以テ極力海軍、外務ヲ説得スヘク決心ス

八月八日　日曜

一、対伊激励電報ニ関シ軍令部主任者ト会シ文案ヲ若干修正セシカ速［即］時発電ニ関シテハ意見一致セス　要スレハ陸軍ハ単独ニテ打電スルコトアルヘシト通告了解ヲ得テ解散ス

二、「キスカ」撤退作戦成功後米国ハ八月三日一部上陸セル旨放送セシカ其ノ後ノ報道ニ依レハ敵ハ依然爆撃、艦砲射撃ヲ実施シアルモノ、如シ

熱田島ノ玉砕作戦カ皇軍ノ真髄ヲ発揮シ敵ニ大ナル脅［恐］怖ヲ与ヘアルモノニシテ北方ノ守リハ今尚英霊ノミニ依リテ堅シト謂ヒ得ン

依テ「キスカ」ノ件発表ハ米国カ之ヲ確認セシ徴候後ニ実施スルコトトシアリ

八月九日　月曜

一、支那総軍作戦課長天野大佐上京シ重慶攻撃作戦ニ関シ意見ヲ具申サレシ由　課長ヨリ聞ク、其ノ理由ハ聞カサリシモ恐ラク

イ、支那作戦ニハ船舶ヲ要セサルコト

ロ、帝国トノ交戦国中支那カ落脱ノ公算最モ大ナル

コト

カ其ノ大本ナルヘク然レトモ東亜全般ノ情勢ト帝国ノ実力トニ想到セハ本作戦ハ実施不可能ニ近キハ明カナルトコロ総軍ノ熱烈ナル希望モ意気モ賞讃ニ価スルモ如何トモナシ難シ

二、「ムンダ」ニ戦斗中ノ我カ軍ハ相当苦戦中ナルモノ、如ク「ムンダ」ヲ捨テ「ニユージョージヤ」島ノ西北角ニ戦線ヲ収縮整理セリ重火器、火砲悉ク破壊セラレ対空火器ナク物質力威〔偉〕大ナル敵ニ対シアル友軍ノ労苦思フヘシ、米国ノ弱点ハ人的資源ト社会問題ニアルヲ以テ敵ノ戦力ヲ比較的大キク消耗セシムルコトハ戦争ヲ終末ニ導入スル為貢献大ナルヲ想起シ笑ツテ玉砕スルコトハ武人ノ本懐ナラサルヘカラス

〔八月九《マ》日　月《マ》曜〕

特記事項ナシ

八月十日　火曜

国民政府ハ九日十八時上海ニ於テ臨時国防会議ヲ開催シ綿糸布蒐買暫行条令実施要綱ヲ可決シ即日公布施行ト同時ニ右ニ関スル国民政府声明ヲ発表セリ

行キ詰レル上海経済界ノ病巣ハ本手術ニ依リ幾何程度ニ除去シ得ルヤ甚タ疑問ナルモ田尻公使ノ自信アリ気ノ顔ヲ回想スル次第ナリ

八月十一日　水曜

一、連絡会議〔『杉山メモ』下、参照〕

1、A・B船舶ノ損耗補塡ニ関スル件（決定）

2、領土問題ニ関スル日「タイ」間交換公文（報告）

七月ノ船舶損耗ハ沈没A二三、B一一・六　C五五・六　損傷A七・八　B六六、　C二一、　総計一八三・八ノ多キニ達ス

船舶ノ建造状況ハ四月八隻二八、　五月十八隻四一、六月十五隻四五、　七月三三隻七七、ニシテ損耗ヲ立〔上〕廻ルコト遥カニ大ナリ　乍然逐月造船状態カ良傾向ニ向ヒツ、アルハ喜フヘキ現象ナリ

二、連絡使ヨリ連第十六号ヲ以テ三四枚ニ亘ル長電アリ、外務省初ツテ以来ノ長電トシテ話題ニ上リシカ欧州情勢ヲ仔細、至当ニ観察シアリテ吾人ノ判断ト概ネ一致

シアリシヲ以テ大イニ意ヲ強ウス
昨夜伯林［ベルリン］ノ甲谷大佐ヨリ種村中佐ノ自宅宛ニ電話アリテ快談サレシ由　其ノ際連第十六号ノ評判カ極メテ良好ナリシ旨ヲ伝ヘラレシ趣ナリ

八月十二日　木曜

一、独伊首脳部第一次会談ノ件
去ル六日独伊両外相ハ総参謀長以下ヲ帯同シ「タルブイゾ」ニ於テ会見セルモノ、如ク、諸報告ヲ綜合スルニ陰嶮［険］ナル空気ハ会議ノ進行ニ伴ヒ消滅［滅］シ最後ニハ友好且円満ナル雰囲気ヲ以テ終了セシモノ、如ク伊国ノ今後ノ動向ハ伊国外務大臣ノ告白セルカ如ク政府ハ無気力ノ国民ヲ率ヒ客観的情勢ト独逸ニ引摺ラレ自信ナキ抗戦ヲ継続スル次第ニシテ独逸ノ好意アル協力ニ依リ何トカシテ時局ヲ切リ抜ケルノ外策ナキコト明瞭ニ看取セラル
二、伊国ノ政変ニ方リ伊国民ハ和平ヲ熱望シアリシカ如キモ伊国内ニ独軍ノ存在スルコト、敵ノ対伊無理解即チ平和条件ノ苛酷ナルコト　而シテ敵ハ政変後一週間ノ沈黙ヲ破リテ再ヒ対伊猛爆ヲ開始セルコト等ニ因リ輿論ハ幻滅ノ悲哀ヲ感シツ、已ムナク戦争ヲ継続セント決意ヲ新ニシツ、アル傾向ニ在リ

八月十三日　金曜

一、参謀長会議
全国ノ参謀長ヲ召集シ時局認識、兵備、教育、防衛等ニ関スル会議開催サル
二、大東亜戦争開始後、敵国ヨリ船籍ヲ移転セル「ソ」連船舶ノ取扱ニ関シテハ昭一八・五・一七連絡会議決定ニ拘ラス諸外交折衝ノ状況ヲ考慮シ当分ノ間臨検引致及調査ヲ緩和スル如ク措置スル件ヲ連絡会議決定ト致度旨海軍省ヨリ提案アリ
本件ノ如キハ統帥ニ属シ連絡会議ニ提出スヘキ理由ハ薄弱ナルヲ以テ軍令部ト海軍省トノ意見ノ間隔ヲ之ニ依リテ調整セントスル意図ナルカ或ハ外交折衝ニ就キ外務省不信任ノ表明トシテ之ヲ利用セントスル下心アルヤハ不明ナリト雖モ内容ハ帝国ノ戦争指導的見地ヨリ良キ事ナルヲ以テ同意シ置ケリ

八月十四日　土曜

特記事項ナシ

八月十五日　日曜

本十五日早朝敵ハ巡洋艦・駆逐艦・輸送船等約三十隻ヲ以テ「ヴエラヴエラ」島南部「ピロア」附近ニ上陸中一連合空襲部隊ハ〇五四〇第一次攻撃終了直後全力ヲ挙ケテ攻撃ヲ企図シアリ、敵ハ北海方面ニ於テ先ツ熱田島ヲ攻撃シタルカ如ク後方遮断ニ依ル拠点ノ孤立化ヲ図リツ、歩一歩ト西進シツ、アリ現尖端線ヲ第一線トシ陣前ニ敵ヲ撃摧スル現主義テ作戦ヲ指導シテ行クコトハ今ヤ不可能ニシテ縦深配備ニ依ル逐次抵抗ニヨリ持久ヲ策シ或ル時期ニ至ツテ反攻ニ転シ米国ノ気勢ヲ殺ク戦法ニ出テサルヘカラサル趨勢ニアリ

八月十六日　月曜

一、日華基本条約改訂ニ関スル意見ヲ甲集団［北支那方面軍］中西［貞喜］副長ヨリ次官以下関係者聴取ス、本件ハ総軍モ同意ニシテ近ク甲集団ノ意見ヲ参酌シ総軍ヨリ正式ニ意見具申スヘキ旨開陳アリ、要旨左ノ如シ

1、北支ノ剿共施策ノ為ニハ日本軍ノ武力背景ノ下ニ華北政務委員会ノ政治力ヲ活用スル要アリ、然ルニ同委員会ハ目下経済対策ニ汲々トシアリテ対共施策ノ関心並ニ能力トモ薄キヲ以テ軍ノ指導ニ依リ対共施策ヲ強化セサルヘカラス

2、華北ノ物動上ニ於ケル対日寄与度ハ日本ノ対外依存度ノ40％ヲ占メ極メテ重要ナル地位ニアリ

3、故ニ華北ノ特殊性ハ実質的ニ保持スルヲ要シ南京政府ノ華北進出ハ時期尚早ナリ

二、中西副長ノ意見ハ余リニ現実ニ捉ハレ支那事変解決ト云フ至高目的ヲ忘却セル憾アルノミナラス共産軍ノミ何故ニ善政ヲ布キ得ルヤ華北政務委員会ニ剿共政策完遂ノ能力アリヤ等ノ点ニ関シ説明極メテ不充分ナリ対支新政策ニ対スル反動的心理亦多分ニ働キアルカ如シ

八月十七日　火曜

一、国力推移ノ検討並ニ戦争指導計画ノ研究ニ着手シ麹町別館ニ立籠リシカ卓抜ナル着想モ別ニナク従来ノ思索ノ範囲ヲ出テサリキ

二、全国参謀長会議ニ於テ当課長ヨリ国力ノ現状ト之カ推移ニ関シ約一時間ニ亘リ説明アリ師（軍）参謀長ニ深キ感銘ヲ与ヘタルモノヽ如シ

三、数日来都市人口疎散論新聞ニ連載セラレ本施策ノ強制発動ニ機運漸ク醸成セラレツヽアルヤノ感想ヲ抱キアリシモ本日ノ新聞論調ハ低調トナリ慎重論トナレリ人口疎散ハ来年春夏ノ候以後ニ於ケル敵ノ大規模ノ爆撃アルヘキ公算大ナル情勢ト「ハンブルグ」ニ対スル猛爆ノ成果トニ鑑ミルトキ是非トモ実現ヲ要スル緊喫事タルヲ以テ当課主張シ折角第四課ニテ指導シ近ク閣議上提［程］ノ運ヒトナリ居タリシカ総理カ未タ決心ヲ保留シアル由聞キ込ム、新聞論調ノ変換ハ総理ノ心理ヲ反映スルモノトシテ重大視スルノ要アリ

八月十八日　水曜

昨十七日「シシリー」島ハ遂ニ陥落ス

「チヤーチル」「ルーズベルト」ハ加奈陀［カナダ］「ケベック」ニ於テ会談中ナリ、両者膝ヲ交ヘテ爾後ノ戦争指導方策ヲ研究スル為ナルヘク次期攻勢ハ南伊ヲ経テ「バルカン」ニ進出スルカ「サルヂニヤ」「コルシカ」島ノ攻略カ北欧ニ進出スルカ遽カニ判断シ難キモ独逸ノ南伊ニ対スル手当ハ伊太利ノ政情ト独逸ノ不準備トニ依リテ急速ニ実現スルハ困難ナルモノヽ如シ而シテ南伊ヲ反枢軸ノ蹂躙ニ委センカ既ニ独逸ノ本国並ニ羅馬尼［ルーマニア］油田ハ有効ナル爆撃圏内ニ曝サレル事トナレルヲ以テ独逸ノ主動［導］権ノ恢復ハ遂ニ望ムヘカラサルニ至ルヘシ、誠ニ由々シキ危機ニ立至レリト謂フヘシ

本会談ニ英米ノ要請ニモ拘ラス「スターリン」カ依然トシテ参加ヲ拒否シ対独攻勢ニ専念シアルハ特異ノ事象トシテ注意ヲ要スルトコロナリ

八月十九日　木曜

一、独逸ノ戦争遂行能力判断資料蒐集ニ関スル件

伊国政変後大島電並ニ連絡使電ニ依リテ欧州情勢ノ真相ヲ知ルヲ得タルモ帝国ノ戦争指導計画樹立上尚独逸ノ戦争遂行能力ニ関シ疑問ノ点尠カラス　独・伊情報共ニ武官電ハ遙カニ大使電ニ劣リアルヲ以テ本電モ亦大島大使宛ニ発スルコトニ決シ外務省ニ依頼ス　質問ノ要点ハ

1、独ノ戦争指導主動［導］権ノ回復ノ見透

2、独ノ航空機並ニ其ノ燃料ノ増産計画ノ実現可能性
3、人的資源ノ逼迫度ニ関スル観察
4、独ノ対伊措置ニ於テ独ハ果シテ中南伊ヲ放棄スル企図アリヤ
5、対「ソ」作戦能力、自由独逸委員会ニ関スル観察

等ニシテ正鵠ナル資料ノ到着ハ相当遅延スヘキモ今回ハ特ニ「曰ク情報」ヲ主トセス諜報ヲ重視シテ所要事項ヲ課知スル様要求セリ

二、課内ニ於テ帝国々力推移判断並ニ戦争指導計画ノ研究ヲ終日麹町別館ニテ実施ス、悲観材料ノミナルモ一縷ノ希望ハ「今日ヨリ手段ヲ講スレハ二十年度頃ヨリ国力増進ノ曙光ヲ発見シ得ル［二］点ニ在リ、之カ為戦線ヲ整理シテ輸送行程ヲ短縮シ船舶ノ余裕ヲ捻出シテ国力増進ニ邁進スルヲ要ス

八月二十日　金曜

一、馬来及「シヤン」地方ノ各一部ヲ泰国領ニ編入スルコトニ関シ日泰間ニ本日午前十時（日本時間）条約ニ調印ヲ終了セリ、与フヘキモノハ既ニ与ヘタリ現地ニ於ケル日本側機関ハ泰国ヲ指導シ戦時態勢ノ整備強化ト大東亜戦争ノ協力態勢ノ整備ニ邁進スヘキナリ　然レトモ其ノ能力ヲ疑フト共ニ熱意ニ於テ欠クル処アルヲ以テ再ヒ中央ニ於テ施策セサルヘカラサル情勢ニ立至ルヘキヲ虞ル　切ニ現地側ノ奮闘ヲ祈ル

二、数日来陸海作戦課ニテ西南太平洋方面ノ作戦指導ニ関シ兵棋ヲ実施シ研究中ナリシカ本日第三、第十五課長ニ作戦課長ヨリ説明アリ、小官（田中敬［二］中佐）ハ未タ課長ヨリ説明ヲ受ケスト雖モ兵棋演習ノ成果並ニ対策ハ予断ニ難カラス

即チ現戦略態勢ヲ以テ極力敵ノ反攻撃摧ヲ図リツ、縦深配備ヲ強化シ成シ得ル限リ帝国本土ヨリ遠隔ノ地ニ於テ敵ノ攻勢ヲ喰ヒ止メントスルニ在ルヘク之カ為船舶ヲ陸海合シテ二十数万屯増徴スルヲ要ストノ判決ヲ得シナラント判断セラル　然レトモ本方策ハ戦略態勢ノ強化ニ国力ヲ傾ケントスルモノニシテ敵ノ反攻ノ最高潮ヲ来年春夏ノ候トシ爾後ハ衰弱ストノ前提ナラハ首肯シ得ラル、トコロナルモ国力ノ維持、増進ナクシテ作戦モ無ク況ンヤ戦争ハ持久戦化ノ運命ニアルガ故ニ国力増進ヲ無視スル方策ハ遽ニ同意シ難シ

熔鉱炉一度火ヲ滅セハ再ヒ運転ヲ開始スルニ相当ノ年

月ヲ要スヘク早期診断、早期治療ノ原則ハ国家的ニ見テモ必要ナリ今ニシテ国力ノ増進ヲ図ラサレハ国力ハ遂ニ底ヲ割リ収拾スヘカラサル運命ニ陥ルハ必然ナリ作戦上ノ要求ト国力運営トノ調和ヲ図ルコト極メテ大ナリ何等カノ解決点ヲ見出スヘク当課ハ精魂ヲ尽シテ研究スヘキトス

八月二十一日　土曜

一、特記スヘキ事項ナシ

八月二十二日　日曜

一、「キスカ」撤退作戦ニ関シ公表アリ
国民ニ安堵感ヲ与ヘ而モ北辺ノ警備ニ対スル不安感ヲ与ヘサリシハ同慶ノ至リナリ、帝国臣民ニハ案外線ノ太キトコロアルト共ニ統帥部ニ対スル信頼ハ尚絶大ナルヲ看手［取］セラル

二、対重慶政治工作
土曜日第一、第二部長ト佐藤軍務局長トノ間ニ対重慶政治工作ニ関シ研究セシ結果速カニ開始スルコトニ意見一致セル由軍務課ヨリ聞キタリ、参本トシテハ事ソノ物ハ賛成ナルモ唯時機尚早ニシテ成功又覚束無キヲ以テ実施ノ時機ヲ慎重ニ考慮スルヲ要ストノ態度ヲ持シ来リタル関係上昨日第一、第二部長カ条件ナシニ軍務局長ノ速［即］時着手説ニ全面的ニ同意セリトハ首肯シ得サル処ナリ、或ハ改正条件ヲ汪主席ニ開示スルト同時ニ重慶側ニモ内達シ其ノ反響ヲ諜知シ機運動カハ政治工作ニ転移セントスル案ヲ決定セルニアラサルカ　然ラハ条約案ハ速カニ完成シ且汪ト締結スル時期ハ相当期間遅延セシムルヲ要スヘシ

八月二十三日　月曜

一、比島憲法案ニ関シ軍務局長室ニテ宇都宮［直賢］大佐ノ説明アリ、大要異存ナシ
但シ新比島カ旧比島ヨリ蟬脱シ切レサル点ハ遺憾ニシテ大東亜圏内ノ一環トシテノ自覚ヲ促シ且東亜民族ニ精神的ニ還元セシムルカ為ニハ今後ノ指導ニ俟ツヘキモノ寔ニ多キヲ痛感ス

二、太平洋方面ニ戦術的不敗態勢ヲ確立センカ為広ク縦深ニ亘リ防備施策ヲ強化スル要ハ「敵ノ反攻勢力カ本年後期ヨリ来年春夏ノ候ニ最高潮ニ達シ而モ其ノ戦敗ハ

世界戦争ノ帰趨ヲ決スルモノナリ」トノ情勢判断ニ基キ而モ現在ニ於ケル尖端線ノ脆弱性カ指摘セラレタル結果愈々高唱セラル、ニ至リ茲ニ再ヒ船舶増徴ノ問題カ論争セラル、ニ至レリ、其ノ所要船舶量ハ多々益々弁スト雖モ国力ト睨ミ合セ或ハ十万屯（鋼材減産量三四万屯）ト言ヒ或ハ十五万屯二十万屯（鋼材減量五一―六八万屯）ト言ヒ未タ結論ニ到達セサルカ如シ、戦捷カ総テノ根基ニシテ且先決条件タルニ鑑ミ作戦上ノ要望充足ヲ第一義トスヘキハ勿論ニシテ当課トシテハ船舶ヲ捻出シナカラモ国力ヲ培養スヘキ方策ヲ研究樹立スル必要アリ、大体ノ睨ミヲ以テスレハ船舶損耗量ヲ月宛五万屯程度ニ喰止メ国内生産非常対策ヲ強権ヲ発動シテ強行スレハ国力ハ両三年後ニハ上昇曲線ヲ画クニ至ルヘシ

要ハ断行ノ一事ノミ　之ニ依リテ帝国ハ「ヂリ貧」状態ヲ続クルヤ、将来ニ希望ヲ持シ得ルヤ決定セラルヘシ

当課ハ飽ク迄省部関係各課ヲ督励シ緊急対策ヲ急速ニ実現セシメサルヘカラス

一日ノ延遷ニ依リ蒙ル損失ハ之カ恢復ノ為ニ莫大ナル日数ヲ要スヘシ　時機ヲ失スルハ投薬モ其ノ効無シ

八月二十四日　火曜

一、土曜日佐藤軍務局長、第一、第二部長会同シ対重慶政治工作ヲ速カニ開始スル件ニ就キ意見一致セル趣ヲ軍務課ヨリ承知セシカ従来統帥部トシテハ時機不適当ト判断シ軍務課ノ提案ヲ一蹴シ来レル関係上第一、第二部長カ佐藤案ニ同意スルニ至リタル豹変振リニ大ナル憤満［懣］ヲ覚ユ

早速軍令部ニ詢リシニ「時機不適当」ナル判断ニ全然同意ナル旨速［即］答アリシヲ以テ早速軍務課ニ対シ「判決」ノ破棄ヲ談シ込メリ

元来対重慶政治工作ノ必要性ハ万人ノ認ムルトコロ然ラハ尋常ノ手段ヲ以テシテハ其ノ端緒ヲ掴ムコトスラ不可能ナルヘシ　必要性ニ時期的絶対性アルナラハ超非常手段ヲ講スヘキトス

局、部長ノ意見ヲ大臣ニ報告セルトコロ却下セラルトノ軍務課ヨリ通報アリ、宜ナル哉

二、敵ノ有力ナル艦船部隊ハ逐次ニ「ソロモン」、「ニューギニヤ」方面ニ増勢中ナルモノ、如ク帝国カ「議シテ

決セス、決シテ行ハサル［二］間隙ニ敵ハ乗シ一定方針ノ下ニ着実ニ作戦ヲ具現シアリテ東南太平洋方面ノ事態ハ歩一歩緊張ヲ加ヘツヽアリ

八月二十五日　水曜

一、特記スヘキ事項ナシ

八月二十六日　木曜

一、日華基本条約改訂要綱ニ関シ陸、海共ニ統帥部トシテノ腹案ハ既ニ八月初頭呈示シアリシヲ以テ爾後政府側ニ於テ審議中ナリシカ一案ヲ概成シ昨日統帥部ニ提議アリシヲ以テ本日取敢ヘス当課ノ意見ヲ関係各課ニ通達シ諒解ヲ求メ且総長ノ決裁ヲ経タリ、要ハ

1、基本条約改訂ノ主ナル狙ヒハ対重慶政治効果ヲ招来スルニ在ルコト

2、新条約ニ依リ日華関係ニ調整スヘキ現実問題ハナク日華間諸問題ノ解決並ニ調整ハ日華共同宣言ニ基ク範囲内ヲ目途トスルコト

カ関係省ノ行キ過キタル構想ニ対スル当部ノ是正意見ナリ、

八月二十七日　金曜

一、「ケベック」会談ハ当課トシテ相当重視シ情報ヲ収集シアリシカ「チヤーチル」及「ルーズベルト」ノ会談終了後ノ共同公式声明書発表セラレタリ、之ニ依レハ軍事会議ハ宗［宋］子文ヲ交ヘ其ノ大部ヲ対日戦争ト対支援助ニ費シ欧州戦争ニ関スル協議ヲモ為セルコト、本年末迄ニ英米両当局者間ニ尚一回ノ会議ヲ開催シ之、ニ「ソ」連ヲ含マシムルコトヲ要点ニシテ東亜ニ綜合戦争指導ノ重点ヲ指向スルニ決セルカ如キ印象ト次回ニ於テハ「ソ」連ノ参加ヲ必要トスル議事カ提示セラルヘキコトヲ明カニシアリ、英、米ノ腹ハ何［那］辺ニアルヤ今後現実化サルヘキ事実カ説明スヘシト彼等ハ嘯キアルモ緬甸方面及太平洋方面ノ戦力カ若干充実セラル、コトハ当然ナルヘク重点ハ依然欧州ニ保持セラレ、露国ノ熱望セサル方面ニ第二戦線ヲ構成スルニアラサルヤ、

八月二十八日　土曜

一、比島独立ニ関スル現地軍指導要綱ノ腹案ヲ省部ニテ取纏メタルヲ以テ関係各省ヲ一堂ニ会セシメ該案ヲ提示

審議ス、関係省ノ事態ヲ認識セサル暴論ヲ聴キ空虚ナル政治論、法理論ヲ聴キ時間ヲ空費ス、口舌ノ徒ニ対シ現実論ヲ持シテ彼等ヲ屈伏セシメ得ル自信ハ十分アルモ本日ハ彼等ヲシテ十分言ヒ度キコトヲ言ハシメ置キタリ、判決ハ後日ニ譲ルコトトセリ、

二、関係各省相集リテ「日華間新条約締結要綱」ニ関シ主任者トシテノ最後的審議ヲ行ヒ当部案ノ通リ修正スルコトニ意見ノ一致ヲ見タリ

三、夜第二部長統裁ニテ世界情勢判断ノ研究アリ
既ニ当課ニ於テ二週間ヲ費シ十分ニ研究シ成案ヲ得アルコトトテ第二部案ハ戦争指導上ノ壺ニ触レアラサル点多々アリテ尚研究スヘキ点ヲ指鏑［摘］要望シ置キタリ

八月二十九日　日曜

一、「アッツ」島玉砕部隊長山崎大佐ハ特ニ二階級ヲ進メ陸軍中将ニ進級セシメラレシ件公表アリ
其ノ部下二千数百名亦一階級進級ス、今後ニ於ケル戦局ノ様相ニ鑑ミ第二、第三ノ熱田島ノ出現ハ当然予断シ得ルトコロ「アッツ」玉砕部隊ノ取扱ハ爾後ノ作戦指導ニ重大ナル影響アルモノトシテ重視シアリシカ今其ノ公表ヲ見ル、死シテ破格ノ光栄ニ欲［浴］シタルヲ観テ万夫立ツヘシ
強ヒテ言フナラハ独リ山崎部隊長ノミナラス、玉砕部隊悉クヲ同様同等扱ヒニスルヲ可トセシナラン

二、有末［次］副長ノ搭乗機ハ昨二十八日「トラック」ヨリ「ラバウル」ニ向ヒ飛行中行衛［方］不明トナリシ旨剛［第八方面軍］参謀長ヨリ報告アリ、南東太平洋確保ノ為一ヶ師団ノ増加方意見具申ニ上京シテ遂ニ却下セラレ悲壮ナル面持ニテ帰任ノ挨拶ヲサレシ当時ノ凜然タル勇姿今ヤ無シ

八月三十日　月曜

一、太平洋方面戦略態勢強化ノ整備ノ為船舶ノ増徴ノ必要ハ必至ナルトコロ、陸海両作戦課ニテ諸元ヲ展開シテ綿密ナル検討ヲ実施セシカ結論ニ到達スルヲ得サリキ、即チ所要船舶量ヲ求ムル計算ノ基礎カ陸海区々ニシテ例ヘハ一飛行場設定隊ノ為ニ陸軍ハ五千屯ヲ海軍ハ三万屯ヲ計上シアリ、海軍ハ国運ヲ睹［賭］スヘキ船舶問題ニ関シ未タ贅沢観念ヲ強ク保持シアリ、海軍アリ

テ国家ナキカノ態度ナルカ如シ、忍フヘカラサルヲ忍フコトカ現下国家ノ要請ナリ　海軍ノ態度ニ不満ナリ、陸軍トテモ反省スヘシ

特ニ陸海作戦当事者ニ望ムヘキ事ハ真ニ国運ヲ睹[賭]スヘキ重大事項ノ決定ニ方リ絶対真剣性ヲ以テ研究サレ度事ナリ、船舶増徴量カ政府、統帥部間ニ決定セラレシ時作戦課ノ意ニ副ハサレハ辞職スルタケノ熱意ト責任感果シテアリヤ否ヤ、作戦ニ勝ツコトカ先決絶対条件ナルニ鑑ミ之カ為ニ国力ヲ傾倒スルヲ要スト雖モ作戦課ノ態度慎重慧敏ニシテ人ノ信頼ヲ得ルニアラサレハ船舶増徴問題ハ却て[テ]解決セサルヘク当課ノ立場モ亦戦争指導上重要ナル地位ニアルヲ自覚シ善戦奮斗シ統帥部ノ要求カ世界戦争ヲ完遂スル為国力ト勘案セシ結果至当ナル旨ヲ強唱スルトコロナカルヘカラス

八月三十一日　火曜

一、比律賓憲法ニ就テ

旧憲法ヲ東亜新秩序概念ヲ含ミテ修正シ特ニ大統領ノ権限ヲ拡大シアルモ「第八条ノ天然資源ノ保存及利用」ノ条項ハ弱少民族ノ特性ヲ遺憾ナク発揮シ外国人ノ喰ヒ込ミヲ厳禁シアリテ帝国カ戦争中獲得セシ財産権又ハ特権ハ戦争終了ト共ニ調整及解決セラルヘキモノト定メアリ（第十一条第八項第九項）

比島側ノ斯ル態度ハ大東亜共栄圏ノ構想ト凡テ背反スルモノニシテ帝国トシテハ黙許シ難キ点ナルモ新政府カ民心ヲ獲得シ基礎確立シテ相当ノ強権ヲ発動シ得ル程度ニ育成強化シタル暁ニ於テハ是非トモ比島ノ「抱キ込ミ主義」ハ改善スヘキトス　茲ニ於テ特ニ教育ヲ重視スルヲ要ス

二、「シヤンステート」ヲ速カニ緬甸ニ帰属セシムヘシト緬甸大使沢田廉三ヨリ意見具申アリ中央トシテハ従来ノ既定方針ニ拠ルヘキテアルトノ意見ヲ堅持シ其ノ旨返信ス

蓋シ「バーモ」ノ意欲ヲ満サンカ為ニ帝国ノ既定方針ヲ徒ラニ変更スルハ百害アル旨認識シ「シヤンステート」ノ帝国軍協力ニ及ホス影響並ニ其ノ政治的準備逐次進捗シ且緬甸ニ帰属セシムヘキ名目等ヲ考慮シ帰属ノ時期ヲ適当ニ選定スヘキヲ至当トスレハナリ

九月一日　水曜

一、日華基本条約ニ関シ大東亜省案ニ基キ審議ス根本問題ニ付テハ既ニ改訂要綱ニ於テ決定セラレアルヲ以テ論議ナカリシモ支那問題解決後尚大東亜戦争続行サレアル場合ニ於ケル帝国軍ノ派兵問題ヲ封殺セサル如ク条文ニ戒慎ヲヲ〔ママ〕加フルヲ要スル見地ニ立チテ統帥部トシテノ意見ヲ開陳シ置ケリ

二、陸海軍ノ船舶増徴問題ハ昨日陸、海両作戦課ニ於テ結論ヲ得タリ

即チ陸軍ハ十八年末迄二十五万屯、十九年一月以降十五万屯トシ海軍ハ十八年末迄十一万屯、十九年一月以降十五万屯増徴案ナリ

本件決定ハ正ニ大東亜戦争開始以来ノ重大ナル決心問題ナリ、実際切リ詰タル所ハ陸、海計十八年末迄二十八万屯、爾後二十二万屯ナルカ極メテ浮動スル戦局ニ処シ危険ナルト削除セラルルコトヲ考慮シ極秘中ノ極秘トシテA・B計三十六万屯、爾後三十万屯トシテ呈示スル事ニ統帥部間ノ意見一致ヲ見タル次第ナリ

九月二日　木曜

一、数週ニ亘リ陸、海両統帥部ニ於テ検討ヲ重ネタル増徴量ヲ各陸、海軍省ニ呈示スルト共ニ之カ説明ヲ行フ

本案ハ作戦的ニハ絶対量ナルモ国力ヲ検討セハ到底「マカナヒ」得サル底ノモノニシテ陸海軍官当局ノ容認スル所ハアラサルヘキハ火ヲ見ルヨリハ明カナルモ敢テ戦略上ノ要請ニ基キ呈示セラレシ次第ナリ

参本側第一部長初メ関係部、課長及主任者

陸軍省側、陸軍次官以下関係局、課長主任者参集シ先ツ第二課長ヨリ一般情勢、新戦略構想　次テ部員ヨリ兵力運用ノ大綱、船舶、輸送ノ概要ヲ説明ス

之ニ対シ次官ヨリ種々ノ疑点アリ　例ヘハ52Dヲ今ヨリ全部動員スルカ如キ如何等ト個々ニ就キ質問アリ

又軍務局長等ヨリ本日ハ参本側ノ説明ヲ承ル事故之ニ[ヲ]引受クルヤ否ヤ回答ノ限リニ非ルモ簡単ナル見透ニ依レハ直ニ本年全部ノ熔鉱炉ヲ吹止ムル結果トナルヘシ　到底国力的ニ成立セサルハ明カナリ　第十五課等ニ於テ検討サレシ結果ト存スルモ戦争遂行上国力的ニモ確信アルモノナリヤ　又次官ヨリ本案ハ要望ナリヤ、協議ナリヤ等反撃態勢濃厚ナリ

参本側ヨリ第十五課長ハ本案ハ戦略上ノ絶対要請ナルモ国力的ニハ至難ト認メラル、ヲ以テ政府方面ノ責任アル検討ヲ得ントスル次第　即チ協議ナリト応答アリ
尚軍務局長ヨリ極力国内非常対策ヲ構スヘキモ直ニ其ノ成果ヲ期シ得ラレサルハ明カナルヲ以テ差当リ考ヘ得ラルル事ハ陸海統帥部ニ於テ船舶統一運用ヲ策セラル、事コソ唯一ノ策タルヘシ
今日ヨリ実現セラレ度トノ希望アリ
之ニ対シ種村中佐ヨリ右ハ海軍省カ其ノ大部ノ船舶ヲ保有シアルニ鑑ミ先ツ之ヲ説得セサレハ統帥部間ノミノ話合ニテハ成立セス直ニ陸海軍省円活〔滑〕ニ進メラレ度トノ反駁アリ
第十課長ヨリモ船舶ニ関スル海軍ノ態度ニ就テ不満ノ開示アリ　斯クテ約二時間相当緊迫セル空気ノ内ニ終了、トモカク陸海軍省ニ於テ検討ヲ進ムヘシトノ事トナル
実ニ戦政略共ニ絶対ノ境地ニ追詰メタル感深ク之ヲ知ルモノ何人モ憂国ノ情禁スル能ハス
時宛モ南鳥島ニ米機百数十来襲艦砲射撃ヲモ加フトノ飛報アリ

十八年ハ実ニ緊褌一番セサレハ国危シ

九月三日　金曜

一、陸海軍省ハ直チニ集リテ此ノ際従来ノ行カ、リヲ棄テ裸ニナリテ国力検討、乗リ切リ策ヲ考ヘント話合ヒノ空気ハ順調ナル模様、但シ企画院ニハ相当低調ナル数案ヲモ呈示セシカ如シ
二、伊太利南部レジオ附近ニ敵上陸ス
右ハ他方面（バルカン、スカンヂナビア等）上陸作戦ノ為ノ牽制ナランカ
三、我ライ〔エ〕輸送ハ五隻沈没ノ憂目ニアリ　之ニテ九月ハ劈頭ヨリ数万屯ノ喪失ナリ

九月四日　土曜

一、ライ〔エ〕東方ニ敵上陸ノ報ハ誤報ニ非ス
二、都市分散ノ問題ニ関シ省部ノ審議アリ　結局統帥部ヨリ強キ要望ヲ出シテ呉レトノ陸軍省側ノ意見ナリ、海軍ハ従来反対シアリシモ最近ハ分散ノ強キ必要ヲ認メアリ

九月五日　日曜

一、船舶増徴ニ関連シ第十七師団「ラバウル」注入ノ件ニ関シ統帥、軍政主［首］脳部間ニ意見ノ相違アリタルカ如ク遂ニ注入セサル如ク決定セラレタル模様ナリ

二、陸海軍省ハ現下作戦遂行及十九年度軍備ノ要望充足ノ為十九年五〇〇万屯物動成立ノ検討ヲ進ムル如ク話合ヒ八日頃一応ノ結論ヲ得ル見込ナリ

九月六日　月曜

一、特記事項ナシ

九月七日　火曜

一、日華基本条約ノ改訂ノ件

日華間新条約案ニ関シ数次ニ亘リ関係各省主任者間ニ協議ヲ進メ来リ本日ヲ以テ決定案ヲ得ル運トナリシカ本日ノ会議ニ於テ突如トシテ外務省ヨリ日華同盟条約案ヲ提示シ従来研究セシ案ニ対シテハ事務当局トシテハ賛成ナルモ重光ハ大反対ニシテ該提案ハ大臣ノ承認ヲ得タル一案ナリト附加セリ、其ノ案ハ大東亜戦争完遂ニ関シ日華間完全協力ヲ約シ――（日華共同宣言ノ条文化）――帝国ノ対支経済的政治的特殊要請並ニ戦後ニ於ケル駐兵権ヲ共ニ破棄スル旨明旨［示］セルモノニシテ現実ノ日華間ノ関係ヲ主トシテ律セルモノナリ之ニ対シ従来ノ案ハ「現実問題ハ日華共同宣言ニヨリテ律スルモノトシ別ニ戦争後ヲ含ム日華間ノ理想的関係ヲ新ニ条文化」セントスル案ナルヲ以テ重慶ニ対スル政略的効果ハ蓋シ外務省案ヨリ大ナルモノアルヘシト雖モ唯難点ハ帝国トシテ「支那ニ与フヘキ最後ニシテ最大ナル贈物」ヲ現情勢下ニ汪ニ与フルコトハ対蔣工作上ハ極メテ不利ナル点ニ在リ

固ヨリ本条約締結ノ型［形］式特ニ本条約ヲ対重慶政治工作ニ如何ニ利用スヘキカハ既ニ幾度カ研究セラレタル処ニシテ本案ヲ提ケテ対蔣工作ヲ直接又ハ間接ニ実施シ蔣ニシテ抗戦意志ニ変更ナクンハ已ムヲ得サル処置トシテ汪ト締結スヘキ方途モ亦考慮セラレアルトコロナリ、

即チ従来案ハ

1、汪政権ト締結スヘキコト

2、従ツテ大東亜戦争間ノ日華関係ハ日華共同宣言ニ拠ルヘキコト

3、大東亜戦争継続中ニ全面和平招来セシトキ蔣介石トノ間ニ締結スヘキ停戦協定、和平条件等ハ軍トシテ別ニ腹案ヲ有スルコト

4、新条約案ハ日華間ノ理想関係ヲ律シアルモ要スレハ蔣ト帝国トノ間ニ情況ニ即応シ更ニ新条約ヲ締結スヘキコトアルコト

等統帥部トシテ相当ノ幅ヲ含ミテ新条約ヲ審議シアルモノナリ、然レトモ統帥部ノ真実ノ腹ハ未タ政府側ニハ時機尚早ナリトシテ開陳シアラス

外務省提案ニ対シテハ大東亜省側ハ絶対反対ノ態度ヲ表明シタルヲ以テ条約案ハ茲ニ再ヒ停頓状態ヲ現出シ青木・重光ノ両者間ニ諒解成立セサレハ本問題ハ進展セサルヘシ

統帥部トシテハ純正ナル立場ニ立チテ両案ヲ再検討シ発言ヲ準備シツヽ、当分局外ニ立チテ渦中ニ飛込ムノ愚ヲ避クルヲ要スヘシ

二、船舶増徴ニ関連シ陸海軍船舶統一運用ノ軍務局長提案ハ陸海軍省間ニ於テ真剣ニ検討セラルヽニ至ル

右ニ対スル統帥部ノ態度ハ少クモ海軍部内ノ船舶統一ノ実現セサル限リ絶対反対ナリ

蓋シ陸海統帥一元ノ根本問題ヲ解決セスシテ船ノミ一元運用シ之ヲ海軍ニ委スルコトハ統一ノ不利ノミヲ生シ陸軍統帥ヲ拘束シ大ニシテハ国家戦争遂行ニ大支障ヲ与フヘシ

特ニ由来贅［贅］沢ナル運用ヲナシアル海軍ノ運輸部関係ノ船腹二十万屯ト陸軍ノ百数十万屯ノ統一運用ノミノ結果ニ終ランカ由々シキ事態ヲ招来スヘク陸海軍政当局間ノ政治的解決ヲ恐ルヽモノナリ

九月八日　水曜

特記事項ナシ

九月九日　木曜

一、伊国ノ脱落ニ関スル件

1、「ロイテル」及米国系報道傍受ノ情報ニ依レハ伊国ハ六日休戦ニ調印セル趣ニシテ本朝在上海商船「コンテベルテ」号砲艦［レパント］号ハ自沈ストノ情報ニ基キ陸海両統帥部ハ予メ準備セルトコロニ依リ差シ当リ敵側ノ利用ヲ防止シ且治安維持、作戦上ノ妨害ヲ阻止スルモノトシ艦艇、船舶ノ定繋、陸上部

隊ノ行動制限、公館ノ監視、無線ノ封止、暗号ノ停止等ヲ現地関係軍ニ命シ且実力行使ノ周到ナル準備ヲナサシム

2、支那派遣軍ヨリハ中央ノ指示ニ基キ準備特ニ武装解除並ニ権益逃散防止ニ万遺憾ナキヲ期シアル旨報告アリ

軍令部ヨリノ通報ニ依レハ砲艦［カルロット］号ハ上海方面艦隊ニ於テ保護ヲ加ヘアルモノ、如シ

3、対伊措置ニ関シ連絡会議ヲ開催シ帝国ノ態度ヲ決定セラル

左　記

伊国ニ対シテハ実質的ニ敵国トシテ取扱ヒ万般ノ処置ヲ講ス

但シ公式ノ取扱ハ独ト協議ノ上定ム

4、「ベルリン」新聞電報ニ依レハ「ム」ハ新政権ヲ北伊ニ樹立シ「バドリオ」政権ヲ徹底的ニ撃摧スルニ決セルモノノ如シ

九月十日　金曜

特記事項ナシ

九月十一日　土曜

特記事項ナシ

九月十二日　日曜

特記事項ナシ

九月十三日　月曜

一、総統大本営発表ニヨレハ

「ムッソリーニ」ハ十二日独落下傘部隊ニヨリ救出セラレ、独国ニ入レリ　右ニヨリ「バドリオ」政府カ米英両国政府ニ対シ約束セル「ム」統帥引渡シノ企図ハコ、ニ粉砕サル

尚独逸軍ハ伊北部ニ於テ続々フアシスト党ノ領袖ヲ解放シツ、アリ

二、伊南部駐屯独軍司令官「ケッセルリング」元帥ハ十二日布告ヲ発シ「独軍ノ指揮下ニ属スル伊領土ハ戦斗地域トシ独軍政ヲ布ク」ト

三、増徴ニ関スル研究ハ非常対策ヲ多ク含ミアルヲ以テ実務責任者タル商工省其ノ他政府各省ニ打合セノ要アリトシ尚数日ヲ要スル見込

九月十四日　火曜

特記事項ナシ

九月十五日　水曜

一、曩ニ統帥部ヨリ提出セル三六万屯増徴ニ対スル陸軍省ノ回答ハ一七、〇〇始メテ其ノ概要ヲ次長以下関係課高級課員以上ニ対シ軍務局長ヨリ齎サル

其ノ判決左ノ如シ

十九年度甲造船一八〇万屯、普通鋼材五〇〇万屯、アルミ二一万屯ヲ確保シ航空機A・B計三万機ヲ生産スル前提ニ於テ　喪失補填月一〇万屯ノトキハ一五万屯ノ増徴ニ、七・五万屯ノトキハ二五万屯ノ増徴ニ応スル事ヲ得　而シテ特ニ二五万屯増徴ノ場合ハ分割徴備セラレ度

右ハ統帥部ノ要望スル所ト著シク懸隔アルモノニシテ問題ニナラス　特ニ三六万屯案ハ不問ニ附セラレアリ

而シテ此ノ検討ハ実ニ二週間ヲ費シ陸、海、企主任者心魂ヲ尽シタル非常時施策ヲ含ムモノニシテ其ノ労ヲ多トスル処ナルモ尚其ノ詳細ナル説明特ニ三六万屯案ノ影響ヲ見ルニ非ンハ統帥部トシテハ決意スル能ハス故ニ明日主務者参集ノ上、更ニ検討ノ内容ヲ聴取スル事トス

二、軍令部第一部［長］直属班長藤井［茂］大佐ニ対シ当課長及高級部員会同シ今後ノ戦争指導特ニ増徴問題ノ処理方法ニ関シ打合ス処アリ

九月十六日　木曜

一、昨日ノ陸軍省軍務局長ノ連絡内容ノ細部ニ就テ軍事課長（代理）、戦備課長ヨリ参謀本部関係課長主務者ニ対シ懇談アリ

判決ハ十五日ノ部ニ記セル如ク要スルニ十九年度決戦々力ヲ前提トシ相当ノ決意ト非常手段ヲ尽シテ増徴量ヲ増加セントセルモノナリ

而シテ十八年度ノ増徴ハ十九年度非常措置

1、輸送力ノ増強……稼行率、機帆船動員、陸運強化、荷役能率向上

2、国内生産自給ノ徹底

3、生産能率ノ向上

ヲ可能ナラシムル為ノ準備措置ヲ無効ナラシムルカ故ニ他ノ補助手段（十八年度内ノ輸送力特別増強、民需

一般物資ノ削減）ニヨリ増徴ニ伴フ輸送力減ヲ極力防止セント努力シタルモノナルモ遺憾乍ラ現状ニ於テハ判決以上ノ期待ハ困難ナリトス

造船其ノ他一般生産ノ繰上等能率向上ノ如キハ現機構特ニ海軍カ指導権ヲ把握シアル部面ニ就テハ遺憾ナシトセス

右ニ対シ統帥部側ヨリ

1、三十六万屯増徴案ニ対スル回答ヲ先ツ承知シタシ然ラスンハ統帥部ハコレヲ所要量ト考ヘアルモノヲ低下セシムル決心ツカス

2、尚二十五万屯補填十万屯ノ場合ノ影響モ承リ度

3、十八年度五〇〇万屯物動ノ場合Ａ・Ｂノ配分ノ見込如何

等ノ質疑アリ更ニ検討スヘシトノ回答ヲ得

尚補填ニ就テハ従来ノ如キC優先ノ思想ヲ放擲スルノ要アリト認ムル旨申入レアリ

陸軍省政府側カ長時日ニ亘リ鋭意作業セラレタル労ハ寔ニ多トスヘキモノアリ　然レトモトカク統帥ノ要望ヲ中心トセスシテ自ラ戦争指導ヲ為サントスルカ如キ態度多キハ注意ヲ要ス

二、右回答ニ基キ統帥部トシテハトモカク大量徴傭ヲ遂行センカ為ニハ十九年度反撃戦力上ノ要求ヲ低下スルカ、補填量ヲ縮減スルノ已ムナシ

陸海側トシテハＡ・Ｂ計増徴二十五万屯トシ補填ヲ月七・五万屯ノ範囲ニテＡ・Ｂ・C平等負担トスル事ニヨリ反撃戦力ヲ確保スルヲ第一案トシ午後軍令部ト協議ス

当初海軍側ハ喪失増加必至ナリトシ七・五万屯ニ止ムル事ハ不可能トテ同意セサリシモ何トカ努力シテ補填量ヲ右範囲ニ止ムル如クスル事トナレリ　又補填ハ月初頭而モ消耗比率ニヨリ行フヲ主張セシモ之亦1／3ヅ、其ノ都度行フ事トナル

又増徴量ハ遂ニ縮減ノ余地ナク二十八万屯トナル

協議セル一案左ノ如シ

政府ニ対スル要望ノ件（要旨）

一、Ａ・Ｂ計九月下旬一五万、十月初旬一〇万、中旬三万、ヲ増徴（Ａ九月上、一〇、十月初　一〇、Ｂ九月下　五、十月中　三万）

二、Ａ・Ｂ保有船ニ対スル損耗補填ハ毎月Ａ・Ｂ計五万屯以内トシ其ノ都度之ヲ実施ス

三、A・B・C船ノ損耗ハ月七・五万屯以内ニ止ムル如ク万般ノ措置ヲ講ス

両統帥部間ノ覚

九月末A・B保有量ニ対スル昭和十九年一月初頭ニ於ケル増徴量ハA一〇、B一二、四月初頭A一、B一ノ比率トナル如ク所要ノ転属ヲ行フ

二〔ママ〕、「サレルノ」市附近ニ上陸セル米第五軍ヲ主体トスル英・米軍ニ対シ独ハ態勢ヲ整ヘタル後ニ数日前ヨリ猛然攻勢ニ転シ敵ノ海上ヨリノ射撃ヲ犯シテ包囲シ遂ニ殲滅的打撃ヲ与ヘタリ　連続的戦勝ニ士気正ニ天ヲ衝クノ慨アリシ敵ノ出鼻ヲ破砕シ陸戦ニ於ケル独軍ノ健斗振リヲ世界ニ再認識セシメタルモノトシテ意義極メテ深シ、事柄ハ些少事ナリト雖モ敵ノ士気ニ及ホシタル影響ハ極メテ大ナルモノアルヘク欧州第二戦線ニ対スル独ノ作戦モ光明一層輝カシキモノアルヘシトノ予感ヲ抱カシムルモノアリ

三、十二日幌莚ヲ爆撃シタル残敵数機ハ「カムチャツカ」半島ニ不時着シタルコトハ特暗並ニ我カ追撃機ノ確認ニヨリテ明カナルトコロ本件発展性ノ極メテ重大ナルニ鑑ミ対「ソ」交渉要領、新聞発表要領ヲ研究シ関係官庁間ニ意見ノ一致ヲ見タリ。

九月十七日　金曜

一、昨十六日呈示セル統帥部ノ検討要求ニ基キ齎シタル回答

1、三十六万屯増徴　一〇万屯補填C優先ノトキハ非常施策ハ固ヨリ各部面削減ノ已ムナキニ到［至］リ十九年度生産三九〇万屯、陸軍々需六五万屯、航空一五、〇〇〇トセハ地上其ノ他一〇万屯ノ範囲トナリ不可能　即反撃戦力ハ期待シ得ス

2、二十五万屯増徴　一〇万屯　A、B、C、平等補填ノトキモ略々右ト同様

3、十九年度五〇〇万屯物動ノトキAハ九〇―九五万屯ナラン

尚二十五万屯増徴　七・五万屯平等補填ノトキハ非常対策ノ実行可能トナリ十九年度五〇〇万屯以上ノ物動構成可能トナル

実ニ問題ハ増徴量ノ多少ヨリモ損耗補填量カ最大ノ因子トナリ国力ヲ活カスモ死スモ此ノ一事ニ尽クヘシ

極言セハ十八年ノ損耗ヲ月七・五万屯程度ニ止メ得ル

事カ必勝ノ鍵ナリ

二、陸軍省ニ対シ昨十六日軍令部ト検討セル要望内容ヲ連絡セシモ「C」ノ損耗補填ヲ優先トスル思想ヲ堅持シテ譲ラス、蓋シ七・五万屯ニ損耗ヲ止メ得ル事ハ不可能ニシテ「C」ノ実績四万屯ヲ二・五万屯ニ止メ得サルコト明白ニシテ空文ニ終リ明年国力ハ絶対ニ維持シ得スト謂フニアリ

理由アルモ然ラハA・Bノ補填ヲ犠牲ニセハ作戦成立セサルヘシ

課長、軍務局長会談ノ結果遂ニ一致点ヲ見出シ得サリシカ如キモ結局増徴ヲ二十五万屯ニ収メ補填ハ妥協セサルヲ得ヌ模様ナリ

之ニ関シ両第一部長ノ会談行ハレ且主務者ニ於テ検討ヲ重ネタル結果統帥部ノ協定案トシテ

1、増徴ハ九月下旬一五万屯、十月上旬一〇万屯（以上AB計）

2、補填ハA、B計月三・五万屯以内トシAB切半其ノ都度実施、意見一致ス

本案ニヨレハ「C」ノ優先補填ヲ認メタルモノニ等シク作戦用船腹ハ著シク制肘ヲ受ケ何レ再ヒ増徴必至ナラン　又此ノ妥協案ニヨリ政府側ノ非常時熱意些カモ緩ム事アラハ蓋シ重大ナリ　個人トシテハカクノ如キ糊塗案ニハ同意シ得サルモノアルモ速カニ増徴ヲ要スル此ノ際先ツ発足ノ為ニハ已ムヲ得サルモノアルヘシ

三、ム統帥[ママ]ハ今回新ニ樹立サレタル新ファシスト政権ノ首相ニ就任シ同政権ヲ親シク指導監督スルコトトナレリ

尚十五日附ヲ以テ五ヶ条ノ「ファシズム」復興宣言ヲ発表セリ

其ノ要旨左ノ如シ

一、十五日「ム」カ「ファシズム」ノ指導ヲ行フ

二、「アレッサンドロパラオリーニ」ヲ「ファシスト」国民党ノ幹事長トス

三、降伏政権ニヨリ撤廃サレタル一切機関ニ即時復任ノ命令

四、党機関ノ即時再建

五、義勇軍並ニ特別部隊ノ復権命令

四、南京ニ於テ将領会議ヲ開催スルニ先チ[サキダ]二十五日汪ハ非公式ニ東条ヲ訪問シ対重慶政治工作並ニ条約改訂問題ニ関シ密談致度旨申込ミアリ其ノ真意ハ　(イ)帝国ノ世界戦争完遂ノ自信、能力ヲ打診スルコト　(ロ)新条約ノ

内容ヲ確メルコト　(ハ)対重慶工作ニ絡ミ合セ帝国ノ汪政府ニ対スル真意ヲ偵諜セントスルコト等ニアルヘク東条総理ヨリ大詔文ヲ　ヲ〔ママ〕獲リテ帰ラントスルモノト判断セラル

五、日華間新条約案ニ関シ小官（田中敬二）トシテハ信念的ニ不同意ナリシカ重光カ輔弼ノ責任ヲ負フ旨言明シ東条モ亦同意シ大東亜大臣不賛成ナカラ同意セシ今日統帥部トシテハ不満ナカラモ我慢シ得スニアラストシテ上司ノ決裁ヲ得タリ　然レ共明日ノ連絡会議ニ於テ至当ナル判断ヲシテ貫ハンカ為ニ詳細ニ各種条約案ヲ列挙シ利害ヲ明示シテ上司ノ参考ノ為呈出シ置キタリ軍務課ノ本日二〇、〇〇頃ノ通報ニ依レハ総理ノ意向ハ谷大使ノ報告ヲ受ケテ変化セルモノ、如ク

1、第一条ノ日華共同宣言確認事項ハ対重慶政治工作上害アラハ削除シテ差支ナキコト

2、名称ハ敢ヘテ同盟条約タルヲ要セヌコト

3、発表スルヤ否ヤハ汪ノ意向ニ依リテ決定スルコト

4、月曜日ノ連絡会議ニ於テ対重慶政治工作開始ヲ決定シ対重慶工作条件ハ陸海軍及総理ニテ決定致シ度コト

ニアルト概ネ判明セリ

曩ニ関係官庁主任者間ニ於テ同盟条約ノ不適当ナル旨ヲ具申セルトコロ総理ハ「斉戒沐浴シテ明治神宮、靖国神社ニ参拝シ再考セヨ、余ハ御前会議ニ於テ決定セシコトヲ変更スルヲ欲セス」ト言明セシヲ以テ遂ニ第一条ニ確認事項ヲ附加シ同盟条約ト銘ヲ打チシ経緯アリシニ鑑ミルトキ為政者ノ余リノ管見ト豹変振リニ驚カサルヲ得ス

汪主席ノ政治力特ニ対重慶政治力ニハ定評アルノミナラス口ニ和平建国ヲ唱ヘ心ニ抗日ヲ唱フルハ汪ナリトノ悪評モアリ、汪ノ対重慶工作ヲ云々スルハ之ニヨリテ帝国ノ重慶工作ヲ妨害シ明哲保身ヲ図ラントスルニ在ルハ明瞭ナリ、帝国ハ国ヲ堵［賭］シテ汪ト心中スル要ナシ、帝国ノ企図スル戦争目的達成ノ為ニ汪ヲ最大限ニ利用セサルヘカラス　帝国為政者ハ心シテ汪ニ操ラル、コトニ戒心セヨ

岡田［芳政］参謀ノ通信ニヨレハ陳璧君ハ目下在「マカオ」馮祝万ヲ通シ孫科、朱家驊ト連絡方工作中、南京ハ汪主席ヲ除キ全面和平ヲ欲セス、陳ノ腹ハ日支全

面和平ノ妨害ニアリト判断シ警戒シアリト、本件汪カ総司令官ニ語リシトコロノ唯一ノ工作路線ナリ

余亦馮祝万ニ嘗テ連絡センコトアリテ其ノ人為ヲ知ル　一国ノ運命ヲ托スヘキ何物ニモアラス

尚岡田参謀ノ通信ニ曰ク「王李文ノ談ニ依レハ已ニ重慶ハ弱リアリ「ビルマ」反攻ノ成否ニ不拘　和平ヲ提議スヘシト蔣ノ対共圧迫ト睨ミ合セ興味深シ」トアリ　重慶ノ弱リアルハ事実カ？

九月十八日　土曜

一、昨夜遅ク統帥部ニ於テ肚ヲ定メタル増徴補填ニ関スル内容ニ関シ省部意見ノ一致ヲ見タルヲ以テ先ツ第一段ノ発動トシテ九月下旬一五万屯（A一〇万屯）ノ増徴ハ直チニ本日連絡会議ニ決定サル

ガダル当時ノ増徴ニ比シ遙ニ重大ナル問題モ比較的波瀾少クシテ発足ヲ見ルニ至リシハ慶賀ニ堪ヘス　蓋シ時ハ戦力ナレハナリ

而シテ補填問題ヲ中心ニ余煙ハクスブリツ、進ム事必然ナルヲ以テ年末頃ニハ再ヒ大問題ヲ生スル事概ネ予見セラル

本日連絡会議ハ午前午後ニ亘リ行ハレ活況ヲ呈シツツ左記決定サル〔『杉山メモ』下、参照〕

一、差当リ増徴一五万屯ノ件

二、対重慶工作開始ノ件

三、「シヤン」「カレン」譲渡ノ件

尚日華基本条約ニ就テハ対重慶工作ト関連シ論議サレ特ニ上京中ノ谷大使ノ発言等アリ活発ナル研究行ハレタリ　而シテ同盟条約ニスヘキヤ、基本条約ニスヘキヤ　又其ノ内容ヲ如何ニスヘキヤ等結論ニ達セス　更ニ内容ヲ練リタル後同盟条約カ基本条約カ内容ニヨリ決定スヘク月曜連絡会議上呈〔程〕トナル

条約内容中話合ヒ纏リタル件

1、改訂目的ハ国府育成カ主ニシテ対重慶和平ハ副ナルコト

2、大東亜宣言ノ再確認ハ除ク

3、撤兵ハ「支那ニ於ケル全面和平克服シ重慶政権トノ交戦状態終了シタルトキ」ニ行フ旨ヲ明ニス

尚海軍部次長ヨリ対重慶政治工作実施ノ場合英米ノ撤兵ヲ確認スル方法如何

我カ撤兵後英米ノ進出ヲ見タル場合我ハ如何ニスヘキヤ等ニツキ至急研究　月曜連絡会議ノ内容ニ入ル、ヲ要ストノ呈［提］議アリ、

九月十九日　日曜

特記事項ナシ

九月二十日　月曜

一、連絡会議ニ於テ日華基本条約ニ関スル討論アリ
各大臣ヨリ夫々独自ノ見解ニ基キ発言アリ
一般ノ空気ハ対重慶工作ノ容易且有利ナリトスルニ傾キ重光外務大臣ハ主張成ラスシテ殆ント其ノ地位ヲ辞スル迄ノ気分トナリシトキ参謀総長ヨリ発言アリ　客観情勢ハ何等従来ニ比シ変化ヲ認メス　方針変更ノ要ナシ［『杉山メモ』下、参照］

九月二十一日　火曜

一、現情勢下ニ於ケル国政運営要綱閣議決定サル
現危局ヲ突破シ必勝不敗ノ戦略態勢ヲ確立センカ為ニハ国内非常態勢ヲ十八年内ニ完整スルヲ要スルヤ　言ヲ俟タス　政府ハ茲ニ　本日非常措置ヲ執ルヘキ運営要綱附議決定サレタル　寧ロ遅キニ失シタル感アルモ大イニ可ナリ
コレヨリ逐次具体案発足スヘシ
主　旨
1、統帥ト国務ノ緊密化ニヨル活発ナル戦争指導
2、作戦ニ即応シ国内態勢ノ徹底強化
3、機敏潑剌ノ外交

九月二十二日　水曜

特記事項ナシ

九月二十三日　木曜

特記事項ナシ

九月二十四日　金曜

一、連絡会議［『杉山メモ』下、参照］
議題――世界情勢判断
一三、〇〇―一八、三〇ニ至ル長時間連絡会議ニ於テ討論アリシカ遂ニ結論ニ至ラス　事務当局ニ下渡シア

リテ一九、〇〇ヨリ陸海軍集会所ニ於テ陸海両軍務局長ヨリ連絡会議関係者ニ経過（意見）ノ説明アリ　殊ニ問題トナリシ点ハ　(イ)、独「ソ」戦争ノ推移ニ於テ戦線ハ「ト［ド］ニエプル」河ノ要域ニ沿フ線ニテ停頓スルヤ否ヤ、「ウクライナ」ハ「ソ」ノ有ニ帰スルヤ否ヤ、(ロ)、全体ヲ通シ枢軸側ニ敗色アリテ敗戦論ニ終始シアラサルヤニ在リ。敗戦論ハ海相ノ発言ナル趣ニテ軍令部主任者モ情勢判断ノ何タルカヲ弁ヘサルカ如キ海相ノ言ニ憤慨シ「此ノ儘放置センカ情勢ハ正シク枢軸側ニ非ナリ、サリトテ若キ者ハ士気沮喪セサルノミカ皇国ノ運命ヲ思ヒ反ツテ奮起シアリ」トテ宜シク海相ヲ教育スヘキナリト述ヘタリ

午前一時迄作業シテ一案ヲ作製［成］セシカ内容ハ前案通リトシ用語ニ注意シ且編纂要領ヲ多少改メ置キタリ

二、比律賓ニ関スル件

日比間ノ条約並ニ大統領ニ対スル総理ノ示達事項ニ関シ関係官庁間ニ協議ス、比島ハ今直チニ対米英宣戦ヲ欲セサルヲ以テ日緬、日支条約ノ如ク明確ニ戦争ニ関シ完全協力ヲ律シ得サル憾アルモ適時参戦セシムルヲ主旨トスル帝国ノ方針ニ鑑ミ同盟条約案ヲ作製［成］シ現地軍ヲシテ比島当局ニ打診セシムルコト、セリ

尚軍政撤廃時期ニ関シテ議論沸騰セシモ統帥部トシテハ条約締結前ニ軍政ヲ撤廃セハ此ノ間比島軍警ノ指揮関係、物資収集等現地軍ノ行動ニ法的根拠ヲ失フコトニナルヲ以テ同意シ難キ旨述ヘ条約締結即チ軍政撤廃タルヲ要スルコトヲ強張［調］セリ然レトモ関係各庁ハ政治的効果ヲ理由トシテ軍政ハ速カニ撤廃スヘシト主張シ両者ノ意見遂ニ一致ヲ見サリキ

九月二十五日　土曜

連絡会議［『杉山メモ』下、参照］

1、情勢判断

2、世界［今後採ルヘキ］戦争指導ノ大綱

論議ノ点

一、今明年内ニ戦争ノ大勢ヲ決スル方針ニ就テ軍令部側ノ強キ主張アリシモ海軍大臣ヨリ後ハ野トナレ山トナレ式ノ敗戦感ヨリ来ル大勢ヲ決スルナラハ不合意、参謀総長亦言フテモ気合ヲ掛ケルタケナル為ナクテモ可、総理ハ其ノ真意カ那辺ニアリヤニヨリ決セス

四時間ニ亘ル大論争ノ後意味不明瞭ナルモ入レル事トシ総理説明ニテ明カニスル事トス

結局軍令部側ノ作戦的狙ヒニアラスシテ強ク其ノ必要性ヲ強調シテ政府諸公ニ要望セントスル政策的狙ヒカ主ナラン

二、独力戦争完遂ノ決意ナル事ハ少クモ茲一、二年ハ大丈夫ナルヘキ独トノ提携ト矛盾スルヲ以テ削除ス

三、決戦戦力ノ意味ヲ明瞭ニスル為特ニ航空戦力ヲ明示ス

四、外務大臣ノ発言ニヨリ独「ソ」和平ハ確算ナシ故ニ努ムトス

五、総理ノ意見トシ統帥ト国務トノ協調ヲ主ニスル件ヲ入レル

六、総理ノ意向ヲ酌ンテ敵ノ政謀略攻勢ニ対スル防衛ヲ十分ナラシムル件大東亜民族把握ノ項ニ入レル

七、宣伝ノ眼目中ニ印度ノ独立ノ件ヲ新シク入レル

八、本方策ハ十九年末ヲ目途トスルモノナル事ハ総理説明トシ（註）ヲ除ク

九月二十六日　日曜

「インドネシヤ」住民ノ願望

「ジャワ」視察団長ハ総理トノ会見ニ於テ「インドネシヤ」住民ハ常ニ日本ヲ信頼シ且支持シアルモ他ノ亜細亜民族ヨリ取残サル、コトヲ欲セスト言ヒ又児王伯［児玉秀雄伯爵］ニ対シテハ「インドネシヤ」ヲ数個ニ分割セサルコト、独立ヲ実現スヘキ条件如何ト希望ト質問ヲ発シアリ

「インドネシヤ」ニハ其ノ民度ニ応シ政治参与ヲ認メ軍政下ニ諮問機関ヲ設クル等民心ノ暢達ヲ図リアルモ民族的覚醒ノ発展ニ伴ヒ国施《ママ》ヲ欲スルニ至ルハ当然ナリ、

斯クシテ朝鮮台湾モ亦同様ノ過程ニ立チ至ルヘキ可能性アリト判断セラル

九月二十七日　月曜

一、伊太利国「ファシスト」共和国正式承認ノ件

昨日在京独逸大使ヨリ

「「ドウチエ」ハ自己ノ外交使節ヲ有セサルカ故ニ独逸政府ニ対シ日本国政府ニ対シ今次政府ノ組織ニ付通報スルト共ニ伊国「ファシスト」政府ヲ公式ニ承認方要請スル様依頼シ且日本政府ニ於テ満、泰、支各政府ニ

対シ日本国ト同調方御斡旋願ヘレハ幸甚ナリ」ト本国政府ノ意図ヲ申進セリ
独逸ハ既ニ承認ノ通告文ヲ発セシ由ニテ「日本政府ノ通告文ハ二十七日初ノ閣議前ニ到着セハ「ドウチエ」ハ深ク感謝スヘク」独ノ判断ヲ添加シアルヲ以テ帝国トシテハ正式ニ承認スルヲ至当ト認メ本日早々電話連絡ニテ話ヲ纏メ持チ廻リ連絡会議トシテ手続ヲ了セリ。

二、戦争指導中政戦調整ノ件ニ関シ連絡会議アリ　企画院総裁説明ノ十九年度国力目標飛行機〇〇台ヲ頂点トストシテ機数明示シアラサルニ対シ総理大臣ヨリ奉答ニハ機数ヲ明示スルヲ要ストノ意見ナリシカ、之ニ対シ統帥部、陸海軍省、爾他官庁ノ意見ニ相異アリ　即チ今次船舶増徴ニ対シ十九年度ハ三万機ノ生産ナリトスル陸海軍省検討連絡アリシニ対シ企［画院］、商［工省］ヨリ四万機可能ナリトスル発言アリ、固ヨリ統帥部ハ少クモ五・五万機ヲ希望シアルニ鑑ミ、十九年度物的国力目標中飛行機生産数ハ遂ニ未決定トナリ更ニ陸海軍省話シ合ヒノ結果明二十八日決定ノ運トナル

其ノ他物資目標

鉄　五〇〇万屯
アルミ　二一万屯
甲船　一八〇万屯
決定トナル

三、陸軍次官統裁、軍、官機構改革ニ関シ討論アリ
非常態勢ノ根本ハ実ニ陸海ノ合一ニアハスル陸軍省各課員ノ熱論アリ
憂国ノ至情掬スヘシ
今ヤ上司ノ判決ト断ヲ俟ツノミ

九月二十八日　火曜

一、軍需省成立ス（閣議決定）
企画院、商工省ノ大部及他官庁ノ物ノ調弁配給部門ヲ統合一元化スルモノナリ　所要ノ陸海軍武官ヲ入ル
十一月一日開庁ヲ目途トス
之ニヨリ軍官発註ノ一元化ハ期シ得ヘシ
固ヨリ国防省（更ニ進ンテ両軍令機関）ノ統一ナクシテハ画竜点晴［睛］ノ憾無シトセサルモ　トモ角一飛躍セシハ政府ノ英断ヲ多トスルモノナリ願クハ形ノミナラス実効ヲ挙ケン事ヲ
整備局、航本、兵本ノ一部ハ自然之ニ付随スヘシ

二、臨時議会召集ノ件、

超非常対策遂行ノ為十月二十五日召集シ予算、防空、司法、兵役法、軍需会社ノ件ヲ討議ノ筈

三、十九年度飛行機生産量ニ関シ陸海軍省検討セシモ結論ヲ得ス、二十九日ノ連絡会議席上決定スル事トナル

右ニ関シ統帥部トシテ五・五万機生産ハ必要ニシテ且可能ナリトスル腹案ヲ作成ス

四、政戦緊密化ノ為大本営政府連絡会議ニ常置員ヲ置キ内閣書記官長ノ指揮ヲ受クル案、内閣方面ヨリ呈示アリシモ大本営参謀カ右ノ指揮ヲ受クルハ適当ナラストシ連絡ス　止ムルヲ可トスル意見ニシテ陸軍省モ合意

五、官庁執務、地方疎開ニ関スル件閣議決定

九月二十九日　水曜

連絡会議ニテ左記決定ス〔『杉山メモ』下、参照〕

一、情勢判断ニ関スル件

1、独「ソ」戦推移議論ノ中心トナリ独ノ「ウクライナ」放棄ハ余リニ悲観的ナリトシ削除

2、綜合判断ニテ「今明年中ニ大勢決スルナラン」ハ「決セサルナラン」トノ判断ノ下ニ修正

二、戦争指導大綱ニ関スル件

㈠帝国独力遂行ノ件

海軍大臣ヨリ強キ反対アリ独トノ提携ノ必要アリ　修正トナル、主敵ハ米トセス　米英トス

㈡絶対確保ヲ要スル圏域ノ件

海軍ノ反対アリシモ、御前兵棋ニテ意見一致ヲ見タル事故遂ニ同意ス

㈢圏内交通確保ニ就テ海軍ノミノ責任ニ非サルヲ強調

㈣独「ソ」和平困難

㈤日「ソ」和平努ムルモ名案ナシ

㈥宣伝ヲ挿入セシ意義強調

三、国力トノ調整ニ関スル件

数日来大論争トナリシ十九年度航空機生産数ニ就テ企画院総裁ノ説明事項中ニ「尠クモ航空機生産四万機ヲ努力目標トスルモ未タ決戦々力（約五・五万機）ノ要求ヲ充シ得サルヲ以テ更ニ努力スル」意ヲ明ニスル事トナル

A・Bノ配分ハキメス　将来注意ヲ要ス

四、重慶工作　外務ニヤラセス　総理自ラ行フ事トナル

五、比島独立　最近米カ宣言許容ヲ行フトノ情報アルニ鑑ミ十五日ヲ繰上クル事トス

九月三十日　木曜

一、軍需省ニ如何程軍ノ機関ヲ投入スヘキヤ議論多シ

二、運輸省問題近日閣議決定トナルカ如シ

即チ鉄道ト海運ヲ綜合運営セントスルモノニシテ至急実現ヲ希望スルモノナレトモ外地鉄道ヲモ運輸省ニ総括セントスル案ナリ、朝鮮、大陸鉄道ハ満州鉄道ト一貫運用シテ始メテ対北方作戦輸送ノ円滑ヲ期シ得ルモノナルニ鑑ミ之ニ重大支障ヲ生スヘキヲ虞レ統帥部ヨリ外地ニ対シテハ別途措置スル如ク申入レ置ケリ

三、本日数日来波瀾ヲ生シタル連絡会議ノ結論ヲ御前会議ニ上呈［程］スル事トナル［『杉山メモ』下、参照］

会議ノ内容窺知ヲ許サ、ルモノアルモ相当ノ熱論ト波瀾アリシモノ、如ク重大時局ニ鑑ミ真摯ナル統帥、政府指導層ノ態度誼スヘキモノアリ

四、第二次船舶増徴及補塡ニ関シＡ・Ｂ間ノ僅カナル話合ヒツカサル模様、何時モノ事乍ラ遺憾至極ナリ

五、比島独立時期ヲ早ムル事ニ就テ連絡会議決定アリシモ第十四軍ノ参謀長、村田［省蔵］顧問ノ進言モアリ余リ軽率ナラスヤ……総理ノ決心再ヒ十五日案ニ復元シツ、アルモノ、如シ

十月一日　金曜

一、「ラウレル」一行入京ス

二、和知［鷹二］中将及村田顧問ヨリ比島情報ヲ聴取シ軍務局長ヨリ日比同盟条約案並ニ総理ヨリ「ラウレル」ニ対スル示達事項ノ説明アリ

示達事項ニ関シテハ異議ナカリシモ同盟条約ニ関シ「比島側ハ即時参戦ト外征トヲ極力回避シアリ、中央案ニ対シ比島側ハ調印スルナランモ斯クテハ「ラウレル」ハ民意ヲ失墜シ民衆ヨリ浮キタル政権トナルヘシ、目下ノ情勢ニテハ「ラウレル」ヲシテ其ノ政治勢力ノ強化滲透ヲ図ラシムルコトカ第一義的重要問題ナリ」ト反対意見アリ

「ケソン」旧大統領ノ比島独立宣言ニ先制ノ利ヲ占ムル為ニ独立許与期日ヲ一週間短縮セントスル中央案ニ対シ反対セシカ十五日ハ金曜日ニテ縁起悪シトテ十四日案トナレリ。

十月二日　土曜

一、連絡会議〔『杉山メモ』下、参照〕

大東亜会議ニ関スル件、

本会議ヲ世界的ニ意義アラシムル為ニ枢軸側ヲ陪聴者トシテ招致スルコトニ本日会議ニ於テ意見一致ス

十月三日　日曜

一、日比軍事協定ニ関スル件

現地軍参謀ヨリ説明ヲ聴取シ省部間並ニ軍令部ト交渉シ現地案ヲ基礎トシテ一案ヲ作製〔成〕ス

現地ノ強キ要請ヲ容レ不体裁乍ラ基本的事項ト細部的事項ヲ一文ニ纏メタル結果ハ余リニモ要求厳ニ過キタル文章トナレル憾アリ

二、日比同盟条約ニ関スル件

現地軍ノ要望ニ基キ中央案ヲ修正ノ為ニ関係官庁間ニ協議ヲ進ム

十月四日　月曜

一、特記スヘキ事項ナシ

十月五日　火曜

一、連絡会議〔『杉山メモ』下、参照〕

1、日比同盟条約ニ関スル件

2、対伊措置調整ニ関スル件

大ナル修正ナク決定セリ

右ニ基キ伊国ヲ敵国トシテ取扱フコトニ決定シアリシ従来ノ態度ヲ改メ大陸指並ニ陸亜密電ヲ以テ現地軍ニ指示スルトコロアリ

日比条約案ニ対シテハ和知参謀長並ニ村田顧問モ同意サレシモノナルヲ以テ大ナル波瀾ナク締結スル運ヒトナルヘシ

十月六日　水曜

一、国内体制ノ整備強化ニ伴ヒ大本営陸軍部ノ編制ニ関シ省部間ニ研究中ノトコロ次長立案ノモノヲ総長決裁セラレ本日発表セラレタリ　之ニ依レハ　第一課、作戦防衛兵站関係　第二課、編制、動員、軍需及総動員関係、第三課、教育訓練関係、第十五課ハ次長直轄トシ、第二部ハ関東軍関係、支那関係、南方及第八方面軍ノ三課ト綜合班、第三部ハ第七課鉄道船舶　第八課通信

第四部ハ欠員トシ総務部長ハ廃止ト為リ頗ル簡素化セラレタリ

夫々各部ニ於テ編制ノ細部ヲ研究中ナルモ鮮新ナル空気横溢シ生気潑剌タルモノヲ感シラレ必勝ヲ期シテノ大行進ハ天下ニ魁ケテ先ツ大本営ヨリ発足セラレタリ

十月七日　木曜

一、関東軍、支那派遣軍総参謀長ヲ東京ニ招致シ戦争指導並ニ全般作戦指導ニ関スル連絡、作戦指導並ニ兵力運用等ニ関スル作戦連絡ヲ行フ

大東亜戦争完遂ノ為ニ政府統帥部共ニ異常ノ決意ヲ固メ機構ニ、運営ニ、作戦ニ画期的ノ革新大躍進ヲナサントスルノトキ本会議ハ実ニ開戦以来屈指ノ重要性ヲ有スルモノト言ハサルヘカラス

二、「ラウレル」比島独立委員長ハ本日「マニラ」ニ於テ十月十四日ヲ期シ比島独立ノ宣言ヲナスコトヲ声明ス「ケソン」旧大統領ヲシテ独立宣言ヲナサシメントスル米国ノ野望ハ我カ方ノ積極的指導ニ依リテ遂ニ先制セラレタリ

三、各関係官庁主任者間ニ於テ「ボース」提案ノ印度仮政府ヲ謀略的ニ承認スルコトニ意見一致シ連絡会議提案ヲ作為ス

四、大本営ノ新編制ニ伴ヒ室ノ移転ヲ行フ

第十五課ハ次長直属室トナリ定員三名トナル

上司ノ意図ハ「対外施策」ヲ第二部ニ、「国家総動員」ヲ第三課ニ移管スルニ在ルヲ以テ二名減ハ当然ナラン

嘗テ野尻中佐出張ノ折ニ其ノ所属第十四課ハ解消シテ当課ニ合併セラレ今度再ヒ出張スルヤ第十五課解消セリ

野尻ノ出張ト編制改正トハ超人的ノ関係アルニアラサルヤ

十月八日　金曜

一、日華同盟条約締結時期ニ関スル件

右ニ関シ連絡会議主任者会同シ研究セントセシトコロ突如トシテ外務省ヨリ左ノ提議アリ一同愕然トシ且憤然トシテ外務省ノ事務手続ノ失態ヲ攻撃セリ

「本日閣議終了直後日華同盟条約締結時期ニ関スル谷大使宛訓令電報案ニ対シ海軍・大東亜・総理決裁

セラレタリ　該案ニヨレハ本月中ニ本条約ヲ調印スル如ク措置スルコト、ナレリ」
政府ニ於テ斯クノ如ク決定スト雖モ統帥部トシテハ関与シアラサルヲ以テ発言訂正ノ機会ハ尚残サレアルモノトシテ大東亜省側ハ極力時機ノ遷延論ヲ強硬ニ主張セシモ「事態斯クナレル以上ハ致シ方ナク同意ス」トノ統帥部ノ意嚮ニ依リ大東亜省モ泣キ寝入リトナレリ
本件明日ノ連絡会議ニ提出諒解ヲ求ムル如ク手続シテ解散ス

十月九日　土曜

一、大本営陸軍部ノ編制案ヲ課内ニテ研究ス意見左ノ如シ
1、大本営陸軍部ト陸軍省トノ業務上ノ主副担任ヲ明瞭ナラシメ事務ノ混乱ヲ避クルコト
2、編制ハ左ノ如ク重点主義ヲ採用スルコト
第一部　作戦課
第二部　米英情報担任課
第三部　鉄道、船舶主任課
3、関東軍、支那派遣軍、南方軍等ニ努メテ業務ヲ譲渡シ陸軍部ノ編制ハ極力圧縮スルコト
4、次長直属室ノ任務ハ「連絡会議ニ関スル事項」ノミニテハ不明瞭ナルヲ以テ「戦争指導ニ関スル事項」ヲ追加スルコト
5、軍紀風紀ハ動員部隊ニ関シテハ作戦課ニ参本ハ庶務課ニ移スコト
6、第八課ノ「対外施策ニ関スル件」ヲ削除スルコト
二、連絡会議〔『杉山メモ』下、参照〕
1、日華同盟条約締結〔時期〕ニ関スル件（諒解）
2、印度仮政府承認ニ関スル件（決定）
3、対重慶諜報路線工作廃止ニ関スル件（報告）
三、坪上〔貞二〕大使ヨリ
「ビ〔ピ〕ブン」首相ハ
1、泰国ハ生成ノ動機カ緬、比、満、支ト異ルコト
2、健康勝レサルコト
3、対日屈服ヨリ国内政治情勢ハ紛糾スヘキコト
等ノ理由ヨリ日本カ強イテ上京ヲ強要スルナラハ議会ヲ開キ理由ヲ具シテ首相ヲ辞職シ新首相ヲ東京ニ派遣致度意見ナルコトヲ電報シ来レリ
「ビ〔ピ〕ブン」ノ態度ニ憤慨セサルモノナシ　泰国ノ動揺ハ泰国ノ戦略的地位ニ鑑ミ忽ニ出来サルヲ以テ

対策ヲ深刻ニ研究セントス

四、渡集〔第十四軍〕政電第八一〇号ヲ以テ日比同盟条約ノ修正意見具申シ来ル「ラウレル」ハ第二条ノ「大東亜戦争完遂ノ為」ヲ「大東亜建設ノ為」ニ修正シ第三条ヲ削除スル他附属諒解末尾「防衛ニ付」ヲ「領土保全及独立ヲ防護スル為」ニ訂正致度申述ヘ現地軍モ同意シ来レリ　関係各省集リテ協議シ

1、原案通リ強行ス　但シ諒解事項ハ現地案通リトスルモ可ナリ

2、条約締結期日ヲ延期シ代案ヲ作製〔成〕ス

「註」日華同盟条約ト同文トシ比島ノ参戦ノトキ共同戦争完遂ノ協〔共〕同宣言ヲナスヲ有力ナル案トス

3、現地案ヲ丸呑ミトス

ヲ研究シ第一案ヲ採用ニ決定シ現地軍ニ打電ス

十月十日　日曜

一、日比軍事協定案ハ海軍省、軍令部、陸軍省ノ上司ノ決裁ヲ経タルヲ以テ本日現地ニ打電ス

電報掛ヨリ一八〇〇打チ終リタル旨報告アリ

十月十一日　月曜

一、渡集政電第八二五号ヲ以テ日比同盟条約案ニ関シ意見具申シ来ル

「ラウレル」ノ意見ニ依レハ民心ヲ把握スル為ニ是非トモ修文ヲ考慮セラレ度　然ラサレハ比島ニ分裂ヲ来ス虞アリトシテ現地軍ヨリ報告シ来ル

中央トシテ同盟条約トスルコト　首相ノ「ラウレル」ニ対スル下達事項中戦争指導ニ関スル事項ハ明文化スルコト、締結日ハ十四日トスルコトノ帝国ノ方針ハ変更ナク従ツテ日比同盟条約案ハ変更セサル旨ヲ現地軍ニ打電セリ

二、中央ノ態度ハ「比島ノ取扱ノミカ大東亜圏内諸国ト比較シ例外タリ得ス」ト言フニ在リテ現地軍カ余リニ比島側ノ希望ヲ容レ過キル事ニ付関係省ハ寧ロ顰蹙シアリ

村田特派大使ハ却々〔ママ〕悧巧ニシテ本朝東京ヲ出発セリ

十月十二日　火曜

一、比島独立ニ際シ総長ヨリ軍司令官ニ与フル祝辞（要望）

同「ラウレル」ニ与フル祝辞ノ決裁ヲ受ク

二、日比軍事協定締結期日ニ関シ現地軍ヨリ意見具申シ来リシカ従来ノ中央ノ態度ヲ放擲シテ其ノ意見ヲ採用スルニ決ス

軍政撤廃ヨリ条約効力発生ニ至ル迄ノ相当期間無条約時期存在スルハ理論上不可ナルハ明カナルモ現地軍ハ現実論ヲ枉ケス現実的ニ支障ナシトノ理由ヲ以テ再三、再四中央ノ意図ヲ説明セシモ遂ニ蒙ヲ拓ク得ス　日時モ迫リタルヲ以テ現地ノ希望ヲ容認スルコト、セリ

三、第一部長南東方面出張中ノ処昨日帰任本日報告アリ

四、第二課、第四班、第二十班服務上相互連繫ニ関スル申合セヲ関係者ニ於テ協定ス

之ニ依リテ業務ノ分解［界］簡素明瞭ニナリ爾後極メテ円滑ニナルヘシ業務ノ分担変更ニ伴ヒ

田中中佐第二部ニ転出ノ内意下達アリ

五、テー・モン［駐日ビルマ大使］大使謁見ノ栄ヲ賜ル

十月十三日　水曜

一、連絡会議

1、伊国潜水艦三隻ヲ独ニ譲渡スル件、

2、遣独伊連絡使現地解散ニ関スル件、何レモ異議ナク決定セシヲ以テ関係省部ニ於テ夫々処置スルコトトナレリ

二、敵側ノ放送情報ニ依レハ葡ハ「アゾレス」諸島ヲ基地トシテ英米ニ提供セシモノ、如シ　既ニ葡ハ実質的ニ枢軸側ヲ脱落セリ　米英軍ノ葡本土利用　次テ西班牙ノ脱落ハ時ノ問題ニ過キサルヘシ

本日ノ連絡会議ニ於テ対葡措置ハ決定セサリシモ一般ノ意向ハ左記ノ如クニシテ速カニ事務当局ニ於テ研究スルコトニナレリ

左　記

1、独逸ノ意向ヲ参酌シテ帝国ノ対葡態度ヲ決定ス

2、「ソ」連ノ対米基地供与ヲ封殺スル効果ヲ狙ヒ対葡抗議ヲナスコト

十月十四日　木曜

一、大東亜共同宣言ノ研究

大東亜戦争完遂ノ決意ト大東亜共栄圏建設ノ方針ヲ闡明スルコトハ既ニ連絡会議ニ於テ決定セラレシカ主トシテ大東亜省ニ於テ有名智識ヲ動員シテ起草セシメシ

モ或ヒハ理念ニ走リテ現実ヲ離レ、或ヒハ皇道精神ノミヲ表現シテ大東亜民族共通ニ理解シ得サルモノアリテ満足ナル案ナシ　大東亜建設ノ理念ヲ掲ケ而モ世界各国ヲ魅惑シ羨望ノモノタラシメ大東亜各国ニ取リテハ大東亜戦争完遂ノ源泉トナリ　而モ現実ヨリ遊離セシメサル方針ノ下関係員頭脳ヲ絞リテ起案セシモ何レモ頭脳ノ貧困ヲ歎息セリ

二、一七、三五比島共和国政府「マラカニヤンパレス」ニ於テ日本側村田大使、比島側「レクト」国務大臣ハ日比同盟条約ニ調印ヲ了シ続イテ一七、五五日本側比島方面陸軍最高指揮官比島側「ラウレル」大統領ハ軍事秘密協定ニ仮調印ヲ了セリ

十月十五日　金曜

一、大本営編制改正発令セラル　第十五課ハ第二十班トシテ次長直属トナル
御上　ニ於カセラレテモ　御満足ノ　御模様ニ拝セラレシ趣ナリ
十六時ヨリ総長ノ訓示アリ
第一、作戦第一主義ノ徹底ニ就テ、
第二、幹部ノ陣頭指揮ト上司意図ノ徹底遵奉ニ就テ、
第三、思索ノ深渕周倒ト事前準備ノ完整ニ就テ、
総長烈々タル気魄ヲ以テ老骨ヲ提ケテ訓示セラレ感銘深シ（本訓示ハ総長、次長ノ指示ニテ種村中佐起案誰ニモ内示スルコトナク発セラレタルモノナリ、陣頭指揮ノ表レト云フヘシ）

二、田中中佐第二部第四班附ニ転出（今月中赴任延期）第二部長有末［精三］少将及額田［坦］少将ノ合作ニテ念ノ入リタル人事ナリ

三、松谷大佐留守中野尻、塚本［政登士］出張中ノ出来事トテ心痛大ナリ

四、種村中佐ハ第二課附兼勤トナリ作戦トノ節調ヲ保ツコト、ナレリ

五、三年前昭和十五年十月十日附ニテ第二課ヨリ分離シテ第二十班カ生レ又第十五課カ第一部ヨリ分離シテ第二十班生ル感深シ　人ニヨリテ編成カ左右セラル、ハ可ナリ　但シ丸四年六回ニ亘リ鞍替サセラル、身トシテ種村ノ心境異変アリ
一身上ノ事ハ捨テテ上司補佐ニ邁進セン
第二十班長　　松谷大佐

附　　種村中佐
々　　塚本［政登士］少佐
野尻中佐ハ「シバラク」発令ヲ待機ス
六、「対葡措置ニ関スル件」持廻リ連絡会議ニ於テ決定ス
直チニ政府ハ「ポルトガル」ニ厳重抗議ス
次長、次官ヨリ現地ニ伝達ス

十月十六日　土曜

一、靖国神社臨時大祭此ノ日一〇、一五　聖上　皇后両陛下御親拝遊サル、地下ノ英霊、奉拝ノ遺族民草感激感涙ニ咽フ、瑞雲棚引キテ戦勝ノ前途ヲ祈願スルニ似タリ

二、夜船橋三田浜楽園ニテ旧第一部全員ニテ綾部［橘樹］第一部長ノ送別宴ヲ行フ盛大ナルモ感深シ
総理別館ニテ大本営政府連絡会議主任者ノ三幹事ヨリ招待アリシモ右次第ニテ欠席ス

十月十七日　日曜

特記スヘキ事項ナシ

十月十八日　月曜

東条内閣成立二周年
首相官邸ニテ内輪ノ祝宴ヲ行フ
此ノ日組閣以来首相ヲ補佐シ今日去リシ鈴木［貞一］総裁ナカリシヲ寂シカリシト心アルモノハ云フ
二十日参謀長会議ノ原稿第一部長以上ノ閲覧ニ入ル
総長官邸ニ御持参ノ上加筆セラル

十月十九日　火曜

次長急命ヲ帯ヒ瀬島［龍三］ヲ帯同新京ニ出張
誰一人其ノ内容ヲ知ル者ナシ昨夕云ヒ出シ急遽出発ス、陣頭指揮ノ表ハレトシテ痛快、其ノ決［結］果ハ次長ニ対スル信頼彌ケ上ニモ増スヘシ

十月二十日　水曜

内地軍、師団参謀長会議行ハル
午前参謀本部
総長ヨリ丸一時間ニ亘リ訓示アリ（予定三〇分）感銘ヲ与フルモノ深ク内容亦例外ヲ破リテ強シ
午後ハ大臣自分テ書イタ原稿ヲ約一時間ニ亘リ熱心ニ説ク

省部ノ気風ハ勿論各軍ニ両将軍陣頭指揮ノ戦時下熱意ニ感激ヲ与フルモノ蓋シ大ナルモノアラン

総長ハ十月十八日夜修文セラレシ訓示案ヲ更ニ十九日夜加筆、スツカリ総長ノ信念トシテ吐露セラル

各課ハ勿論第一、第三部長ニモ連絡スルトコロナク第二十班トシテノ独断専行ヲ行フ

下ノ方ニテグズ〳〵言フモノアルモ一旦内容ニフレテ一言半句ヲタレルモノナシ。

十月二十一日　木曜

大東亜共同宣言案数回ニ亘ル主務者審議ノ結果モ連絡会議ニテ議論百出、オ下ケ渡シトナル。

独リ大東亜大臣ガ原案ヲ飽ク迄主張セシモナラス

総長黙々トシテ語ラス

総長ヨリ全般ノ空気ヲ承リテ夜主任者会議ニ於テ徹底的修文ヲ行フ。

十月二十二日　金曜

次長昨二十一日夕帰京ス

其ノ結果第二方面軍第二軍ノ満州転出、亀［ニユーギニア西部］、豪北方面ノ徹底的強化ガ決定セラル、

阿南［惟幾］将軍ヲ対米第一線ニ推戴スルニ至ル　皇軍ノ歓喜ナリ、将軍ノ出馬ハ

真田［穣一郎］少将「一、二師団ノ兵力増強ニ勝ルト」

宜ナルカナ、

近来ナキ次長ラシキオ働キ振リニ感激、

先般ノ編成改正ト共ニ特筆大書スベキ大功績ナリ。

故有末中将御遺骨ヲ横浜空港*ニ迎フ（種村）

原［四郎］参謀ニ抱カレテ迎フルモノ迎ヘラレルモノ共ニ三年前丁度今頃第二十班トシテノ誕生ニ心膽ヲクダキシコトヲ想ヒ起シ

噫　感慨ナクシテ何ゾ。

松谷大佐
塚本少佐〉ヨリ期セスシテ同時ニ二十三日帰京ノ電報来リテ安心。待望久シカリキ

総長北海道行ヲ決心、小官ノ随行ヲ一人決メラル、班長不在中心乱ル。

* 横浜市富岡の海軍水上機基地。

十月二十三日　土曜

靖国神社例大祭
総長十時発　北海道ニ御出張、
随行者
（第三部長〔額田坦〕　三吉〔義隆〕　栗栖〔静馬〕）
小樽迄
種村、小林〔四男治〕、高山〔信武〕、浦〔茂〕、
十時ヨリ連絡会議ニ於テ大東亜共同宣言ヲ決定〔『杉山メモ』下、参照〕
次長代ツテ出席ス

十月二十四日　日曜

関東軍総参謀長宛次長電
日華間条約改訂ノ要点ヲ皇帝ニ伝達ス

十月二十五日　月曜

特記事項ナシ

十月二十六日　火曜

総長北海道行キヨリ帰京ス

十月二十七日　水曜

故有末中将及越次〔一雄〕中佐葬儀盛大ニ挙行セラル
塚本少佐ト軍務課橋本〔正勝〕少佐ト交代ノ件
次長ヨリ意見徴セラル
班長ヨリ種村へ相談アリ次長ノ意見ナラバ行フベシト答フ。
塚本ガ「キライ」ニアラズ橋本ガヨリ好キナリセバナリ。

十月二十八日　木曜

午后二時ヨリ連絡会議ニ於テ日華同盟条約締結ニ伴フ帝国政府声明案ヲ決定ス〔『杉山メモ』下、参照〕

十月二十九日　金曜

豪北方面強化ノ為、満州ヨリ第二方面軍転用発令セラル
阿南大将司令官タリ、
右ニ南方総軍左ニ第八方面軍、後方ニ第十四軍ニ挿マレテ疝痛ヲ起サヾランコトヲオソル。
岡部〔直三郎〕大将第三方面軍司令官トシテ「チ、ハル」ニ至ル。

十月三十日　土曜

日華同盟条約締結ス
コレガ対支問題解決ニ幾何ノ影響ヲ何時モタラスカ、――
オタノシミナリ。
戦争ハ作戦ニ勝ツヲ以テ最大絶対条件ナリ、連絡会議関係者ノ遠乗会アリ、
大森ノ「ミハラシ」ニ一夕盛大ナリ。

十月三十一日　日曜

次長ヨリ
「対重慶政治工作ハ柴山中将ヲシテ現地ノ指導ニ任セシム、コレガ為本軍ノ連絡者ハ軍務局長トシ時々飛行機ニヨリ往復セシムルコト、ス」ト。

十一月一日　月曜

独「ソ」戦況不振　陸軍省方面ニテハ盛ンニ独「ソ」和平説抬頭ス。
其レヨリハ十月中ノ船舶損耗喪失十五万屯、損傷八万屯損傷八万《［ママ］》屯ト聞キテ大東亜ノ情勢ニ真剣タラザルベカラズ
本件ニ関シ大イニ陸軍省ヲ啓蒙ス
阿南将軍ニ対スル拝謁命令ノ下達
参謀総長要望、
次長以下ノ説明アリ。
軍需省、運輸通信省、農商省華々シク発足ス、
要ハ実行ニ存ス、来年三月頃批判セン。陸軍省中ニ軍需省ガ国防省的性格ナシトテ之ガ支援充実ニ関シ熱意ヲ欠クモノアリ、
今頃ハ軍需省如キヲ政治的ニ利用スヘキトキニアラズ真剣ナラザルベカラズ
野尻中佐軍需省総務局総務課高級課員トシテ発令招電ス
葡会議ニ出御途中三十一日「バーモ」ハ仏印「ツーラン」ニテ飛行［機］大破（無事）
「ワンワイ」ハ「バンコック」出発ニ当リ、飛行機事故ニテ一日延期スルヤ急ニ発熱四十度ニテ中止ヲ申シ入ルル等
（コレニ基キ二課デハアワテ、仏印、泰ニ独混［独立混成旅団］一ノ増兵ヲ決定ス［）］
東京ノアワテ方ハ大ナリ、
然ルトコロ一日午后ニナリテ「ワンワイ」ハ気中毒トワカリ一日午後「バンコック」発トナリ「バーモ」モ無事一日「ツーロン」（南方軍機ニヨリ）発ニテ悲喜劇ノ幕ヲ閉ツ。

呵々

十一月二日　火曜

「モスコー」ノ三国会談ニテ三国外相ノ共同声明ヲ発表ス。
（同盟電）
大体大東亜共同宣言ト近似シアル之亦滑稽ナリ。
英米カ「ソ」ニ牛耳ラレタルニ終リタルナラン。

十一月三日　水曜

明治節
参謀本部別館ニ於テ午后
「独ノ急変ニ対応スル方策」ヲ研究ス
（松谷、種村、塚本）
夕刻首相官邸ニ於テ大東亜会議出席者ノオ茶ノ会アリ、
「バーモ」「ワンワイ」両氏安着ス。

十一月四日　木曜

昨日首相官邸ノオ茶ノ会席上　書記官長ヨリアンダマン、
ニコバルヲ印度仮政府ニ帰属セシメテハ如何トノ発言アリ、
両次長同意セラレ本日次長ヨリ関係方面トノ接衝ヲ行フ如
ク指示セラル。

十一月五日　金曜

大東亜会議開催セラル
第二部長代席ス
本朝刊ヨリ新聞発表ス

十一月六日　土曜

大東亜会議無事終了
大東亜共同宣言採択セラル、意義極メテ重大ナリ、
最後ニ「バーモ」氏ヨリ印度ナクシテ「ビルマ」ナク、印
度仮政府ノ全幅的支援ヲナス旨発言「ボース」氏感謝ス
首相ヨリ突如「アンダマン」「ニコバル」ヲ帰属セシムル
旨発言シ感激特ニ大ナリ。
「バーモ」ノ発言、「ボース」ノ感謝共ニ次長ノ発意ニテ
数日前来関係方面ト交渉中ノトコロ成立。
「アンダマン」「ニコバル」ノ帰属ヲ本日発言スル件ハ本
朝ニ至リテ急ニ成立陸軍大臣ノ熱望モアリ、持廻リ連絡会
議ニ於テ決定、
午前中ニ総理ヨリ

上奏、発表ノ通トナリシモノニシテ現地軍ニ対シ、本件予メ協議スルコトナカリシ為鄭重ナル電報ヲ次長次官ヨリ発電ス

（右ハ総長ノ特ニ寺内［寿一］元帥ニ対スル心使ヒヨリ来リシモノナリ）

又本会議席上

「ブーゲンビル」ノ大戦果発表アリ感激ヲ更ニ高潮セシメタリ。

本日昭和十二年太原攻略ノ日感深シ（種村）

十一月七日　日曜

日比谷ニテ大東亜結集国民大会アリ、

各国代表熱弁ヲ振フ

風強シ、

夜歌舞伎座ニ各国代表招待ノ観劇会アリ。

十一月八日　月曜

大詔奉戴日

靖国神社ヘノ参拝依然トシテ多シ。

「ブーゲンビル」ニテ第二回ノ大戦果ヲ挙グ

戦艦四撃沈ハ蓋シ「ハワイ」空襲以来ノ最大戦果ナリ。

海軍ヤット息ヲ吹キ返シタル感アリ、

心強シ。

十一月九日　火曜

特記事項ナシ。

野尻中佐満支出張中ノトコロ、本日帰任。

軍需省総動員局総務部総務課高級部員トシテ軍需省ノ中核トナル。

発展解消トシテ喜ブベシ。

午後塚本少佐北支ヘ転出、橋本少佐軍務課ヨリ転入ノ件急速ニ持出サレタリ塚本目下風邪ニテ欠席中、

奥様ハ昨八日上京、転任半年月、家庭ヲ持チタル真ニ困リ入リタルコトナリ

塚本ハ軍務課国内班長ノ予定ノトコロスツカリ話違ヒテ困惑ス

同期ノ庶務課ノ伊藤［昇］少佐ノ推選［薦］、北支再迭ノ為。

十一月十日　水曜

「バーモ」「ラウエル」「ボース」三氏総長ヲ訪問、

中食ハ「バーモ」ト夕食ハ「ボース」ト会談会食セラル、

午後一時ヨリ連絡会議ニ於テ

一、蘇淮地区ノ通貨調整ニ関スル件

一、「アンダマン」「ニコバル」ノ帰属処理ニ関スル件、決定〔『杉山メモ』下、参照〕

「タンカー」ノ損耗補填ノ件、AB充当何レヨリ徴傭スベキヤニ関シA、B、意見一致セズ次回トナル

午後毎週水曜ニ連絡会議事務当局ガ首相官邸裏ニ集合スルコトニ定ム

差当リノ問題トシテハ九月検討ノ戦力増強ニ関スル件（23／9閣議決定）ガ実行サレアリヤ否ヤニ関シ再検討ヲ行フコトトス。

種村ヨリ欧州情勢ニモ鑑ミ対「ソ」対独戦時外交ヲ清澄化スル件ニ関シ申言事務当局ノ同意ヲ得、逐次本会合ニ於テ具体化スルコトトセリ。

十日次長岐阜方面陸大参謀旅行視察（松谷大佐同行）十日帰任

往復共飛行機ニヨル

二十年不同〔動〕ノ現戦ニアキレタルガ如シ。

十一月十一日　木曜

南東方面海軍戦果ニ対シ御勅語ヲ賜ハル。

恭ケナク此後ノ戦果ニ聖慮ヲ安ンジ奉ランコトヲ祈ル

橋本少佐着任、

清新ノ気頓ニ加フ

以上乱筆種村中佐記、

十一月十二日　金曜

一、美山〔要蔵〕第三課長北支視察ニ関シ左ノ如キ報告アリ。

1、第三十六師団ノ編成改正ハ順調ニ進捗シアリ。

2、対支処理根本方針ノ具現状況ハ必スシモ日本軍ノ兵力負担ヲ軽減シ得ル域迄到達シアラス、在支軍ノ戦力低下ヲ防止スル為ニハ中央トシテモ相当ノ考慮ヲ要ス

3、北支特別警備隊ノ編成ハ一応完結セルモ下級幹部ノ

素質悪キ為今後教育訓練ノ成果ヲ俟ツテ爾後ノ態度ヲ決定スルヲ要ス。

一、総力戦研究所長村上［啓作］中将ヨリ南方視察状況トシテ左ノ如キ意見ヲ松谷大佐聴取セリ

1、戦力増強ニ関スル諸施策ハ上層部ニハ良ク理解セラレアルモ下級部隊ニハ未ダ徹底シアラズ

2、全般ノ情勢ヲ考察シ帝国ノ戦争指導ニ一転機ヲ画スルモノハ「ビルマ」ニ於ケル敵ノ反攻ヲ徹底的ニ撃摧スル以外ニ途ナキヲ痛感ス

此ノ点松谷大佐モ同様ノ所感ヲ有シアリ。

3、南方ニ於ケル「インフレ」抑止対策ノ研究必要ナリ、之カ為棉布等ノ見返品ヲ与フルハ効果アリ、

4、最悪ノ場合南方地域ヲ絶対確保スルタメノ優先順位ヲ十分研究シ置クヲ要ス

「スマトラ」「ボルネオ」「セレベス」ノ順、「ジャワ」ハ左程重要ナラス

5、諸機関縦ノ系統ノ連絡ハ可ナルモ横ノ連絡ハ十分ナラス

一、総力戦研究所ノ研究結果ニ依レハ十九年度ハ「アルミ」二二万屯、鉄五五〇万屯、船一八〇万屯、⋈「飛行機」五万機、二十年度ハ「アルミ」二七万屯、鉄六二〇万屯、船二二〇―二三〇万屯、⋈六万機生産可能ナリ、

（本目標ハ理想的数字ニシテ現状ニ著シキ変革ヲ加ヘサル限リ達成至難ナリト観察ス　橋本註）

一、先般来「ソロモン」方面ノ戦闘ニ於テ敵ノ被リタル航空機ノ損害ハ空母ニ依リ補填セラレタルカ如ク其ノ攻撃力ハ衰ヘアラス。

之レニ反シ我カ海軍機ノ損害ハ意外ニ大ニシテ概ネ半減シアリ。結局数的絶対優勢ノ敵ニ対シ当分雌伏ノ止ムナキカ、剣部隊*ノ果敢ナル企図モ概ネ挫折セルモノ、如シ

* 歩兵第五十四連隊第二大隊長三輪光広少佐の指揮するタロキナ逆上陸部隊。

十一月十三日　土曜

一、情勢独ノ為急変セル場合我カ威令下諸国ノ威力掌握ノ要領及独ノ急変セル場合、日「ソ」国交ノ進展ニ依ル事態解決ノ具体的方策ニ関スル班内合同研究ヲ明日ヨリ実施スル予定ナリシモ都合ニ依リ中止セリ。

一、塚本少佐診断ノ結果明日軍医学校へ入院スルコトトナレリ。

一、夜班ノ会食ヲ実施ス　塚本少佐不参

十一月十四日　日曜

一、参謀次長左記目的ヲ以テ十五日ヨリ二十一日迄「マニラ」ニ出張セラル、高山中佐、瀬島、田中、橋本少佐随行ス

1、第二方面軍設置ノ根本義ヲ現地軍へ徹底セシメ各軍間ノ協同ヲ調整ス。

2、岡［南方軍］渡［第十四軍］ノ補給関係ヲ律ス。

3、明春以降ニ於ケル作戦準備ノ為ノ諸元ノ把握、

4、「アンダマン」「ニコバル」防備処置ノ打合

一、塚本少佐本日入院ス恢復ニハ二―三週間ヲ要スル見込

一、総長日返［帰］リニテ名古屋ニ出張陸大現戦ヲ視察ス必要度ハ別トシテ元気嘉スベシ

十一月十五日　月曜

次長「マニラ」ニ出張

橋本少佐同行ス

十一月十六日　火曜

特記事項ナシ

十一月十七日　水曜

九月二十三日閣議決定ノ戦力増強ニ関シ非常措置促進ニ関スル各省連絡会議ヲ内閣ニ於テ開催

種村停〔ママ〕聴ス、

何事モ万事進展セサルモノ、如シ

石川信吾少将（軍需省総務部長）ヨリ此ノ如キ会議ハ軍需省ニ一任セラレ度トノ発言アリゴテル〔ママ〕

豈図ランヤ此ノ会議ハ陸海軍ヨリ発案参事官室ヲシテ実施セシメタルモノナリ

野尻中佐ヲシテ其ノ点説明セシム。

十一月十八日　木曜

前日ニ引続キ内閣ニ於テ会合アリ、

種村出席ス

次長一行「マニラ」大洪水ノ為台湾屏東ニ窒息〔ママ〕ス。

十一月十九日　金曜

一、米豪軍「ギルバート」諸島ニ突如攻撃上陸ヲ開始セルモノ、如シ、

「マキン」「タラワ」両島ニハ我海軍陸戦隊約一〇〇〇名守備シアリ、

戦況未タ不明ナルモ、敵モ愈々図ニ乗リタル感アリ。

十一月二十日　土曜

［記事なし］

十一月二十一日　日曜

［記事なし］

十一月二十二日　月曜

［記事なし］

十一月二十三日　火曜

一、次長「マニラ」出張ヨリ帰京（橋本随行）

一、「ラバウル」方面ニ出張中ノ服部［卓四郎］第二課長ノ所見（松谷大佐聴取）

1、第八方面軍ノ戦略戦術思想ハガ島以来理論ニ趨リ稍々積極性ヲ欠クハ注目ヲ要ス

2、同方面ノ第一線将兵ハ戦勝感ニ燃ヘ敗退等ノ感ハ豪モ抱キアラス、ソレニモ拘ラス結果的ニ面白カラサルハ中央ノ反省ニ俟ツモノ多シ。

3、予期ノ戦略態勢確立ニハ尚相当ノ時日ヲ要スルヲ以テ「ラバウル」ノ要線ハ軽々ニ放棄スヘカラス

4、「ラバウル」ノ最後的様相ヲ十分研究スルト共ニ同地域ヲ確保スヘキ時機ニ関シ検討スルコト必要ナリ。

5、「タロキナ」ニ於ケル浜ノ上部隊［歩兵第二十三連隊長浜ノ上俊秋大佐］ノ退却動作ハ我カ戦史上ニ一大汚点ヲ存シタルモノト謂フヘシ。

尚ホ「タロキナ」ノ攻撃再興ニ関スル第二課長ノ再三ノ要請ハ方面軍ノ容ルル所トナラス

将来統帥部ト方面軍トノ間ニ面白カラル空気ヲ蘊［醞］醸スルニ非ラサルカ？

一、豪軍捕虜将校ノ陳述ニ依レハ敵ハ「ブーゲンビル」南部ノ我準備正面ヲ避ケテ東方ヨリ一挙ニ「ブカ」ヲ制シ次デ「ラバウル」要線ノ攻略ヲ企図スト。

「ギルバート」ニ対スル攻撃ハ其ノ前哨戦ナルヤノ感

アリ。

十一月二十四日　水曜

一、次長ノ「マニラ」ニ於ケル現地各軍間ノ調整ニ依リ輝［第二方面軍］ノ作戦準備ノ滑リ出シハ概ネ順調ニ行クモノト考察セラル。

問題ハ一ニ輸送如何ニ存シ敵ノ妨害ヲ予期セラル、ヲ以テ前途愈々多難ナリ。

一、輝ノ作戦地域ヲ海軍々政ヨリ切離シ陸軍ノ指揮下ニ入ルベシトノ次長ノ主張ハ今回ノ会談ニ於ケル現地軍ノ意見ニ依リ現状ヲ以テ進ムコト、ナレリ。

一、塚本少佐ノ病状ハ経過良好ニシテ元気ヲ恢復シアリ。

十一月二十五日　木曜

一、「ギルバート」ニ対スル敵ノ反攻ヲ対日全面的包囲攻撃ノ一環トシテ米ハ大々的ニ宣伝シアリ。

同方面戦況ハ敵ノ空母及艦艇ノ一部ニ損害ヲ与ヘタル外戦況不明ナルモ同地海軍守備隊ノ玉砕健闘ニ依リ敵ト心中シテモラヒ度キモノナリ。

一、十一月中旬A船沈没三万屯強、B、C共ニ予想ヨリ大ニシテ損耗補填量及建造量ヨリ遙ニ突破シアリ、現状ヲ以テ推移セバ十二月中、遅クモ一月中ニハA、Bノ増徴ハ必至ナルヘク茲ニ戦争指導上ノ一大難関ニ逢着スヘシ、

一、本日麹町別館ニ於テ、高橋［満蔵］、田中中佐ノ出席ヲ求メ第二部案「来春頃ヲ目途トセル新世界情勢判断」ニ関スル第一回ノ研究ヲ開始ス、

案ハ未タニ部内ニ於テモ意見ノ一致ヲ見アラサル粗案ナルヲ以テ、本日ハ主トシテ爾後ノ研究態度ニ関シ思想純［統］一ヲ図ル限度ニ止メ更ニ研究ヲ続行スルコト、セリ

九月御前会議決定ノ情勢判断トハ相当ノ変化アリ、情勢ノ推移ハ愈々帝国ノ前途ニ憂色アリ

十一月二十六日　金曜

一、「マキン」「タラワ」占領サル。全般ノ戦争指導上問題トスルニ足ラサル些事ナルモ、敵ノ宣伝価値ハ大ナリ。

尚我カ国民ノ志気ニハ相当ノ影響ヲ与フヘシ。

国民ノ神経ヲ太ク焼キ直シ、大国民ノ襟度ヲ持スル如ク、訓練スルコト必要ナリ。

一、米国ノ観タル帝国ノ戦力、
1、陸軍九〇師団（二〇〇―三〇〇万人）
2、飛行機生産能力年間一〇、〇〇〇―一、二〇〇［ママ］機
3、日本ハビルマ方面ヨリ攻撃企図ヲ有ス。
4、日本軍ハ「ソロモン」「アッツ」戦以来緒戦ニ於ケル積極的気魄ヲ失ヒアリト。
敵ノ観察ハ概ネ至当ナリ。
一、台湾新竹在支米空軍ヨリ初撃ヲ受ケ海軍飛行場ニ若干ノ損害アリ、敵ノ来ル寧ロ遅キニ失ス、台湾ノ軍官民ヲ覚醒セシムヘキ良薬也。
一、上海大使館事務所岡崎［勝男］参事官ノ中支経済事情ニ関スル話アリ。
1、囤積綿糸布ノ強制買上ハ予定ノ如ク進捗、（支那側二五三、〇〇〇梱、日本側二〇〇、〇〇〇梱）
2、物資取得ノ面ヨリ見レハ大東亜現地機関ノ活動ハ弱体ニシテ些カ逆行ノ観アルモ軍ノ全面的乗リ出シヲ必要トスヘシ
3、最近ノ中支物価趨勢ハ依然悪化ノ一路ヲ辿リツツアリ。
一、*乙号作戦準備打合ノ為関東軍連絡者上京ス。
現在ノ国力ヨリ観テ其ノ作戦構想ニハ相当ノ修正ヲ必要トセサルカ、
一、夜班員毛利［毛里英於菟《もうりひでおと》］氏ト戦後経営ト戦争ヨリ平和ヘノ転移ニ関スル研究ノ為ノ第一回打合ヲ行フ。

＊ 対米英作戦中にソ連と開戦する場合の対ソ作戦。

十一月二十七日　土曜

一、「クリエル」原［久］少佐（特情）平田中尉（兵本）ノ報告、
1、兵器展覧会ニハ優秀兵器等ハ出品シアラス、
2、対戦車火砲ニ口径ノ逓減セルモノアリ（初速増大ノ為）
3、大型爆弾ノ弾体カ「アルミ」製ノモノアリ、
4、帝国大使館総領事館ノ防諜状態不良ナリ、特ニ金庫ノ機能著シク不良ナリ。
二、関東軍原［善四郎］中佐ト会食、
三、新世界情勢判断ニ関スル第二部ノ研究アリ。
1、一般ノ空気ハ独軍ノ「ドニエプル」河線ノ保持ハ殆ント見込ナク、新旧両国境線ノ何レカニ停止スル公算半々ナリトノ判断ナク［リ］、従来ノ考ヘハ大ナ

ル差違アリ。

2、林［三郎］中佐晴気大佐共ニ十二月末ヲ目途ニ詳細ナル研究ヲ為シアルニ付、ソレヲ目途ニ独戦争能力ノ判断ヲスヘシトノ意見強硬ナリシモ、種村中佐ノ意見ノ如ク速急ニ研究ヲ進ムルコト、ナレリ。

3、第二部研究ノ態度ハ一般施策ヲ裏付セラレアラサルヲ以テ一般ニ呑気ナリ。

四、夜、班長、橋本別館ニ於テ独英和平問題ニ関連スル諸件ノ研究作業、一案ヲ作製［成］ス。

十一月二十八日　日曜

一、今冬季間情勢独ニ不利ニ進展セル場合ノ欧州和平ニ関スル観察ノ班合同研究ヲ行ヒ概ネ思想一致セル案ヲ得タリ。

一、新世界情勢判断中、独「ソ」戦勢推移並ニ英米ノ第二戦線問題ニ関シ第二部主務者間ニ研究アリ、第二戦線結成ノ目的、時機、方法、及其ノ影響ニ関スル判断ハ未タ第五、第六課間ニ意見ノ一致ヲ見アラス

野原［博起］少佐ノ意見ニ依レハ英米カ本格的ニ西方第二戦線ヲ結成スルコトナク「バルカン」作戦ノミヲ実施スル場合ニ於テハ「英米」ハ本質的ニ既ニ対「ソ」攻撃ノ腹ヲ有シアルトキナリト　面白キ観察ナリ。

此ノ間帝国トシテ乗スヘキ手ナキカ？

意見相違ノ根本原因ハ現在並ニ近キ将来ニ於テ欧州戦局ノ主動［導］権ヲ「英米」及「ソ」ノ何レカ強ク把握シ得ルカノ見透、判断ノ相違ニ存シアリ。

十一月二十九日　月曜

一「ベルリン」大空襲ノ成果逐次判明ス来襲機数約八〇〇、投弾二千数百屯、三日間ニ亘リ攻撃開戦以来ノモノナリ。「ベルリン」ノ約二割ヲ破壊セラレリタリト称ス。独国民ノ志気ハ未タ旺盛ナルガ如キモ物的損害ハ莫大ナリ。指揮中枢ノ破壊ヲ覘［狙］ヒアル点注目ヲ要ス「ヒットラー」策ナキヤ

一、新世界情勢判断第二部案纏マル

十一月三十日　火曜

一、陸大卒業式挙行セラル。大元帥陛下ニハ御帰途、大本営ニ行幸アラセラル

一、「ル」「チ」「ス」巨頭会談開催セラレアルカ如シ

一、十一月中ノ船舶損耗（沈没）二十三万屯ニ達ス
開戦以来ノ「レコード」ナリ。此ノ調子デハ年内ニハ増徴分ハ皆無トナリ、従ツテ新ナルＡＢノ徴傭問題ヲ惹起シ、之カ為作戦並ニ国力ノ維持増進トノ間ニ相当問題トナルベシ。

十二月一日　水曜

一、欧州和平問題ニ関連シ日「ソ」国交調製［整］ニ関シ班長ガ鈴木前企画院総裁ニ打診セル所、此ノ際対「ソ」思ヒ切リ譲歩（南樺太ヲ壌［譲］渡）ヲ行ヒ米英ニ対スル我方ノ南方要求ヲ支持セシムルノ工作ヲ可トスベシトノ意見ナリ。

一、十九年度以降飛行機ノ飛躍的増備ヲ行フ為ノ燃料対策ニ関シ陸軍省ニ於テ研究アリ。
明年ノ航揮所要量一二五万竏、質ヲ低下スレバ辛フシテ充足シ得ルモ二十年以降ハ今ヨリ対策ヲ講セサレハ非常ナル隘路トナルヘシ
尚ホ「タンカー」問題モ研究ヲ要ス。

一、伯林爆撃ノ報復手段トシテ独側ノ毒瓦斯企図アルヤニ観察セラルルヲ以テ陸海両次官次長ヨリ両武官宛、独側ノ企図ヲ照会セリ。

十二月二日　木曜

本日「チ」「ル」「蔣」「カイロ」会談ノ声明アリ。
専ラ対日作戦及戦後ノ対日処理ヲ議シアリ。本件ニ関シ班長ヨリ外務大臣ノ「独」「ソ」大使ノ意嚮ヲ打診セル所ニ依レハ独「スターマー」ハ楽観的ニシテ「モスコー会談ノ補備対独戦後処理」ヲ議スルナラント称シアルモ、「ソ」大使ハ儀礼的ニシテ言ヲ左右シアリト、

一、先般来研究セル「ソ」大使ノ交代派遣ニ関シテハ班長ヨリ総長ニ対シ次ノ如ク意見ヲ具申シ概ネ次ノ如ク同意セラレアル由、
即チ大使ハ広田［弘毅］、已ムヲ得サレハ重光、主席随員ハ泰［秦彦三郎］次長実現ヲ期待ス。

一、火木会会食、船舶損耗対策ニ関シ大イニ海軍ヲ啓蒙、

一、剛［第八方面軍］参謀副長ヨリ剛方面ノ舟艇状況ノ説明アリ、第一線ノ要望ハ是非実現セシムルヲ要ス。

一、本年末ニ於ケル各種舟艇類製作能力左ノ如シ
大発　月産　二一〇、

木製大発　〃　一五〇、
ベニヤ大発　〃　一五〇、
イ号高速艇　〃　一五、
駆　潜　艇　〃　一五、
輸送潜水艇　〃　一〇、

一、夜手島［治雄］中佐郵船支店長ト会食、米国及南米事情ノ話ヲ聞ク。

一、「ラウレル」ヨリ比島ニ於ケル反政府分子帰順工作実施ノ為皇軍ノ対［討］伐ヲ六ヶ月間中止セシメラレ度旨、村田大使ヨリ大東亜相宛要請アリタリ、本件現地軍ヨリ何等連絡ナキヲ以テ、軍務局長ヨリ電報照会ス、

一、葡国ノ「チモール」視察希望申出ニ対シテハ第二課ニテ反対意見アリタルモ、派遣ノ時機、期間、取扱、日本憲兵ノ同行等ノ条件ニテ省、部ノ意見一致ス。

十二月三日　金曜

一、蔣介石及宋美齢「カイロ」会談ヨリ重慶ニ帰来、会談ノ目的ハ不明ナルモ、次デ何［行］ハルヘキ「ル」「チ」「ス」三巨頭会談ニハ蔣ノ参加ナキヲ以テ重要事ニハ非ラサルヘク蔣ノ慰撫程度ノモノナラン。

一、夜班員全部ニテ明春ヲ目途トシテ帝国ノ採ルヘキ施策ニツキ研究ス（於麹町別館）

十二月四日　土曜

一、昨三日十一時常徳ノ完全攻略成ル
106D及3Dノ両連隊長戦死尚阿南大将令息モ戦死、相当ノ犠牲ナリ、駐支部隊ノ装備ノ劣悪、殊ニ火砲ノ不足ニ依ルモノ、如シ

一、橋本本日終日別館ニ於テ昨夜ノ研究結果ノ整理、

一、夜山際［伝］中尉ノ転出送別会、山際ノ栄転ハ同君家庭ノ事情ヨリシテモ慶賀ニ堪ヘス
田中、野尻、両中佐、及浦少佐モ参加、塚本少佐ノ不在ハ遺憾ナリ。

十二月五日　日曜

［記事なし］

十二月六日　月曜

一、開戦二周年記念日ニ行フ総理談ノ案ニ関シテハ種村中

佐ノ意見ニ依リ「帝国ノ戦争目的ヲ明カニス」「カイロ会談ニ対スル米英ノ非望攻撃」ノ主旨ヲ明瞭ニスル如ク改ムルコト、ナレリ。

一、対「ソ」施策中特派大使派遣ニ関シテハ総長重光話合ヒノ結果、当分ハ佐藤〔尚武〕ニヤラセルコト、ナル。尚広田ノ出馬ハ困難ナラントノ重光ノ見解ナリ。

一、占守島沖ニ遭難中ノ「ソ」連船ノ処置遅延ハ対「ソ」外交上得策ナラストノ総長ノ注意ニ依リ陸軍省ト連絡ノ結果、現地ニ中央ノ意図ヲ明示セラレアリ、陸軍モ本日電報セリ。

一、夜別館ニ於テ班員全部ニテ現情勢ニ即応スル戦争指導方策ヲ審議ス。

本日ノ研究ニ於テ概成ス。

十二月七日　火曜

一、飛行機ニテ行方不明中ノ第三航空軍司令官小畑〔英良〕中将「ビクトリヤポイント」ニ於テ無事発見セラル、真ニ天佑ニシテ国家ノ為大慶至極ナリ。

一、独「ソ」戦ノ情況一応停頓、但シ「ソ」ノ冬季戦準備ノ完了ヲ俟ツテ再ヒ活発化スヘシ

現在ノ戦線ノ状況ハ「ソ」既ニ戦略突破ニ成功シアリ。

一、米国ノ人的損害ハ東亜地域ニ於テ五一万人欧州ニ於テ五七万人ナリ、著シク人的資源急迫シツ、アリ。

此ノ際米ノ兵員ヲ損耗セシムル如ク著〔着〕意スルコト必要ナリ。

一、「ギルバート」ニハ既ニ敵大型機ノ基地設定セラレアリ。

四日ヨリ「マーシヤル」ニ対スル空襲ヲ開始ス

一、帝国ノ現戦略態勢確保ノ為ノ防衛ニハ航空要塞思想ヲ以テ進ミツ、アリ。

一、夜次長閣下ヨリ総務課、二十班全員別館ニ招待セラル。有意義ナル催シナリ。

機密戦争日誌　其七

自　昭和十八年十二月八日
至　昭和十九年五月二十日

十二月八日　水曜

一、大東亜戦争勃発二週［周］年記念日
東西両方面共枢軸ノ戦勢必スシモ有利トハ謂ヒ難シ、戦争ノ帰趨ハ今後ノ半ヶ年ニ在リ、奮励努力国家百年ノ計ヲ誤ラサル如クスルヲ要ス。
第二年度ニ於テハ「伊」ノ脱落、第三年度ニ入ルヤ独ノ情勢モ亦逆堵［睹］シ得ス、
此際帝国ノ政戦両略ニ亘ル強力アル指導ヲ必要トス。

十二月九日　木曜

一、昭和十九年度国家総動員諸計画策定方針ニ関シ軍需省、参謀本部間ニ相当ノ問題アリ。
当方ノ意見ハ斯クノ如キモノヲ連絡会議ニ提出スル必要ナシ。海軍ノ意図ヲ受ケタル軍需省石川［信吾］部長ノ策動ナリ。

一、火木会会食

一、新世界情勢判断ニ関スル各省主務者間ノ合同研究ヲ開始ス
本日ハ独「ソ」戦線ノ推移観察ノ概念的研究ヲ行ヒタル程度ナルモ、各省ニ於テハ殆ント深刻ナル研究ヲ行ヒアラサルカ如シ。

一、「テヘラン」会談ニ関スル観察ヲ研究ス。

十二月十日　金曜

一、新世界情勢判断ノ各省主務者間ノ研究ヲ実施ス、先ツ参謀本部案ヲ説明シ一応爾後ノ研究態度ヲ協議ス
即チ今後最悪ノ情勢現出シタル場合ニ於テハ帝国ノ施策ニ遺憾ナカラシムルコトヲ基礎トシ且判断ハ各主務者案程度ニテ端的ナル表現ヲ実施スルコト、セリ。

一、海軍ヨリ十九年度甲造船一九〇万屯ヲ早急ニ決定シ之カ資材割当ノ実現ヲ提案セリ。船舶損耗対策未タ其ノ緒ニ就キアラサル時甲造船ノ決定ヲ強要スルハ最モ不可ナリ。
物動決定時ニ実施スルハ可ナリ。

一、夜麹町別館ニ於テ班長以下「独急変セル場合アラユル施策ヲ講スルモ尚帝国カ独力戦争ヲ完遂セサルヲ得サル事態ニ立チ到リタル際ノ戦争指導方策［］ニ関シ研究ス

十二月十一日　土曜

一、先般海軍省軍務局提案ニ依ル昭和十九年度甲造船建造案ニ対シテハ陸軍トシテハ海軍限リニ於テ準備、発足スルコトハ同意ナルモ本案ヲ大本営連絡会議ニ直チニ提出スルコトハ同意シ難ク、造船ニ対スル行政査察終了シ物動決定時ニ審議決定スルヲ可トスル意見ヲ提出スルコト、セリ。尚此際甲造船ニ対スル陸軍特種船ノ建造要望ヲ提出ス

一、塚本少佐退院後本日出勤ス。
本年中ハ更ニ自宅ニ於テ療養ス。

［十二月十二日　欠］

十二月十三日　月曜

一、支那総軍辻［政信］大佐上京、
日華同盟条約締結ニ伴フ対華協力要綱（案）ニ関シ陸軍省ニ対スル説明アリ、
要点中　中央ニ於テ問題トナルヘキ事項左ノ如シ、
1、北支治安軍ノ処理
2、北、中支通貨統一、之カ為先ツ連銀儲備ノ併用、次テ儲備一色、
3、北支開発、中支振興ヲ統合シ純然タル投資機関タラシムルコト
4、英米、トラスト（煙草）ノ処理ニ関シ、日華合弁ノ主義ヲ明カナラシムルコト、
5、収買価格ノ適正ヲ期スル為ノ予算ノ膨張之カ為要スレハ、円、元比価ニ関シ改正ヲ企図ス
右説明ニ対シ陸軍省トシテハ慎重研究ノ上態度ヲ決定シ即答ヲ与ヘサルコト、セリ。
尚本要綱（案）ハ現地ニ於テハ軍、大使館、支那側ノ完全ナル意見一致セルモノナリ、
要ハ此処一、二年ノ最モ重要ナル戦争段階ニ即応スル為ノ効果発揮ノ時期カ果シテ適当ニ考慮セラレルヤニ存ス　経済機構ノ変革ニハ少クモ一年ヲ要シ夫レカ円滑ナル活動ヲ開始シ効果ヲ発揮スル為ニハ更ニ二三年ヲ要スヘシ。

一、内地（朝鮮、台湾ヲ含ム）各軍参謀長会議開催セラル班長出席、

一、情勢判断中、第二戦線ニ関スル研究ヲ行フ（各省主務者間）

一、本日総長京都ニ出張セラル（一泊ノ予定）
種村中佐随行ス

十二月十四日　火曜

一、「軍需委員会」ニ関シ陸軍省ヨリ提案アリ。
1、目的
委員長ハ陸海軍及軍需大臣ノ監督ニ属シ総動員計画ニ基キ軍需省ニ於テ行フ航空兵器以外ノ陸海軍各自ノ軍需動員策定ノ為所要資源ノ要求、分配其他ニ関シ相互関係事項ノ具体的協定ニ任ス。
2、構成
委員長――軍需次官
副委員長――陸海軍、軍務局長
委員及幹事ヲ陸、海、軍需省ヨリ出ス
本委員会ハ軍需省ヲ実質的ニ強化スル為主旨ハ可ナルモ運輸関係者ノ参加ヲ見サレハ架空ノ虞大ナルヲ以テ、更ニ研究ヲ続行スルモ参謀本部トシテハ不同意ナリ。

一、夜船舶損耗防止対策ニ関シ、二課、三課、十課、二十班及軍事課主務者間ニ於テ今後ノ研究方法ヲ検討ス。

一、本日辻大佐ヨリ対華協力要綱案ニ関スル説明アリ。
（総長、次長以下課班長以上）
本件ニ関シテハ懸案ノ「三件」ヲ保留研究スルコト、シ爾余ハ現地ノ積極的実行ヲ要望スル旨、次官、次長電ヲ以テ発電スルコト、ナレリ。

［十二月十五日　欠］

十二月十六日　木曜

一、南方軍櫛田［正夫］大佐、甲斐崎［三夫］少佐ト班員麹町別館ニ於テ会食懇談ス
1、全般情勢就中船舶損耗防止ニ関シ班長ヨリ説明。
2、対仏、対仏印措置腹案ニ関シ種村中佐ヨリ説明、概ネ中央ノ意図ヲ現地ニ伝へ得タルモノト認ム
3、印度侵攻作戦ニ関シテハ現地ニ於テハ切ナル要請アル所、二課作戦班ニハ目下其ノ企図ナキヲ以テ今後全般指導ノ見地ニ於テ実行スルヲ可トスル意見ヲ申述へ、現地軍モ更ニ繰返シ意見ヲ具申スルコト、セリ。

十二月十七日　金曜

一、船舶保有量増強ニ関スル件並ニ船舶委員会ノ設置並ニ運営ニ関スル件（案）ヲ起案シ取リ敢ヘス海軍側意向ノ取纏メ方ヲ要望ス。

本案中船舶損耗防止対策ノ作戦用兵ニ関スル事項ヲ第二委員会ニ於テ企画シ連絡会議ニ於テ附議決定スルハ統帥干犯ニシテ絶対ニ不可トスル意見ハ部内ニ於テモ有シアルモ此ノ国家非常ノ秋国家ノ総力ヲ結集スヘキ対策ナルヲ以テ護衛ト言フ観点アリ、統帥干犯ハ敢テ辞スヘキニ非スト言フ一般主務者ノ意見ナリ。

今後本案ノ進行ニハ相当ノ障碍ヲ予期スヘキモ敢然邁進スルヲ要ス。

一、夜欧州情勢ノ変転ニ対処シ緊急取ルヘキ諸方策ニ関シ従来ノ研究ヲ橋本取纏メ作業ヲ行フ。

十二月十八日　土曜

一、次長鹿児島ニ於ケル参謀旅行並ニ宇品視察ノ為二十日迄ノ予定ヲ以テ出張ス

松谷大佐随行ス。

十二月十九日　日曜

［記事なし］

十二月二十日　月曜

一、渡司令部ヨリ参謀長、吉田［長秋］参謀以下文官多数上京ス。

主トシテ比島独立後ニ於ケル政務処理ノ要領並ニ比島経済建設再編成ニ関スル現地案ノ説明ナルモ橋本少佐先般次長ニ随行シ聴取シ来リタル案ト同一ナリ。

独立直前ニ於ケル軍司令部ノ考ヘ方ト現在ニ於テハ相当ノ開キアリ。特ニ庶務関係事項ハ独立後ノ今日其ノ責任ノ所在ヲ云々スルモ既ニ時機ヲ失シアリ。

今後ハ軍カ実力ヲ以テ黙々トシテ現地各機関ヲ指導スルノ道アルノミ、

経済再建ニ関シテハ今後比島カ北方圏ト南方圏トノ中間連接点トナリ、且豪北正面ニ対スル重要ナル後方基地タルノ使命達成ノ為、現地中央一体トナリ実行ニ邁進スルコト必要ナリ。

之カ為ニハ軍司令部ニ是等ヲ強力ニ指導シ得ル幕僚ヲ速急ニ配置スルコト必要ナリ。

一、十八年度下期ニ於ケル海上輸送量ノ減少ニ依ル国力低下ヲ補填センカ為一—四月ニ亘ル間約一〇〇万屯ノ大陸増送案ヲ鉄道班提示ス

鉄道ノミノ見地ヨリセハ集中輸送的措置ニ依リ概ネ不可能ナルモ南鮮諸港ノ能力ニ疑問アリ。

今後ノ進メ方トシテハ軍需省ヨリ要望ヲ提出セシメ其ノ量、品種ヲ基礎トシテ省、部ノ研究ヲ進メ一案ヲ現地各軍ニ提示シテ実行ヲ促進スルヲ可トス。本件陸軍省主務課ニ要望セリ。

大陸鉄道ニ対スル依存度ハ今後宿命的ニ増大ス

茲ニ抜本的対策ノ速急ナル実現ヲ必要トスヘシ

十二月二十一日　火曜

一、昨夜ヨリ引続キ

「欧州情勢ノ変転ニ対処シ緊急採ルヘキ帝国ノ戦争指導方策」ニ関シ班ノ合同研究ヲ実施シ一案ヲ概成ス。

十二月二十二日　水曜

一、晴気大佐中支視察所見（松谷大佐聴取）

1、本年始頃迄ハ重慶ハ相当動揺シアリタルモ、最近ニ於テハ世界情勢反枢軸ニ好転シアル現在ニ於テハ和平熱ハ完全ニ解消シアリ、従ツテ汪ノ和平工作ハ当分成功ノ見込ナシ。

2、新政策転換以来ノ国民政府ノ状態

新政策ハ政府首脳ニ面子ヲ与ヘタル点ハ認ムヘキモ政策ノ真意ハ大衆トハ全ク遊離シアリテ却ツテ役人ニ公然ト悪事ヲ働カセル結果トナレリ。

即チ高物価、役人ノ商売、軍隊ノ悪化、物資ノ停頓治安悪化等悪影響尠カラス

右晴気大佐カ現地ニ於テ聴取セル所見ハ裏街道ヨリ観察トシテ一面ノ理アルモ吾人ハ対支新方針ノ結実ヲ速急ニ期待スルモノニ非ス　実施以来漸ク一年、新方針ニ対スル、中央、現地ノ意志ノ疎通緒ニツカントスル程度ニシテ之カ末梢ニ迄滲透シ民衆ニ反映スルニハ更ニ時日ヲ要スヘシ。

此ノ際現地機関ニ於テ徒ラニ批判的態度ヲ持スル事ナク其ノ結実ニ向ヒ真剣ナル努力ヲ必要トスヘシ。

十二月二十三日　木曜

一、南方占領地明年度予算総額一四億円（昨年十三億五千

万円）内一般会計ハ八億六千万円ナリ。

一、印度工作ハ単ナル諜［謀］略宣伝ノミニテハ絶対ニ成功セス武力ニ追随スルヲ要ス（第二部長所見）

印度人ノ性格、英国ノ対印度人処理等ヨリ見テ至当ナル観察ナリ。

帝国ノ印度進攻作戦ノ価値ハ対印度諜［謀］略工作ニ効果アルノミナラス東西戦局ニ於テ帝国ノ戦勢ヲ打開シ一抹ノ光明ヲ見出スヘキ要訣ナリ。

一、火木会「欧州情勢ノ変転ニ応シ緊急採ルヘキ戦争指導方策（案）ヲ海軍ニ手交、研究ヲ要望、

一、陸地測量部ヲ箱根ニ移転ノ計画進行中ナリ、（主力強羅、一部宮ノ下）

一、米308飛行団ノB-24二十機程度尚ホ支那ニ残存シアリ、

一、独国武官ヨリ帰朝セル岡［横井忠雄］海軍少将ノ講話アリ、独国ハ現在ノ団結ヲ把持シテ戦争完遂ニ邁進シ得トノ判決ナリ、所論概ネ中正ナリ。

十二月二十四日　金曜

一、大陸鉄道陸送量増強問題ニ関スル参本ノ提案ハ軍務課ニ於テモ研究スルコト、ナレリ。

各主務者ハ努力ト熱意ヲ有シアルモ大西［一］高級課員ハ大局ノ著［着］眼ナク唯我独尊、現状至上主義ニシテ大陸鉄道一貫運用ノ必然性ヲ理解セス徒ラニ総理ノ意嚮ノミヲ忖度シ最善ノ方策ヲ探究シテ上司ヲ補佐スルノ誠意ナシ。

陸軍省各課ノ業務ヲ統轄［括］シ方向ヲ附与スヘキ軍務課ノ執務振リハ実ニ遺憾ニ堪ヘス

皇国ノ運命ヲ賭スヘキ此ノ聖戦ニ於テ斯クノ如キ不熱心ノ存在果シテ許容セラルヘキヤ

人事当局ノ達見ヲ期待シテ已マス、然ル後軍政当局ノ颯爽タル活躍ヲ俟ツノミ

一、本日ヨリ虎号兵棋*開始

＊　昭和十九年以降の作戦指導研究。

十二月二十五日　土曜

一、本日ノ兵棋ハ一号作戦*ニ関スル事項

本作戦実施及構想ノ決定ニ方リテハ左記諸因子ヲ十分検討スルヲ要ス。

1、国力推移ノ見透、

2、明年独蘇戦ノ推移ニ伴フ「ソ」ノ対日態度、

3、南方ニ於ケル対英米戦略態勢ノ確立ニ関スル作戦準備ノ進捗ノ見込
4、作戦後在支米空軍抑圧ノ為他ノ作戦ノ構想特ニ帝国単独戦争完遂ノ為戦略態勢トシテノ価値、
尚ホ本作戦ノ目的ヲ究明スルコト必要ナリ。

＊在支米空軍基地の覆滅および支那大陸縦貫鉄道打通作戦。

十二月二十六日　日曜

一、兵棋
昭和十九年度ニ於ケル全般作戦並ニ帝国本土ニ対スル敵空襲、

一、夜省部関係課長以下ニテ昭和十九年度ノ国力検討ノ基礎ハ結局船舶損耗量ヲ幾何ニ抑圧シ得ルヤニ存スルコトニ意見ノ一致ヲ見タリ。
速ニ両統帥部ニ於テ損耗ノ見透ヲ確立シタル上、爾後ノ研究ヲ進ムルコト、ナレリ。

十二月二十七日　月曜

一、兵棋　昭和二十年頃迄ノ全般作戦、
今後ノ敵作戦線ニ関スル観察。

1、千島方向、
2、中部太平洋、
3、南東方面、
4、豪北正面、
5、南西方面、

右ノ中第二及第五ニハ最モ関心ヲ要シ、之カ為慎重ナル対策ヲ要ス　殊ニ離島ニ於ケル敵ノ瓦斯使用ニ関シテハ其ノ公算相当アルニ付十分ナル研究ヲ為スヲ要ス。
本日ヲ以テ兵棋ノ実［施］ハ終了シ、爾後ハ研究会ニ於テ研究セラルルコト、ナレリ。

十二月二十八日　火曜

一、現在ニ於ケル兵器整備ノ概況左ノ如シ。
内地
部隊ハ概ネ定数ヲ整備、自動車ハ一割増、
防空兵器ハ大口径砲及照準観測具不足シアリ。
燃料ハ七万竏ヲ有ス（昨年ハ三〇万竏）
満州、
採［探］照灯、無線器材以外ハ整備、武器ハ23D分弾薬ハ48D分　器材ハ33D分、土工渡河器材不足、

燃料ハ四ヶ月分ヲ有ス

支那、

弾薬ハ20D分　自動車ハ1500輛ノ予備アリ、燃料ハ八ヶ月分ヲ有ス。

比島

弾薬三会戦分、(目下ハ一会戦分、輸送中) 燃料五ヶ月分。

剛、[第八方面軍]

大体整備シアリ、但一部ハ海没ニ依リ目下補給中、弾薬6.5D師団分 (内4D分ハ「ラバウル」1.5D分「ボ」島、1D分猛 [第十八軍])

岡、

森 [ビルマ方面軍] ニハ弾薬一会戦分、47mmTA砲弾カ相当整備シアリ。

輝 [第二方面軍]

装備ハ可、武器弾薬ハ一会戦分、飛行場設定器材ハ大部欠、

中部太平洋方面、予定ノ半量以下

一、種村中佐本日ヨリ支那ニ出張ス

目的ハ辻大佐提案ノ対華協力要綱案ノ現地実情ヲ視察、特ニ北中支関係並ニ対共施策ニ関スル現地意嚮ノ打審[診]、

十二月二十九日　水曜

一、虎号兵棋ノ研究会

問題ハ一号作戦ニ存ス　是ニ関スル判決的観察左ノ如シ。

1、作戦ハ在支空軍ノ増勢覆滅ノ防衛ニ目的ヲ制限シ実行スルヲ要ス。

2、作戦規模及時機ハ国力戦力ノ状況対印度南東ノ作戦トノ関連ヲ考慮シ決定ス。

3、北方準備トノ調和ヲ保ツ

一、欧州情勢悪化ニ伴フ必勝方策ニ関シテハ各方面共未タ研究十分ナラス。

情勢ニ対スル感度ヲ鋭敏ニシ研究成案ヲ得ルヲ要ス。

十二月三十日　木曜

一、火木会　軍令部ニ於テモ船舶損耗ノ具体策ハ考究セラレツ、アリ。

一、軍需省ノ国力検討ノ報告ニヨレハ十九年度ハ損耗ヲ月

平均七・五万（タンカー平均二・五万屯）トシ、陸海軍ノ増徴ヲ行ハス且造船一九〇万屯ノ場合鋼材四四〇万屯トナル、造船二二五万屯ノ場合ニ於テハ四九〇万屯、何レノ場合ニ於テモ五一八万屯ノ所要最小限ニ及ハス更ニ検討ヲ続行シ之カ対策ヲ講スルコト、ナレリ。

十二月三十一日　金曜

一、船舶損耗対策ニ関スル省、部、兵本、航本、主務者ノ第一回会報ヲ行ヘリ。
逐次対策具現カ具体化シツ、アルハ可ナリ。

一、昭和十八年ノ多難ナル年モ遂ニ終レリ。
欧州ニ於テハ「スターリングラード」失陥ニ引続ク独軍ノ後退、北阿ニ於ケル独伊軍ノ退却ニ続ク英米ノ対伊上陸、伊国ノ脱落、東亜ニ於テハ南東及中部太平洋方面ニ対スル敵ノ本格的反攻開始、就中「アッツ」「マキン」「タラワ」ニ於ケル皇軍ノ玉砕、
船舶損耗量ノ逐次増大等枢軸戦線概シテ悲境ニアリ。
殊ニ独リ欧州ニ於テ奮戦シツ、アル独国ノ情況ハ必スシモ楽観ヲ許サス　現在ノ「ドニエプル」線ノ保持可能ナリヤ否ヤハ独国ノ運命ヲ左右シ延テ帝国ノ戦争指導ニ重大ナル影響ヲ与フルモノナリ
独軍ノ健闘ト皇軍ノ勇戦善謀ヲ祈リツツ新年ヲ迎ヘントス。

昭和十九年

一月一日　土曜

一、聖戦ノ前途愈々多事、皇国有史以来ノ困難ナル昭和十九年ノ新春ヲ迎フ。

本年度中ニ予期セラルヘキ戦争指導上著［着］目スヘキ情勢ノ変化左ノ如シ（橋本［正勝］少佐私見）

1、欧州戦局

イ、独「ソ」戦線ハ三月頃迄現状ヲ維持シ得ハ爾後大ナル変化ナカルベシ。

ロ、西欧第二戦線ハ四月頃実施セラルルナランモ大ナル成功ヲ納メ得サルヘシ。

ハ、「バルカン」上陸ハ三月頃「トルコ」抱込ニ依ル小規模ノ作戦実施ニ止マルベシ。

ニ、独ノ対英大々的報復攻撃ハ実現ノ公算極メテ尠シ。

ホ、斯クシテ本年度ニ於ケル独国ハ敵ノ包囲攻撃ヲ辛ウシテ封止シ得ル程度ナルベシ。

但シ三、四月頃及年末頃ニ於テ独カ対英米妥協和平ヲ実施スルノ算亦尠シトセス、注意ヲ要ス。

2、東亜戦局

イ、南東方面ノ敵反攻ハ愈々熾烈化スヘキモ「ラバウル」要域ハ秋頃迄ハ確保シ得ヘシ

ロ、中部太平洋方面ハ「ナウル」「オーシヤン」ハ本年中期頃迄、大鳥島［ウェーク島］ハ年末頃迄保持シ得ヘシ。

ハ、豪北正面ハ四―五月頃ヨリ敵ノ重圧ヲ受クヘシ。

ニ、千島ノ保持ニハ変化ナシ。

ホ、本年中ニ於ケル南西方面ノ敵ノ反攻ハ悉ク之ヲ撃退スヘシ。

尚印度ニ対スル帝国ノ進攻ハ四月頃ト予期シ大ナル戦果ヲ期待シ得ヘシ。

ヘ、在支米空軍撃砕ノ為一号作戦ハ四月頃ヨリ実施シ、大ナル成果ヲ納メ得ヘシ。

ト、八月頃敵大型機ノ本土空襲実施ヲ予期ス

チ、右諸作戦及空襲ヲ考慮シ本年度ノ国力ハ相当低下スヘシ。

鉄四五〇万屯、アルミ二〇万屯の《[ママ]》生産ハ良好ナル状況ト考察ス。

一、前記ノ如キ情勢予想ニ基キ国内的ニハ一時相当ノ輿論動揺アリ。現内閣及統帥部ニ対スル批判深刻化スヘシ。而シテ本年度内ニハ好ムト好マサルトニ拘ラス両統帥部ノ合一国防省ノ設置戒厳ノ施行等断乎タル措置ハ必至ノ勢タルヘシ。
帝国ノ本年度直面スヘキ危機ヲ打開シ長期持久戦態勢ヲ確立スル為ノ前記施策ノ実行ニハ明治維新断行以上ノ決意ト勇気トヲ要スヘク国家百年ノ大計ノ為、首脳部ノ英断ヲ切望ス。

一、本日ビルマ海正面ニ対スル敵ノ威力捜索アリ、但シ右方面ハ懸念ノ要ナシ。

一月二日　日曜

一、昨夜北千島ニ敵一機来襲
尚　屏東、嘉義［台湾のヘイトウ、カギ］ニモ爆撃二、戦闘一ノ空襲アリ。
千島ハ捜索ナランモ、台湾ハ友軍機ノ誤認ナラン。

一月三日　月曜

一、本朝「ニューギニア《[ママ]》」猛［第十八軍］方面「ビリアウ」東方二十粁グンビ岬附近ニ輸送船団約三〇ノ敵上陸セリ。
「ダンピール」海峡ハ全ク敵ノ制圧下ニアリ敵ノ放膽ナル企図ニ対シテモ全ク手ノ下シ様ナシ。

「ラバウル」要域ト「ニューギニヤ《[ママ]》」トノ敵ノ分断企図ハ明瞭トナレリ。

一ニ前線将兵ノ敢闘ニ期待シ此等要域ノ保持ヲ一刻モ長カラシムルノ手アルノミ。

新年早々敵ノ勇敢ナル行動ニモ敬意ヲ表ス

［一月四日　火曜］

一、夜松谷［誠］大佐橋本少佐別館ニ於テ先般来研究中ノ欧州情勢ノ変転ニ即応スル戦争指導方策ニ関シ更ニ検討セリ。其ノ結果相当ノ修正ヲ為スコト、ナレリ。
1、独カ本年春夏ノ候ニ屈服シ「ソ」カ二十年春以前ニ対日参戦スル場合ニ於テハ帝国トシテ主動［導］的ニ戦争遂行スルノ能力ナシ。
従ツテ斯クノ如キ場合ニ於テハ条件ノ最低（国体護

持ヲ限度）ヲ以テ和平セサレハ国ヲ危クス。

2、二十年中期以降「ソ」カ対日参戦スル場合ニハ断乎独力戦争ヲ完遂ス。但シ二十年度中ニハ確算尠シ。

3、従ツテ「独」ハ如何ナル場合ニ於テモ十九年中ハ健在セシメサルヘカラス、之カ為帝国ハ外交作戦共ニ凡有手ヲ尽シテ努力スルヲ要ス

二、塚本［政登士］少佐本日北支方面軍参謀ヘ転出ノ発令アリ。

一月五日　水曜

一、午后松谷大佐橋本、偕行社ニ於テ毛利［毛里英於莵］氏ヨリ予テ依頼中ノ戦後経営ニ関スル問題ノ一案ノ説明ヲ聴取セリ。

一月六日　木曜

一、関東軍池田［純久］総参謀副長満州ノ十九年度物動関係事項ニ関シ総長、次長ニ対シ報告アリ。

満州ノ国力ハ年々飛躍シ帝国ノ戦争要求ニ逐次即応シアルハ慶賀ニ堪ヘス

特ニ農産物ノ蒐荷ハ予定計画ニ対シ100％以上ノ好成績予定ナリ。

一、仏印処理ニ関シ綾部［橘樹］総参謀副長、河村［参郎］信［印度支那駐屯軍］参謀長ト懇談アリ。

現地側ノ意見左ノ如シ。

武力処理ニ関シテハ

1、仏印ニ対シテハ現在程度ノ圧迫ヲ緩メザルコト

2、原住民ノ処理ニハ何等カノ形ニ於テ独立ノ希望ヲ与フルコト。

3、武力行使ニ都合良キ時機ハ四月以降ヲ可トス。

4、武力行使後三ヶ月間ハ治安恢復ノ為時日ヲ要スルヲ以テ兵力抽出ハ不可能ナリ。

5、大義名分ヲ与フルコト。

6、準備ノ関係上行使ノ有無ヲ明示セラレ度コト。

7、軍司令官ニ広汎ナル独断権ヲ与フルコト。

8、準備概成期ヲ明示スルコト。

仏印処理ニ関スル一般観察トシテハ

1、仏印ノ動向ヲ決スルモノハ仏本国ノ動行［向］ヨリモ寧ロ東亜ノ戦局ナリ。従ツテ仏印ハ早晩動揺スルヲ以テ此際武力処理ヲスルコトヲ明確ニ決定スルヲ要ス。

（此ノ点中央ト現地ノ思想ニハ相当ノ差違アリ。）

2、仏印ノ現統治機〔構〕ヲ活用スルコトハ不可能ナルベシ

3、安南〔アンナン、ベトナムの旧称〕人ニ対シテハ独立ノ希望ヲ与ヘ積極的ニ協力セシムルヲ可トス。

以上ノ如ク仏印処理ニ関スル中央、現地ノ間ニハ相当ノ思想的開キアリ。先般櫛田〔正夫〕大佐ニ手交セシ東京案ニ対スル解釈ノ差ナリト思考セラル、モ此際気持ヲ完全ニ一致セシメ置クヲ必要トス。

一、昭和十九年度AB間飛行機ノ配分ニ関シ意見一致セス、Bノ意見ハ飛行機ノ折半、Aノ意見ハ「アルミ」ノ折半主義ノ堅持ニシテ両作戦部長、両軍務局長間ニ於テモ遂ニ意見ノ一致ヲ見ス　更ニ明日両次官間ニ於テ話合ヒヲ進メラル、筈ナルモ到底纏ル公算ナシ。

一、夜塚本少佐ノ転出送別会ヲ別館ニ於テ実施ス

一、種村〔佐孝〕中佐本日支那ヨリ帰任ス。

一月七日　金曜

一、船舶損耗対策ニ関シ海軍案ノ説明アリ。

要ハ護衛艦船〔艇〕ノ整備、護衛飛行機ノ能力ヲ向上スル為陸軍ニ対スル支援要望ナリ。

陸軍ヨリ飛行機ヲ以テスル支援ニハAB飛行機ノ配分問題トモ関連シ作戦課ニ於テハ絶対ニ同意セサルヘシ。

然レトモ船舶対策ガ国家的要請ナルニ鑑ミ海軍ノ腹ハ何処ニアリトモ陸軍トシテハ大乗的ニ海軍ノ意嚮ヲ充足セシムル方向ニテ研究スルヲ要ス。

一月八日　土曜

一、決戦下ニ迎フル陸軍始。

一、仏印施策ニ関スル省部ノ一致セル意見ハ陸相官邸ニ於テ綾部岡〔南方軍〕副長及河村参謀長ニ対シ指示セラル。

現地及中央ノ意志ハ明確ニ一致セルモノト認ム。

一月九日　日曜

一、船舶損耗対策ニ関スル省、部、航本、兵本ノ第二回会報ヲ実施ス

本日ハ船舶護衛総司令部堀江〔芳孝〕参謀モ出席、今後陸軍ノ会報ニ於テモ海軍主務者ノ出席ヲ求ムル如ク要ハ意見一致セリ。

一月十日　月曜

一、本日ヨリ馬術及剣術ノ寒稽古実施セラル

一、総長、伊勢神宮ニ参拝ノ為出張ス。
松谷大佐随行

一、昭和十九年度陸海軍物動ノ配分ニ関シ省、部ノ意見取纏メノ会議アリ。
1、軍需中ヨリ航空機及燃料用資材ハ優先確保ス
2、次テ船舶損耗対策資材及軍ノ行フ国土防衛用資材ノ所要量ヲ特掲《[ママ]》差引ス
3、右ノ残量ニ対シA、Bハ原則トシテ折半ス
以上ノ主旨ニテ海軍ト折衝シ、大本営政府連絡会議ニ於テ決定スル如クス。
此際事務当局間ノ話合ハ徒ラニ紛叫［糾］スルノミナルヲ以テ少クモ課長級以上ニテ取纏ムルヲ可トスルコトニ意見一致セリ。

一、八木［秀次］氏ヨリ第二部長、永井［八津次］大佐、田中［敬二］中佐、種村、橋本、陸海軍集会所ニ於テ国内問題ニ関スル事項ヲ聴取ス
其ノ要旨左ノ如シ。
1、中央部官僚特ニ内閣ノ智嚢著シク貧困ナリ。
2、膨大ナル生産拡充ニ対シ従来ノ業者ハ能力不十分ナリ。——→国家管理ノ要アリ。
3、官吏服務規律ハ不適当ナル部面多シ。
4、内閣顧問ハ増産面ノミニシテ政治面ノ顧問ナシ
5、中共対策ニ関スル意見アリ。

一、輝部隊［第二方面軍］参謀長及加登川［幸太郎］参謀ノ報告アリ。
2A方面ハ作戦準備ノ緒キタル程度、19A方面ト雖モ作戦準備ヲ概成シタル域ニシテ今後、中央現地共ニ努力ヲ要スヘシ。

一月十一日　火曜

一、乙造船*進捗状況ニ関シ、船舶司令部溝口［溝渕源澄］中佐ノ報告アリ。
1、十八年度内ニ於テ船体、機関共ニ完備シ得ルモノハ計画量四三万屯ニ対シ30％約一三万屯ト予想セラル。
2、溝口［渕］中佐ノ調査所見ハ概ネ適切ナルヲ以テ池谷［半二郎］交通課長ヨリ海務院長官以下ニ対シ状況ヲ説明スルコト、ナレリ。

＊　木造船および長さ五〇メートル未満の鋼船。

一月十二日　水曜

一、次長一泊ノ予定ヲ以テ航空要員養成実施ノ状況視察石川［秀江］中佐橋本随行ス。

午後熊谷飛行学校視察。

要員養成ノ最大隘路ハ教官、助教ノ不足ニ在リ　航空重点ニ徹底セシムル為地上ヨリ中堅将校ノ大量航空転科ヲ必要トス

一月十三日　木曜

一、次長昨日ニ引続キ宇都宮飛行学校視察

状況ハ概ネ熊谷ニ準スルモ特別操縦見習士官ノ成績ハ概ネ良好ナリ。

一、宇都宮ヨリ帰途帝都上空ノ防空状況ヲ視察　市ヶ谷官衙ノ迷彩ハ大イニ効果アリ、宮城及其ノ周辺ノ遮蔽偽装ニハ今後格段ノ努力ヲ要ス

一月十四日　金曜

一、化兵監南方出張報告要旨、

1、南方ノ化学戦準備ハ未タ全ク整ヒアラス

2、南方ニ於ケル化学戦資源ノ活用著［着］意ナシ。

3、地上航空ノ化学戦教育不統一ナリ。

一、独戦争能力中ノ弱点ニ関スル第二部長ノ観察左ノ如シ。

1、人的資源涸渇シツヽアリ（軍及工場補充能力不足）

2、航空工業ノ不振特ニ飛行機用「アルミ」ハ日本ト略々同量ナリ。

一、最近ニ於ケル独「ソ」戦況ノ判断左ノ如シ。

1、「ソ」ノ企図ハ第二戦線トノ関連ヲモ考慮シ国境迄独軍ヲ圧迫シ既成事実ヲ作ル。

2、独ノ企図ハ第二戦線対応ヲ第一トシ、アクマデモ人的損耗ヲ回避ス。

一、一月上旬ニ於ケル帝国ノ船舶損耗状況左ノ如ク此ノ調子デハ開戦以来ノ「レコード」現出シ、戦争指導上最大難関ニ逢着スヘク海軍ニ依ル敵潜水艦掃蕩作戦ヲ速カニ実施スル要アリ。

上旬A、B、C、船損耗（沈没七万屯、損傷三万屯）内A船沈没二・四万屯、損傷〇・四万屯

一月十五日　土曜

一、北支軍中村［祐次］参謀　昭和十九年度北支ノ物動、産業関係ニ関スル連絡アリ。従来ノ説明ト差ナシ

一月十六日　日曜

一、欧州情勢ノ変転ニ即応スル戦争指導方策（案）ニ関シ種村中佐、橋本ヨリ麹町別館ニ於テ軍務課大西［一］中佐以下各班長ノ参集ヲ求メ説明並ニ懇談ヲ行ヘリ。軍務課ニ於テ一般方向ニ就テハ異存ナク今後速急ニ具体的研究ヲ進ムルコト、ナレリ。陸軍省カ「ヤル」気ニナリツ、アルハ慶賀ニ堪ヘス。

一月十七日　月曜

一、昨日、次長外務大臣ニ面会シ対「ソ」外交ニ関シ推進ス。其ノ要旨左ノ如シ

1、重光［葵］大臣、中立条約ヲ不可侵トスルコトハ不可能ニシテ、実質的ニ中立ヲ堅持セシムル如クスルカ得策、尚　満州国境ノ確立ヲヤリタイ。

2、次長、大臣ノ意嚮モ可ナルモ先ツ日、満「ソ」間ノ経済関係事項ヲ先ニスルノカ先決問題ナラスヤ、

一、仏印軍政ニ関シ現地海軍ノ「デマ」アリ、「軍政」ヲヤルト言フ誤解ナリ、

一、柴山［兼四郎］最高顧問ニ対スル総理ノ解答左ノ如シ、

1、王克敏ヲ行政院長ニスルコトハ問題ニナラス

2、柴山工作ハ気永［長］ニヤルコト、

3、対中共問題ハ対「ソ」施策ト策応シ之ヲ利用スル観点ニ於テ研究スヘシ、

4、二位一体制ハ目下ノ所不可ナリ、

一、本日ヨリ陸軍省主催資材兵棋開始ス、全般ノ思想統制ニハ可ナルモ情勢ノ変化ニ伴ヒ諸元カ変スル現況ニ於テハ価値少シ、国力ノ大数的観察ハ誰テモ出来ル事ナリ。

一月十八日　火曜

一、大本営派遣班長高山［信武］中佐ノ帰任報告ニ依レハ輝ノ作戦準備ハ若干遅延シアリ、特ニ亀［ニューギニア］方面ハ速ニ増強処置ヲ講セサレハ早晩実施不可能ニ陥ルヘシ、尚岡方面ヨリスル横スベリ輸送ハ成績著シク不良ナリ。

一、戦争指導方策ニ関シ橋本、二課瀬島［龍三］少佐懇談ス。方針トシテ二十年迄ハ戦術的局部攻勢ヲ実施シ、二十一年以降戦略攻勢ヲ採ル思想ニハ瀬島少佐モ異存ナシ。

尚今後ノ作戦指導ニ関スル瀬島少佐私案左ノ如シ。

1、「ラバウル」統帥ハ建軍以来ノ最モ困難ナル統帥ナルモ、結局玉砕ノ外手段ナシ
救出ハ不可能ナルノミナラス、司令官以下ノ武士道ヲ立テル意味ニ於テモ輸送ハ不可、
尚最悪ノ場合ニ於テモ「ラバウル」局地ハ二年間保持可能ナリ。
2、一号作戦ハ計画大綱ヲ二十日内奏ノ予定ニシテ現地ニ対スル命令ハ二十六日頃トナル予定
3、「インパール」作戦ハ三月初頭ヨリ約一ヶ月半ノ予定ヲ以テ実施ス（31D・33D・15Dヲ15A［軍］指揮ノ下）
4、南方各軍ノ統帥組織ノ一元化ハ五月頃実施セシメラレ度意嚮ナリ。
5、船舶増徴ハ予定戦略態勢ノ確立ニ絶対ニ必要ニシテ現地ノ実情ヨリシテ早キヲ可トシテ大体毎月15万G/Tヲ四、五、六月ノ三ヶ月間実施致度、
現状ヲ以テ推移セハ二月初頭A船98万屯、三月初頭A93.5万屯ニシテ110万屯ニ遙カニ及ハス
6、連合艦隊司令部ハ早晩「ダバオ」ニ移転スベシ
7、軍令部十二課ヲ廃シ一課ニ於テ護衛ヲ担任スルコトヲ研究中（連合艦隊ノ作戦思［想］ノ転換必至ナリ）

一、夜次長別館ニ於テ二十班ト会食ス

一月十九日　水曜

一、仏印武力処理ノ場合ニ於ケル陸海中央協定ニ関シ主務者間ノ話ヲ進ムルコト、ナレリ、
一、次長飛行機配分問題ニ関シ軍令部次長ト懇談セルモ話進マス
暫ク現状ニテ推移スルヲ可トス、

一月二十日　木曜

一、昨夜松谷大佐外務大臣ト会談セル際、外務大臣ノ意見左ノ如シ。
1、大本営政府連絡会議ノ出席者ヲ小［少］数精鋭ナラシメ戦争指導ニ関シテ積極的ニ討論審議スル如ク考フル必要アリ、
2、従来親英米派ト目サレテ居タ人ノ中、有為者ヲ起用スルコト
3、今後ノ対外宣伝ニハ外務省ノ意嚮ヲ大イニ反映スル

如クスルコト、

二、資材兵棋第二日

鋼材五一八万屯、及四四〇万屯ノ場合ニ於ケル陸軍兵備ノ状況ヲ詳細ニ研究セルモ一番ノ問題ハ航空機ニアリ。

航本ノ研究ニ依レハ五一八万屯―航空関係配当三〇万屯ノ場合ニ於テモ二六、〇〇〇機、四四〇万屯ノ場合ニハ二万機ニシテ従来ノ主張三一、〇〇〇機トハ著シキ開キアリ。

目下両軍間ニ機数配分ニ関シ激烈ナル闘争アル際斯クノ如キ研究ハ最モ不可ナリ。

航本ノ資材獲得ノ為ノ戦術ト見得ル点アルモ、軍事課ノ思フ壺ニ陥ルニ非ラサルカ。

三、夕方突然次長ヨリ種村中佐ニ対シ「モスコー」行ヲ命セラル二月上旬出発ノコト、ナレリ、先般来研究中ノ対「ソ」施策ノ端緒トシテ慶賀ニ堪ヘス、

四、軍需省総動員局野尻［徳雄］中佐ヨリ船舶損耗対策ノ推進ニ関シ軍需省主催ニテ陸海軍関係者ノ会合ノ提案アリタルモ、本件ニ関シテハ既ニ陸、海軍各々積極的ニ研究実行中ナルヲ以テ、外部ヨリノ推進ハ暫ク時機ヲ見ルヲ可トスル当方ノ意見ヲ述ベ一先ツ拒絶セリ。

一月二十一日　金曜

一、戦争指導全般ニ関スル報道部秋山［邦雄］中佐ノ「ラヂオ」放送アリ、内容ハ可ナルモ見出シニ戦争ノ帰趨ハ今秋迄ニ決スト如何ニモ誤解ヲ受クル如キ放送ニシテ、総理ノ施政演説ノ直前ニ斯カル放送ハ輿論指導上適当ナラス、吾人カ目下最モ苦心トシアル所ハ現在ニ至ル迄国民ハ勿論指導階級一般ノ戦争ニ対スル観念カ戦争ノ山ハ本年ニアリト如何ニモ短期戦ナルカノ如キ印象ヲ与ヘアルヲ以テ、此ノ誤レル思想ヲ如何ニ転換シテ長期戦遂行ノ決意ニ向ハシムルカニ存ス　報道部ニ対スル指導ハ今後細心ノ注意ヲ要スヘシ。

一月二十二日　土曜

一、資材兵棋

現地自活ノ現況及将来ノ見透ニ関シ関係各課ノ説明アリ。

現地自活ハ大イニ奨励シ実行セサルヘカラサルモ長期戦遂行ノ為ニハ現地自活ト国家物動計画トヲ綜合的ニ

睨合セ其ノ限度ヲ決定スルヲ要ス、軍ノミ自活シ得テモ爾他ノ部面ニ於テ追送ヲ要セハ結局国家トシテハ何等ノ利益ナシ各軍ニ対シ大局的指導ヲ要スヘシ。

一、本日ノ状況ニ於テ昭和二十年ニ対「ソ」準備ヲ要スル場合ノ研究アリタルモ、斯カル事項ハ単ナル研究トシテモ誤解ヲ生シ易キヲ以テ適当ナラス

一、南鮮諸港ト本土間ノ機帆船運航ヲ船舶司令部ニ担任セシメテハ如何トノ提案交通課ヨリアリ。

本件ハ主旨トシテ異存ナキモ軍カ総動員物資ノ輸送ヲ担任スルコト、ナルヲ以テ経理及船員ノ待遇等ニ関シ問題トナルヘシ。若シ軍カ実行スルニアラサレハ輸送実績挙ラスト思考セハ運営会ニ対シ軍隊的組織及軍隊的実行ヲ企図シ得ル如キ機構ニ速急ニ編成替スルヲ適当トスヘシ。

一月二十三日　日曜

特記事項ナシ。

一月二十四日　月曜

一、本日ノ資材兵棋ハ昭和二十年度ニ対「ソ」考慮ヲ要スル場合ノ準備ニ関シ研究ス

1、十九年秋決心シ二十年四月頃開始スル場合ハ資材ハ一乃至二会戦分ニシテ能力ナシ

2、二十年末頃開始スル場合ニ於テハ稍々向上スルモ尚十分ナラス

3、二十年初頭ニ於ケル東「ソ」対日空軍配置ノ予想ハ米カ基地ヲ使用スルモノトシテ総計四、六〇〇機ニシテ我カ本土空襲可能機数ハ一、三〇〇機ナリ。

右空襲ニ対シテハ航空先制撃滅ノ外方法ナク更ニ満、鮮ノ空襲ヲ受クルコトヲ考慮セハ相当ノ問題ナリ、

以上研究ノ結果少クモ昭和二十年内ニ対「ソ」悪化セル場合ニ於テハ最早帝国トシテ自主的戦争遂行能力ナキヲ知ルヘシ。

一、「情勢ノ変化ニ応スル対仏印措置腹案」本日大本営政府連絡会議ニ於テ決定ス。

之カ決定ノ経緯左ノ如シ。

1、外務大臣発言要旨

反枢軸側ハ大東亜切リ崩シノ為泰及仏印ニ対シ積極的策謀ヲ企図シ且「ドクー」派中ニハ相当ノ反枢軸勢力混入シアルヲ以テ本件措置ハ敵側情勢ノ推移ノ

ミニ捕ハルルコトナク当方ヨリ情勢ヲ洞察シ積極的ニ手ヲ打ツコトアルヲ予期ス。

2、参謀総長発言要旨

本件措置ハ万已ムヲ得サル場合ニ対応スル為ニハ今ヨリ準備ヲ講シ置カサレハ機ヲ失スル虞アルヲ以テ準備ニハ万全ヲ期スヘキモ之カ実行ノ時期及方法ハ中央ニ保留シ不測ノ情況進展ヲ防止ス。

3、総理発言要旨

イ、小国ヲ敵側ニ趨ラセルコトハ考ヘ物ナリ。

ロ、帝国カ仏印ノ治安維持ニ大ナル負担ヲ受クルコトハ得策ナラス従ツテ帝国ノ負担ヲ軽減スル工夫ヲ要ス。

ハ、敵側ノ策謀封止ハ可ナルモ過早ニ当方ヨリ手ヲ出シ仏印側ヲ刺戟セヌ様出先ニ対シテモ十分主旨ヲ徹底セシムルコト必要ナリ。

尚本件措置カ帝国ノ戦争指導全般ニ及ホス重要性ニ鑑ミ準備ト実行トヲ明瞭ニ区別シ、準備シタルカ故ニ実行ストノ錯覚ニ捉ハレサルコト必要ナリ。

一、関東軍朝枝［繁春］参謀ノ「ソ」連視察報告ノ要旨

1、「ソ」連ノ国内事情ヨリシテ最近年度ニ於テハ日「ソ」戦ハ絶対ニ惹起セス。

2、欧州戦局ノ影響ハ東亜戦況ニハ致命的影響ヲ与フルモノニ非スシテ、大東亜戦ノ焦点ハ一ツニ南方戦局ニ存ス

朝技［枝］参謀ノ観察ハ至当ニシテ帝国戦争指導ノ根本方針ハ正ニ本件ニ存ス。吾人ハ情勢ノ変転ニハ細心ノ注意ヲ要スヘキモ南方戦線ニ絶大ノ力ヲ傾到［倒］スルコトカ対「ソ」問題ノ解決トナリ、延テハ本大戦必勝ノ鍵タル信念ヲ愈々鞏固ナラシメサルヘカラス。

一月二十五日　火曜

一、資材兵棋ハ本日ノ研究会ヲ以テ終了ス

各方面ノ資材ニ関スル認識及思想統一ニ大イニ役立チタルモノト思考ス。

一、一号作戦ニ関シ支那総軍総参謀長トノ懇談要旨左ノ如シ。

1、在支米空軍ノ隘路ハ従来航［空］機ノ輸送ニアリト思考セラレアリタルモ現在ニ於テハ印度「アツサム」北方地区ニ大規模ノ油施設ヲ施シアル実情ヨリ

シテ、爾後ノ増勢ハ相当問題タルヘク年末迄ニハ四
○○機程度ニナルヘシ。本回ノ一号及「ウ」作戦
［インパール作戦］ハ此ノ観点ニ於テ重大ナル意義
ヲ有スルモノナリ。

2、作戦目的ハ米空軍ノ抑圧一途テ邁進シ政謀略ノ為ニ
拘制セラレサルコト必要ナリ。

一、対支施策ニ関シ若杉［三笠宮崇仁の秘匿名］参謀ヨリ
班長ヘノ御意見、

1、支那事変解決ノ鍵ハ日本人ニアリ猛省ヲ要スヘシ
2、中央ノ施策ハ目先カキカヌ、現地ノ実相ヲ把握シ将
来ヲ見透シテ施策スルコト必要ナリ。
3、政戦両略ノ不一致ノ点多シ
4、大本営統帥カ師団統帥ニ随［堕］スル傾向多シ
5、占拠地区外ニ放出スル金ハ須カラク占拠地区内ニ流
用スル如クスルヲ要ス。
6、国民政府ニモ必然的ニ寿命アリ。
7、情勢悪化セル場合ノ対支処理ヲ研究シ置クヲ要ス
8、宣伝謀略ニ小細工ヲ施スハ不可ナリ。

一月二十六日　水曜

一、山本［筑郎］少佐南東方面戦況報告ノ概要左ノ如シ。
1、海軍ノ艦艇戦力ハ殆ント零ナリ、飛行機八○機活動
シ得ルニ過キズ
2、第八方面軍ノ現在ニ於ケル最大ノ苦心ハ如何ニシテ
特［持］久、任務ヲ達成スルヤニ存ス。即チ
(イ)「ブーゲンビル」島六万（A 4.4万　B 2.1万人）ノ
処置
(ロ)松田支隊[*1]及17Dノ処置、玉砕カ、撤退カ
(ハ)「ニューギニヤ」北岸方面、20D及51Dノ処置
(ニ)敵ノ「ニューギニヤ」跳躍前進ニ対スル処置
3、ボ島ノ状況
ボ島ニハ糧秣ハ四月上旬迄有ス従ツテ此ノ時期カ最
後ナリ。
17Aハ坐シテ餓センヨリモ花々シキ攻勢ニ依リ、終
リヲ完ウセントノ企図ノ下ニ6D及第八艦隊ノ八ヶ
大隊ヲ以テ三月上旬「タロキナ」ノ敵ニ対シ、必死
ノ攻撃ヲ準備中ナリ、方面軍ノ命令ハ二十日下達セ
ラル、本攻撃ニ依リ敵ヲ海上ニ排済［擠］スルノ希
望ハ尚放棄シアラス

切ニ成功ヲ祈ル

4、「ニューギニヤ」ノ状況

敵ノ跳躍攻撃ニ依リ分断セラレタル我カ兵力ハ20D、51Dノ一万三千人（軍旗四ヲ含ム）ニシテ転進行程ハ一月下旬「キアリ」附近、二月上旬頃「ガリ」突破、二月下旬乃至三月上旬「マダン」附近ニ集結シ得ル見込ナリ。集結可能兵力ハ六割程度ナルモ本兵力ハ「マダン」防衛ニ胸算スルヲ得ス。

目下「マダン」地区ニハ41D主力及中井支隊[*2]ノ歩兵八大隊ヲ有シ糧秣ハ二月末迄、今後補給ニ努力スルモ三月末若クハ四月上旬迄維持シ得ルニ過キサルヘシ、18Aハ「マダン」ヲ最後ノ複廓トシテ死守スル予定ナリ。

4FA［航空軍］ハ目下実働六〇機程度ニシテ進攻ノ余力ナシ。

5、「ラバウル」ノ状況

38D師団長防衛担任ノ下ニ戦闘員1.9万後方1万船舶八千其他約五千計陸軍四万三千、外ニ労働者1万、海軍南東方面艦隊三万人、陸海軍合計八―九万人ナリ、

糧秣ハ二ヶ年分、弾薬六会戦分（兵器不足）

防衛ニハ万全ヲ期シ現在迄ニ「トーチカ」四、〇〇〇ヲ構築済ナリ、

尚「カビエンヌ」ニハ五大隊「アドミラルテイ」ニハ三大隊アリ、

17D及松田支隊ハ極力持久ノ目的ヲ達成セシムル為「タラセキ」「ガスマタ」ノ線ニ逐次後退シ該線ニ於テ死守ス

以上南東方面ノ陸軍ハ二十四万人、海軍ヲ含ミ三十万人ナリ、此ノ三十万ノ運命ハ帝国開国以来ノ重大事ニシテ此ノ犠牲ニ応スル唯一ノ道ハ政戦両略ニ英断的施策ヲ講シ一億国民ノ鉄石ノ団結ヲ保持シテ大東亜戦争完勝ニ向ヒ果敢ニ邁進スル意［以］ニ道ナシ。

帝国ハ過去幾多ノ戦役ニ凡有試練ヲ克服シ来レルモ今回ノ南東方面ノ統帥ノ困難性ノ如キ悲惨ナル状況ニ逢着セルハ蓋シ皆無ナリ、吾人ハ戦争完遂ノ為、国内的ニモ幾多ノ革新施策ヲ待望シアリ、然レトモ其ノ改良ノ成果タルヤ遅々トシテ進マス。

三十万玉砕ノ秋到ラハ好ムト好マサルトニ拘ラス国内ノ正気勃然トシテ興リ真ニ皇国ノ興敗［廃］ヲ自覚シ、

裸一貫総力ノ結果［集］ニ邁進シ得ベシ、
一、荒尾［興功］大佐ノ剛［第八方面軍］方面視察ノ報告モ亦概ネ山本少佐ニ同ジ
米軍作戦速度ノ一躍進距離ハ魚雷艇ノ行動範囲ヲ基準トシ一〇〇—二〇〇粁ナリ、

＊1　第六五旅団長松田巌少将の指揮する部隊。
＊2　第二十歩兵団長中井増太郎少将の指揮する部隊。

一月二十七日　木曜

一、「アルゼンチン」帝国独国ニ対シ断交ス、米国ノ圧力ハ遂ニ南米唯一ノ中立国ヲ屈伏セシメタリ。
帝国ハ「アルゼンチン」トハ事実上ノ断交状態ニ入ルモ、当方ヨリ求メテ刺戟ヲ求ムルカ如キコト黙殺的態度ニテ後手〳〵ト進ムコトニ関係庁間ニ意見ノ一致ヲ見タリ。
一、本日突然独国ヨリ日独連絡飛行ニ関シ申入アリ
即チ日独連絡「コース」トシテ
「クリミヤ」ヲ起点トシテ、昭南、「ラングーン」ヘ
「クリミヤ」ヲ起点トシテ包頭ヘ
「フインランド」北部ヲ起点トシ満州国内ヘ
以上三「コース」ノ中南部線及中央線ハ独トシテハ作戦並ニ天候ノ関係上回避シ度、北方線ニ依リ連絡センスル企図ニシテ右ニ対スル帝国ノ意嚮ヲ打診シ来レリ、日独連絡飛行ハ昨年来ノ懸案ニシテ、今回突然独カ斯カル申入ヲ為シ特ニ日「ソ」関係ニ就テハ十分承知ノ上ニテ北方線ヲ主張シ来レル所ニ問題アリ、恐ラク帝国ノ腹ノ打診ニシテ真面目ニ実行スル気ハナカルベシ
帝国トシテハ既定方針ニ基キ北方及中央線ハ不可、南方線ニ依ル試験飛行ニハ応シ得ル旨回答スヘク、関係庁間ニ意見ノ一致ヲ見アリ。

一月二十八日　金曜

一、本日ヨリ全軍情報主任者会議第二部主催ニテ開催セラル、
本回ノ会議ハ当初第二部トシテ綜合的ニ話ヲ進メ次テ各課担任ニ分派シ意図ノ徹底ヲ図ル如ク計画シアリテ、相当ノ効果ヲ期待セラル
一、各軍ノ報告中剛方面軍ノ飯野［松一］参謀ノ報告ハ実戦ノ実相ヲ遺憾ナク説明シ、教訓トナルヘキモノ多ク

速ニ全軍ニ普及徹底セシムルノ要アリ。

一月二十九日　土曜

一、情報会議ハ宣伝、防諜、謀略関係ノ各軍報告アリ、

一、仏印ノ芳沢［謙吉］大使ト陸軍省トノ懇談アリ、大使ノ話中、特異ナル点左ノ如シ。

1、仏印ニ対スル帝国ノ態度ハ仏本国「ヴィシー」政府ノ存在ノ有無ニ依リ決スルヲ可トシ「ヴィシー」無クナリタル場合、依然現仏印ノ統治組織ノ活用ヲ企図スルモ無駄ナリ

此際ハ明瞭ニ安南人ニ対シ、独立ノ希望ヲ与ヘ将来ニ望ミヲ懐カシムルコトカ得策ナリ。

2、仏印ヲ独立セシムル場合ノ構想トシテハ、安南、東京［トンキン］、「ラオス」ヲ一独立国トシ「カンボチヤ《［ママ］》」ハ保護国トナシ、交趾支那［コーチシナ］ハ帝国領土トスルヲ可トス。

一月三十日　日曜

一、本日総長、次長、銚子附近ヘ電波兵器ノ試験演習視察ノ為出張、松谷大佐随行セリ。

一、本日ノ情報会議ハ各課分担事項ノ説明懇談ナリ。

一月三十一日　月曜

一、情報主任者会議本日ヲ以テ概ネ終了ス

一、北樺太ニ於ケル石油及石炭ノ利権解消問題ニ関シ現地ヨリ詳細ナル交渉経過ノ報告及「ソ」側ノ最後案ニ基キ回訓ヲ仰キ来レリ。

即チ「ソ」側ハ石油ノ供給問題ヲ利権解消問題トハ別箇ニ取扱ハントシ、若シ帝国カ石油ノ供給ヲアクマデ要求スルニ於テハ相互主義ニ依リ帝国ヨリ生ゴムノ供給ヲ受ケ度シト申入レ茲ニ本問題ハ一時暗礁ニ乗リアゲタルモ最後ニ「ソ」側ヨリ最後案トシテ左記主旨ノ提案アリ、佐藤［尚武］大使モ全般ノ情勢上、本案程度ヲ以テ妥結ニ導クヲ至当トスヘシトノ意見ヲ具申シ来レルモノナリ。

左　記

1、「ソ」側ハ石油ヲ戦争終了後五ヶ年間日本ニ供給ス。

2、生ゴム供給問題ハ本件トハ切リ離シ一応撤回ス。

3、「ソ」側ハ新ニ五〇〇万ルーブルヲ日本側ニ支払

フ。

4、其他ノ条件ハ概ネ日本側提案ニ同意ス。

右「ソ」側提案ニハ帝国トシテモ此際大乗的見地ニ於テ同意スルヲ可トスル意見ニテ、更ニ事務当局ニ於テ研究スルコトトナレリ。

一、次長ヨリ戦死者遺児ノ教育ニ関シ議会ニ於テ何等カノ形式ニテ発表スルヲ可トセスヤトノ意見アリ、陸軍省ニ於テモ研究ヲ具体化スルコト、セリ。

二月一日　火曜

一、「ラバウル」東方約二百粁、「グリーン」諸島ニ一月三十日二十三時約五〇〇ノ敵上陸ノ報告アリ。

該島ニハ海軍ノ見張アル程度ナリ、

一、泰国政府ハ盤谷［バンコク］ノ移転並ニ盤谷ヲシテ首都タルノ地位ヲ喪失セシムルノ勅令ヲ公布セリ

本回ノ泰国政府ノ採レル措置ハ日泰同盟条約ニ基キ共同戦争完遂ニ邁進シツツアル同盟国ノ態度トシテハ誠ニ遺憾ニシテ敵側宣伝ニ乗セラル、虞大ナルヲ以テ次官、次長電ヲ以テ現地軍ヘ大東亜省ヨリ大使府ヘ夫々毅然タル態度ヲ以テ泰国政府ノ指導ニ任スヘキ旨訓令セラレタリ。

二月二日　水曜

一、本日マーシヤル群島「ウ［ク］ェジエリン」島ニ対シ敵軍ノ上陸アリ其ノ兵力二ヶ師団ト称スルモ詳細不明ナリ。

愈々帝国領土ヲ侵スニ至ル。

一、一号作戦ニ伴フ政府指導要領ニ関シ省、部主務者案ヲ得タルモ之カ示達ヲ大陸指ニ拠ルヘキヤ次長、次官ヨリノ依命通牒ニ依ルヘキヤニ関シ省部意見ノ一致ヲ見ス

厳密ニ謂ヘハ大陸指ノ性格ナルモ爾後ノ常務処理並ニ陸軍省主務者ノ気分ヲ一号ニ集中セシムルノ見地ニ於テ後者ヲ採ルヲ可トス。

理外ノ理アルヲ味フヲ要スヘシ。

本案纏リ次第省部主務者現地ニ派遣ノ上現地ノ意見ヲ徹〔ママ〕シ決定案トスルコトハ省部異存ナシ。

一、対「ソ」施策ニ関スル件本日連絡会議ニ於テ決定ス。

大東亜戦争遂行途上ノ一大英断ニシテ前途ニ光明ヲ発見シ得ヘシ、本決定ヲ更ニ拡充シ、対「ソ」絶対安全

感ヲ獲得スル如ク努力スルヲ要ス。

議事ニ際シ

大蔵大臣ヨリ

曰「ソ」戦ノ回避カ本件措置ニ依リ絶対ニ出来ルナラハ可ナルモ、然ラサル場合、国民ハ「ソ」ニ屈服感ヲ懐ク虞ナキヤ、

総理ヨリ

全般ノ戦争指導上北方ハ絶対静止ヲ必要トス

外務大臣ヨリ

支那問題解決ノ為ニモ北方問題ノ解決ヲ必要トシ本件措置ト共ニ中共問題モ緩和スルコト必要トナルヘシ。

二月三日　木曜

一、乙造船ノ行政査察ニ関シ交通課解良［七郎］中佐ヨリ次官ニ報告アリ。

判決トシテ

昭和十八年度（十九年三月末迄）内ニ今後幾多ノ困難ナル前提ハアルモ機関附標準船三十三万総屯、船体一〇万屯、計四三万屯ハ竣工可能ナリトノ報告ナリ。

右ニ対シ実績予想トシテハ良好ナル場合ニ於テ一五万屯、確実ナル見透トシテハ一三万屯ナリトノ一般的見解ナリ。

二月四日　金曜

一、機帆船ノA、B徴傭ニ関シ、陸、海、軍需、運通省各主務者ニ於テ一応ノ協議ヲ為シタルモ、

A　要求

千島方面　一〇〇隻
輝　方面　一一〇隻
} 二一〇隻（約二・五万屯）

B　要求

マーシャル方面使用一〇〇隻（約一・六万屯）

A、B合計約四万屯ヲ二月中ニ徴傭希望ニ対シ政府側トシテハ新造未就航船三万屯ノ範囲ニ留ムヘシトノ意見強ク遂ニ決裂セリ、

陸軍統帥部トシテハ二一〇隻ノ要求ハ一歩モ譲ルヘカラスト為シ陸軍省ニ返答セルモ陸軍省ノ態度ハ　A、B三万屯以上ノ場合ハ引受ケ不可能ト称シアリ、

尚爾後機帆船（二十総屯以上）ノ徴傭ハ連絡会議ニ附

議決定スヘシトノ意見ニ対シテハ大勢上同意スルコト、セリ。

尚、軍需、運通両省カ三万屯ノ範囲ト称セルハ新造五五五隻ノ竣工中、三七三隻ノ引渡、未納船ヲ充当セントスルノ企図ニ出テタルモノナリ。
一、現在「マーシャル」方面ノ戦況ヨリ判断シ三月中旬ニハ「マリアナ」ニ対スル上陸作戦ノ実現ヲ予期シ、北東及中部太平洋方面ノ防備強化ヲ至急実施スルノ要アリ、

二月五日　土曜

一、種村中佐本日「モスコー」ニ向ヒ勇躍出発ス
一、午後軍令部総長官邸ニ於テ、両作戦課、船舶関係者集合シ左記事項ヲ懇談セルモ各自案ヲ固守シテ妥結スルニ至ラス。
1、海軍徴傭船腹ノ状況
二月初頭ニ於ケル海軍全保有船腹ハ一〇五万屯ニシテ、中稼働船腹ハ38万屯常備補給ニハ九万屯程度ヲ充当シ得ルニ過キス現在ノ損耗補填程度ヲ以テシテハ到底兵備強化ハ固ヨリ補給モ不可能ニ陥ルヲ以テ此際増徴ヲ決意スルヲ要ス、
2、陸軍徴傭船腹ノ状況
二月初頭ニ於ケル総量ハ九五万屯、内軍需品船腹50万屯
（焚料炭、舟艇運搬5万作戦築［ママ］積12万常続33万↓所望ノ三割圧縮）
各方面配当船32万屯、従ツテ軍隊輸送ニ充当シ得ル船腹ハ、一三万屯ニシテ要求量ノ半量ニ充タサル現況ナリ
従ツテ陸軍トシテモ船腹増徴ハ必至ナルモ全般国力ニ及ホス影響ヲモ考慮シ慎重研究スルヲ要ス。
4［ママ］、船舶損耗対策ニ関シ軍令部ノ説明ヲ要求シ其ノ見透ヲ求メタルモ海軍トシテハ何等ノ見透樹立シアラス。
5［ママ］、機帆船ノ徴傭ニ関シ三万屯ノA、B配分ニ関シBノ譲歩ヲ求メタルモ頑トシテ応セス寧ロ今回ハ戦況ノ重点ニ従ヒ海軍優先ヲ固守シ物別レトナル、

二月六日　日曜

一、機帆船徴傭問題ニ関シ、大西中佐、高山中佐、浴［宗輔］少佐、橋本協議シ、一応A、B三万四千屯ヲ折半

案ニ落着セリ。

二、一号作戦ニ伴フ政務指導要綱案ヲ大陸指トスヘキヤ次長、次官ノ依命通牒トスヘキヤニ関シ、二課ハ大陸指ヲ固執シアリタルモ、大西中佐、高山中佐話合ヒノ結果後者ニ妥結セリ、最早縄張リ争ヒノ時機ニ非ス結構ナルコトナリ、

二月七日　月曜

一、軍令部一直［第一部長直属］桧野［武良］中佐四日付ニテ軍務一課ニ転任ス、今後主トシテ船舶損耗対策ニ関スル海軍側主務者トナリ活躍スル由ナルヲ以テ好都合ナリ

一、内地防衛関係強化ノ為、防衛総司令部、内地各軍司令［部］ノ参謀長ニ人材ヲ集メ、逐次施策ニ移ス為班長ヨリ人事ノ意見ヲ具申ス、誠ニ適切ナル著［着］想ニシテ実現ヲ切望ス

一、昨日一応話合ヒ纏リタル機帆船問題本日又モヤ船舶課長ヨリ横槍入リ悶着起レリ、即チ新造船ハ外洋ニ使用不能トノ見解ナルモ、従来ノ話合トハ本質的ニ異ナル提案ナルヲ以テ処置ナク形勢観望ス

二月八日　火曜

一、二月四日以降北東方面ニ対スル空襲頻度急激ニ増加シ且附近ニ艦艇八隻出現シアリ、注意ヲ要ス

一、敵ハ「マーシヤル」攻略ニ引続キ「ウェーキ」カ或ハ「トラック」ニ向ヒ攻撃シ来ル公算大トナレリ。

一、深山［美山要蔵］大佐仙台方面視察ノ結果、自動車徴発ニ伴フ小運送問題深刻化シアリ、自動車徴発セル場合ニ於テハ部品ノ補給ニ関シ、十分面到［倒］ヲ見ルコト必要ナリ

一、機帆船ノ徴傭ニ関シテハA、B計三万五千総屯ヲ二月中ニ実施スルコトニ決着セリ
但シ新造未就航船及休航船ヲ採用スルコト、ス

二月九日　水曜

一、防空対策用資材別枠設定ノ件ニ関シ省部主務者間ニ於テ協議ス、海軍ニ於テハ異論アルカ如キモ、本土空襲ヲ考慮セハ断行スルヲ要ス。

一、明十日陸海四巨頭会談ニ於テ当面ノ陸、海間ノ懸案事項ニ関シ話合ヲ進メラルル筈。
其ノ席上次長ヨリ

国防省問題、両軍ノ大臣合一、両総長合一ノ件ヲ提案セラル、コト、ナレリ、

次長カ本件ヲ決定セラレタルハ国家危急ノ此際誠ニ英断ト謂フヘク、之カ実現ヲ神明ニ祈ルモノナリ、

戦争ノ前途ニ光明ヲ覚ユ、

其ノ要旨左ノ如シ

「茲ニ一言申上ケマスカ、ツラ〱考ヘテ見マスト本日茲ニ御集リノ会合ハ国家ト致シマシテ全ク国外ニ対シ「一」ノ力トナツテ現ハレル会合テアリマシテ決シテ「十」ノ力ヲ出シテ居ル会合テハアリマセン。

申スマテモナク帝国ニ於キマシテハ平時陸海軍相対立シテ統帥軍政諸般ニ亘リ協議シ戮力一致出師準備ニ遺憾ナキヲ期シマスコトハ陸海建軍ノ本義ニ鑑ミ帝国ノ国情ヨリ考察シテ至当ノ事ト存シマスカ戦時下而モ此ノ国家重大危局ニ蓬着シマシタ今日ニ於テ依然協議ヲ事トシ各種ノ問題ニ付キ陸海軍間ニ於テ之カ解決ニ多大ノ努力ヲ要シマスコトハ誠ニ遺憾ニ堪エヌコトテアリマシテ独リ作戦遂行上ノミナラス国家全般ト致シマシテ国力、戦力ニ及ホス影響ハ蓋シ甚大ナルモノカアリマシテ　上　御一人ニ対シ奉リ恐懼ニ堪エマセヌノハ勿論、下国民ニ対シテモ信倚ニ背ク所以テアリマス。

此ノ陸海軍両者折衝ノ労力ヲ国内ニ浪費セス陸海軍一体其ノ戦力ヲ統合シテ国外ニ傾注スル如ク機構ヲ革新スルコトカ出来マスレハ帝国ノ戦争遂行上効果絶大ナルコトハ疑ヒナイコトテアリマシテ帝国ト致シマシテ刻下急務中ノ急務ト堅ク信スル次第テアリマス

此ノ機会ニ何ントカ以下申述ヘマスル趣旨ニ準拠致サレマシテ申合セヲシテ戴キ度イト存スルノテアリマス。

1、先ツ陸海軍ヲ統合シ茲ニ国防軍ヲ編成シマスコトハ理想ト存シマスカ憲法上即急ニ実現至難ナコトト思ヒマスノテ陸海軍省ヲ一本ニ統合スルコトニ努力致シ度イト存シマス。

若シ急速ニ実現困難テアリマスレハ某年月ヲ目途ニ実行スルニ努メ度イモノテアリマス。

2、次ニ陸海軍両大臣及両総長ヲ此ノ際各々一人宛ニ統合スルコトヲ研究致シテ見度イモノテアリマス。

尚此ノ機会ニ陸海軍相対立シアル為、国家戦力統合発揮ニ支障アル如キ其他ノ重要事項ニ亘リマシテモ是非抜本塞源的刷新ヲ図リ度イト存シマス」以上

一、一月三十日夜「グリーン」島ニ上陸セル敵ハ二月初頭

撤退セリ。

二月十日　木曜

一、南東方面艦隊参謀長連絡要旨左ノ如シ

1、「タロキナ」攻勢ハ三月十日ノ予定ニシテ計画当初ニ比シ最近ハ必勝ノ意気ニ燃エツヽアリ。

該方面ノ敵ハ約一師団半、15H［榴弾砲］15門内外ナリ

本攻勢成功セハ南東正面ノ戦局ハ転換シ得ヘシ。

2、「ラバウル」ニ対シテ敵空軍ハ毎日概ネ二〇〇機程度ニテ二直交代ノ出撃ヲ為シツヽアリ。

3、海軍航空ノ現戦力ハ六〇―七〇機程度ニシテ本機数ヲ維持シ得ル如ク補給可能ナラハ左程心配ナシ、但シ監視綱［網］ヲ整備シ敵ノ企図ヲ遠ク発見スルコト必要ナリ

4、「ラバウル」飛行場ハ三〇〇機収容可能ナリ、敵撃墜数ニ比シ我損害ハ概ネ1/10ニシテ良好ナリ、

一、本日ハ十時ヨリ宮中大本営ニ於テ両総長、両大臣ノ四巨頭会談アリ、夕刻ニ至ルモ終了セス、

昨日ノ次長ノ決意ノ貫徴［徹］ヲ祈ル。

一、輿論指導問題ニ関シ各方面ノ関心稍々動キヲ見セツヽアリ、先般来ノ研究ニ基キ班長ヨリ逐次、各方面ヲ指導シ逐次頭ノ転換ヲ企図ス、先ツ三月十日頃ヲ目途トスル宣伝報道政務ヘ、次テ国内防空態勢ノ強化ヘ向ハシムルヲ必要トス

二月十一日　金曜

一、決戦下ノ紀元節ヲ迎フ

皇国興亡ノ関頭ニ立チ二六〇四年ノ昔ニ還リ国ノ上下ヲ挙ケテ裸一貫滅敵ノ一路ニ邁進スルノ決意アリヤ、

一、昨日ノ四巨頭会談ハ「アルミ」配分ニ於テ陸軍カ三五〇〇屯海軍ニ譲歩（約七〇〇〇屯ノ開キアリ）スルコトニ於テ妥結セリ其他何等ノ話合ナシ、

四巨頭カ終日ノ論戦ヲ費シテ単ナル数字的ノ駆引ニ終止［始］シタルハ国家ノ為悲シムヘキ現象ニシテ最早謂フヘキ辞ナシ抑々「アルミ」配分問題ニ取ラヌ狸ノ皮算用ニシテ、大物カ総動員ニテ血道ヲアグベキ性質ノモノニ非ス、A、B何レニ転スルモ国家トシテ何等ノ得失ナシ、唯吾人カ「アルミ」問題ニ期待セル所以ノモノハ、本問題ヲ転機トシテA、B間ノ本質的解決

ニ迄発展セシメラレシコトナリ、
次長ノ聡明ニシテ英断的ナル決意ヲシテモ尚且本問題ニ触レ得サリシヲ最モ遺憾トス
此ノ機会ヲ失シテ何時ノ時機ニ之ヲ求メ得ベキヤ少クモ勝利ニ対シ半年ノ見込遅延ナリ、
此ノ日天気晴朗ナルモ吾人ノ心機暗滲［澹］タリ、

二月十二日　土曜

一、先般実施セラレタル石炭行政査察ニ関シ陸軍側随員ノ報告アリ、
判決トシテハ尚増産可能ナルモ要ハ実行ノ如何ニ存ス、最早石炭ニ限ラス小手先ノ操作ニハ解決シ得ス
一、船舶増徴問題表面化セントス
両作戦課、船舶課ノ検討ニ依レハA、B汽船七〇万屯、機帆船一〇万屯ト一応称シアルモ、汽船三〇万屯、［機］帆船一〇万屯程度迄ハ圧縮スルノ可能アリト
ソレニシテモ国力ニ及ホス影響ハ甚大ナリ、
一、十九年上半期輿論指導要領ノ一案ヲ得　班長ヨリ関係方面ニ対スル指導ヲ始メラル。
一、本日ヨリ第五課主催ニテ欧州決戦兵棋開始セラル。

二月十三日　日曜

一、松谷大佐カ海軍側空気ヨリ得タル印象ニ依レハ海軍部内ニハ戦争ノ前途ニ悲観論多ク何等カノ機会ニ妥協和平ヲ企図セントスル空気相当充満シアルカ如シ、
重臣層ニ於テモ大部ハ右海軍部内ノ如キ空気濃厚ニシテ、両者接近シテ戦争阻害抗力タルノ公算尠シトセス、
今ヤ陸軍ハ外米英ノ強圧ニ抗シツツ内ニ於テハ意志薄弱ノ徒ヲ駆使シテ邁進セサルヲ得サルコトヲ十分意識シ置クヲ必要トス。
一、松谷大佐横浜ノ渡辺老人ヲ訪問シ懇談ス
一、橋本少佐、軍事課中原［茂敏］中佐、軍務課中村［雅郎］少佐、戦備課重野［誠雄］中佐、塚本［清彦］野北［裕常］両少佐ト共ニ伊豆山ニ於テ当面ノ諸問題ニ関シ研究ス。

［二月十四日　月曜］

一、A、B船舶増徴ニ関スル両統帥部ノ案左ノ如シ
1、三月初頭ヨリAハ大型船一〇万G/T、小型船八万G/T、Bハ大型船一〇万G/T、小型船二万G/Tヲ徴傭ス。
2、四月ヨリAハ大型船八万G/T、Bハ同二万G/Tヲ三ヶ月

間一時的ニ増徴ス。
3、四月以降A、Bニ対シ合計八万G/Tヲ毎月補填ス

一、右増徴ヲ決行セハ船腹面ヨリ観テ国力ノ破綻ヲ来スハ明瞭ナルモ中部太平洋方面及北東方面ノ防衛全カラスシテ国家ノ存立ナシ、茲ニ従来ノ尺度ヲ思ヒ切リ変更シテ重大決意ノ下ニ施策ヲ考ヘ直ス必要アリ、今後本問題ハ重大ナル反響ヲ呼ヒ之ヲ契機トシテ諸般ノ問題ニ抜本塞源的ノ検討ヲ加ヘサルヘカラス、今回コソハ国力ノ逐次消耗ニ陥ラサル如ク要求スヘキハ断乎トシテ、貫徹スルノ決意ヲ堅持スルヲ絶対ニ必要トス

一、夜松谷大佐、美山大佐、荒尾大佐、高瀬［啓治］大［中］佐、別館ニ於テ戦備課佐藤［裕雄］大佐ト非公式ニ船舶問題ヲ懇談ス

一、本日ヨリ次長「ラバウル」ニ出張セラル、服部［卓四郎］大佐、瀬島少佐随行ス

二月十五日　火曜

一、船舶問題ニ関シ省部小［少］数主任者ニ対シ、二課、十課ヨリ説明アリ、速急ニ研究ヲ進ムルコトトナレリ、軍政当局ノ意嚮ハ作戦指導ノ根本方針ニ関シ疑義ヲ有シアルカ如シ、

二月十六日　水曜

一、昨十五日未明約三分ノ一師団ノ敵「グリーン」島ニ上陸セリ、外ニボ島周辺ヲ北上セル数船団アリ、「ニユーアイルランド」ニ対シ新行動ニ出ツルモノト判断セラル。

一、南方軍綾部総参謀副長「スラバヤ」ニ於テ飛行機事故ノ為負傷セラル、詳細不明ナルモ生命ニ別状無キカ如キヲ以テ幸ナリ。

一、船舶増徴問題ニ関シ佐藤戦備課長ヨリ、松谷大佐ニ対スル個人的観察
将来何等カノ弾撥力ヲ持ツ為ニハ鋼材四〇〇万屯ヲ割ツテハ到底不可ナリ、従ツテ此ノ範囲内ニ於テ速カニ決定シ具体的対策ヲ進ムル如クスルヲ必要トス

一、午后四時ヨリ陸相官邸ニ於テ第一部長ヨリ軍務局長ニ対シ船舶増徴ニ関シ説明アリ、
軍事軍務両課長、松谷大佐、高瀬中佐陪席ス
軍務局長ハ国力ニ及ホス影響モ致命的ナルニ鑑ミ従来ノ作戦指導方針ニ変更ノ要ナキヤヲ質問シ慎重検討ノ

上返答スルコトトシテ話ハ打切ラレタリ、

一、午後軍務課長統裁ノ下ニ陸相官邸ニ於テ当面ノ内外諸施策ニ関スル軍務課班長会議アリ、橋本傍聴ス
大体ニ於テ二十班ノ従来ノ研究項目カ主体トナリ今後重要問題ノミヲ深ク堀［掘］リ下ケテ研究シ逐次施策ニ現スコト、ナリ。

二月十七日　木曜

一、本日「トラック」ニ対シ戦艦、空母ノ数集団ヨリ成ル敵機動部隊ノ攻撃アリ　次長ノ行動心配ナリ、

一、午前内閣書記官長官邸ニ於テ先般来各省陸海軍主務者間ニ於テ研究中ノ「世界各国物的戦力判断」ニ関スル取纏メ会議アリ、独ノミ一応終了セリ、

一、正午火木会会食ニ於テ増徴問題ヲ懇談ス
海軍ハ思想的ニ一六勝負ノ思想濃厚ニシテ、此ノ一戦ニ国運ヲ賭シテヤルベキナリトノ感強シ、
此際両軍ノ作戦思想ヲ根本的ニ一致セシメ置カサレハ直ニ憂スヘキ事態ニ立チ至ルヘシ、

一、「ビルマ」ニ於テ司政官一、属官一、主謀［謀］ノ下ニ、「ビルマ」人約百人ヲ糾合シ「バーモ」退陣要求ノ為官邸ニ侵入シ、衛兵ヲ武装解除セントセシ事件アリ、「バーモ」ニ危害ハナカリシモ常軌ヲ逸シタル行動ト謂ハサルヘカラス、

二月十八日　金曜

一、最近ノ戦局ノ実相ヲ省部主務者ニ対シ時々刻々ニ認識セシムル為二課ニ於テ戦況会報ヲ実施スルコト、ナレリ、松谷大佐ノ推奨ニ依ルモノナリ、

一、昨日来「トラック」周辺ニ来襲セル敵ハ戦艦、母艦ヲ主体トセル機動部隊ニシテ六集団ヨリ成リ盛ンニ爆撃中ナリ、「トラック」ニ位置セル海軍航空ハ約四〇機程度ニシテ既ニ五―六機ニ減少シアリ、現在迄ニ判明セル在港艦船ノ損害ハ巡洋艦二、駆逐艦二、商船九沈没セルカ如シ
尚海軍トシテハ「ラバウル」ノ二十五航戦（70機）南西方面航空隊（二〇―三〇機）ノ転用並ニ内地ノ第一航空隊（180機）ノ転用ヲ処置セルモ之カ現地到着ハ二十二日頃ノ予定ニシテ目下ノ所手ノ施シ様ナキ状態ナリ。
敵来襲ノ跳躍距離ヨリ判断スルモ今回増徴ニ依ル国防

要線ノ増強ノ為ニハ、絶対圏前縁ヲ深刻ニ検討シ投入兵力ヲ以テ洋上ニ於テ敵ト遭遇スルノ過失ヲ犯ササルコト絶対ニ必要ナリ、

此ノ際、小笠原、マリアナ、パラオノ線ヲ確保スル腹ヲ決定スル要アリ、此ノ線ニ対スル戦略展開カ精一パイナラン。

両軍作戦課ノ思想統一、海軍ノ自棄的思想ノ転換ニハ大ナル努力ヲ要スヘシ、

一、戦備課長カ個人的ニ松谷大佐ニ連絡シタル所ニ依レハ三月十五万屯（別ニ小型五万屯）四月十万屯損耗補填五万屯ノ場合ニハ鋼材三七〇―三八〇万屯トナル（努力セハ四〇〇万程度）

一、総長ノ話ニ依レハ海軍ハ備部隊（三十一軍）ヲ方面艦隊ノ隷下ニ入ルルヲ希望シアラサルカ如シ、

船腹ノ負担軽減ノ為ナラン。

一、船舶増徴ニ関スル統帥部要求ニ対シタ刻軍務局長ヨリ第一部長ニ対シ回答アリ、其ノ要求左ノ如シ

1、大型　一〇万屯
小型　一〇万屯 ｝ノ場合ハ鋼材二九〇万屯

大型　一〇万屯
小型　五万屯 ｝ノ場合ハ鋼材三一〇万屯

トナルモ帝国トシテハ爾後反撃戦力保有ノ為国力低下ノ限度トシテハ鋼材四〇〇万屯以下トナルハ忍ヒ得サル所ニシテ、本件ニ関シテハ陸海軍省、軍需省一致セル見解ナリ、

従ツテ此際作戦ノ時機ヲ失セサル為、取リ敢ヘス、大型一〇万屯ヲ徴傭シ、爾余ハ、作戦国力共ニ至急検討スルコト、致度、両統帥部ハ一〇万屯ノ配分ニ関シ至急協議セラレ度、

2、右ニ対シ第一部長ハ一〇万屯ノ場合ハ海軍ニ全部取ラル、虞大ナルヲ以テ小型ヲ同時ニ徴傭致度旨述ヘタルモ局長応セス、却ツテ海軍省ハ最小限五・七万屯ニテ可ナリト称シアルニ付何トカ話合ヒツクニ非スヤト応酬ス

3、右ノ如キ状況ニテ第一部長ハ取リ敢ヘス上司ニ報告ノ上返答スヘシトテ一応会談ヲ打切リ、松谷大佐、高瀬、高山両中佐ヲ招致シ、経過ヲ説明シ、海軍一部長ニ対シ五・七万屯ニテ可ナルヤヲ確カメタル所、海軍トシテハ応シ難キ旨返答アリ、

一、増徴問題ハ以上ノ経緯アリタルモ大局的ニ見テ、時機ヲ失セサランカ為、陸軍省提案ヲ一先ツ実行スルノ外ナカルヘシ、

一、夜本件ノ連絡会議（案文）及爾後ノ取リ進メ方ニ関シ松谷大佐、橋本別館ニ於テ作業ス

二月十九日　土曜

一、本朝海軍ヨリ一〇万屯折半ニ同意シ来リタルヲ以テ準備セル案ニ依リ連絡会議決定ノ事務ヲ進ムヘク陸軍省ニ交渉セル所、軍事課長ヨリ松谷ニ対シ、大臣総長ニ於テ根本問題ヲ協議シタル後ニセラレ度トノ意見アリ、松谷大佐第一部長ノ同意ヲ得タル後、総長ニ総理トノ会談ニ関シ意見ヲ具申ス

一、総長モ右ニ同意セルモ、大臣トノ会談、時間ノ関係上決定セス、為メニ本問題モ遂ニ進捗セス

二月二十日　日曜

一、昨夜内閣改造断行セラル、
大蔵大臣　石渡壮［荘］太郎
運通大臣　五島慶太
農商大臣　内田信也
戦争指導上何等ノ影響ナシ

一、大臣総長ノ会談依然行ハレス、為ニ船舶問題依然トシテ停頓ス、
本日後宮［淳］大将上京セラル、何等カノ関係アルモノノ如シ、

一、午後三時次長一行「トラック」ヨリ急遽帰任セラル、

二月二十一日　月曜

一、昨日来暗雲低迷ノ気運濃厚ナリシ所、明クレハ昭和十九年二月二十一日果然帝国建軍以来ノ重大事勃発セリ、即チ
杉山［元］参謀総長辞任シ、陸軍大将東条英機、参謀総長ニ、陸軍大将後宮淳第一参謀次長ニ親補セラル、
海軍モ亦島田［繁太郎］大将総長ヲ兼務、現下ノ戦局ニ鑑ミ統帥ト国務ノ協調ヲ愈々切実ナル折柄採ラレタル大英断ナランモ今後統帥ノ不覊独立ノ為ニハ具体的ニ如何ナル手段ヲ講スヘキヤ、

一、午后ニ至リ旧杉山総長ノ離任ノ辞アリ、
支那事変ノ中途ヨリ大東亜戦勃発ノ今日ニ至ル迄、幕

僚長トシテノ大将ノ功績ハ、今更論スルノ要ナキモ聖戦ノ前途尚遼遠、幾多ノ困難ヲ眼前ニシテ去ラレタル心事ヲ推察シ言フヘキ辞ナシ、殊ニ我カ二十班ハ総長補佐ノ直接責任者ニシテ今日ノ事、一ツニ吾人ノ努力ノ足ラサル所ニ依ル

次テ新総長ノ訓示アリ、

一、船舶増徴問題ハ陸海軍一〇万屯ヲ二月下旬徴傭シ、爾後作戦及国力ニ関シ至急検討スル如ク本日連絡会議ニ於テ持廻リニテ決定セリ、

両統帥［部］ハ右ニテ不足船腹ヲ再検討ノ上、更ニ要請量ヲ呈出シ、政府ハ本月末迄ニ之ニ基ツキ国力ヲ検討スルコト、ナレリ、

大［台］風一過一〇万屯ナリ、作戦ニハ必勝ヲ期セサルヘカラス、確算ヲ有スル迄、船腹ハ増徴スルヲ要ス、

二月二十二日　火曜

一、船舶増徴不足分ニ対スル対策研究ノ為、内閣書記官長官邸ニ於テ陸、海、省部及軍需省主務者参集シ研究ス、

先ツ両統帥部ヨリ船舶使用状況及今後ノ不足対策ニ関シ説明、

右ニ関シ至急国力ヲ再検討スルコト、ナレリ、

二月二十三日　水曜

一、新第一次長就任挨拶

一、旧総長送別会、感慨無量

一、迎賓館ニ於テ、陸、海、省、部、軍需運通各主務者詰切リニテ、昨日協議セル

船舶損耗対策
増徴ニ依ル国力
国内諸対策

ニ関シ研究ヲ開始ス

一、「フ号」*ハ時速200kmニテ概ネ50時間程度ヲ以テ到達シアルカ如ク敵側情報ニモ徴候現出シアリ、

大々的ニ実施スルヲ要ス（冬期間カ風向適当ナリ）

一、「サイパン」ニ23日空襲アリ、大鳥島、マリアナ中間地区ニ敵大機動部隊現出シアルヲ以テ、本土ニ来襲スル公算相当大ナリ、

一、小畑英良中将第三十一軍司令官ニ親補セラル、

二十七日出発赴任セラルル予定、

一、増徴ニ伴フ国力検討ノ一応ノ成果出テタルヲ以テ陸海省、部、軍需、運通省ノ関係課長以下集合シ報告アリ、

概要左ノ如シ、

1、現状ヲ以テ推移スル場合（機帆船ノミ一〇万屯徴傭シ損耗ハA、B、C合計月一六万屯〔Cハ四万〕補塡ハ従来通リ鋼材四〇〇万屯、アルミ一七万屯

2、汽船三月一〇万屯、機帆船一〇万屯、四月汽船一〇万屯ヲ増徴シ、A、B月補塡五万屯ノ場合
鋼材三五〇万屯、

3、増徴ハ右ニ同シクA、B補塡月五万屯ノ場合
鋼材三〇〇万屯

右何レノ案ノ場合ニ於テモ増徴ハ思ヒモヨラズ国力ハ全然「ジリ」貧ニシテ戦争継続不可能ノ判決ナリ、
但シ計算ノ過程カ非常ニ甘ク、船舶ノ稼行率、陸運転換量等更ニ向上ノ余地大ニシテ、昨年九月御前会議前ノ如キ意気込ニテヤレハ四〇〇万屯ノ鉄ハ問題ナラン、軍務課ノ態度ハ頗ル消極的ニシテ、果シテ此ノ急迫セル戦況ヲ認識シアリヤ疑問ナリ、乗ルカ反ルカノ秋、統帥部ノ要望ヲ充足スルノ努力ト熱意ハ全然見受ケラレス、後世史家ヲシテ大東亜戦ノ苦境ヲ研究スルニ当リ、国政カ統帥ヲ圧迫シ不利ナル戦争指導ヲ敢テセシメタルノ好範例トシテ銘記スルヲ要ス、統帥部ト雖モ国力ノ限度ニ関シテハ十分承知シアリ、要ハ国力ハ絶対ニアラズシテ施策宜シキヲ得ハ更ニ向上ノ余地アルヲ以テ、此ノ向上ニ対スル努力ヲ要望シアルナリ、再言ス、
即刻軍務課首脳ヲ更迭セスンハ今後ノ省部関係ハ絶対ニ円滑ニ行カズ、

一、夜偕行社ニ於テ国内鉄道非常態勢ノ促進ニ関シ鉄道省、整備局、第三部間ニ於テ懇談ス
内容ハ従来提唱セラレアル事項ノミナルヲ以テ、要ハ迅速ナル実行ナリ。

＊ 偏西風を利用してアメリカ本土を攻撃する風船爆弾。

〔二月二十四日　欠〕

二月二十五日　金曜

一、大東亜省今井〔武夫〕少将南方視察ヨリ帰任報告ノ要旨

1、泰ハ色々問題ハアルモ当分現状変更ノ要ナク武力行使ノ必要ナカルヘシ、

2、「ビルマ」ハ「バーモ」ニ対シ、感情的ニ面白クナ

イ部面モアルモ問題ニナラス、
3、仏印モ最近総督ノ態度ハ良好ナリ、
仏印、泰ノ動向ヲ決定スルモノハ東亜ノ戦局如何ナリ、

二月二十六日　土曜

一、二、二六事件ノ記念日ナリ、
一、船舶増徴ニ関シ陸軍省ヨリ説明
第一案ヨリ第五案迄ヲ提出シ陸軍省トシテハ第三案若クハ第四案ノ採用ヲ希望スル旨説明アリ、
第三案
A、B損耗補填三、四月〇、五月以降三万五千屯（C船損害五万）、徴傭三月一〇万屯、四月一〇万屯、機帆船一〇万屯、
右ニ依リ鋼材四一〇万屯、特殊鋼一一〇万屯、アルミ二〇万屯、
第四案
A、B損耗補填三、四月〇、五月以降五万屯（C船損害五万）
徴傭第三案ニ同シキモ機帆船五万屯、
右ニ依リ鋼材三九〇万屯、特殊鋼一一〇万屯、アルミ二〇万屯
右両案ニ基キ両統帥部間ニ協議ヲ開始ス
両案共統帥部要望ニ対シテハ補填量ノミカ問題ナルモ船舶損耗ノ見透シ確立シ得サル現説《ママ》ニ於テハ此ノ程度ニテ認メサルヲ得サルヘシ（但シ夕刻ニ至ルモA、B間ノ配分妥結セス）
一、今回ノ増徴問題ノ処理ニ関シテハ御前会議ヲ奏請スヘキヤ、御前ニ於ケル連絡会議ニ於テ決定スヘキヤ、或ハ連絡会議ニ於テ単ニ増徴及国力関係ノミヲ決定スヘキヤニ関シ陸海省部ノ間ニ意見ノ一致ヲ見ス
本来ナラバ御前会議ヲ奏請シ戦争指導ノ本質ヨリ究明シ、戦争終末ノ目途ヲモ確立シ完全ナル思想統一ヲ行フヘキ秋ナリト確信スルモ増徴ヲ事務的ニ取扱ハントスル空気濃厚ナリ、

二月二十七日　日曜

一、増徴問題A、B配分ニ関シ未タ解決セス
今回ノ取扱ハ戦況急迫シアルヲ以テ軽ク取扱フヲ可トスル、第一、第二次長ノ意見ニ基キ、海軍軍令部及陸

軍省軍務ニ連絡ス。

何レ二、三ヶ月後ニハ本質的決心ヲ要スヘキ秋アルヲ予期ス、日本人ハ兎角先カ見エス事ニ当面シテ行フハ已ニ遅シ、中部太平洋「マリアナ」ノ線ヲ簡単ニ保持出来ルト思フハ間違ナリ、本腰ヲ入レテカヽルヲ要ス

二月二十八日　月曜

一、船舶増徴問題ニ関シ軍務課大西中佐ヨリ、陸海両軍務ノ了解セルモノナリトテ左記提案アリ、二課ニ連絡シ研究ヲ要望ス、

[月]	AB徴傭 大型	AB徴傭 小型	AB補填
3	10	10	3.5
4	10	—	3.5
5	———	———	0
6	———	———	0
7	———	———	3.5
8	———	———	↓同

二月二十九日　火曜

一、船舶増徴ニ関スル大西中佐提案ハ、両作戦、船舶共ニ概ネ同意シ順調ニ決意シ得ルモノト思考シアリシ所夕刻ニ至リ、突然軍需省ヨリ不同意ヲ表明セリトテ大西中佐ヨリ取消アリ、今後更メテ曩ニ陸軍省ヨリ提案アリタル第三、若クハ第四案ニテ検討ヲ続行スルコト、ナレリ。
大西中佐提案ノ三、四月三・五万屯、補填ハ鉄、「アルミ」ニ非常ナル打撃ヲ与フルモノナリ、

一、二月二十九日現在ノ二月中ニ於ケル船舶損耗左ノ如シ、
沈没四二・八万屯（内A八・三万屯、B二二・四万屯C一二万屯）損傷二二万屯　合計六四・八万屯、
此ノ調子デハ増徴スルモ価値ナシ、

三月一日　水曜

一、本日八時「ソ」連政府ハ外務人民委員ノ正式声明トシテ別紙ノ如キ対芬「フィンランド」和平条件ヲ発表セリ、
「ソ」ノ企図カ何レニ在リヤ疑問ナルモ何等カノ形ニ於テ従来和平交渉行ハレアリシコトハ疑ナシ、

或ハ「ソ」ノ対芬武力進入ノ口実、大義名分ノ獲得トモ見ラル、何レニスルモ芬ノ脱落ハ最早時機ノ問題ナリト観察セラル、
右ニ対シ帝国トシテハ独トノ協調ニハ努ムヘキモ対「ソ」根本方針ニ基キ専ラ静観的態度ヲ採ルコトニ陸、海、外内閣主務者間ニ意見一致シ各々上司ノ決裁ヲ得タル後、各主務官庁ニ於テ発動スルコト、セリ、

三月二日　木曜

一、昨一日敵「アドミラルテイ」島ニ上陸ス。
敵ノ「ラバウル」ニ対スル包囲態勢着々成ル、
一、船舶増徴問題　海軍省部ヨリ左ノ如キ一案提出セラレ検討スルコト、ナレリ、

		〔月〕	3	4	5	6	7	8
補填		AB	2	2	3.5	↓		
増徴	小	AB	6	6	2			
	大	AB	10	10				

1、本案ニ於テハ七月A、B計一〇万屯ノ稼動船腹ヲ解傭シ、解傭シ得サル場合ニ於テハ五、六月ノ損耗ヲ補填セス
2、Bハ南方物資三万屯ヲ補填セス

一、夕刻第一部長軍務局長話合ノ結果、右提案ヲ受諾シ明日ノ連絡会議ニ於テ決定セラルル予定、
一、南方統帥組織ノ一元化ニ関スル第三課案提出セラル、
右ニ対シテハ南方証〔征〕討総軍ノ性格ヲ単ニ作戦、輸送、補給ヲ一元化スルニ止メス、政務、軍政ヲモ強力ニ把握セシメ名実共ニ大本営一部ノ推進タラシメ以テ帝国本土ヨリ南方各地カ孤立セル場合ニ於テモ尚総軍内ノ彼此融通ヲ活潑ナラシメ得ル如キ編成タルヲ必要トスルヲ以テ此旨両次長ニ意見ヲ具申ス
一、三月一日現在A、B、C保有船腹ヲ三一〇万屯（内ドツク入三〇万屯）従ツテ稼動船腹二八〇万屯、年一九〇万屯造船トシテ月15万屯、損傷船修理月五万屯（増加20万屯）損耗四〇万屯トセハ差引二〇万屯宛ノ減トナリ、六月ニハ保有二五〇万屯（実働二二〇万屯）トナリ、A、B、C最低240ヲ割ルコトトナリ、国家トシテ正ニ危急存亡ノ瀬戸際ニ没入スルコトトナルヘシ、

三月三日　金曜

一、船舶増徴問題本日連絡会議ニ於テ決定セリ、会議終了後、総理ヨリ全般ニ関シ、軍令部総長ヨリ両統帥部ヲ代表シ夫々上奏セラレタリ、

一、甲造船対策ニ関シ、省部主務者研究ノ結果、陸軍トシテハ二五〇万屯案ヲ極力推進スルコトニ意見一致セリ、但シ此ノ際上半期鋼材ハ、著シク窮屈ナルヲ以テ、航空機、燃料、対潜及防空関係ヲ除ク陸海軍固有兵備ハ著シク削減セラルルノ已ムナキニ至ルヘシ

鉄類ノ在庫調左ノ如シ、

	十二月末	三月末予想
鋼䰓[塊]	二〇万屯	一五万屯
半成品	二〇・五万屯	二〇・五万屯
銑鉄	一六万屯	八・五万屯
屑鉄	一七万屯	一八・九万屯

此ノ中ヨリ鋼材換算一〇万屯ハ捻出可能

製品関係　（一月末）

一月末メーカー在庫	四一・五万屯	計約五五万屯
同　配給業者在庫	一三[万屯]	

右製品在庫中ヨリ無理ヲセハ一〇―二〇万屯ハ捻出可能

三月四日　土曜

一、「アドミラルテイ」ニ於ケル我カ守備隊ハ苦戦中ナリ、

一、「ビルマ」正面ノ第七師団ニ対スル楯兵団[第五十五師団]ノ殲滅戦作戦ハ一応終了セリ、敵ノ損害約七、〇〇〇（内英兵約三、〇〇〇）「ウ」号作戦ノ牽制目的ハ十分達成シ得タルモノト認ム。

三月五日　日曜

一、船舶損耗対策中陸軍ノ実施スヘキ件ニ関シ軍事課主催ニテ省部主務者ノ会報ヲ実施ス

概ネ低調ニシテ各主務課ト雖モ実情ヲ把握シアラス、来週ヨリ概ネ一回会報ヲ実施スルコト、セリ

一、南方統帥組織ニ関シテハ、一応決定セリ、

16AハⅦA[HA方面軍]ヘ

「ボルネオ」「タイ」「仏印」ハ総軍直轄

主義トシテ現在ノ南方軍ヲ編成改正シ新ニ第七方面軍ヲ新設、次テ補給監部ヲ新設ス（総軍ハ「マニラ」ニ位置ス）

軍政機構ノ主体ハⅦA[HA]トシテ総軍ハ大綱ノミ

所見

一、軍政ヲ総軍カ強力ニ把握セスシテ、補給ノ統括ハ不可能ナリ、

二、支那総軍ト北支方面軍トノ関係再出現疑ナシ。

三月六日　月曜

一、本年上半期ニ於ケル情勢判断第二部ニ於テ研究中ナリ、太平洋方面ニ於ケル敵反攻速度ニ対スル判断ハ従来ヨリモテンポ早急ナリ、

三月七日　火曜

一、近ク船舶損耗対策ニ関スル御前兵棋ヲ実施セラルル予定、

一、船舶損耗対策トシテ陸軍ヨリ海軍ニ協力セシムヘキ飛行機ハ将来海軍ニ統一指揮セシム（第一部長）

一、「タロキナ」攻撃ハ一日延期　成功ノ公算60％

一、硫［琉］球列島防衛ノ為、一軍ヲ西部軍隷下ニ臨時編成スルコト、ナル、

一、汪精衛手術ノ為名古屋病院ニ入院中ニシテ本件ノ発表ヲ如何ニスヘキヤヲ研究、

三月八日　水曜

一、「タロキナ」総攻撃ハ本八日大詔奉戴記念日ヲ期シ敢行セラレタル筈、成功ヲ祈念ス、

一、「アドミラルテイ」ニ上陸セル敵ニ対スル我守備ノ攻撃ハ一度成功シ飛行場ヲ確保シタルモ本日再ヒ敵手ニ奪回セラレタリ、大勢如何トモシ難シ。

一、油ノ還送ハ月三〇万屯ハ必要ニシテ二五万屯ノ場合ニ於テ辛フシテ作戦ニ追随シ得ルノミ、目下月一六万屯ニシテ現状ヲ以テ推移センカ由々《マヽ》一大事ナリ、

一、一号作戦ヲ予定通リ実施可能ナリヤトノ総長ノ意見ニ対シテハ第二次長ハ絶対ニ敢行スヘシトノ意見ナリ、脊［背］後ノ短刀ヲ抑圧セスシテ太平洋戦ナシ、断行アルノミ

三月九日　木曜

一、「タロキナ」作戦ハ順調ニ進展中ナリ、攻撃開始同時全砲兵火力ヲ以テ第二、第三、飛行場ヲ制圧中ニシテ概ネ目的ヲ達シタルカ如シ、

一、中部太平洋方面ノ第一次展開ハ完了セリ、第二次輸送ハ三月中旬ヨリ四月上旬ニナル見込、

一、種村大佐〔三月一日進級〕報告来着
戦争下ニ於ケル「ソ」上下ノ緊張シアル状況眼前ニ躍動シアリ、
一、「ウ」号作戦昨八日予定ノ如ク開始

三月十日　金曜

一、陸軍記念日
一、「タロキナ」攻撃部隊ハ本朝13.iヲ以テ六〇〇高地ヲ23.iヲ以テ天王山ヲ奪取セリ、
一、船舶会報第二回ヲ実施ス

三月十一日　土曜

一、昭和十九年度在外地陸軍ノ臨時軍事費要求総額ハ一〇〇億ニシテ、内支那ハ五五億ナリ、
右ニ対シ予算準備額ハ四五億ナリ、
対支為替比価問題ハ大蔵大臣ノ辞職ニ依リ沙汰止ミトナリタルヲ以テ、今後此ノ膨大ナル軍費ヲ如何ニスヘキヤハ、物ト併行シ重大問題ナリ、
一、船舶損耗対策ヲ主トスル両統帥部間ノ御前研究ヲ行ハルルコト、ナレリ、

三月十二日　日曜

一、陸海軍ノ協同調整ヲ図ル為、陸軍省ヨリ非公式ニ海軍ニ対シ大本営総幕僚制ヲ提案アリタルカ如ク、之ニ対スル海軍省部ノ気持左ノ如シ、
1、大本営総参謀ヲ臨時ニ設ケ両総長ニ直属セシム　但シ長ヲ置カス（制度化セス）
2、総参謀ハ実行機関ニ非スシテ参画機関トス
3、陣容　将官一、大佐一―二、中（少）佐二名
右ハ陸海同数トシ、内作戦関係一、戦争指導関係一、軍制関係一、
4、任務ハ重要ナルA、B協同ニ関スル事項及戦争指導全般ニ関スル事項
5、一名ハ連絡会議幹事補佐、一名ハ作戦連絡会議ノ幹事補佐

〔三月十三日　欠〕

三月十四日　火曜

一、船舶対策御前研究ノ陸海打合要旨
海軍ノ現況

1、三月一日現在対潜艦艇一四六（所要ノ三分ノ一）⋈
712（実働500機）
護衛艦ノ基準米一万屯ノ船ニ付一・五隻　英一・〇
隻　日本ハ0.3隻
海防艦ハ四〇隻就役シアリ、
2、潜水艦掃蕩作戦ハ効果ナシ、直接護衛ヲ可トス、
3、護衛ノ見地ヨリセハ大船団主義ヲ可トス。
4、現在護衛作戦実施上ノ欠陥
○配員不適正　○護衛兵力不足　○兵器ノ能力不足
○船舶自衛兵力不足　○船員素質低下。
5、対策
○現有兵力ノ活用、「タンカー」ノ護衛　○要員
ノ錬成
○潜水艦ニ依ル撃滅作戦　○A、B、C連合運
用、　○護衛方式改善、
○対潜⋈ノ夜間能力向上　○護衛兵力ノ増強（所
要二五〇ニ対シ）二〇〇整備　○⋈Aハ200ノ外
更ニ300ヲ協力セラレ度
○機雷一〇万　○爆雷一五万箇、　○在支空軍制圧
○船団行動ノ機秘密保持　○⋈増加　○大船団主義
○機雷ゼキ　○出先ニ意図ノ徹底　○綜合効果ハ
逐次現出

三月十五日　水曜

一、「タロキナ」攻勢戦況其後変化ナシ。
一、大倉喜七郎　電波兵器研究、
一、休会明議会ノ秘密会ニ於テ陸、海軍ノ戦況ヲ赤裸々ニ
展開スルヲ可トスル意見、松谷大佐ヨリ報道部長ヲ通
シ軍務局長へ、

三月十六日　木曜

一、支那総軍岡野［忠治］参謀連絡要旨、
1、蛍石、鉛、銅製品ハ予定通リ増産シ得ル予定、
2、米ノ収買ハ軍ハ可ナルモ、民需ハ一―三割　綿三割
ヒマ三割程度、
3、現地製鉄ハ七〇本ノ中三十本火入、アルミナ工場本
年末完成
石炭ハ八割、空襲ノ為大冶一二〇万屯ハ半減、
4、一号作戦ノ為ノ後方補給ハ殆ント望ミ得ス、
5、物価調整ノ為、塩、煙草等ノ見返リ物資ヲ使用、

6、国民政府ノ民心把握十分ナラサルヲ以テ、上海財界人（周作民等）ヲ極力利用ス
7、大使館依然能力ナシ、海軍トノ関係ハ良好（七：三ノ配分）
一、「ソ」「バドリオ」政権ヲ承認ス
英、米ハ完全ニ「ソ」ニ「リード」セラレツ、アリ、
一、岡、櫛田大佐連絡要旨
1、マ号処理［仏印処理］ノ準備ハ四月末完了ノ予定、
2、十九年度現地製鉄ハ八万屯、
3、木造船建造一、五〇〇隻（内機関附一、三〇〇隻）
4、泰緬鉄道ハ日量一、五〇〇屯へ増強ヲ企図（目下六〇〇屯）
5、逐次籠城態勢ヲ確立中、
一、支那ニ於ケル作戦損害ハ従来我一：二〇程度ナリシモ北部「ビルマ」ニ於テハ一：八ナリ、重慶軍ノ装備ノ優良化ニ依ル、
一、全軍ノ将校定員三〇万人目下就役中一五万人（内現役五万）
将官大佐級ハ概ネ定員ヲ充足シアリ、中（少）佐ノ位置ノ70％ハ大尉ヲ充当シ大尉ノ職ノ80％ハ中尉ヲ充当シアリ、
尚大隊長ノ30％カ現役ニシテ主力ハ大尉ナリ、
歩兵50％ 航空12％ P［工兵］5％ T［輜重兵］5％ A［野砲兵］10％
地域別ニ将校ノ配置ヲ観レハ
内地22％ 満州23％（十七年32％） 支20％ 南方35％（十七年17％）
一、航空機動状況ハ逐次良好トナリツ、アリ、
三月中旬迄ニ二月ノ二倍、行動距離一、二〇〇KM
日出後一時間以内ニハ出発シアリ、十五日迄ニ輸送機四四編隊（一七〇機）出発セリ、

三月十七日　金曜

一、大本営政府連絡会議ノ幹事補佐ニ対シ
永井大佐ヨリ「本年上半期頃ヲ目途トスル世界情勢ノ推移判断」ヲ大本営陸軍部案トシテ説明ス
近ク連絡会議席上第二部長ヨリ説明スルコトニ了解セリ
一、佐野学氏ヨリ対中共観ヲ聴取ス
中共ノ弱点ハ建設面ヲ有シアラサルコト、並ニ中共ニ

対シテハ「ソ」ノミナラス「米」ノ勢力相当浸入シアル点ハ従来ノ観察ハ一歩ヲ進メタルモノニシテ、将来ノ施策上参考トナル点多シ、

一、夕陸海軍集会所ニ於テ太平洋協会鶴見［祐輔］氏外三名ト支那問題ニ関シ懇談ス

1、今後大東亜ヲ経倫［綸］スルニハ天孫民族ノ純血ヲ確保シ、且人口ノ増加ヲ期スルコト

2、日本ノ強サハ団結力ナリ、此ノ力ヲ利用スルコト

3、世界中ノ人カ好ンテ読ム平易ナル日本歴史ノ文学書ヲ必要トス、不知、不識ノ間日本ヲ理解セシムルコト

三月十八日　土曜

一、班長外務大臣ト懇談セル要旨

1、中共ニ米勢力逐次滲透シアルハ大臣モ痛感シアリ

2、支那ニ軍政ヲ実施スル話アルモ一考ヲ要ス、

3、戦局好転ノ時機ニ蘭印ノ独立ヲ考慮ノ要アリ、

4、同　台湾朝鮮人ノ参政権附与　〃

一、大倉喜七郎氏ヨリ怪力線、電波等ニ付省部主務者ニ意見具申アリ

陸軍省ニ於テ然可処理スルコトトナレリ、

三月十九日　日曜

特記事項ナシ

三月二十日　月曜

一、油還送量増大ノ為燃料関係ノ機構ヲ如何ニスヘキヤニ関シ研究ス、

1、南方燃料廠ヲ軍需省ニ編入セントスル案ハ該地カ近ク戦闘地帯化スル虞大ナルヲ以テ依然現状ヲ可トス、

2、内地ニ於ケル燃料関係各種機関（A・Bモ含ム）ハ軍需省ニ統合スルヲ可トス

3、「タンカー」ヲA・B・Cニ分属スルハ現油槽船ノ量的見透ニ於テハ最早限界ニ到達シアルヲ以テ、全部Cニ返還シテ統一運用シ、A・Bハ所要量ヲ所要時期地点ニ於テ獲得シ得ル如クスルヲ可トス

三月二十一日　火曜

一、「カヴィエン」附近ニ敵上陸ノ企図アルカ如シ
（「ウエクワ」「ムシ」島ニ砲撃アリ）

一、千島ノ展開ハ概ネ三分ノ二ヲ完了セリ、
一、「ビルマ」戦線ノ重慶軍ハ師団ニ迫撃砲以上ヲ二七〇門有シアリテ火力装備ハ軽視ヲ許サス
一、本月上、中旬ニ於ケルAノミノ損耗ハ四万屯ナリ、
一、次級次長ヨリ、対米軍近接戦斗ニ於ケル戦斗法及火力装備（高射砲ノ平射、迫撃砲ノ増加、抗［坑］道戦）ニ関スル研究ヲ更ニ深刻ナラシムル必要アリ、
一、高級次長ヨリ
爆薬ヲ多量ニ使用スル研究ヲ具体化スヘシ、

三月二十二日　水曜

一、軍務局ニ於テ大臣ノ命ニ依リ左記研究アリ、
1、大東亜経済会議開催ノ件
2、蘭印独立ノ件
大東亜経済会議ハ主トシテ戦後問題ヲ取リ上ケ（然シ現在ニ波及スルコト多シ）論議セントスルモノナルモ主務当局ニ於テハ利害考究ノ結果、之カ開催ヲ不可トスル意見ナリ、
蘭印独立ニ関シテハ適当ノ機会ニ独立ノ宿願ヲ達セシムル為政府声明ヲ発セントスルモノナルモ、朝鮮人、台湾人ノ関係ヲ考慮スルヲ要ス

右二問題共予メ研究シ置クハ必要ナルモ、之カ実行ノ時期ハ帝国ノ戦勢好転セル時ナルヲ要シ、末［未］タ尚早ナリ、
両次長共同意見、

三月二十三日　木曜

一、鹿毛［貢］中佐ノ研究内容ニ関シ両次長ニ説明アリ、
戦機ニ投合スル積極機敏ナル研究ニシテ之カ活用ヲ更ニ具体化スルヲ要ス、
一、「タロキナ」攻勢モ最後ノ一押ニ於テ彼我力ノ差甚シク為ニ一応頓挫セリ、第十七軍ハ最後ノ力ヲ結集シテ明二十四日黎明攻撃ヲ再興スルコト、ナレリ、但シ大勢如何トモナシ難ク成功ノ見込ナシ、
一、「マニラ」ニ総軍司令部カ移転ノ時機ハ天長節頃トナル見込ナリ、

三月二十四日　金曜

一、慶大加田［哲二］経済前博士トノ懇談要旨、
1、戦争経済ハ最モ困難ナリ、日本ノ経済ハ欧州戦争続行ヲ前提トス、即チ日本ノ経済ハ依然「ストツク」ノ置換ヘナリ、米国ノ「ネツク」ハ労働力ノ不足ニ

アルモ内部的崩壌［壊］ヲ生スルコトハ考ヘラレス
「ストライキ」ハ経済的ニシテ政治闘争ニ迄発展スルトハ考ヘラレス、只生命ノ喪失増大ニ伴フ婦人ノ動揺ハ看過シ得ス「インフレ」ハ問題ニナラス、

2、支那問題

(イ)支那民族運動ニハ孫文ノ民族運動ヲ利用スルヲ可トス

精神ニモ慣性存スルヲ以テ新理論ハ従来ノ支那ノ思想ヲ以テ律スルコト必要、即チ東洋思想ヲ科学的ニ編成スルコト

(ロ)支那ニハ或程度「インフレ」ニナツテモ可ナリ、従ツテ高ク収買スル工夫カ肝要、

(ハ)支那問題テ重要ナル事ハ「インテリ」ノ処理、「インテリ」カ官権ヲ有シアリ、農民ハ無関係ナリ、

(ニ)辺疆民族ニ対スル国民党ノ施策ハ日本トシテ利用価値大、

(ホ)封鎖ハ原料ノアル奥地ノ自活態勢ヲ強化セシムル結果トナルヲ以テ一考ヲ要ス、一面戦争、一面流通経済テナケレハナラヌ、

一、本日議会ノ秘密会ニ於テ海軍軍務局長ヨリ戦況説明アリ、一般ノ空気ハ悪化シアリ、

戦局ノ好転ヲ企図スルコトカ総テノ問題ノ根本ナリ、

三月二十五日　土曜

一、「マーシヤル」群島方面ニ敵ノ大機動部隊アリ、「リサイ」「ポナペ」方面及「トラック」方面ハ警戒ヲ要ス、

一、東松二号ノ輸送ハ損害ナク完了セリ、

（「トラック」及「エンターピー」輸送）

一、「インパール」作戦ハ極メテ順調ニ進展シツ、アリテ、先頭部隊ハ「インパール」ヨリ30㎞―40㎞ノ線ニ進出シアリ、

一、本日衆議院閉院式挙行セラル、

一、「タロキナ」攻勢遂ニ頓挫ス　原駐地ニ帰還シ後図ヲ策スルコト、ナレリ　甚タ残念ナリ、

一、日「ソ」交渉仮調印ニ成功セリ、

三月二十六日　水［日］曜

一、毛利［里］氏ヨリ戦後経営及対支施策ノ根本観念ニ関スル作業ヲ聴取ス（松谷大佐、橋本出席）

一、本日昭和十九年度物動運営ニ関スル件、連絡会議ニ於テ決定ス、
連絡会議後第二部長ヨリ、
［「］昭和十九年夏頃ヲ目途トスル世界情勢判断」ニ関スル説明アリ、

三月二十七日　月曜

一、「シュムシュ」島ニ昼間爆撃アリ、
此ノ種敵ノ企図ハ最初ナリ、
一、「マーシヤル」ノ機動部隊ハ依然警戒ノ要アリ、

三月二十八日　火曜

一、本年度ノ軍需動員ハ㋪研究ニ対シ65％、船舶ハ82％トナル、
航空100％
一、日「ソ」交渉ハ明二十九日枢密院ヘ三十一日御裁可ヲ仰キ四月一日本調印ノ假［段］取トナレリ、
之カ発表方法ハ別途研究ス、
一、支那総軍樋沢［一治］参謀ヨリ最近ノ支那政治経済情勢ノ説明アリ、
戦局好転スル迄ハ小細工ヲ弄セサルコト最モ肝要ナリ、

三月二十九日　水曜

一、「タロキナ」攻撃部隊ハ後図ヲ策スル為「タロキナ」東西ノ線以北ニ17iB［歩兵団］以南ニ6Dヲ配置ス、
右配置ノ為ノ行動開始ハ四月上旬若クハ五月上旬ニ完全《ママ》スル見込、
一、二十七日現在三月分ノ船舶損耗ハ喪失一一・六万屯、損傷六万屯ナリ。
本月損耗ノ減少ハ危険海域ニ対スル輸送抑制ト護衛ノ強化、並ニ敵潜水艦ノ出現減少トニ依ルモ此ノ成績ヲ以テ損耗対策ノ効果ト観ルハ過早ナリ、
敵潜水艦出現状況左ノ如シ、

十二月	二〇〇隻	（撃沈　七隻）
一月	二二八隻	（〃　八隻）
二月	三〇〇隻	（〃　一二隻）
三月	一九三隻	（〃　七隻）

一、昭和十九年度甲造船ニ関シテハ先般ノ大本営政府連絡会議ニ於テ一応一九〇万G/Tニテ発足スル如ク了解シアルモ、其後行政査察ノ結果二五五万G/T（貨物一七一万、

油槽船七七万、雑船七万）ノ造船可能ナリトノ結論ニ到達シ近ク連絡会議ニ於テ決定ノ見込ナリ、但シ鋼材並ニ関連資材ハ一部不足スルヲ以テ「雪ダルマ」式ニ依リ実施スルコト、ナレリ、

三月三十日　木曜

一、第二部主催ニテ技術ニ関スル情報会報アリ、今後概ネ毎週一回技術関係ノ課長以上ニ戦況ヲ説明シ、技術ト作戦トヲ密接ナラシムル如クス、

一、延原［威郎］中佐支那出張報告アリ、

一、本日昭和十九年度甲造船ニ関スル件決定ス、

一、最近在支大使館ノ人事ヲ支那人ノ言動ニ依リ左右セラルルノ感深シ若シ斯クノ如キモノアリトセハ支那人ノ謀略ニカ、リアルモノニシテ思ハサルモ甚タシ、況ンヤ派遣軍ノ人事ニ波及スルコトアランカ、大問題ナリ、注意ヲ要ス

一、種村大佐本日二ヶ月ノ旅行ヲ終ヘ帰任、

三月三十一日　金曜

一、「マーシヤル」方面ニアル敵大機動部隊ノ一部ハ二十九日、三十日「パラオ」ヲ前後十一回ニ亘リ空襲ス、我損害ハ不明ナルモ敵ニ与ヘタル戦果ハ空母一炎上、戦艦一大傾斜、

一、最近「スマトラ」西岸及北岸ニ敵潜水艦ノ活動活発化ス

一、二十八日「ウ」号作戦ニ於テハ我挺身部隊「インパール」「コヒマ」道ヲ遮断ス、順調ナリ。

一、鈴木［宗作］中将ヨリ松谷大佐ニ対シ「決戦直前」ニ平和攻勢実施ノ必要アリトノ所見アリ、研究ハスヘキモ力ノ発揮ヲ俟タスシテ政略ノ効果ナシ、

四月一日　土曜

一、中部太平洋方面敵機動部隊ニ対シテハ本月上旬中ハ警戒ヲ要ス

一、「インパール」主作戦方面ハ順調ナリ、

一、18Dハ戦力相当ニ消耗シアリ、

一、「パラオ」空襲ニ依ル陸軍船ノ損耗ハ七、〇〇〇屯、海軍艦ハ一一隻五〇、〇〇〇万屯、

四月二日　日曜

一、昨日「メレオン」200機ノ空襲ヲ受ク

一、昨夜「トラック」空襲アリ、

一、「インパール」作戦進捗ニ伴ヒ自由印度仮政府ヲ発展改組シ自由印度政府ノ樹立ヲ容認スル件ニ関シ関係各省間ニ協議ス

海軍及大東亜省ハ現状ヲ可トスル意見ナルモ、更ニ慎重ニ研究スルコト、セリ、

四月三日　月曜

一、神武天皇祭

一、「ビルマ」ニ降下セル「グライダー」部隊ハ其後益々増勢セルカ如ク、其数八、〇〇〇—一〇、〇〇〇ニ達シアルカ如シ、我方ハ之ニ対シ集成約七ケ大隊ヲ以テ対代［討伐］中ナルモ之カ処理ニハ相当ノ時日ヲ要スルモノト判断セラル。

四月四日　火曜

一、昨夜種村大佐総長ニ対シ「モスコー」ノ報告ヲ実施シ本日ハ宮中ニ於テ内府及侍従武官長ニモ同様ノ報告ヲ為ス　事情ハ既ニ御上ニモ言上セラレアリト洩レ承リ感激ニ堪ヘス。

一、対「ソ」施策タルヤ真ニ国体護持ノ外交ニシテ一歩ヲ誤レハ皇国ノ運命ヲ決ス、

一、次級次長ヨリ今後ノ対「ソ」関係ハ物資交流ニ依ル以外ニ方法ナキヲ以テ之カ対策ヲ研究スヘシトノ意見アリ、

意見然可

一、大東亜省南方事務局ノ萩原［徹］氏南方視察ノ報告アリ、其ノ要旨左ノ如シ、

1、仏印「タイ」「ビルマ」ハ多少ノ動揺ハアルモ、日本ニ離反スル等ノコトハナシ、然レトモ積極的、精神的協力ヲ求ムルハ過望ニシテ消極的協力ノ限度ナリ、

従ツテ当分政策的ニ小策ヲ弄スルハ不可ナリ、

2、比島ハ趣ヲ異ニシ敵ノ上陸等ノ場合ニハ民心ハ全部敵側ニ趨ル実情ナルヲ以テ防衛強化ヲ先決問題トス従ツテ一部政府ノ粛正工作等ヲモ必要トスルニ至ルヘシ、

3、「ビルマ」ヲ指導者国家トセルハ一考ヲ要ス。

四月五日　水曜

一、次級次長水戸方面ニ於ケル陸大現戦視察
　松谷大佐随行

四月六日　木曜

一、南東方面ノ敵策動漸次鎮静セリ、
一、北東方面ノ敵ハ尚警戒ノ要アリ、
一、「インパール」作戦、「コヒマ」南方ヲ遮断ス

四月七日　金曜

一、秦［秦彦三郎］次長陸大現戦視察ヨリ帰任、次長要望左ノ如シ、
　1、水際撃滅戦闘法ノ研究、
　2、海空陸ノ立体戦ノ研究、
　3、地上優良装備ノ敵ニ対スル戦法ノ研究、
一、加藤［丈夫］中佐（軍務）ノ「チモール」帰任報告要旨、
　1、「コスタ」ノ「チモール」視察ハ好印象ヲ与ヘタルカ如ク今後ノ日、葡関係ニハ良好ナル影響ヲ与フヘシ、
　2、「コスタ」ノ報告ニ基ツキ葡側ヨリ帝国ニ対シ、新ナル要求ノ提出ヲ予期セラル、モ、斯カル際ニハ全面的ニ許容スル方針ヲ可トス。
　3、対壕［政］謀略ハ目下海軍ノ担任ナルモ、殆ント実施シアラス、陸軍トシテ純然タル作戦情報ノ見地ニ於テ研究実行スルヲ必要トス
　4、陸軍現地自活ト海軍軍政トノ調整ヲ必要トス。

四月八日　土曜

一、五日「コヒマ」ヲ攻略セリ、
一、*五号作戦演習ニ伴ヒ中、北支ノ軌条撤去ハ約五〇〇粁ニシテ北支ノミニテ約一五〇粁ヲ分担スルヲ要シ、北支軍管内ノ撤去計画ニ基キ認可申請アリタリ、
　1、長辛店—西便門　10粁　（可）
　2、朔　県—寧　武　2.7〃　（不可）
　3、定　襄—河辺村　18〃　可
　　平　遥—汾　陽　34〃　可
　　原平鎮—崞　県　18〃　可
　4、東　周—路　安　37〃　（不可）

右ノ中撤去不可分ニ相応スル軌条ハ満州作戦集積ヨリ融通ス、

一、交通防空兵棋実施

＊ 一号作戦（大陸打通作戦）の別称。

四月九日　日曜

一、昨日ニ引続キ防空兵棋実施、

本兵棋ニ対スル所見、

1、京浜、名古屋、阪神、北九州四大要地カ同時ニ空襲セラレタル場合、

2、概ニ［ネ］二ヶ月毎ニ空襲ヲ受クル場合、

右ヲ基礎トシ空襲ヲ予期シ事前ニ計画準備シ置クヲ要スル事項ト空襲直後実施スヘキ事項トニ区分シ研究スルヲ可トス、

而モ空襲対策ノ主体ハ防衛ヲ除キ殆ント大部カ内政事項ナルヲ以テ陸軍省、内閣等ニ於テ強力ニ研究準備スルヲ必要トス、交通ハ重要ナル因子ナルモ飽迄一分担事項ナリ、

四月十日　月曜

一、遊休機帆船ヲ活用シ南方ヨリ石油ノ還送ヲ実施セントスル案、海軍及運通省ヨリ協議アリ、

提案セル所ニ依レハ昭和十九年度ニ於テハ新造機帆船ニ対シテハ重油ノ配給ハ殆ント望ミ得ス従ツテ二十万屯近クハ遊休スヘシトノ意見ナリ、然レトモ機帆船ノ現状把握ハ著シク不良ニシテ実体ハ全ク不明ナリ、二月決定ノ陸軍徴傭一万七千五百屯ニ対シ完了セルモノハ約八千屯、三月決定ノ陸軍分八万屯ニ対シテハ約七〇〇〇屯ヲ徴傭シ、得タルニ過ギズ

即チ機帆船ノ実情ハ作戦ノ要請ニサヘモ応シ得サル状況ニシテ遊休稼働船カ大量アルヘシトハ考ヘラレス

従ツテ陸軍トシテハ先ツ陸軍徴傭船ヲ完全ニ供出シタル後、実行スルニ於テハ一般構想ニ対シ同意ナリ、

然レトモ右輸送用ノドラム缶及往船燃料ノ供給ニハ応シ得サルコト、ス、

機帆船ニ依ル石油還送ノ着想ハ可ナルモ今後新造ノ機帆船中相当量ヲ「木造タンカー」ト為シ是レニ依リ輸送ニ任シ、其ノ油ヲ以テ機帆船全般ヲ運用スル如ク、木造船計画ヲ変更スルヲ可トスル意見、

一、十二日重臣会議開催セラル、コト、ナレリ、
総理ノミ出席ノ予定、

四月十一日　火曜

一、大連ニ待機訓練中ノ海上機動兵団ヲ南方総軍ニ転属セラル、
一、三月中陸軍飛行機ノ生産高ハ一三六〇機ナリ但シ新鋭機ノ生産ハ予定ニ達シアラス、
一、揮発油ノ還送量減少ト陸軍在庫ノ激減ニ鑑ミ今後ノ航空運用モ燃料節約ノ見地ニ於テ重点的使用ニ徹底スルヲ必要トスヘシ
一、南方視察ニ対スル殿下ノ御意見（松谷大佐へ）
1、南方民族ニ対スル統治ノ要諦ハ戦局ト物ナリ、
2、南方諸国ノ独立ハ過早ノ感アリ、
3、自由印度仮政府樹立ヲ帝国政府トシテ正式ニ支援スルハ一考ヲ要セスヤ、
右御意見ハ従来ノ経緯ニ関シ御承知無キ点多キ為ノ誤解モアルコト、思考ス

四月十二日　水曜

一、「トラック」南方ニ特空母九隻ヨリ成ル機動部隊アリ、
一、本日殿下南方視察結果ニ関シ第一、第三部ノ部課長ニ対シ御報告アリ、要旨左ノ如シ
1、華僑ノ勢力利用ニ著［着］意スルコト
2、回教ノ利用
3、英、米、蘭ノ植民地統治方式ヲ十分研究スルコト
4、米英ハ悪意ノ善政、日本ハ善意ノ悪政ナリ、

四月十三日　木曜

一、「インパール」敵複郭陳［陣］地ハ半ヶ年ノ日子ヲ費シ相当堅固ナリ、
一、昨年末独ヨリ帰来セル技術者ノ実施セル独ノ状況（松谷大佐聴取）
1、「バルカン」諸邦ニ於ケル食糧衣糧ハ自由販売シアリテ、今後更ニ余裕ヲ存シアリ、独モ主食ノ闇ハ絶対ニナシ、
2、工場ノ爆撃被害ハ相当大ナルモ復旧資材整備シアルヲ以テ修理復旧ハ極メテ迅速ナリ、
3、俘慮［虜］ヲ使役シテ農産物増産ニ努メ成績良好ナ

リ、

一、殿下ヨリ近畿地方ノ名所ヲ無防備都市宣言ヲ為シ保存スルノ着意ヲ要セスヤトノ御意見アリ、

戦局ノ前途ニ対スル御考察ノ然ラシムル所ナリト雖モ、更ニ堅確、強靭ナル御性格ノ陶冶ニ関シテハ、然ル可キ補佐官ヲ附シテ御補導申上ゲルコト最モ肝要ナリ、

一、国民政府農業顧問那須［皓］博士ヨリ最近ニ於ケル中支農業増産ノ実情ニ関シ聴取ス

1、中支ニ於ケル日華双方共技術指導陣営貧弱ナリ、従ツテ目下ノ施策ノ成果ヲ本年中ニ求メントスルハ過望ナリ、

2、治安確立シアラサル地区ニ対スル技術ノ浸透ハ極メテ困難ナリ、

3、農民ニハ一般ニ増産ノ意欲ナシ、

4、今後ノ増産運動ニハ治安、思想、増産ノ三者ヲ併行、一元的ニ推進スル思想ヲ可トス。

即チ県ヲ指定シ模範青年団ヲ作リ是等ノ青年ヲ教育シテ増産意欲ヲ振興スル以外ニ方法ナシ、

5、儲備ノ放出額ハ目下二五〇億元、年末ニハ七五〇—一、〇〇〇億元ニ増大スル虞アリ、

四月十四日　金曜

一、「ビルマ」ニ降下セル敵「グライダー」部隊ノ飛行場ハ極メテ堅固ニシテ、六ヶ大隊ヲ以テ攻撃セルモ頓挫セリ、

装備ノ優劣ニ依ルモノナリ、

一、「ブーゲンビル」島　沖部隊［第十七軍］ハ食糧七月末迄保有シアリ、

一、中部太平洋方面ノ敵情ヲ次ノ如ク判断シアリ、

五月中旬頃「ポナペ」ヲ攻略シ、次テ「トラック」「メレヨン」ノ中間地区ニ来襲スルナラン。

四月十五日　土曜

一、「丁」仮政府［チャンドラ・ボースの自由インド仮政府］ヲ発展改組シ自由政府タラシムル件ハ、省部意見一致セリ、但シ飽迄モ仮政府タルノ性格ハ変更スルコトナク、且時機ハ作戦ノ進展ヲ十分見極メタル上実施スルコト、

一、日独伊三国混合委員会開催、独ニ対シテハ著シク好感ヲ与ヘタルカ如シ

四月十六日　日曜

一、機帆船徴傭ノ実施情況ニ関シ陸軍省ノ説明ヲ聴取ス
二月及三月ノ連絡会議決定ノ徴傭量ハ二―三ヶ月遅延ノ見込ナリ、機帆船ノ実体把握不十分ナルト之カ徴傭ニ各種ノ困難ナル因子ノ存スルハ勿論ナルモ熱意モ亦少シ、

一、次級次長陸大「か号」演習視察ノ為宇品ニ二泊ノ予定ヲ以テ出張ス
総務課長、嬉野［通軌］少佐、橋本少佐随行ス

四月十七日　月曜

一、海軍ヨリ油槽船九万G/Tノ徴傭問題提案アリ
昭和十九年度油ノ要還送量ハ最少［小］限三六〇万kℓ（油槽船建造77万G/T損耗月二万G/T）ヲ要シ、之カ達成ニハ異常ノ努力ヲ要シ、現状ヲ以テ推移スル場合ニ於テモ二六〇―二七〇万kℓ程度ニ低下ノ虞大ナルヲ以テ斯クノ如キ増徴要請ハ不可解ナリ、
更ニ両統帥部作戦関係ノ緊密ナル連絡ノ後、如何ナル程度ニ海軍ノ反撃作戦ヲ実施スルヤヲ決定スルコト先決問題ナリ、

四月十八日　火曜

一、第二方面軍ハ当分ノ間「ダバオ」ニ位置ス

一、第二方面軍ノ敵情判断ニ依レハ中部太平洋方面ニ於テハ敵ハ先ツ比島ヲ押ヘ次テ本土攻略ヲ企図スヘシ、

一、第十八軍ノ総兵力ハ半減シ目下九万五千ニ低下セリ、

一、比島航空基地ノ整備不十分ナリ、

一、「ビルマ」ニ於ケル一師団ノ損耗ハ平均五千ナリ、雨期明迄ニハ更ニ二千ノ損害ヲ予期ス（夏迄ニ三万ヲ補充）

一、14Aハ「マニラ」郊外「マッキンレー」兵舎ヘ移転スル予定

一、日「ソ」軍事図書ノ交換ハ「ソ」気乗セス

一、今後ノ印度作戦ハ軍事的ニハ「アッサム」ヘ政略的ニハ「チッタゴン」ヘ侵攻スルヲ可トス

一、次級次長宇品出張ヨリ帰任ス、

四月十九日　水曜

一、「インパール」ノ敵ノ抵抗ハ極メテ頑強ナリ、

一、京漢打通作戦昨十八日開始ス

一、四月十八日迄ニ於ケル、船舶損耗、沈没3.8万屯（A2.5

万屯）損傷五万G/Tナリ、成績良好ナリ（目下ノ処）

一、外務大臣ヨリ松谷大佐へ

先般佐藤大使へ左記訓令ヲ与ヘタリ、

1、機ヲ見テ特使派遣ノ件ヲ切リ出スコト、

2、経済交易、満「ソ」打通問題ヲ提案スルコト、

3、日「ソ」関係ノ今後ノ世界政局ニ及ホス影響ヲ活〔話〕合フコト、

右ニ基ツキ佐藤大使ハ「モロトフ」ト会談ノ結果「モ」ハ

1、特使派遣ノ件ハ昨年ノ返答ニ変化ナシ、但シ新動機カ発生シタル場合ニ於テハ更ニ研究ス

2、経済関係ニ就テハ大使ノ積極性ヲ一言シタルノミニシテ他ハ語ラス、

尚佐藤大使ハ本件ニ関シ更ニ十二日「モ」ト会談ノ予定、

一、小日山〔直登〕満鉄総裁、鮮満鉄道一元運営問題ニ関シ小磯〔国昭〕朝鮮総督ト懇談ノ結果ヲ星野〔直樹〕書記官長へ連絡セリ、其ノ要旨左ノ如シ、

1、総督トシテハ一元運営ニ根本的ニ反対ハシアラス一時的ニ混乱ヲ防止スル手段ハ他ニナキヤヲ検討ノ要アリ

2、朝鮮統治ハ運輸ヲ離レテ存在セサルヲ以テ根本的機構ノ改正ヨリモ、現機構ノ運用ニ依ツテ目的ヲ達成シ得サルヤ、

3、近ク総督上京ノ際話ヲ進メ度、

一、関東軍作戦連絡ノ要旨、

1、関東軍ノ現在ノ戦力ハ17年末ニ比シ1/2ニ低下シアルヲ以テ、更ニ師団ヲ抽出スルコトハ殆ント不可能ナリ、

秋頃迄ニハ2/3程度ニ恢復シ得ヘシ、但シ兵器ノ予備ハ全然ナシ、

2、部隊ヲ抽出セルモノ65、編成シ転用セルモノ92ナリ、

3、転用抽出ニ依リ師団ノ戦力ハ赤軍師団ニ略々等シ

4、人員63万ヨリ40万トナリ、補充後51万トナルモ八月航空ヲ更ニ8万抽出セラル、

5、弾薬ハ66師団会戦分ノ所要集積ニ対シ44師団会戦分ヲ準備シアリタルモ現在ハ35師団会戦分アリ

6、関東軍トシテハ兵力、資材ノ不足ハ作戦準備ノ推進ノ整備ニ依ツテ補フ外ナク、之カ為教育ニ最重点ヲ指向ス

一、航空特命検閲ノ報告要旨、

〔四月二十日　木曜〕

一、閣議ニ於ケル総理ノ戦争指導ニ関スル説明要旨、

1、戦局打開、

2、日独提携、

3、日「ソ」静謐、

4、食糧確保

右四件ヲ当面戦争指導上ノ重要事項ト為ス

一、班長以下別館ニ於テ昭和十九年末ヲ目途トスル戦争指導方策ニ関シ研究ス（従来ノ研究ヲ訂正）

四月二十一日　金曜

一、「ソ」ノ対日態度ニ関シ松谷大佐、本間〔雅晴〕中将ヨリ意見ヲ聴取ス、要旨左ノ如シ、

「ソ」ノ対日態度ハ六、七月頃ノ戦局ニ依リ相当左右サルヘク米ヘノ基地供与ハ一応考慮シ置クヲ要スベシ、

一、昭和十八年度木造船建造状況ニ関シ船舶局企画課長ヨリ第三部長ニ対シ報告アリ、要旨左ノ如シ、

1、目標50万屯（内標準型43万屯、雑7万屯）ニ対シ、実績ハ12万屯強（標準型8.7万屯—748隻〔機関附7.4万屯—645隻〕油槽船5450屯—47隻、無動力7200屯—56隻、雑3.4万屯）ナリ、

尚三月末進水ヲ了セルモノ15.3万屯、起工中ノモノ41.7万屯　船台上ニアルモノ17.7万屯ナリ、

2、木造船実績ノ不振ナリシ原因

イ、造船所ノ資本及規模小ニシテ急激ノ拡張ニ追随シ得ス。

ロ、造船所夥多（四九三工場）ニシテ計画徹底セス、

ハ、査察ノ成果ハ逐次具現シツ、アルヲ以テ今後ハ好転スヘシ、

3、十九年度計画ノ概要

十九年度ハ十八年度末竣工32万屯ヲ夏頃迄ニ完成スルコトニ全力ヲ傾注シ、然ル後具体化ス

4、現在ノ造船能力—77万屯、

六月頃迄ニ完成スル設備能力—五〇—六〇万屯、

従ツテ全部テ一〇〇万屯程度ト見ルヲ至当トスヘシ、

但シ「エンジン」ハ年四〇万馬力ニシテ屯当リ0.8馬力ニテ換算セハ機関附ハ四五万屯ナリ、

四月二十二日　土曜

一、中部太平洋方面遊撃艦隊ノ状況ハ「アイタペ」附近ニ敵上陸スルノ気配濃厚ナリ、
尚今月末期ニ「ポナペ」ニ上陸スルノ公算モ亦大ナリ、

一、中部太平洋方面ニ於ケル海軍航空勢力並ニ今後ノ増勢状況左ノ如シ、
目下五五〇機（陸攻56機、艦爆100中攻100ハ随時使用可能）
（五月十日625tノ200機増加、五月末一航艦ノ300機増加）

一、「ラバウル」ニ於ケル最近ノ敵投弾量ハ一日平均一〇〇屯、月二一〇〇屯ニ達シアリ

一、総長ヨリ左ノ如キ注意アリ、
戦局ノ現段階ニ応シ第八方面軍ノ指揮官以下ハ絶対ニ異動セシム可カラス、最後迄兵ト運命ヲ倶ニセシムルヲ要ス、

一、「インパール」正面ノ敵ハ四ヶ師団ナルモ二一―三〇〇機ノ輸送機ヲ有シアルヲ以テ空中補給ノミニテモ作戦ヲ継続シ得

一、「インパール」作戦ノ結果最近ノ米空軍ノ入支機数ハ減少シツ、アリ、

一、安慶附近ニ於テ行方不明トナリタル海軍沖［沖野亦男］中［大］佐ハ桂林ニアルカ如シ、

一、独統帥部ハ専ラ第二戦線ニ重点ヲ指向シツ、アリ、
従ツテ仏正面ヨリ兵力抽出シアラス

一、夜大臣官邸ニ於テ井本［熊男］大佐、陸軍省有志ト懇談ス、
種村大佐、橋本出席傍聴ス
主トシテ今後ノ戦争指導及陸海軍ノ調整ヲ如何ニスヘキヤカ論点トナリタルモ、斯クノ如キ議論ハ最早不要ナリ、
各主務事項ニ最善ヲ尽スヲ以テ先決要件トナス意見ハ各直属上官ニ卒［率］直ニ開陳スヘシ、
此ノ種企テハ可ナルモ、秘書官政治ニ陥ラサル如ク戒慎スルヲ要ス

四月二十三日　日曜

一、昨二十三［ママ］日朝来約一師団ノ敵「ホーランヂヤ」ニ上陸中「アイタベ」ニモ上陸シツ、アルカ如シ、

一、午後大本営政府連絡会議関係者ノ遠乗会ヲ実施ス、十分懇親ノ目的ヲ達シ得タリ、

四月二十四日　月曜

一、戦争指導方策ヲ更ニ検討ス（班長以下別館ニ於テ）

四月二十五日　火曜

一、靖国神社臨時大祭挙行セラル、

一、「タンカー」ノ海軍増徴問題ニ関シテハ先般来各種ノ意見アルモ第一部長トシテハ六月ニハ新造航母九隻進水スル実情ニモ鑑ミ此際、多少認メサルヲ得サルヘシトノ意見ナリ、

尚A、B物動配分ニ関シテモ目下話合中ナルモ、海軍部内ニ於ケル反島田、反岡〔敬純〕ノ空気濃厚ナル事情ニ鑑ミ此際Aノ譲渡モ亦己〔已〕ムナシトノ意見アリ、海軍ノ意見トシテハA、B折半シ、Bニ対シ+2万屯ヲ増加セラレ度トノ意嚮ナルカ如シ。

此際大局的ニ観テ陸軍トシテハ海軍ノ意見ヲ採用シ迅速ニ決定スルヲ可トス

一、「インパール」東方地区ニ於テ一中隊玉砕セリ、

近接戦闘地上火器ノ不足ニ依ルモノナリ、

一、「ホーランヂヤ」「アイタペ」ニ上陸セル敵ハ各々一師団ナリ、

一、内地ニ於ケル防空ノ為目下使用シ得ル飛行機ノ実動数左ノ如シ、

東部軍　戦斗396偵察38軽爆45重爆37　計561〔516〕機

中部軍　戦斗143偵察6　計149機

西部軍　戦斗47偵察7重爆25　計106〔79〕機

総計770〔744〕機ナリ。内夜間ニ使用シ得ルモノ1/3ナリ

一、空襲対策準備トシテ石炭ノ貯炭ヲ左記ノ如ク計画シ実行セントシツ、アリ（五月十日迄ニ準備ス）

重要工場一〇日分、軽易ナル工場五日分、鉄道一五日分、計38万屯、

一、次級次長ヨリ左記事項ノ研究ヲ命セラル、

現情勢ニ於テ若シ独「ソ」和平成立セハ欧州和平トナリ延テ全面和平ニ移行スル公算アルヲ以テ之カ対処方策ヲ如何ニスヘキヤ、

昨年御前会議決定当時トハ情勢モ転換シアルヲ以テ此ノ際頭ヲ切リ換ヘル必要ナキヤ、

右次長ノ意見ハ達見ニシテ班内ノ研究モ既ニ概成シアリ。

一、夜橋本獣医学校ヲ参観ス　現地自活ニ獣医ノ技術ヲ全

面的ニ活用スルノ必要性ヲ痛感ス

四月二十六日　水曜

一、本日ヨリ次級次長南方ニ出張セラル、
一、燃料輸送ノ為考案中ノゴム袋ノ状況左ノ如シ、
1、カ式
二〇〇屯入ヲ一六〇基整備セルモ各種試験ノ結果、破損スルヲ以テ整備ヲ中止セリ、
2、ヒ式
五〇屯入ニシテ50基整備セリ、成績良好ナリ、
3、右ヒ式ハ「ドラム」缶代用トシテ貯蔵用ニ使用スルヲ可トシ、運搬用ニハ機帆船ニ「カネビヤン」ヲ内張リシテ利用スルヲ可トス（本試験ハ船司［船舶司令部］ニテ成功シアリ）
一、「タンカー」増徴問題省部関係課長間ニテ協議セルモ結局成案ヲ得ス、更ニ海軍ノ「タンカー」使用ノ細部計画ヲ聴取ノ上、研究ヲ進ムルコト、ス。

四月二十七日　木曜

一、昭和十九年末頃迄ヲ目途トスル戦争指導方策ニ関シ班長ヨリ高級次長ニ対シ説明ス
次長意見ノ要旨左ノ如シ、
1、戦況サヘ好転セハ問題ナシ、
2、戦況好転ヲ図ル為ニハ、海、陸一体ノ強力ナル空軍ヲ作ツテ反撃ヲ反復スル以外ニ方法ナシ、之カ為ニハ航空ヲ主体トセル海陸思想統一ヲ徹底セシムルヲ絶対ニ必要トシ無茶ヲシテモ本年上半期中ニ最大限ノ戦力化ヲ図ルコト肝要ナリ、
3、右見地ニ於テ二十班ノ研究案ハ学理的ニシテ徹底サヲ欠キアリ
高級次長ノ徹底セル観察真ニ然可、
一、右研究案ハ秘書官ヲ通シ総長ニモ提出ス

四月二十八日　金曜

一、今後ノ戦争指導ニ関スル中原中佐私案ヲ昨日班長ヨリ高級次長ニ対シ参考ノ為提出シタルニ対シ、次長ノ意見、
「透徹セル考ヘニシテ一観察ト認メラル」
一、「ホランヂヤ」本日六時四十分最後ノ連絡アリ、
一、富嶽（遠爆）ノ処置ニ関シ陸、海、軍需省、関係会社

参集
協議ノ結果左ノ如クスルコト、ス、
1、富嶽ヲ予定通リ製作セハ陸軍943機、海軍235機計1198《ママ》機
ノ現計画生産ニ影響ヲ与フ
2、生産ニ影響ヲ与ヘサル為ニハ職工一、〇〇〇―三、
〇〇〇名、工作機一、一〇〇台ヲ増加スルヲ要ス
3、以上ヲ綜合シ現計画四五、〇〇〇機ノ完遂ニ邁進ス
ル為富嶽ノ製作ヲ中止シ、研究問題トシテ残スコ
ト、ナレリ、
一、南方派遣中ノ白井〔文忠〕少佐ノ連絡要旨左ノ如シ、
1、「ビルマ」ハ五月中旬ヨリ六月上旬迄雨期トナル、
0.2―0.3会戦分ヲ保有シアリ、
2、比島兵力ノ増強ニ伴ヒ補給諸廠増加ノ要アリ、
一、回々《ママ》教大司教ノ活用ハ東亜ニ於テハ宗司〔旨〕カ異ナ
ルヲ以テ困難ナリ、
一、昭和十八年末迄ニ於ケル戦死者左ノ如シ、
支那事変関係　約二十万人
大東亜戦争関係　約七万人　｝計約二十七万人
一、「ニューギニヤ」18Aハ依然陸路撤退作戦ヲ続行ス
一、西欧第二戦線ハ兵力的ニ見テ準備不完ナルモ、政治的
ニハ已ムニ已マレヌ所迄来テイル、
一、高級次長意見
帝国ノ危機ハ五、六、七月ナリ、之ニ対処スル為、全
力ヲ傾注スルヲ要ス、
次長ノ意見達見ト謂フヘシ、

四月二十九日　土曜

一、本日天長ノ佳節、第四十三回ノ御誕辰ニ当リ盛大ナル
観兵式ヲ挙行遊ハサル
一、「ノックス」「カーチン」急死ノ報アリ、

四月三十日　日曜

一、靖国神社例大祭、
一、本日四時「トラック」ニ敵機動部隊ノ来襲アリ
之ヲ迎撃シ敵母艦二隻ヲ撃沈セルモノ、如ク
尚交戦中ナリ

五月一日　月曜

一、昨日「トラック」ニ来襲セル敵機ハ延380機ニシテ本日
モ来襲セリ、在「トラック」我海軍航空兵力ハ戦斗約

50機艦攻艦爆約20機、敵機動部隊ヲ攻撃セル兵力ハ艦爆六、艦攻六、戦斗一回ニシテ帰還セルモノ四機ナリ、戦果不明、

一、松谷大佐杉山元帥ニ随行シ被服廠ヲ見学ス所見左ノ如シ、

1、戦争指導ノ見地ニ於テ軍需動員部隊ノ大陸進出ヲ必要トス、即チ日、満、支ヲ通スル補給態勢ノ確立ニ著［着］意スルヲ要ス

2、防空対策トシテ被服廠ノ大々的疎開ヲ実行スルヲ要ス。

一、「タンカー」徴傭ニ関シ、A、B省部主任者協議内容左ノ如シ、

1、海軍ハ九万屯ノ希望ヲ六万屯ニ圧縮セリ、

2、六万屯徴傭ノ影響

(イ)沈没月二万屯　徴傭ナキ場合ノ還送量　三六〇万屯

(ロ)　〃　徴傭六万屯ノ場合〃　三一八〃

(ハ)沈没月三万屯　徴傭ナキ場合〃　三一〇〃

(ニ)　〃　徴傭六万屯ノ場合〃　二八〇〃

3、増徴ニ伴ヒ右ノ如キ影響アルモ更ニA、Bノ努力ニ依リ$+\alpha$ノ方途ナキヤ、至急検討スルコト、シ之カ為要スレハ「タンカー」運用ノ一元化モ此際考慮ヲ必要トス、

何レニシテモ今回ノ増徴ハ中部太平洋方面ニ於ケル反撃実行ノ可否ト其ノ規模ニ依リ決定セラルヘク、反撃必至ノ現状ニ於テハ至急実行シ、残ル問題ハ増徴ニ伴フ影響ヲ最少［小］限ニ喰止ムル今後ノ施策ニアルモノト考察ス

五月二日　火曜

一、本日両統帥部間ニ於テ中部太平洋反撃作戦ニ関スル御前研究ヲ実施ス

右研究ニ対シ感アリ

今次反撃作戦ハ真ニ皇国興亡ヲ決スヘキ重大事ニシテ其ノ反撃ノ時機、規模、反撃作戦ノ推移及本作戦ト国力トノ調整等、国家総力ニ一大方向ヲ附与シ、而シテ全努力ヲ之ニ傾注セサレハ成功ノ見込少ク、戦争指導上一転機ヲ画スルモノナリ、

斯クノ如キ重大事ヲ事前ニ関係者ノ意見ヲ徴スルコトナク、単ニ両作戦課ノミニテ実施セントスルハ真ニ憂フヘキ一大事ナリ、

戦争現段階ニ於テハ、一作戦ノ規模、構想ニ関シテハ諸般ノ情勢ヲ綜合検討ノ上実施セラル、ヲ絶対ニ必要トス、
総長、大臣二位一体ノ故ヲ以テ「作戦ノ見地」ヨリ他ヲ追随セシメントスルノ思想ハ厳戒ヲ要ス、此ノ総力戦ノ時代ニ作戦カ大局的見地ニ立ツヲ忘却シ徒ラニ統帥ノ独立ナル美名ニ依リテ独断事ヲ処セントスルハ危険ナリ、
従来中部太平洋方面戦局ノ不振ハ大勢上已ムヲ得サル事由多シト雖モ、本回ノ如キ作戦ノ事務的取進メ方ノ不備ニ起因スルコト亦少シトセス
戦争指導事務ヲ分担スヘキ大本営陸軍参謀カ今回ノ反撃作戦計画ヲ海軍々政当局ヨリ聴取スル迄、関知シアラサルノ事実ハ甚タ不愉快ナル事ナリ、而カモ作戦ノ根幹ヲナスヘキ油槽船ノ徴傭ニ関シ未タ両軍間ニ何等ノ事務的解決ヲ見アラサルニ於テ益々然リ、
一、松谷大佐工兵学校ヲ見学ス所見左ノ如シ、
資材節約ノ見地ニ於テ、兵器、器材ノ重点整備ヲ必要トス。
一、四月中ノ船舶沈没一二万屯、損耗八万屯ナリ、
四月中ニ敵潜水艦ニ与ヘタル打撃、海軍一五隻、陸軍三隻、
一、油槽船徴傭事務的ニ未タ落着セス

五月三日　水曜

一、B-29一機確実ニ入支セルカ如シ、
一、油槽船問題、二課、十課、主務者還送量ノ配分ニ関シ同意セス、

五月四日　水〔木〕曜

一、油槽船徴傭ノ件事務的ニ解決ス。

五月五日　木〔金〕曜

一、油槽船徴傭問題ハ本朝ニ至リ海軍ヨリ昨日事務的ニ妥結セル案ニ対シ不同意ヲ表面シ来レリ、
要ハ日満産油ノ配分ニ関スルB取得量ノ問題ニシテ、撫順頁岩油ニ対スル考ヘ方ノ変更ナリ、
此ノ点海軍ニハ信義モ定見モナク、公平ニ観テ厚顔無恥、此ノ国家ノ危局ヲ分担セシムル為ニハ精神要素ニ於テ著シキ欠如アルヲ痛感ス

然レトモ夕刻ニ至リ陸軍ノ大乗的譲歩ニ依リ頁岩油一〇万屯ヲ認ムルコトニ依リ解決セリ（之レニ依リ本製油ヲモ海軍ニ侵入セシムル結果トナレリ）

［追記］頁岩油ハ本来海軍ノ技術ニヨリ開発サレシモノ

五月六日　土曜

一、油槽船ノ徴傭本日連絡会議ニ於テ決定ス

五月七日　日曜

一、昨六日十四時頃竹一船団中ノ三隻「メナド」西北海域ニ於テ一挙ニ撃沈セラル、然レトモ乗船部隊ノ救助率ハ約八〇%強ニシテ良好ナルハ不幸中ノ幸ナリ、

敵飛行機及潜水艦ノ活動状況ヨリ観察セハ亀作戦準備ノ為ノ船舶突入ハ今後益々至難トナルヘク茲ニ帝国々防圏ニ再検討ヲ加フルノ必要ニ迫ラルヘシ、

五月八日　月曜

一、内地各軍司令官ヲ合同シ大命（発令五日）ヲ伝宣セラル、

爾今内地各軍ハ作戦軍的任務ヲ附与セラレ、且防衛総司令官ノ防衛ニ関スル権限ヲ強化セラル、本土防衛強化ノ為一進歩ト謂フベシ、

五月九日　火曜

一、従来懸案タリシ第一四半期A、Bノ鋼材配分決定セリ、要旨左ノ如シ、

A、B総量83万屯ヲA、B折半シAハ七*五〇〇屯ヲBニ譲歩ス

従ツテAハ四*〇七、五〇〇屯、Bハ四*二二、五〇〇屯、

右決定ニテハAハ著シク不満足ナルヲ以テ、Aノ担任シアル特別製ノ為国家緊急保留分ヨリ1.5万屯ヲ増加スルコト、ス

結局A、B共ハ四*二・二五万屯ニテ妥結セリ。約四〇日目ニ亘リ両局長ニテ交渉セル結果カ斯クノ如キモノナラハ何故ニ迅速ナル解決ヲ企図セサリシヤ、国家ノ為一文ノ得ナシ、悲シムヘキ現象ナリ、

一、正午海軍軍令部一直ニ対シ、班長ヨリ先般研究セル今後ノ戦争指導ノ概要ニ関シ説明ス

一、午後市ヶ谷別館ニ於テ今後ノ研究問題ニ関シ研究ス

左記事項ヲ研究スルコト、ス

1、六、七、八月頃最悪ノ事態ヲ惹起セル場合ノ措置、

2、来年ニ於ケル戦争指導

＊ 漢数字に直した。

五月十日 水曜

一、午後軍事研究会ニ研究ヲ依頼シアリタル事項ノ結果ヲ聴取ス

出席者 松谷大佐、林［三郎］大佐、橋本少佐、

内容別冊ノ如シ。戦争指導上有益ナルコト多シ、

一、昨日亀作戦ニ関シ絶対確保スヘキ要域ハ「ソロン」ヨリ「ハルマヘラ」ノ線トシ「ヘールヴインク湾」「ビアク」島、「マクワリ」附近要域ハ成ルヘク長ク保持スヘキ前進陣地ナル旨大陸指ヲ出サル、準備進捗ノ状況就中、今後ノ見透並ニ敵ノ情況ヲ洞察シ茲ニ決断セラレタルハ上司ノ達見ト称スヘシ、

然レトモ事茲ニ至ル迄、漠然タル観念ニ依リ国防圏ノ確保ヲ主張シアリシ作戦事務当局ハ宜シク責任ヲ感スヘシ、実行ノ能否ニ関シ先見洞察スルノ感覚ヲ失シタル大本営ハ何等ノ価値ナシ、因盾［循］旧慣ヲ固守シアル人物ヲ一掃スヘシ、現状ノ陣容ヲ以テ推移センカ、比島、台湾ヲ奪取セラルルモ何等ノ責任ヲモ感セサルヘシ、

五月十一日 木曜

一、五月上旬ニ於ケル船舶損耗左ノ如シ、

沈没合計九・二万屯（内A三・六万屯）損害二・五万屯、

一、七日「ニミック［ツ］」「ハルゼー」「キング」三人「ロスアンゼルス」ニ於テ会同セリ、

近ク作戦的ニ積極的企図ヲ有スヘシ、

一、軍需省渡辺［渡］少将ヨリ南方地域ヲ前進陣地トシ、日、満、支複郭陣地ヲ強化スル思想ニ徹底スヘシトノ意見アリ、

心構ヘト現実ヲ無視セル議論ハ責任アル戦争指導首脳者ノ採ラサル所ナリ、

五月十二日 金曜

一、五月六日迄ニ新津ニ到着セルB‐29ハ九機ナリ（累計）

一、夜陸海軍集会所ニ於テ班長及橋本少佐、太平洋協会鶴見、平野［義太郎］両氏ヨリ左記事項ヲ聴取ス
1、米国事情ヨリ観タル対米宣伝ノ覘［狙］ヒ（鶴見氏）
2、大東亜宣言ノ具体的綱領（平野氏）

五月十三日　土曜

一、海軍ニ戦力補給部ヲ新設ス
一、「本年夏秋ノ候情勢ノ変転ニ応スル対処方策」ニ関シ班内研究ヲ行ヒ一案ヲ得タリ、

五月十四日　日曜

一、次級次長一行本日帰任セラル、

五月十五日　月曜

一、次級次長南方視察結果ノ総長へ報告要旨
1、「インパール」成功ノ公算ハ逐次低下シツヽアリ、
2、菊兵団［第十八師団］ハ大丈夫ナリ、
3、ハ号作戦*ハ時機ハ遅滞スルモ成功ハ確実ナリ、
4、竜兵団［第五十六師団］モ大丈夫ナリ、
一、米国ニ於ケル「ユダヤ」問題ニ関シ、省、部、関係者偕行社ニ於テ鶴見氏、坂西［志保］女史、高木［八尺］教授（帝大）ヨリ事情ヲ聴取ス、内容ハ先般軍事研究会沢田［茂］中将ノ研究ト略々同様ナリ、即チ米国ニ於ケル「ユダヤ」ノ勢力ハ大ナラズ、寧ロ圧迫セラレアリ、

* ビルマにおける第二次アキャブ作戦。

五月十六日　火曜

一、秩父宮殿下ヨリ左記事項ニ関シ御附武官ヲ通シ御下問アリタリ、
1、総理、陸相カ、参謀総長ヲ同一人ニテ兼ネル形式ハ戦争指導上理想的ノモノナリヤ、
2、戦争指導上統帥部幕僚ノ意見ト政府幕僚ノ意見一致セサル場合、東条大将ハ如何ニスルヤ、
一、第八方面軍公平［匡武］参謀副長連絡要旨、
1、米軍ノ航空戦力ハ軽視ヲ許サス、剛ノ経験ヲ活用スルコト肝要ナリ、即チ飛行機無キ場合ノ戦斗法補給法等経験ヲ基礎ニ更ニ創意工夫スルヲ要ス
2、飛行機ハ地上整備ニ十分着意シ、之カ為ノ教育、編

成装備ヲ考慮ノ要アリ、
一、泰次長南方出張間ニ於ケル各軍司令官連絡要旨、
1、河辺〔正三〕軍司令官
(イ)要地防空ノ為ニハ飛行機ハ地上ノ指揮下ニ入ル、ヲ可トス
(ロ)「ビルマ」鉄道ハ方面軍ノ指揮下ニ入ルルヲ適当トス
(ハ)「ビルマ」ノ雨期ハ大ナラス、従ツテ雨期間ニ航空ヲ転用スルハ不可ナリ
2、第十五軍司令官（牟田口〔廉也〕中将）—（参謀長ヨリ）
第十五軍カ戦斗司令所ノ推進ヲ遅クシタル理由ハ司令官ノ性格カ過早ニ第一線ニ進出セントシ、為ニ各師団ノ統帥ニ影響アランコトヲ憂慮シ故意ニ控制セシモノナリ、
（以上第十五軍参謀長ノ説明）
3、泰軍司令官（中村〔明人〕中将）
(イ)泰ハ過度ニ圧迫セハ重慶ニ趨ル虞アルヲ以テ適当ニ手心ヲ加ヘアリ、
(ロ)泰国駐屯軍ハ師団ヨリモ独混ヲ可トス（防備態勢ニハ有利）
(ハ)遷都ニ関シテハ空襲ニ対スル恐怖以外他意ナキヲ以テ懸念ノ要ナシ、
(ニ)海軍ハ陸軍ト対等ニ要求ス　中央ニテ考フルコト
4、第三航空軍司令官、
(イ)軍ノ出動機数ハ一〇〇機（一：九ノ比）雨期明ノ活動ノ為ニハ戦斗機常時一〇〇機ヲ保持ノコト（損耗ハ50%ト見ルコト）
(ロ)夜間訓練ヲ重要視スルノ要アリ、
5、清水〔規矩〕参謀長、
(イ)「アンダマン」「ニコバル」ハ一年分ノ集積計画ニ対シ目下半年分ナリ、
(ロ)「バ〔パ〕レンバン」ノ防空ニ関シテハ指揮系統ヲ明瞭ナラシムルヲ要ス
6、寺内〔寿一〕総司令官、
(イ)「ビルマ」ニ於テハ機動力ハ不足シアリ、
(ロ)空輸ハ今後重要ナリ、今ヤ輸送力ノ競争ナリ、
(ハ)比島ニ二ヶ軍ト方面軍ヲ新設スルヲ要ス
7、飯村〔穣〕総参謀長、
(イ)総軍ト第二方面軍ノ思想一致ニ関シテハ十分努力

シアリ、
(ロ)第四航空軍ノ再建ニハ十分努力中ナリ、
(ハ)比島ニ対スル敵空輸挺身ニ関シテモ研究シツヽアリ、
(ニ)「ボルネオ」ニハ更ニ作戦主体ノ兵力ヲ増強スルコト
(ホ)中央ニ於テ兵力ヲ軽々ニ変更セサルコト
(ヘ)大命、大陸指ノ字句ハ十分検討セサレハ大本営ノ威信ニ関ス
8、石黒〔貞蔵〕軍司令官、
(イ)離島ノ処置、馬来ノ守備、クラ地峡ノ整備ニ重点ヲ指向シアリ、
(ロ)民心把握ノ為輸送機関ヲ整備スルコト肝要ナリ、
9、阿南〔惟幾〕第二方面軍司令官、
(イ)敵機動部隊ノ動キニ追随シテ其ノ都度中央ノ決心ヲ変更スルハ適当ナラス、決心ヲ変更シテモ末梢ハ動カヌ
(ロ)中央ハ目的ノミヲ示シ、細部ハ方面軍ニ委セルコト
(ハ)第十八軍ニ対シテハ「ホーランジヤ」奪回ヲ命シアリ、此ノ点十八軍ニ対スル激励ノ意味モ含ミアルヲ以テ了承セラレ度、
10、町尻〔量基〕軍司令官、
(イ)「ドクー」ノ態度ハ夫人死去後従来ヨリモ親日的傾向トナレリ、
(ロ)仏印ハ過度ニ圧迫スレハ重慶ニ趨ル虞アリ、
(ハ)「マ」号準備ハ進捗シツヽアリ、
(ニ)警備ニハ独混、機動ニハ師団ヲ可トス。
11、田辺〔盛武〕軍司令官、
(イ)近衛師団一箇連隊ノ補充ヲ促進ノコト、
(ロ)独混ノ壮年化ヲ図ルコト
(ハ)飛行場整備ニ対スル陸海軍ノ要求ヲ調整スルコト
(ニ)中部横断鉄道ハ予定ハ十月ナリシモ多少遅延ス
一、本日内地各軍ノ警備主任参謀ヲ召集シ戒厳ニ関スル教育アリ、

五月十七日　水曜

一、秩父宮殿下ヨリ参謀総長兼任問題ニ関スル御下問ノ経緯左ノ如シ、
第一回　二月下旬　　補任課長へ
第二回　四月二十二日　参謀次長へ

第三回　五月十七日

右第一回第二回ノ御下問ニ対シテハ戦争完遂ノ為ノ特別措置ナル旨ト結果ハ良好ナル旨ヲ御答ヘ致シアリ、今回ノ御下問ニハ仮定カ設ケアリ、前二回トハ甚タシク趣ヲ異ニス、

御下問ノ動機ヲ推察スルニ計画的或ハ無意識的ニ敗戦感ヲ基礎トセラレアラサルヤ、或ハ又政変ニ依ル難局ノ打開ヲ企図セラレアリヤノ疑ヒアリ、

殿下ノ御憂慮ノ御気ハ拝察シ得ルモ脊〔背〕後関係ニ相当策動アリトモ考ヘラル、ヲ以テ、理論ニ依リ書物テ御答ヘスルハ適当ナラス、

総長御返答要旨左ノ如シ、

1、国務ト統帥ハ総テ上御一人ノ発動ニ依リ生ス、東条ハ此ノ本義ニ立脚シ、拳々服膺シアルヲ以テ心配ノ要ナシ、

2、帝国ノ現段階ハ一切ノ国力ヲ挙ケテ完勝ノ一途ニ邁進シアルヲ以テ人事問題ノ議論ハ戦後ニセラレ度、

3、陸軍大臣タル東条カ参謀総長トナレル経緯ハ曩ニ既ニ御答シアル通リナリ、但シ異例ノ御処置ナルヲ以テ、異論ノアルハ当然ナリ、其ノ是非ノ論議ハ後世史家ニ委セルコト、致度、

4、現実ニ於テハ国務ト統帥トハ十分ウマク行ツテ支障ナシ

5、国家ノ本義ニモトル事ハ東条自身カ許サヌ所ニシテ此ノ点御疑問存セハ直接参上シテ御答ヘ申上ク、臣節ヲ尽スニ於テ不十分ノ点アラハ御前ニ於テ割腹シ御詫申上ク、

一、「ニユーギニヤ」20Dハ「テラウ」ノ敵ヲ攻撃ス
51Dハ「ウエクワ〔ワク〕」ニ至リ41Dハ尚「ウエクワ〔ワク〕」東方ヨリ撤退中ナリ

五月十八日　木曜

一、「サイパン」周辺地区ニ対スル敵潜水艦ノ活躍大ナリ

一、五月十七日迄ノ船船〔舶〕沈没総量ハ約十六万屯ニ達ス

一、「スラバヤ」及「マラン」地区ニ対シ敵空襲アリ、相当ノ被害アルモノ、如シ、印度洋方面機動部隊ナルカ如シ、

一、松谷大佐外務大臣ト懇談要旨左ノ如シ、

1、大島〔浩〕大使ト独首脳部トノ接触ヲ更ニ緊密ナラ

シムルノ件ハ大臣ヨリ電報スルト共ニ「スターマー」ニモ良ク話シ置ケリ、

2、日「ソ」交渉ハ其後変化ナシ、目下英、米「ソ」カ何カ打合セ中ナルヲ以テ、当分帝国トシテハ黙ツテ居ル方ガ得策ナリ、

3、西欧第二戦線ノ見透ハ枢軸側ニ逐次好転スルカ如キ印象ヲ受ケアリ、英モ相当困ツテ居ル事ハ事実ナリ、西班牙外相ノ話ニ依レハ、英ハ独ニ対シテハ心底ヨリ敵意ヲ有シアルモ、日本ニ対シテハ然ラス、何等カ妥協ノ余地ヲ存シアリトモ観察セラル、

4、対支新政策ハ中共等ヲ考慮ノ上再検討ノ余地ナキヤ、

5、南方諸地域ニ対スル大東亜政策モ更ニ検討ノ要ナキヤ、

蘭印、仏印ノ独立、経済会議等、

6、俘虜［虜］取扱ノ公正ヲ中立諸邦ニ認識セシムル為、南方俘虜［虜］収容所ヲ視察セシムルヲ可ト考フルモ、軍トシテモ研究アリ度、

一、谷［正之］大使連絡要旨

1、対支新政策ニ関シテ軍カ一挙ニ手ヲ引カレルコトハ実行上、多大ノ支障アルヲ以テ陸軍中央トシテ何等カノ措置ヲ御願ヒ致度、

2、支那統治ニハ満州ノ方式ヲ採リ入ルルコトカ賢明ナリ。

一、午后ヨリ秦次長甲府地方ニ於ケル陸大一年学生航空班ノ現地戦術視察ノ為出張ス

伊藤［昇］中佐、橋本、小村谷［康二］両少佐随行ス

五月十九日　金曜

一、「ミートキーナー」ニ敵落下傘部隊降下シ、我飛行場ヲ占領ス

一、次長一行甲府ヨリ夕刻帰任ス。

五月二十日　土曜

一、「ニユーギニヤ」「ワクデ」「トグ」ニ敵上陸ス。36Dハ之ヲ攻撃中ナリ、

一、十九日ニ於ケル陸軍船ノ配置概要左ノ如シ

ハルマヘラ	25隻	9万屯	マニラ	40隻	21.8万屯
門司	33隻	17万屯	昭南	28隻	17万屯

一、本朝来南鳥島ニ空襲アリ、

一、午後六時三十分関東地方警戒警報発令、

機密戦争日誌　其八

自　昭和十九年五月二十一日
至　昭和十九年十二月七日

五月二十一日　日曜

一、「ニューギニヤ」方面敵ノ動向ハ亀方面ニ対スル新作戦準備ヲ既ニ完了シアルモノ、如シ、

一、「サルミ」陸［付］近ニ上陸セル敵ハ徴［微］弱一師団ニシテ「ホランヂヤ」方面ノ敵兵力ノミニテモ「ビヤク」方面ニ対スル上陸可能ナリ、

一、南鳥島ヲ空襲セル敵ハ航母二、戦艦四ヲ基幹トスル機動部隊ニシテ、本朝モ又来襲セリ、目下硫黄島ト南鳥島ノ中間地区ヲ西南進中ナリ、

此ノ敵ノ企図ハ「ニューギニヤ」方面ニ対スル新作戦ノ牽制ト観ルヲ至当トスヘク、本土来襲ノ公算ハ少シ

一、「モール」附近落花［下］傘部隊退却ノ原因ハ「マラリヤ」ト損害ノ増大ニ依ル

一、橋結［橋詰勇］少佐病気加療中、橋本少佐其ノ業務ノ一部ヲ代理スルコト、ナル、

五月二十二日　月曜

一、南鳥島敵機来襲状況、

第一日　二十日　96機　撃墜　23機
第二日　二十一日　38機　〃　9機

来襲目的ハ「ニューギニヤ」作戦ノ牽制カ威力捜索ナラン

一、公平参謀副長ノ報告要旨

1、米軍戦法ノ研究不十分ナリ、

2、日本軍ノ突撃法ヲ研究工夫スルヲ要ス（至近距離ヨリ突撃）

3、装備ヲ画期的ニ是正ノ要アリ、
現状ニテハ一皮ヲ奪取シ得ルノミ鍵ハ航空ナリ、

一、十三時三十分警戒警報解除、

五月二十三日　火曜

一、南鳥島ノ兵備概要

陸軍　i二大　二、〇〇〇名　海軍一、〇〇〇名
兵備　重擲130　Lg［軽機関銃］90　MG［重機関銃］70
TA［連射砲］20　A［野砲］10
海軍　AA［高角砲（高射砲）］16　AM［高射機関砲］80
陣地ハ野戦築城程度、弾薬ハ二・五会戦分

一、十七才以上ノ在外居留者ノ兵籍編入決定、成ルヘク現地ニテ採用ス

一、空襲下ノ戒厳ヲ研究ス

特ニ軍ノ威信ヲ確保スル為周到ナル準備ト研究ヲ必要トシ中央ノ指揮組織ヲ確立スルヲ要ス

一、コ*号作戦ニ依リ北支ノ物価ハ一割下落、

一、北支軍司令官ハ洛陽攻略ニ際シ旧蹟愛護ノ着意ヲ以テ実行中ナリ、

一、船舶司令官南方対潜方策視察報告要旨、

1、一般ニ御前研究ノ趣旨ハ徹底シアルモ末梢ニ於テハ成果未シ特ニ海軍ノ実情ハ之ニ即応シアラス

2、陸、海、航空ノ作戦地境適当ナラサル為結節アリ、

3、船舶対策ノ欠点ハ通信ニアリ、

＊ 一号作戦の前段階作戦である京漢打通作戦。

五月二十四日　水曜

一、高級次長本日ヨリ南方へ出張ス

随行　第一部長

一、本日迄陸軍船ノ沈没　13隻、6.2万屯、損害2.5万屯、

一、航空機工場ノ疎開ヲ実施中ナリ（五十五工場）生産ヲ落スコトナク疎開可能ナリ、

五月二十五日　木曜

一、昨二十四日一日中大鳥島ニ対シ延二三〇機来襲戦果不明ナリ、

一、本八・三〇洛陽ヲ完全ニ攻略セリ、コ号作戦ハ順調ニ終末ヲ告ケントシ、予定ノ如ク京漢線ヲ打通シ得タルモ問題ハ今後ニ存ス。即チ従来ノ和平地区、及今後作戦ニ依リ、新ニ拡張セラレタル占拠地域ノ治安ヲ如何ニシテ保持スルヤ、此ノ点敵今後ノ企図就中空挺部隊ノ使用等トモ関連シ対策ヲ講セサレハ作戦ノ一時的成果ヲシテ「マイナス」ノ結果ニ陥ルコトナキヲ保シ難シ、

五月二十六日　金曜

一、「ニューギニヤ」西部「ビアク」方面ニ対スル敵ノ新企図切迫ノ徴アリ、

一、関東軍笹井［重夫］参謀「ソ」情報告要旨、

1、「ソ」ノ戦争遂行力ハ人的、物的ニ尚余力アリ、援「ソ」物資モ依然豊富ナリ、就中「ソ」国民ノ耐戦能力ハ旺盛ナリ、

2、日本ノ対「ソ」戦ノ覘［狙］ヒ所ハ鉄道幹線ノ遮断

ト赤軍及空軍ノ撃滅ニ指向スルヲ要ス

五月二十七日　土曜

一、本日海軍記念日　小雨アリ陰鬱ナル天気ハ恰モ帝国海軍ノ不振ヲ表徴セルカ如シ、

一、此ノ日支那大陸ニ於ケルコ号作戦終末ニ対シ御嘉賞ノ勅語ヲ賜フ、

支那派遣軍ハ八箇師団強ノ大軍ヲ以テ歴史的奥［粤］漢打通作戦ノ初動ヲ開始ス

一、本日第二部ハ従来主張シアリシ「ビアク」上陸作戦切迫ノ判断ヲ変更シ六月中旬頃ト予定ス

一、二十五日迄ノ船舶損害

沈没42隻、二十万屯、損傷13隻　六・五万屯

（内A船沈没14隻、7.5万屯、損傷4隻　1.9万屯）

五月二十八日　日曜

一、昨二十七日朝来、第二部昨日ノ判断変更ヲ裏切リ敵約一箇師「ビアク」島ニ上陸中ナリ、

戦艦二、巡洋艦二、駆逐艦十隻ヨリ成ルモノ、如シ

我カ守備隊及4FAハ之ヲ要撃中ナルモ戦果不明ナリ、

一、「ビアク」島ノ守備兵力ハ陸軍歩兵三大隊基幹、海軍五百（各種火砲十数門ヲ有）ナリ、

尚飛行場設定隊要員ヲ合スレハ一万人強

五月二十九日　月曜

一、ト号作戦（奥［粤］漢打通作戦）ハ概ネ奇襲ニ成功シ初動ハ順調ナリ、

一、「ビアク」ノ敵ハ二ヶ所橋頭堡ノ占領ニ成功セルカ如シ

南方軍ヨリ此ノ敵撃滅ノ為左記意見具申アリ

第一案

戦艦二三在「ザムボアンガ」ノ海上機動旅団（約五、〇〇〇）ヲ「ビアク」ニ突入セシム

第二案

巡洋艦及駆逐艦ニ依リ機動旅団ヲ「ソロン」「マノクワリ」ニ推進、該地ノ部隊ヲ「ビアク」ニ突入、

右両案共中央ハ採用セラレス

一、帝国連合艦隊何レニアリヤ、

一、「ビルマ」ノ敵カ「レド」公路打通ヲ焦慮シアルハB-29ノ出現トモ相俟ツテ対日本土空襲ノ為ノ基地強化ヲ

促進セントスルモノナリ、
右敵企図ハ「モガウン」「ミイトキイナ」ヲ帝国カ確保スル限リ本年中ニ打通ノ成果ヲ挙クルコトハ困難ナリ、

一、昭和十九年度軍需動員ノ為使用鋼材左ノ如シ、

	万
配当	42.25
AU	5.00
兵本ノ在庫	7.00
特別製鉄	9.00
	63.25

即チ昭和十九年度ノ六五・九万屯ニ比シ稍々低下程度トナレリ
特別製鉄ハ国家物動ニ編入以外ノ+αナリ

五月三十日　火曜

一、太平洋方面敵機動部隊主力ハ依然「マーシヤル」方面ヨリ策動スル公算多シ、
一、五月中敵潜撃滅ノ状況左ノ如シ
二十六日迄　撃沈一〇、効果甚大六
一、五月飛行機生産量予定計画ニ対シA二一八二機
B一八〇機減産
陸軍ハ練習機及重爆ノ生産悪シ

五月三十一日　水曜

一、「ビアク」島ノ戦果
巡洋艦一、中型輸送船一轟沈　大型輸送船一撃沈
一、北支ニ敵機来襲、石景山製鉄所ヲ銃爆撃ス
損害ハ軽微ナルモ今後ハ西安ニ於ケル敵基地整備ノ促進ト共ニ北支、満鮮、本土ニ対スル敵ノ企図ハ軽視シ得サルヘシ
今秋以後ノ大陸作戦ニ於テハ西安進攻ヲ必要トスヘシ

六月一日　木曜

一、大本営統帥カ最近著シク小刻ミニシテ、現地軍ノ独断活用ノ余地ナシ、大本営幕僚タル者三思スヘシ、
一、泰国駐屯兵力ハ目下二ヶ大隊ナリ、泰ノ政情ニモ鑑ミ有事ノ際即応スル為仏印「マレー」ニ対シ準備ヲ命シアリ、
一、航空ノ事故損耗ハ一ヶ月一飛行団分（一二〇機）、一ヶ年四飛行師団分ノ莫大ナル数ナリ、
一、「マーシヤル」及南東方面敵基地活況ヲ呈シ機動部隊策動ノ算アリ、
且「フインシュ」「ラエ」ニハ十万屯ノ輸送船（上陸

一師分）且「アドミラルテイ」基地ニモ同シク十万屯待機、新企図ノ公算大ナリ、
「ビアク」ニ対スル敵増援部隊ノ上陸ハ本夕頃ト判断セラル

六月二日　金曜

一、第二十師団ハ「アイタベ」東方「ヤカムル」ノ敵ヲ急襲撃攘、第三十六師団ハ「サルミ」東方「トム」「アラレ」ノ敵ヲ撃破ス
「ニューギニヤ」猛ノ活動ニ大ナル期待ヲナスハ過望ニシテ、局部的戦果ハ猪突スル敵ノ前進ニ対スル牽制ノ効果ヲ発揮シ得ヘシ、
一、高級次長第一部長本日「マニラ」上海方面ノ出張ヨリ帰任、
一、第一部長各地連絡ノ要旨、
1、ト号作戦ハ順調ナリ、太平洋戦局トモ関連シ、此ノ際重慶工作ヲ考ヘル必要ナキヤ
2、西安漢中作戦ノ実施ヲ岡村〔寧次〕軍司令官ヨリ意見具申アリ
3、寺内軍司令官ヨリ、比島ニ対シテハ今後武力ヲ強化シテ強引ニ押スコト必要ナリ、
4、和知〔鷹二〕参謀副長ヨリ、比島防衛ノ為ニハ2ヶDト4ヶBsテハ兵力不足　機動兵力トシテ戦略兵団ノ増設ヲ必要トス
一、重光外務大臣ヨリ種村大佐ニ対スル連絡要旨
1、対重慶政治工作ヲ活潑ナラシムル要アリ、之カ為帝国ノ真意ヲ披瀝スル「近衛声明〔三〕ノ如キモノヲ必要トシ目下研究中ナリ、
2、対共問題ニ就テハ支那ヲ介シ「ソ」「英」「米」ヲ結合セシメサルノ着意ノ下ニ研究中ナリ、
一、此ノ日支那派遣軍司令官畑俊六大将ニ元帥ノ称号ヲ賜ヒ元帥府ニ列セラル、
ト号作戦進捗トモ関連シ誠ニ慶賀ニ堪ヘス。

六月三日　土曜

一、「マーシヤル」群島「メジュロ」基地ノ敵機動部隊ハ既ニ出港シアルカ如シ、
一、輸送八隻ヲ基幹トスル敵艦船「ビアク」ニ増援中ナリ、
一、コヒマ北方ノ31Dハ「インパール」—「コヒマ」道確保ノ為概ネ分水嶺ノ線ニ撤退ス

一、独「ソ」戦線ニ於テハ「ヤッシー」地区、「ソ」軍橋頭堡ニ対スル独軍ノ反撃成功シ之ヲ駆逐セリ、
一、南伊戦線ハ「ネッツノ」「カッシノ」ノ独軍撤退シ、両橋頭堡間ノ英米軍ノ連絡成ル、
一、「インパール」ニ於ケル敵ノ補給ハ逐次困難化シツヽアリ、従来空輸100機ナリシモ、最近40機日量一〇〇屯程度ニ低下
一、五月中ノ船舶損耗左ノ如シ
陸軍船　沈没18隻、7.9万屯、損傷6隻、2.1万屯、計10万屯、
A、B、C計　沈没22万屯、損傷8万屯、計30万屯、
一、晴気［慶胤］大佐支那出張報告要旨、
1、今次作戦ニ伴フ新占拠地域ノ民心ノ動向ハ可ナリ、
2、今次作戦ニ依リ重慶ノ弱サヲ民象［衆］ニ感シセシメタリ、従ツテ上海、北京等ニ於テハ日本軍ノ実力ニ対シ信頼性ヲ増大シツヽアリ、
3、中共、新四軍ノ勢力増大シ重慶ハ弱化スヘシ
4、北支一帯豊作ナリ、小麦ハ三割増ノ見込、
5、支那作戦、ビルマ、太平洋作戦ノ戦局ヲ見テ政治攻勢ノ必要アリ、
(イ)桃色地区ノ灰色化工作
(ロ)重慶内部ノ攪乱（総司令官、若クハ総理声明）

六月四日　日曜

一、本日夜二十二時海上機動第二旅団「ビアク」上陸ノ為泊地進入ノ予定、成功ヲ祈念ス
一、本日ヨリ泰［秦］次長支那ニ出張、
随行者　種村大佐、近藤［伝八］中佐、岩越［紳六］大野［英男］少佐、
別ニ恩賞課長ハ元帥刀ヲ奉持シテ同行、
一、独軍「ローマ」ヲ放棄ス

六月五日　月曜

一、*渾作戦ハ敵機ニ発見セラレ一時中止、部隊ハ一先ツ「ソロン」ヘ遅滞セハ勝機ヲ失ス
一、海上護衛ニ関シ堀江参謀ノ状況説明アリ、
1、六月一日直接護衛艦艇ハ一九九隻、別ニ特駆潜、哨戒船約五〇〇隻（殆ント能力ナシ）
2、海防艦、駆潜艇（特ヲ含ム）掃海艇等ノ来年三月迄ニ於ケル建造予定数ハ三四一隻（内海防艦一一八

隻)

3、護衛航空兵力ハ海軍七〇〇、陸軍二〇〇ノ定数アルモ実働ハ各々半数程度、爾後ノ対潜航空兵力ノ増勢見透ニ関シテハ海軍トシテ計画ナシ、

4、今後ハ比島方面ノ護衛ヲ強化スルヲ要ス

5、全般ニ海軍部内ノ護衛ニ関スル責任観念、認識ハ未タ不十分ナリ　殊ニGFニ於テ然リ、

6、南西諸島方面ノ機雷堰（二万箇）ハ六月中旬完了予定、

7、比島方面ノ機雷ハ約二、〇〇〇箇投入ヲ終ル、

8、海上護衛総司令部ノ強化ニ関シテハ目下研究中ナリ、

一、運通省ニ於テ運営会改組ヲ企図シアリ、
統帥部トシテハ運営会改組ニ依リ船舶運営ヲ弱化セシメサル様特ニ政府へ要望ス

＊　ビアク島に上陸した米軍を陸海協力して撃滅しようとした作戦、失敗に帰す。

六月六日　火曜

一、比島参戦問題ニ関シ後宮次長「マニラ」出張ノ際、寺内黒田［重徳］両軍司令官ト懇談セルモ、現地側トシテハ時機尚早且価値ナシトノ見解ナリ、

一、本朝英米、北仏ニ対シ第二戦線ヲ開始ス
「チ」ノ放送ニ依レハ使用飛行機一万一千機ト称ス
上陸作戦ノ規模、兵力等未詳ナルヲ以テ主作戦ナルヤ否ヤハ断定シ得サルモ、茲ニ戦局ノ一転機ヲ画スルコト明瞭ナリ、

一、本年度陸軍軍需動員状況ノ説明アリ、
在庫ヲ使用スルコトニ依リ、概ネ昨年程度ヲ維持シ得
但シ新兵備増大セルヲ以テ補給ハ著シク圧縮セラレ、在庫モ弾力性ナシ、

六月七日　水曜

一、第二戦線ハ独軍随所ニ上陸部隊ヲ撃破シツ、アルモ、独空軍ノ活躍ハ未タ見ルヘキモノナシ、
空挺師団四ヲ使用セルモノ、如シ、

一、泰ノ動向ニ鑑ミ中央トシテ既定方針ニ修正ヲ加フヘキヤ否ヤニ関シ、関係各省主務者研究ノ結果、既定方針ヲ堅持スルヲ可トスル意見トナレリ、
右、主旨ヲ大東亜省ヨリ現地ニ打電スルコト、ス、

六月八日　木曜

一、北仏上陸作戦ニ関スル第二部ノ見解、

　1、当面ノ作戦ハ橋頭堡奪取ヲ目的トシアルカ如ク、主作戦ヲ何レノ方面ニ選定スヘキヤハ目下判断シ得ス、南仏、「ノールウェー《ママ》」上陸作戦ハ何レニシテモ実施セラルヘシ、

　2、当分ノ間太平洋方面ハ積極的作戦停滞ノ公算アリ、但シ政治的ニ本土空襲ヲ企図スルコトアルヘシ、

一、独ハ最近帝国ノ対「ソ」関係ヲ曲解ノ傾向アリ

一、太平洋正面米将帥ノ性格左ノ如シ

　マックアーサー……………鋭　敏　（陸）
　ニミック［ツ］…………熟慮断行　（海）
　ハルゼー……………………精　悍
　マーシヤル…………………思慮周密、人望アリ

六月九日　金曜

一、五月中ニ於ケル土号*作戦準備ノ輸送ハ90％ヲ実行セリ、今後「ビルマ」及「ハルマヘラ」地区強化ノ為ノ輸送ヲ研究ス、

総長総理対独電報、

＊　比島方面戦備強化の作戦準備。

六月十日　土曜

一、「ソ」軍「カレリヤ」地峡ニ大攻勢ヲ開始ス

一、班長、橋本伊豆山ニ於テ毛利［里］氏ヨリ戦争指導ニ関スル意見ヲ聴取ス

六月十一日　日曜

一、「サイパン」大規模ノ空襲アリ、敵機動部隊出撃セルカ如シ、細部ハ不明ナリ、尚「パラオ」「グワム」モ空襲ノ算アリ、

六月十二日　月曜

一、「サイパン」空襲敵機ハ約二〇〇機ニシテ敵機動部隊主力出撃シアラハ更ニ同数機程度ノ空襲ヲ実施シ得ヘシ、

小笠原方面来襲ノ算アリ、

「サイパン」ノ戦果、損害不明ナリ、

一、六月上旬ニ於ケル船舶損耗状況左ノ如シ、

沈没11隻、5.6万屯、損傷6隻　4.1万屯、

一、「カレリヤ」地峡40km突破サル、
一、朝鮮鉄道複線化ニ関シテハ近ク第三部長渡満シ、左記要領ニ依リ関東軍ト交渉スル予定ナリ（一八五粁複線）
1、小［少］量ニテモ朝鮮内鉄道ノ撤収ニ依リ捻出
2、関東軍作戦集積ヲ使用（一七七粁）
3、線路撤去ノ場合ハ、金城線、葉赤線、連京線ノ順序トス
4、汽［機］関車、三〇〇輌　貨車五、〇〇〇輌ノ製作ヲ追加スル如ク陸軍省ニ要求

六月十三日　火曜

一、昨十二日再ヒ「サイパン」ニ対シ六次ニ亘リ四〇〇機ノ来襲アリ、撃墜三〇機、
二、渾作戦再興ノ為、武蔵扶桑及潜水戦隊ヲ使用シ十四日「ソロン」出港ノ予定ナリ、
三、島村［矩康］参謀ノ印象ニ依レハGFハ「ア号」作戦遂行ノ自信無キカ如ク比島周辺ノ作戦ニ専念セントスル傾向ニアリ、
四、北東方面ヨリ戦斗、軽爆、襲撃各一戦隊ヲ「ビルマ」ヘ転用スルコト、ナレリ、
尚49Dモ取リ敢ヘス「ビルマ」ヘ投入ス、
五、「ソロン」「ハルマヘラ」「アンポン」「セラム」地区ニ対シ混成一旅団ヲ投入ス
六、開戦以来ノ日本軍海没状況左ノ如シ、

昭和十七年	二、四六〇	計三〇、三七四名
十八年	九、九三九	
十九年	一七、七七五	

七、駐日「ソ」大使近ク帰国ノ予定（大ナル意義ナシ、日本滞在五年）
八、永井大佐支那出張報告要旨、
1、余漢謀工作ハ余ノ性格ヨリ判断シ灰色化程度ナルヘシ、
2、李済深工作ハ良好ナル場合ハ西南将［蔣介石］領ノ反将［蔣］運動ニ非ス。寧ロ新占拠地域ノ民衆獲得、将［蔣］領ノ切リ崩シ軍隊ノ灰色化ニ謀略重点ヲ指向スルヲ可トス
九、「ウオーレス」赴支ノ目的ハ左ノ如ク観察セラル
1、米ノ対支協力ノ確言、
2、「ソ」ヲ介シテ対支援助ノ強化、

六月十四日　水曜

一、松輪島ニ本朝敵駆艦五―六隻出現シ約一時間ニ亘リ砲撃ス、

中部太平洋方面ノ敵企図ニ対スル陽動ト判断セラル、

二、「マリアナ」ニ来攻シアル敵機動部隊ハ電波ヲ発信シアリテ従来ト異ナル行動ヲ採リアリ注意ヲ要ス

三、「アドミラルティ」ニハ依然艦艇集中シアリ状況左ノ如シ、

A　［航空母艦］――― 6
B　［戦　　艦］―――10
C　［巡 洋 艦］―――25
D　［駆 逐 艦］―――10
T　［輸 送 艦］―――90

四、全軍ノ補給状況左ノ如シ

1、ビルマ

月間一万四千屯（一万屯ハ鉄道及陸路、四千屯ハ海路）ニシテ要補給量ノ半量ナリ、

弓兵団［第三十三師団］及*山本支隊方面

各日量二〇屯ニシテ常続補給ハ可、弾薬1/20会戦程度、

祭［第十五師団］及烈兵団［第三十一師団］方面日量五―一〇屯、糧食ハ常続補給不能ナリ、弾薬ハ四―八屯ニテ可ナリ、

尚「ビルモ［マ］」全域ノ自動車数ハ一万輌ナルモ使用可能ハ60％程度ナリ、

2、18A方面ノ状況、

兵額七万、弾薬ハ0.5師団会戦分ナルモ現兵力ニ対シテハ一会戦分、但シ大部ハ「ウエクワ［ワク］」ニ集積シアリ、

尚猛方面ニ対シテハ潜水輸送一―二隻実施ノ予定、

3、豪北地区、

兵額15万弾薬二師団会戦分、糧秣四ヶ月分、航空1.5FD［飛行師団］分、

4、中部太平洋方面

兵額11万弾薬二師団常続四―五ヶ月分、但「パラオ」八ヶ月分、

5、北東方面

兵力展開完了セリ、兵額6万強、弾薬一・二会戦分、防空弾薬二会戦分、糧秣半年、薪炭一―二ヶ月分、

五、GFハ再ヒ渾作戦ヲ中止シ艦隊ニ対シ、原所属復帰ヲ命シタリ、朝三暮四、兵ノ運用ヲ知ラス

六、本朝来「サイパン」ニ対シ戦艦以下二十数隻ニテ砲撃中ナリ、本夕若クハ明朝上陸ノ気配濃厚ナリ、
傍若無人ノ敵ノ振舞ニ対シ帝国海軍何レニアリヤ、
陸軍部隊ハ志気旺盛、満ヲ持シテ撃滅ヲ期シアリ

七、夜秦次長帰任セラル、

＊第三十三歩兵団長山本募少将の指揮する歩兵第一一三連隊基幹。

六月十五日　木曜

一、本朝四、五〇敵遂ニ「サイパン」ニ上陸ヲ開始セリ、
輸送船四〇—五〇隻、一師団ト判断セラル、
我在「サイパン」兵力ハ一二大隊　海軍一大隊、
第三十一軍司令官
将ニ太平洋方面戦斗ノ天王山ナリ、
此ノ一大決戦ニ現地軍ノ勇戦奮斗ヲ祈ルヤ切ナリ、

二、海軍本朝「あ号」＊作戦ヲ決意ス

三、宮中大本営ニ両作戦課勤務ノ件ハ良好ナリ、

＊中部太平洋・比島・豪北方面において一大反撃を企画した作戦。

六月十六日　金曜

一、「サイパン」来攻ノ敵ハ二ヶ師団ト判断セラル

二、本早朝敵北九州ヲ空襲ス
支那本土（成都ナラン）ヲ発シ二十数機（B-24ヲ主体　B-29ヲ含ム）来襲、済州島警戒機之ヲ捕捉ス
損害ハ軽微［微］ナルカ如ク、七機（B-29一ヲ含ム）撃墜ス

三、次長以下支那出張報告要旨、

1、総長ノ意図
(イ)ト号作戦ノ目的ハ重慶ニ非ス、米空軍ノ覆滅ニアリ、
(ロ)遂川、南雄ノ覆滅作戦ヲヤル必要アリ、
(ハ)作戦終末時ノ航空基礎態勢ヲ考慮スルヲ要ス
(ニ)挺進団ヲ使用スル場合ノ用法ヲ研究シ置クヲ要ス
(ホ)後方占拠地域処理ノ要領ヲ十分研究スルヲ要ス
(ヘ)捕獲兵器ノ実況ト之カ活用ヲ把握スルコト、
(ト)占拠地域治安維持ノ為、中国軍隊ノ活用ヲ如何ニスルヤ、
(チ)作戦ノ成果ヲ政戦両略ニ活用シ得ルヤ見透如何、

2、支那ニ於ケル彼我航空ノ戦力比ハ一：三（時ニ一：

四）
3、米支空軍ハ燃料弾薬少シ、
4、第十一軍ノ兵額ハ人22万、俘慮［虜］5万　馬5.6万頭
5、今回ノ作戦ハ桂林進出ノ前後ニ最モ注意ヲ要ス
雲南ヨリノ転用部隊ハ九―十月頃到着ス
6、コ号作戦ノ成果ハ一ツニ訓練ノ賜物ナリ、
敵ニ与ヘタル打撃ハ人50％、火砲ハ大部、重火器ハ30％ナリ、
従ツテ当面ノ敵ハ年末頃迄ハ戦力恢復困難ナルベシ、
7、コ号作戦ニ於ケル戦車師団ノ損害大ナリ（30％）整備不十分、
8、ト号作戦ハ目下ノ所我兵力絶対優勢ニシテ成功ノ確算アルモ爾後ノ補給カ問題ナリ、
9、要安作戦ハ万難ヲ排シテ実行スルノ要アリ、
10、奥［粤］漢線ハ現地自活ノ為建設ノ要アリ、

四、畑司令官ヨリ衡陽奪取時機ニ重慶ニ対スル政治攻勢ヲ実施シテハ如何トノ意見アリ、総長ハ不可、

五、支那作戦ニ基ツク帝国ノ宣伝要領並ニ大本営発表ノ帝国政府声明（案）ヲ次長ヨリ意見具申、早速実施スルヲ目途ニ研究ヲ進メラル、
事務手続ノ問題ニ依リ第一部長、第二部長憤然タルモノアリ、
現下ノ戦局重点ハ太平洋ニ存ス、国民ノ視聴モ亦乍遺［遺］憾支那ヲ問題トシアラス、総長ノ乗気稍々如何カト思考セラルルモ、太平洋ノ戦局推移ト関連スルノ措置トシテ実施スルヲ可トス、

六、六月十六日迄ノ船舶ノ損害左ノ如シ、
沈没8万屯、損傷7万屯、

六月十七日　土曜

一、内務大臣ヨリ九州空襲状況ヲ上奏ス
防空対策ノ徹底並ニ死傷者ノ救恤ヲ十分ニセヨトノ有難キ御詞ヲ拝ス

二、第一四半期生産実績（鉄類）左ノ如シ、

	計画	実績
鋼材	一一五・五万屯	一〇七・二万屯
鍛鋼	五・七〃	五・七〃
鋳鋼	八・一〃	七・七〃
特殊鋼	二八・二〃	二六・〇〃

現状ヲ以テ推移セハ第二四半期ハ一一五万屯ノ計画ニ対シ95万屯、程度トナルヘシ然ル場合BX*［Bx］ハ一四万屯減トナル、

三、本日西部軍ノ防空戦斗ニ対シ御嘉賞ノ御詞ヲ賜フ、

＊ 甲造船の所掌が海軍大臣に移管されたので甲造船関係をBxと称した。

六月十八日　日曜

一、「ヤップ」基地航空ヲ以テ敵機動部隊ヲ攻撃シ、左ノ如キ戦果ヲ挙ク

A	――4～5	撃沈、炎上
A特	――3	
D	――3	
T	――3	

二、此ノ日「サイパン」守備部隊ハ敵ノ圧迫ニ依リ、苦戦中ナリ

師団長及幕僚戦死ノ報アリ（真偽不明）

右ニ依リ「サイパン」絶対確保ノ為新ニ二ヶ師団ヲ増加シ且あ号ノ即時実行ヲ命令セラル

三、独ノ新兵器出現ス（十五日ヨリ連続使用）無人飛行機ナリヤ、大ロケット砲ナリヤ不明ナルモ効果甚大ナルカ如ク、英国ハ著シク混乱シアリ、

六月十九日　月曜

一、本日午前彼我機動部隊主力接触交戦シアルカ如キモ夕刻ニ至ルモ状況判明セス、

帝国海軍ノ運命ヲ決スヘキ大海空戦ナリ、

最悪ノ場合ニ於テモ　セメテ相打程度ナランコトヲ祈ル、

六月二十日　火曜

一、昨日ノ海空戦ニ於テ我カ艦載機主力（三〇〇機）ヲ喪失、

我カ艦隊ハ退避シアルカ如キモ状況不明ナリ、

本日大本営ノ空気ハ暗澹タリ、

二、支那派遣軍ヨリ軍司令官、大使二位一体ノ意見具申来ル、斯クノ如キ事態ニ於テハ現地ノ意見可然　此外ニ打開ノ道ナシ

但シ陸軍大臣ハ不同意ナラン

三、夜市ヶ谷別館ニ於テ将来ノ戦争指導ニ関シ研究ス

六月二十一日　水曜

一、一昨夜ノ我艦隊退避作戦ハ敵ニ追躡セラレ相当ノ損害ヲ出シタルカ如シ、
国家トシテ遺憾ノ極ナリ、

一、本夜昨日ニ引続キ今後ノ戦争指導ヲ研究ス

六月二十二日　木曜

一、本日独［ソ］関［開］戦三週［周］年紀［記］念日ナリ、三年前独軍ノ勢ヲ想起シ転《ウタ》タ今昔ノ感ニ堪ヘス

二、「カレリヤ」戦線「ソ」軍突破ニ成功シ「ヴイボルグ」ヲ占領ス
芬カ依然現態勢ヲ以テ戦争ヲ継続シ得ルヤ否ヤハ疑問ナリ、

六月二十三日　金曜

一、海軍ハ「サイパン」ノ重要性ニ鑑ミ残存空母ヲ主体トシ凡有飛行機ヲ動員集中シあ号作戦ノ再興ヲ決意セルカ如シ、兵力消耗ヲ恐レ敵機動部隊ノ跳梁ヲ黙認センカ旬日ヲ出テスシテ「サイパン」ノ惨害ハ本土、南西、台湾至ル所ニ惹起スヘシ、

海軍ノ決意ハ帝国トシテ最良ノ策ニ非ラサルモ亦現情勢ニ対処スル己［已］ムヲ得サルノ方途ナリ
陸軍モ中部太平洋国防ノ本質的性格ヲ把握シ観念ニ陥ルコトナク、十全ノ支援ヲ惜シマサルヲ要ス、
茲ニ今般中部太平洋方面戦局ニ対処スル為ノ大本営首脳ノ空気ヲ述ヘ後世史家ノ参考ニ資ス
去ル二月「トラック」来攻ニ依リ我カ統帥部ハ愕然トセリ。

第二十班ハ此ノ前後亜欧全般ノ情勢ヲ洞察シ、昨年九月御決定ノ戦争指導大綱ニ根本的検討ヲ加ヘ昭和十九年末ヲ目途トスル戦争指導方策案ヲ策定中ノ処三月十五日第三案ヲ得、本案ヲ以テ上司ニ意見ヲ具申スヘク、先ツ松谷大佐ヨリ第一部長、第二課長、橋本少佐ヨリ第二課瀬島少佐ノ意見ヲ夫々求ム、大体異存ナシ、
但シ第一部長ハ趣旨同意ナルモ、之ヲ印刷ニ附シテ残スハ不可ナリトノ意見ナリ、
此処ニ於テ松谷大佐ハ泰［秦］次長ニ本案ヲ説明ス、次長ハ内容ノ重大性ニ鑑ミ、今本案ヲ高級次長、総長ニ提出スルモ其ノ飛躍ノ困難性ヲ見透シ暫ク時機ヲ待

ツヘク、絶対ニ外部ニ出ササル如ク命セリ、

斯クシテ陸海軍首脳ノ中部太平洋方面ノ重要性ニ関スル根本的施策ノ思想統一ハ不十分ナル儘ニテ両作戦課間ニあ号作戦計画ヲ樹立セラレタリ、

あ号失敗ノ原因ハ此処ニ存ス、即チ皇国ノ浮沈ヲ決スヘキ重大作戦ヲ何等戦争指導的ニ検討セラレサリシ点ニ存ス

結果的ニ見テ陸軍ノあ号作戦ニ関スル援助ハ既ニ実施セル以上ニハ困難ナリシナランモ、其ノ思想ニ於テ協力一致ノ真情ヲ得タランニハ斯クノ如キ悲惨ナル結果ニ陥ラサルヘシ、

海軍ノ軽卒［率］ナル作戦、劣拙［拙劣］ナル統帥ハ今更論スルノ要ナキモ対米戦争ニ関スル限リ国防ノ本質カ海空軍ニ存スル点ニ関スル陸軍ノ認識不足モ亦重大ナル責任ナリ、

更ニ此処ニ大書シテ戦史研究家ノ批評ニ俟ツヘキ点ハ中部太平洋方面島嶼防衛戦斗ニ関スル、陸軍作戦責任者ノ戦略、戦術思想ナリ、即チ「サイパン」ニ敵来攻スルヤ、真田［穣一郎］第一部長、服部第二課長ハ、「此ノ堅固ナル正面ニ猪突シ来レルハ敵ノ過失ニシテ必ス確保シ得ヘシ」ト断言セルコトナリ、

制海空権薄弱乃至ハ無キ場合、絶対優勢ナル海空軍支援下ニ上陸シ来レル敵ニ対スル孤島防衛思想ハ陸上ニ於ケル特［持］久戦斗ト本質的差違ヲ有シアル点ヲ全ク忘却セル言ナリ、

茲ニ吾人ハ所謂作戦家カ日進月歩セル卓抜ナル科学力ヲ基礎トスル戦略思想ノ飛躍ニ対シ旧態依然トシテ牙城ヲ固守、何人ノ忠言ヲモ拒否シ来レル自慰的自負心ノ罪ニ帰セサルヲ得ス、斯クノ如キ過失ハ昨年六月敵ノ「レンドバ」上陸以来連続シ来リタルモノナリ、

斯ク反省シ来レハ本作戦ノ成果ハ今ニシテ周章スルノ必要ナク、当然ノ帰結ト称スヘキナリ、

而シテ更ニ此ノ間ニ於ケル総長ノ大本営統帥ハ小刻ミニシテ決心処置ノ変更ハ数回ニ及ヒタルコトアリ且今日ノ如キ最悪事態ノ惹起ヲ予期シ、之カ対処方策ノ研究準備ニ関シ一案ヲ意見具申シタルモ採用セラレス是ト信シタル事ヲ飽迄上司ニ貫徹セントスル下僚ノ熱意不足モサルコトナカラ、斯クノ如キ複雑ナル諸元ヲ一人ニテ処理セサレハ以テ満足シ得サル総長ノ性格モ亦重大ナル影響ヲ与ヘアル点看過シ得サルモノトス

将帥ノ性格ト作戦ノ帰趨ハ実ニ致命的関係ヲ有スル点ヲ再確認セサルヲ得ス

六月二十四日　土曜

一、「ソ」軍ハ一昨日ノ記念日ヲ期シ独「ソ」戦線ニ於テ「モギーレフ」「ヴイテブスク」方面ヨリ夏季攻勢ヲ開始セリ、其ノ規模強大ナリ、

二、海軍ノあ号作戦ニ関シ陸軍ト協議ノ上中止スルニ決ス即チ帝国ハ「サイパン」島ヲ放棄スルコト、ナレリ来月上旬中ニハ「サイパン」守備隊ハ玉砕スヘシ、最早希望アル戦争指導ハ遂行シ得ス、残ルハ一億玉砕ニ依ル敵ノ戦意放棄ヲ俟ツアルノミ

六月二十五日　日曜

一、昨二十四日朝来硫黄島ニ対シ敵機動艦隊来襲中ナリ、其ノ兵力左ノ如シ、

A大　×　2
A　×　2
B　×　2
C大　×　4
D　×　8

我カ海軍航空ハ之ヲ攻撃中ニシテ判明セル戦果撃墜37機　艦型未詳二、大型空母二、我カ方未帰還二十数機

六月二十六日　月曜

一、北仏作戦「シェールプール〔ママ〕」要塞、米軍占領、米英軍ノ北仏橋頭堡確立ハ一応成功ト観ルヲ至当トスヘシ、

二、橋本少佐本日ヨリ新情勢ニ基ツキ昭和二十年春頃ヲ目途トスル戦争指導ニ関シ研究ヲ始ム

六月二十七日　火曜

一、橋本終日作業

六月二十八日　水曜

一、緊急戦備強化ノ為左ノ如ク措置セラル、
1、満州9Dヲ硫［琉］球へ　公主嶺旅団ヲ台湾へ弘前独混ヲ比島へ！
2、25Dヲ戦略予備トシテ上海ニ置ク、満州ニ3ヶD　MB［混成旅団］二、支那ニ4ヶD、

内地ニ戦略兵団ヲ各々新設、
3、諸学校ヲ近ク閉鎖ス（実施学校ハ閉鎖セス）
(イ)近ク卒業予定ノ学校ハ卒業後直チニ閉鎖
(ロ)二年ヲ要スルモノハ直チニ閉鎖
(ハ)研究機関ハ残置ス、従ツテ学校令ハ改廃セス
(ニ)教導連隊ハ内地戦略予備兵団ノ基幹部隊ト為ス

六月二十九日　木曜

一、昨二十八日、総理、外相、独「スターマー」大使ト懇談ス
日独提携ノ為、極メテ有意義ナリ、
二、「サイパン」邦人ニ対シ総理ヨリ激励電報ヲ打電スヘク研究中ナリシモ大本営政府連絡会議ニ於テ懇談ノ結果中止ニ決定セラル、
尚支那作戦ニ伴フ宣伝並ニ帝国政府声明ニ関シテハ海軍反対ノ為纏マラサリシモ、本日ノ懇談席上次回連絡会議ニ於テ討議スルコト、ナレリ

六月三十日　金曜

一、昨二十九日米国ニ於テハ紐育［ニューヨーク］州知事「デユイー」共和党大統領候補者ヘ「オハイオ」州知事「ブリツカー」副大統領候補者ニ夫々指命セラル

二、六月中ノ本日迄ノＡＣ船ハ沈没二〇・二万屯、損傷九・八万屯ナリ

三、「サイパン」敵上陸以来陸海軍省部間ニ此ノ危機克服ノ為速カニＡ、Ｂヲ統合スヘシトノ議再燃シ各々研究中ナリシモ、本日高級次長ヨリ、統合ハ不可トノ判決アリ、
但シ同一地ニ於テ勤務スルコトハ逐次実施スル方針ノ下ニ研究スヘシト

七月一日　土曜

一、昨夜次級次長外務大臣ト懇談ス

二、本日連絡会議ニ於テ対支作戦宣伝要領及之ニ伴フ帝国政府声明ニ関シ討議アリタリ
席上発言ノ要旨左ノ如シ
○外務大臣　世界政局ヨリ観テ極メテ有意義ナリ大々的ニ取扱フヲ要ス、
○大東亜大臣及情報局総裁　国民ノ関心ハ中部太平洋方面ニ集中シアルヲ以テ支那ニハ関心ナシ、

○大蔵大臣　　外務大臣ニ同意
○海軍大臣　　発言ナシ、
右ノ如キ意見アリタルモ大々的ニ取扱フコトニ決定セラル、
三、午后ヨリ市ヶ谷分室ニ於テ班長以下昭和二十年春頃ヲ目途トスル戦争指導ニ関スル第一案ヲ研究ス、
判決トシテハ今後帝国ハ作戦的ニ大勢輓回ノ目途ナク而カモ独ノ様相モ概ネ帝国ト同シク、今後逐次「ジリ」貧ニ陥ルヘキヲ以テ速ニ戦争終末ヲ企図ストノ結論ニ意見一致セリ（内容詳細別冊ノ如シ）
即チ帝国トシテハ甚タ困難ナカラ政略攻勢ニ依リ戦争ノ決ヲ求メサルヲ得ス　此ノ際ノ条件ハ唯国体護持アルノミ
而シテ政略攻勢ノ対称［象］ハ先ツ「ソ」ニ指向スルヲ可トス
斯カル帝国ノ企図不成功ニ終リタル場合ニ於テハ最早一億玉砕アルノミ、
帝国トシテハ飽迄モ冷静ナル見透ニ依リ皇統連綿タル三千年ノ歴史ヲ保存シ、後図ヲ策スヘキナリ

七月二日　日曜
一、昨日ノ研究ニ引続キ修正ヲ加ヘ第二案ヲ概成ス

七月三日　月曜
一、本日突然松谷大佐支那派遣軍参謀（第三課長）ヘ転任ノ発令アリ、戦争終末期ニ於ケル戦争指導者トシテ今後ノ活躍ヲ期待シアリタルニ返ス〳〵モ残念ナリ、
然レトモ後任ハ老練ナル種村大佐ナルヲ以テ茲ニ更ニ決意ヲ新ニシテ事態推移ヲ冷静ニ達観シテ、難関克服ニ邁進シ以テ二十班ノ使命ヲ完ウセントス、今後二十班ノ使命ハ沈勇以テ上司ノ断行ヲ補佐スルニ在リ、
二、対支作戦宣伝要領並ニ之ニ伴フ帝国政府声明本日ノ連絡会議ニ於テ諒解ス
三、七月一日現在A船七四万屯　B船六六万屯、
四、「ヌンホル」島ニ本朝来敵艦砲対［射］撃後上陸中ナリ、

七月四日　火曜
一、本早朝来小笠原諸島ノ父島、母島、硫黄島ニ対シ敵機動艦隊来襲、盛ニ砲爆撃中ナリ、未タ上陸ノ模様ナシ、

九時八分本土一帯警戒警報発令
二、本日ハ米ノ独立記念日ナリ、
右来襲モ記念日ノ為ナリ、
帝国ハ之ニ対シ手ハ無キカ？
三、「ビルマ」ウ号作戦中止セラル
東亜情勢帝国ニ取リ益々非ナリ此ノ秋奮起セスンハ悔
ヲ千載ニ残サン

七月五日　水曜

一、第二部ニ於テ昭和十九年末ヲ目途トスル情勢判断ノ説
明アリ、
極［概］ネ至当ナル判断ナルモ更ニ一歩深刻ナルヲ要
ス　総長ノ心眼ヲ開カシムルハ卒［率］直ナル情勢ノ
推移ヲ至当ニ観察スル以外ニ方法ナシ、
知ツテ而カモ行ハサルハ恕シ難ク、知ラサルハ知ラシ
ムベシ、
二、本日内地師団ノ動員ヲ下令セラル、
三、七月一日現在航揮陸軍保有量　二七万竏（一ヶ月四万竏消費）
十月一日　〃　一二万竏
十二月末　零
七、八、九月還送油中ヨリ陸軍ヘ毎月一〇万竏取得ス
ルモノトシ十月以降還送ナキ場合ハ九月末二十七竏ト
ナリ、六ヶ月ナリ、
南方ニ於テモ九月「バ［パ］レンバン」ヲ爆撃セラル
レハ十二月末ハ零トナル、
四、本日対支作戦ニ伴フ帝国政府声明ヲ発表ス

七月六日　木曜

一、「サイパン」トノ連絡昨日$9^{h}52'$ヲ以テ全ク杜絶ス
在島邦人ハ支庁長指揮ノ下島ノ北隅ニ集結、戦斗員ハ
陸海軍最高指揮官ト共ニ最後ノ突撃ヲ行ヒ全員玉砕ノ
部署ヲ採レリ
戦略兵団ノ玉砕ハ今回ヲ以テ始メトス、
「アッツ」玉砕トハ本質的ニ趣ヲ異ニス、守備隊敢闘
ノ此ノ気魄ヲ中央部カ把握シテ各種施策ヲ断行シタラ
ンニハ、今日ノ此ノ悲境ハ少クモ某程度ニ喰ヒ止ムル
コト可能ナリシナリ、
二、一昨日父母ニ対スル来襲ハ十六次延五〇〇機ナリ、A
［空母］四、A改四―五、「ブラウン」ニ基地ヲ推進セ
ルカ如シ、

七月七日　金曜

一、支那事変七週［周］年記念日ナリ、

二、次級次長ヨリ如何ナル名目テ査証ヲ要スルカ（外務大臣赴「ソ」ノ件）又対「ソ」政略攻勢ノ世界政局ニ及ホス影響及「ソ」カ拒絶セル場合ノ利害ヲ研究セヨト命セラル、

三、更ニ次級次長ヨリ

イ、軍人、軍族［属］、臣民ノ遺家族ノ徹底的待遇改善ノ方途、

ロ、旧蘭印ノ独立、

ニ関シ至急研究ヲ命セラル、

四、六月中A、B、Cノ船舶損害状況左ノ如シ、

沈没二五万屯、損傷一五万屯、計四〇万屯、

五、燃料確保対策ニ関スル件関係主務者間ニ於テ一案ヲ得タリ、

七月八日　土曜

一、本早朝再ヒ米空軍十数機九州ニ来襲、基地ハ成都ナラン、損害極メテ軽徴［微］ナルモ戦果ナシ、七・七記念日ナラン

二、松谷大佐、本日出発赴任セラル

三、作戦準備促進並繰上輸送ニ関スル件本日ノ連絡会議ニ於テ決定セリ、

四、「サイパン」失陥ニ伴フ総理談ヲ研究ス

七月九日　日曜

一、「サイパン」喪失ニ伴フ総理談ノ内容ニ関シ、軍令部ヨリ左ノ如キ意見アリ、

サイパン喪失後本土空襲、本土上陸等直チニ実施セラル、カ如キ印象ヲ与フル辞句ノ使用ヲ避ケラレ度、

右海軍ノ意見ニ対シテハ陸軍ハ省、部共ニ絶対反対ナリ、

海軍ノ面子ノ為ニ帝国ノ運命ヲ棒ニ振ルカ如キハ最早断乎排撃スルヲ要ス、此ノ際国民ノ忠誠心ヲ喚起スルハ事態ノ卒［率］直ナル披瀝アルノミ

七月十日　月曜

一、昨日班長ヨリ昭和十九年末ヲ目途トスル戦争指導ニ関シ判決及理由ノ骨子（別冊）ヲ直接総理（総長）ニ意見具申ス（非公式）

七月十一日　火曜

一、突撃艇ノ試験演習ヲ隅田川ニテ実施、
自重一屯、自動［車］機関ヲ利用、速力20節、兵装ハ爆雷二箇（一箇ハ一〇〇瓩）航続時間五時間
右突撃艇ハ泊地ノ敵輸送船ニ対スル肉迫攻撃用トシテ先月十五日（「サイパン」上陸ノ日）設計ヲ開始シ七月八日試作ヲ完了セルモノナリ、
速力及兵装ノ点ニ於テ稍々不十分ナルモ、今後ハ斯カル著［着］想ノ下ニ、此種兵器ヲ大量整備スルヲ要ス
二、燃料緊急確保ノ件、本日連絡会議ニ於テ決定セリ
第二四半期ノ還送量ハ当初九〇万竏、次テ八〇万竏以上ト予定シアリシモGF「タンカー」五万総屯ノ支援ハ四万総屯トナリシ為八〇万竏ニ低下セリ、
三、日満支産業転換ニ関シ陸、海軍省間ニ於テ一案ヲ協議セリ、
○陸軍省ノ主張、
近ク南北ノ交通至難ニナルヘキヲ以テ「アルミ」鉄等ノ日、満、支自給態勢強化ノ為即刻転換ノ処置ヲ講スヘシ　之カ為ニハ陸海軍ノ軍需ヲモ一時圧縮スルヲ要ス
○海軍省ノ主張、
主旨トシテハ同意ナルモ当面決戦戦力ニ影響ヲ与フルハ絶対ニ不可ニシテ殊ニ転換後ニ於ケル自給度、及自給ノ時期ニ関シテハ確乎タル見透ヲ樹立シタル後発足スルヲ要ス
本件ニ関スル陸、海軍両省ノ意見ヲ至当ニ観察スルニ海軍ノ意見ヲ可トス　即チ此ノ国家ノ全力ヲ傾注スヘキ決戦力ヲ拘束スルハ不可ナリ、然レトモ、日満支ヘ対スル転換ハ好ムト好マサルトニ拘ラス当然実行スヘキ点ニシテ問題ハ程度ナリ

七月十二日　水曜

一、班長ヨリ部外折衝用トシテ、戦争指導大綱案ヲ次級次長ニ説明ス、次長同意セリ、
今後先ツ部内ノ思想ヲ速ニ統一シ次テ関係方面ト思想ヲ調製［整］スルヲ要ス、
二、軍事研究会ヨリ研究問題ヲ聴取ス
酒井［鎬次］中将本日召集ヲ解除セラル、軍事研究会トシテハ大打撃ナリ、
三、軍務課長ヨリ局長ノ意見ナリトテ、戦争指導方策ニ関

シ至急研究協議致度トノ提案アリ、二十班トシテハ既ニ成案ヲ有シアルヲ以テ待ツコト久シ、

七月十三日　木曜

一、本日午后ヨリ夜十一時迄省、部首脳（総長、両次長、次官、軍務局長）一堂ニ会シ（大臣官邸）何等カ鳩首協議ス

戦争指導方針カ、政変カ、

二、朝鮮鉄道複線化問題ニ関シ関東軍援助ノ件、笠原［幸雄］関東軍総参謀長上京シ落着セリ、

七月十四日　金曜

一、国内政局ノ動揺アルカ如ク、本日一日中、沈鬱ナル空気低迷シアリ、敵ハ米ナリ、斯クノ如キ動キハ戦争指導上「マイナス」ナル所以ヲ肝銘シ快刀乱麻ノ如ク処理スルヲ要ス

夕刻ニ於ケル閣僚交［更］迭ノ下馬評左ノ如シ

米内［光政］大将ヲ軍需大臣、広田［弘毅］ヲ外務、阿部［信行］大将ヲ無任所へ

帝国ニハ「バドリオ」政権ハ一切不要ナリ、

勝ツ為ニハ国内ニ対スル妥協等顧ル勿レ、

二、午後永井大佐、加藤中佐、橋本別館ニ於テ戦争指導方針決定ノ為ノ情勢判断ニ関シ、大本営陸軍部案ヲ基礎トシテ一案ヲ審議ス

三、班長ヨリ軍務局長、両課長、両高級課員ニ対シ、戦争指導大綱（案）ヲ説明ス

軍事課長　概ネ同意

軍務課長及大西大佐　不同意

局長　不得要領

之ヲ要スルニ軍務局ニ於テハ真剣ニ検討シアラサルモノト認ム

七月十五日　土曜

一、本日モ亦依然空気清澄ナラス

二、両次長、次官、各部長参集シ今後ノ戦争指導方針ニ関シ検討ス、今後左記「四案」ヲ検討シ首脳部ニ於テ決定スルコト、ナレリ（第四案ハ不可）

左　記

第一案　(イ)本年国力ノ全力ヲ挙ケテ決戦ス

(ロ)後ハドウデモヨシ

第二案　(イ)本年国力戦力ノ徹底的重点ヲ構成シテ決戦ス
(ロ)全力ヲ以テ自活、自戦態勢ヲ強化ス
第三案　本年後期ノ作戦遂行ト爾後ノ自活、自戦態勢ト
二本立ニテ行フ
第四案　(イ)爾後ノ自活自戦態勢ヲ第一義トス
(ロ)全力ヲ以テ作戦ス

七月十六日　日曜

一、昨日午後東条参謀総長ハ政界一般ノ空気カ総長切リ離シテ要望シアルヲ察知シ、後宮次長ヲ総長トシテ内奏ス
本日モ亦依然首脳部ノ空気晴レス、特ニ島田海軍大臣ハ辞職スルカ如キモ、其ノ後任問題ニテ紛叫［糾］シアルカ如シ、

二、本日班長以下班員全部ニテ船橋偕行社分室ニ遠足ヲ行ヒ英気ヲ養フ、

七月十七日　月曜

一、戦争指導方針ニ関シ省部ノ意見概ネ一致ス
作戦指導ノ気持ハ第一案　戦争指導トシテハ第二、第三案ノ中間、重点ハ作戦

二、後宮参謀次長ノ総長就任ノ内奏ヲ変更シ、梅津［美治郎］関東軍司令官ヲ総長トシテ改メテ内奏セラル、右ニ伴ヒ種村大佐明日大本営機ニテ出迎ノ為渡満スルコト、ナレリ（夜ニ至リ梅津大将ハ明十八日上京ノ電報アリタル為取止ム）

三、本日午后四時島田海軍大臣辞職ニ伴ヒ、佐世保鎮守府司令長官野村直邦大将海軍大臣ニ補セラル

七月十八日　火曜

一、本日午前十時ノ閣議ニ於テ東条内閣ハ総辞職スルニ決シ総理ハ辞表ヲ取纏メ奉呈ス、

二、午前十一時陸相官邸ニ総長、杉山元帥、山田［乙三］大将両次長、次官、第一、第二部長及第二十班長集合シ次官ヨリ内閣辞職ニ至レル経緯ヲ説明シ且今後ニ於ケル陸軍ノ態度ヲ協議ス

三、総辞職ノ経緯
結局重臣層及府中ノ内閣ニ対スル妨害ニ依ルモノニシテ数日前木戸［幸一］内府ヨリ総理ニ対シ、左記要旨ノ要求アリタリ

1、参謀総長ノ兼職ヲ切リ離スコト
2、海軍大臣ヲ交［更］迭スルコト
3、重臣ヲ内閣ニ抱キ込ムコト
右要望ニ基ツキ
1、総長切リ離シハ既ニ昨日決意ス
2、海軍大臣ノ交［更］迭ハ最初躊躇セシモ結局昨日決意ス
3、藤原［銀次郎］国務省［相］ヲ軍需大臣タラシメントシタルモ重臣ノ同意ヲ得ス　次テ各重臣ニ入閣ヲ懇請シタルモ、阿部大将ヲ除キ全員応セス、
右ノ如ク東条総理トシテハ一層重臣ノ意嚮達成ニ努力ヲ傾注シタルモ遂ニ其ノ妨害ニ依リ悉ク水泡ニ帰シ御上ニモ亦御同様ノ御考ヘアルヤニモ拝察セラレ茲ニ辞職ヲ決意スルニ至レルモノナリ、
此ノ日ハ恰モ昭和十五年七月十八日東条中将カ陸相ニ決定シ、夜間飛行ニテ上京セル日ニテ　満四年ヲ経過セリ、
四、参謀総長梅津大将、関東軍司令官山田［乙三］大将、教育総監杉山元帥、夫々本日発令新［親］補セラル、尚新総長ハ本日十三時新京ヨリ飛行機ニテ上京ス

尚今後陸軍トシテハ
1、陸海一体ニテ邁進スルコト
2、作戦ニ絶対影響セシメサルコト
3、敵ノ宣伝、謀略、空爆等ニ乗セラレ国民ノ戦意ヲ消磨セサル如ク万般ノ措置ヲ講スルコト
4、後継内閣問題ニ関スル一切ノ言動ヲ禁ス
五、午後五時沢本［頼雄］海軍次官呉鎮守府司令長官ヘ岡軍務局長海軍次官ヘ夫々就任ス
（岡中将ハ軍務局長事務取扱ヲ兼ヌ）
六、午后五時「サイパン」島ノ戦況ニ関シ左記ノ如キ大本営発表並ニ総理ノ談話ヲ発表ス
玉砕セル将兵ニ報ユル唯一ノ道ハ統帥部ラシキ統帥部トナリ、速ニ滅敵ノ戦策ヲ確立シ「サイパン」放棄ヲシテ意義アラシムル道アルノミ
国民ノ怒リニ対シ統帥部ノ責任如何
〔大本営発表の新聞切抜〕

七月十九日　水曜

一、局長会報ニ於テ次官ヨリ今次政変ノ緯偉［経緯］ニ関シ詳細ナル説明アリ、

次官ハ敢テ倒閣陰謀ト称ス、岸［信介］国務相ノ脊［背］反ト重臣層ノ反感（一部ニハ和平思想アリ）トニ依ル巧妙ナル策謀ナリ、

二、後継内閣首班ニハ重臣層ニハ寺内元帥ヲ希望セルカ如キモ、現ニ作戦実行中ノ司令官ヲ招致スルハ適当ナラストノ陸軍三長官ノ強固ナル反対意見ニ依リ中止ス

三、朝鮮総督陸軍大将小磯国昭内閣首班ニ奏請セラレ　明日上京セラル、筈、

四、本日内閣総辞職ニ伴フ政府声明文ニ関シ、陸海ノ間ニ意見纏ラス

総理側近者及陸軍側ノ意見ハ総辞職ノ已ムナキ理由ヲ卒［率］直公平ニ国民ニ訴ヘントスル案ナルニ対シ、海軍及其ノ他ニアリテハ簡単ニ

一、人心ヲ一新

二、挙国一致内閣ノ出現ヲ期スル為辞職ストナスヘシ

トノ意見ナリ、

本声明カ敵側及国民ニ与フル影響ニ関スル観察ノ差違ニ依ル意見ノ相違ト認ム、

但シ海軍ハ倒閣ノ根源ナルヲ以テ陸軍案ニ反対ストノ見解モアリ、

何レニスルモ敵前必死ノ危局ニ臨ミ国内相剋ハ絶対ニ不可ナリ

七月二十日　木曜

一、昨十九日支那浙東沿岸要領［域］ノ占領作戦ノ大陸命発令セラル、

二、本朝内閣総辞職ヲ情報局ヨリ発表ス

［新聞切抜］

三、今後陸軍ノ決戦的作戦準備強化ノ為船船［舶］ノ増徴（両軍作戦課ノ研究結果）ニ関シ第二課杉田［一次］大佐、高山中佐ヨリ説明アリ、

出席者

参本　細田［熙］中佐、竹下［正彦］中佐、浦［茂］少佐（三課）

三吉［義隆］中佐（十課）、橋本少佐（二十班）

陸軍省　軍事課　高崎［正男］、中原、松田［正雄］中佐、南［清志］少佐、

戦備課　重野中佐、

即チ船腹所要量ハ六・五万屯ニシテ、A捻出十万屯、

A、C20万屯ヲ差引シ三五万屯ヲ八月ヨリ徴傭シ八月末ヲ目途ニ軍隊輸送ヲ実施シ、作戦準備ヲ概成セントスルモノナリ（軍需品ハ十月末迄）

右作戦課ノ説明ニ対シテハ陸軍省トシテ作戦国力ノ調整（戦争指導方針）ニ関スル根本方針決定セサル限リ検討ノ余地存セストノ意見ナリ、

尚右説明ト併行シ第二課長ヨリ第三課長、第二十班長、軍事、軍務両課長ニ対シテモ説明アリ、

種村大佐ハ杉田大佐ニ対シ更ニ陸海両作戦課ニ於テA、B船舶ノ運用ニ依ル捻出並ニ護衛能力ヲ尠［勘］案シ最後的所要量ノ検討ヲ要望セリ、

四、本日小磯大将ハ二宮治重中将及斉藤弥平太中将ヲ帯同シ空路着京、十四時五十分参内セリ、

五、夕刻小磯大将、米内大将ニ対シ組閣ノ大命降下ス、連立内閣ハ隈板内閣以来二回目ナリ、

六、帝国陸軍ノ兵力量現況

地上師団　一〇〇ヶ師団（地上96、戦車4）

外ニ留守師団　一六、

飛行師団　一二ヶ師団

外ニ教導師団アリ、

総兵力　二五〇万（内航空三〇万　船舶一一万）

補充員ヲ合シ約二七五万ナリ、

七月二十一日　金曜

一、今後ニ於ケル地上燃料ノ対策ニ関スル軍事課ノ省部主任者ニ対スル説明アリ、

高度ノ消費規正ヲ実施スルモ十九年度末ヲ以テ燃料ハ零トナル（十月以降南方還送油杜絶ノ場合）

但シ重油、軽油ハ還送確保ノ処置ヲ絶対ニ必要トス

二、「ヒツトラー」ノ暗殺陰謀事件（昨二十日）アリ、「ヒツトラー」ハ軽傷ナリシモ高級将官多数負傷ス、枢軸側東西略々時ヲ同フシテ不詳事惹起ス誠ニ遺憾ナリ、

三、本朝七時三十分大宮島［グアム島］ニ対シ敵上陸中ナリ、兵力及状況ノ細部不明ナリ、

四、本日終日組閣状況混沌タリ

要ハ陸、海軍大臣ノ決定ニアルヘシ、

陸軍トシテハ三長官会議ニ於テ杉山元帥ニ内定シアルカ如シ、

七月二十二日　土曜

一、昨日大宮島ニ上陸ヲ開始セル敵ハ兵力二師団ト判断セラル
大宮島ノ我カ兵力
第三十一軍司令官位置ス
第二十九師団（歩兵第五十連隊欠）
第四十八独立混成旅団
独立混成第十一連隊（一大隊欠）
計十二大隊
二、「ニユーギニヤ」第十八軍ハ「アイタベ」東方ノ敵ヲ攻撃中ナルモ状況不明ナリ、
三、二十日夜「ルーズベルト」民主党大統領候補者ニ指名決定ス
四、本日午后雷雨沛然タル中ニ新内閣誕生ス
前途ノ多難ヲ暗示セルカ如シ、
閣僚左ノ如ク同時ニ新首相談ヲ発表シ、戦争完遂ノ決意ヲ披瀝セリ
〔新内閣の新聞切抜〕
五、東条大将予備役ニ編入セラル　理由左ノ如シ
1、今後重臣トシテ活躍ス
2、内閣総理大臣タル東条大将ハ現役タルヲ得サリシモ陸軍大臣タルノ資格ニ於テ、特旨ニ依リ現役ニ列セラレアリシヲ以テ、今回ノ辞任ニ依リ理由消滅ス
〔東条大将予備役の新聞切抜〕
六、米内大将現役ニ復帰シ、海相ニ就任ス
六十五才ノ老骨ノ出馬ヲ俟タサレハ海軍ニ人ナキカ？
〔米内海相現役の新聞切抜〕

七月二十三日　日曜

一、富〔冨〕永〔恭次〕次官ヨリ陸軍省高等官一同ニ対シ、今般ノ内閣総辞職ノ経緯及東条大将予備役編入ノ理由ヲ説明セラレタリ（要旨ノミ）

七月二十四日　月曜

一、両作戦課ノ今後ノ陸海軍作戦計画樹立ノ為太平洋方面敵進攻判断左ノ如シ、
「パラオ」　八月
「ハルマヘラ」　八―九月
「小笠原」　八―九月
硫〔琉〕球　十月
比島

七月二十五日　火曜

一、昨二十四日「テニアン」ニ対シ敵上陸ヲ企図セルモ守備隊ノ勇戦ニ依リ第一回上陸部隊ニ対シテハ相当ノ損害ヲ与ヘ之ヲ撃退セリ、

二、大宮島ニ於テハ本夜ヲ期シ我カ全力ヲ以テ敵ニ最後ノ打撃ヲ与ヘント決意シアリ、玉砕稍々過早ノ感アルモ纏リタル戦力ヲ保有シアル間ニ徹底的ニ敵ヲ撃摧セントスル軍司令官ノ決心ハ戦術上至当ナルモノト認ム、司令官以下田村［義富］参謀副長、塚本参謀等旧知有為ノ人材ヲ孤島ニ散華セシムルハ返ス〴〵モ残念ナリ、最後ノ戦果ヲ祈ツテ已マス、

三、田中中佐本日ヨリ二十班ニ出勤ス、一大精鋭ヲ加ヘタリ

四、今後ノ戦争指導ニ関シ、決戦的努力ト長期戦的努力ノ調製［整］ニ関シテハ本日総長、大臣協議ノ上、陸軍トシテハ一応｛八：二／七：三｝ヲ以テ進ムコトニ決裁セラル、之ニ依リ省部首脳ノ意見ハ一致セリ、

五、本日陸海軍集会所ニ於テ「世界情勢判断」ニ関シ、陸海軍間ニ審議ヲ行フ、
省部ニ於テ検討セル一案ニ依ル、
出席者左ノ如シ
海軍省軍令部　渡辺［安次］大佐、市川［義守］中佐、
陸軍省　加藤中佐、
参本　橋本少佐、

七月二十六日　水曜

一、「テニアン」ニ対スル敵ノ上陸ハ其後執拗ニ継続シ、昨二十五日正午頃迄ニ北半部ハ敵ニ占領セラル、陸軍三大隊全滅トノ海軍報アリ、

二、昨二十五日夕「ピプ［ブ］ン」辞職セルカ如シ、帝国ハ当分ノ間静観的態度ヲ採ルヲ要ス

三、対支作戦ニ伴フ宣伝要領ニ関シ現地側ノ意見ヲ田中中佐ヨリ省部主務者ニ報告アリ、
現地、殊ニ北支ニ於テハ延安政権ナル呼称ニ対シテスラモ「容共」ヲ意味シ不可トスル強硬ナル意見ニシテ、中央ノ意見ヲ実行スル為ニハ大陸命ニ依リ任務ヲ変更スヘシトノ見解ナリ、
本件ハ世界政策的大乗的見地ニ於テ決定セラレタルモノナルヲ以テ把［飽］迄中央ノ見解ヲ貫徹スルヲ要ス

七月二十七日　木曜

一、船舶徴傭ニ伴フ影響ヲ陸軍省ニ於テ事務的ニ検討セル結果ハ縦ヘ一〇万屯ト雖モ徴傭セハ国力ニ破綻ヲ生スヘシトノ見解ナリ、

七月二十八日　金曜

一、世界情勢判断海軍ト研究ス
海軍ハ南西諸島方面ニ対スル敵ノ来攻ヲ判断シアラス、

二、新内閣ニ対スル陸海軍大臣ヨリノ申入事項ヲ本日ノ閣議ニ於テ発表スルコトニ決定セリ、席上陸軍大臣ハ発表ヲ不可トセルモ大勢如何トモ為シ能ハス
陸軍トシテハ対外的考慮ヨリ、内閣自体ノ意志決定トシテ発表スルヲ可トスル意見ナルモ、内閣トシテハ陸海軍ノ密接ナル支援ヲ得アリトノ印象ヲ国民ニ与ヘントスルニ外ナラス、組閣十日ニ至ルモ未タ政綱モ無キ現状ヲ如何トナスヤ、
コレニテ臣道ヲ全ウシ得ルヤ、

七月二十九日　土曜

一、船舶徴傭ニ関スル統帥部提案左ノ如シ、

1、八月上、中旬　五・五万屯 ｝徴傭一回ノミ現地解傭
　九月〃　五万屯

2、C船利用
　八月　昭南向　四・四万屯
　　南方向（台湾比島）七・七万屯
　九月　昭南向　六・〇万屯
　　南方向（台湾比島）五・〇万屯
右C船利用不可能ノ場合ハ徴傭ス

二、右統帥部提案ニ対スル陸軍省軍務局長返答要旨

1、八月、九月ノ徴傭可ナリ。直チニ対外折衝ヲ開始ス

2、C船利用ハ運用問題ナルヲ以テ統帥部ニテ交渉セラレ度、
右C船利用不能ノ場合ノ徴傭ハ不同意ナリ、

3、第二、四半期南方物資一三〇万屯、石油八〇万竏ノ還送計画ハ変更セス、

4、第二、四半期ノ損耗補填ハ八、九月ノミ三・五万屯ヲ実施スルモ十月ハ実施セス、

5、前諸項ニ基ツク影響ハ⊠六、〇〇〇機滅［減］（従ツテ年間三七、〇〇〇機）航空以外ノ兵器ハ年度計画ノ八割ニ低下スルコトヲ承知セラレ度、

三、本日十三時過ヨリ約一時間鞍山、大連地区ニ敵機来襲セリ、損害軽微ナルカ如シ、

七月三十日　日曜

一、昨日鞍山ノ空襲状況、
一三、〇四―一四、〇〇　三―五機ヲ以テ数回ノ波状攻撃
投弾量　製鉄所　二〇〇kg　九五発
撃墜　ナシ　撃破二
我損害
「コークス」炉五分ノ一損害（内五〇%ハ二―三日中ニ復旧見込　高炉附帯施設三本ハ一ヶ月後　一本ハ半ヶ月後復旧見込
二、船舶徴傭ニ関スル統帥部提案ヲ、陸、海、軍需省間ニテ研究セル結果左ノ如シ、
1、八、九月ノ徴傭ハC協力トスルヲ可トス
2、七月ノ損耗ハ補塡スルモ、九月ノ損耗ハ当時ノ状況ニ依リ決定ス
3、八月ノ南方向C船利用七・七万屯中約二万屯ハ既ニ積載済ナルヲ以テ九月ニ繰延フルコト
4、長江配船（大冶鉱石積取）一四万屯ヲ相当量圧縮シ本次作戦輸送ニ依ル全般影響ヲ極限ス
本件ハ一号作戦ニ相当利用シアルヲ以テ其ノ利用ヲ忍フコト、
右ハ統帥部提案ニ比シ稍々不満足ナルモ、全般ノ情勢上同意ス、従ツテ連絡会議ニ於テ決定スルコトナク具体的ニ実施スルコト、セラレタリ、
三、本日独派遣連絡使海軍小野田［捨次郎］大佐ヨリ、独事情ヲ聴取ス（次長、第二部長以下関係者出席ス）
四、本日モ亦鞍山ニ敵機来襲セルカ如シ、

七月三十一日　月曜

一、本日陸軍大学校卒業式ヲ挙行セラル
天皇陛下ニハ式後大本営陸軍部ニ行幸遊ハサル、
二、鞍山空襲ニ関シ省部主務者間ニ対策ヲ研究ス
鞍山附近ノ防空兵力
⋈　現在二式単戦一〇機、近ク二式複戦三〇機ヲ一時転用スルト共ニ中央トシテハ器材的ニ援助（二式複戦36機及夕弾）
AA　現在日満計61門、近ク18門ヲ増加ス

SW［照空灯］四十八燈　MA［機関砲］27門

三、本日新内閣ト大本営トノ初連絡会議ヲ午后三時ヨリ開催セラル、

席上先ツ総理ヨリ左記発言アリ

1、連絡会議ノ構成ハ陸海軍幕僚長、陸海軍大臣、総理、外務大臣、三幹事ノミトスルコト、

2、今後左記事項ヲ研究ス、

世界情勢判断、戦争指導大綱、対外政略ヲ決定シ、ソレニ伴フ具体的緊急諸対策ヲ研究致度、

連絡会議ノ構成運営ニ関スル総理提案

1、名称「最高戦争指導会議」

2、方針　天皇ノ下ニ常設ノ最高戦争指導会議ヲ設置シ戦争指導ノ根本方針、政戦両略ノ合一調整ノ根本方針ノ策定、議決ノ最高会議タラシム、

3、要領

イ、本会議ノ設置ニ関シ優諚ヲ仰ク、

ロ、本会議ハ宮中大本営ニ於テ開キ重要ナル案件ハ御前ニ於テ議ス

ハ、構成員

陸海軍幕僚長、総理、陸海軍大臣、但シ必要ニ依リ勅許ヲ経テ其他ノ国務大臣ヲ出席セシムルコトヲ得

ニ、本会議ニ於テ戦争指導ノ根本方針及政戦両略ノ合一調製［整］ニ関スル根本方策ノ策定議決ヲ行フ、

ホ、本会議ニ幹事ヲ置キ陸海軍次官、内閣書記官長ヲ以テ之ニ充ツ、

ヘ、本会議ニ幹事補佐ヲ置キ、内閣、陸、海、外ノ高等官ヲ以テ之ニ充テ内若干人ハ常時下部機構トシテ勤務ス、

備考

1、本会議ハ官制上ノモノトセス　御思召ニ依ル機関トス

2、幹事及幹事補佐ハ本属長官ニ於テ之ヲ命ス

右提案ニ対スル席上各意見

1、陸海軍大臣ヨリ

幹事ハ陸海共局長トセラレ度

2、梅津参謀総長ヨリ

(イ)大本営ヨリ幹事カ出ヌノハ如何

(陸軍局長ヨリ局長カ大本営随員ノ資格ニ於テ事

務ヲヤル）

(ロ)次長カ出席セサルハ如何

（陸軍局長ヨリ閑院宮殿下当時ハ次長ノ出席ヲ必要トシタルモ、其後ハ必要ナシ）

(ハ)何レニスルモ統帥部ヨリ出ヌ事ハ同意シ得ス

3、右総長ノ発言ニ依リ両次長ヲ勅許ニ依リ出席セシムルコト、ス、

4、外務大臣ヨリ、次官若クハ局長ヲ出席セシムル件ノ発言アリタルモ、内閣書記官長代行スルコトニ依リ納得、

5、米内海軍大臣ヨリ、

最高会議ト閣議トノ関係如何、即チ最高会議ハ威重ヲ主トスルヤ、或ハ各省大臣ノ権限ヲ無視シテ強制力ヲ保持セシムルヤ

右ニ対シ小磯総理ヨリ

組閣ノ際御上ヨリ憲法ニ遵［ママ］守シテ、国務ヲトレトノ御詞ヲ拝シアルヲ以テ各省大臣ノ権限ヲ強制スルコトナシ、

6、陸軍軍務局長ヨリ、

情報交換ヲ最高会議ニ於テ毎週一回実施シテハ如何。

右ニ対シ米内海相先ツ同意シ、毎週土曜日午前十時ヨリ、所要ノ閣僚ヲ出席セシメテ、実施スルコト、ナレリ（陸、海計一時間以内）

従来閣議ニ於ケル情報交換ハ右ニ依リ中止トナレリ、

四、本日、省、部関係部、局長、課長ニ対シ、今後ノ作戦計画ノ説明アリ、要旨左ノ如シ、

1、必勝ノ要素

(イ)国土防衛ノ処置
(ロ)決戦的準備ノ完整　｝ノ実行
(ハ)大陸国防圏ノ確保増大

2、作戦準備トハ

*捷一号（比島）二号（硫［琉］球、台湾）三号（本土）四号（千島）

3、航空兵力ノ見透、

第一線機　現在　A.B　二、五〇〇機
（実質一、五〇〇機）
八月末　〃　三、二〇〇機
（〃　二、五〇〇機）
十二月末　〃　三、二〇〇機程度ノ実力カ

4、作戦準備完整ノ順序、

(イ)(a)硫［琉］球(b)比島(c)台湾　以上八月末—九月

(ロ)本土—十月末

5、作戦方針

基地一部、主力後方、敵ヲ基地ニ吸引シ主目標ヲ敵輸送船ニ指向ス

軍令部GFハ意見一致セルモ下級部隊ハ[illegible]主義

従ツテ作戦条件ハ可ナルモ時機カ問題ナリ、

五、七月十三日陸海軍航空協定要旨

1、千島方面

防衛主担任　5HA—海軍航空艦隊—A 1FG［1FD第一飛行師団］（実質Ｂ）

2、本土

陸軍担任→海軍ヨリ防空80機ヲ指揮ニ入レル、

3、硫［琉］球　台湾→Ⅱ航艦→8FD（実質ハＢ）

4、比　島→陸海協同作戦

5、小笠原→Ⅲ航艦（海軍）

6、右ノ為飛行場

陸軍　一一五

海軍　五〇

陸海共用　二七

計　一九二

7、陸軍ハ防衛及遊撃ヲ主トス

海軍ハ出撃ヲ主トス

＊　比島、台湾、本土、千島方面における決戦準備。

八月一日　火曜

一、世界情勢判断案　本日陸海軍主務者間ノ一案ヲ得タリ今後速カニ内閣、外務省ト協議シ連絡会議提出案タラシメントス

二、昨三十一日一三、三〇「テニアン」トノ連絡杜絶セリ、

三、海軍省軍務局長ハ岡中将ノ事務取扱ヲ免シ多田［武雄］中将後任発令セラル、

八月二日　水曜

一、泰国首相「ピプ［ブ］ン」辞職後「パポ［ホ］ン」ニ後継内閣ノ組織ヲ摂政府ヨリ下命中ノ処受諾スルニ至ラス　遂ニ「コビット」首相ヲ受諾セリ、

帝国トシテハ泰国ノ内政問題トシテ取扱ヒ干渉ヲ避ケ静観的態度ヲ持スル方針ナリ、

二、本日島田軍令部総長ヲ更迭シ後任ニ及川古志郎大将

（護衛総司令部長官）ヲ親補セラル、

八月三日　木曜

一、土国［トルコ］対独外交、通商関係ヲ断絶ス

但シ対独参戦ニハ未タ出ツル模様ナシ、

帝国トシテハ既ニ研究セル所ニ基ツキ、土ノ動向ヲ看視シツツ静観的態度ヲ持スル方針ナリ、

二、本日ノ連絡会議ニ於テ作戦ノ急需ニ応スル為ノC船ノ転用及七月分A、B、船損耗補填ニ関スル件決定セラル、

三、本日燃料課長ヨリ総長ニ対シ燃料ノ現況ヲ説明ス

航揮、普揮共ニ十二月迄ナリ、

消費規正、其他ノ措置ニ依リ三月末迄維持シ得、

八月四日　金曜

一、第十課長ヨリ八月C船利用状況ニ関シ、総長ニ報告ス

計画ヨリモ概ネ一ヶ月遅延ノ見込ナリ、

一、本日午后五時ヨリ大本営政府連絡会議ヲ開催シ「最高戦争指導会議設置ニ関スル件」及「大本営、政府情報交換ニ関スル件」ヲ決定セラル、［『敗戦の記録』参照］

支那事変以来今日迄帝国ノ戦争指導最高機関トシテノ連絡会議ハ本日ヲ以テ発展的解消ヲ遂ケタリ、

八月五日　土曜

一、昨日ノ「最高戦争指導会議設置ニ関スル件」決定ノ経緯左ノ如シ、

1、佐藤［賢了］幹事ヨリノ説明要旨、

陸海両次長ヲ国務大臣ト同格ニ出席セシムルハ総長ハ作戦要務ヲ帯ヒテ随時戦地ニ出張スルコトアリ、従ツテ重要戦争指導事項決定ヲ渋滞セシメサル為ニハ次長ヲ代理トシテ出席セシムル必要アリ（国務大臣ニハ代理ナシ）

又従［縦］ヘ総長出席セル場合ニ於テモ作戦ノ機務ニ関シ説明セシムル必要アルコトアルカ為ナリ、

但シ総長出席ノ場合ニ於テハ次長ハ「サイン」セス

2、梅津総長発言要旨

(イ)本案ハ構成員中一人ニテモ欠ケタル場合ハ、決定効力無シト認ムルカ如何、

全員異存ナシ、

(ロ)本案ニ依レハ常ニ幹事ヲ出席セシメアルモ、今後機微ナル戦争指導ヲ実施スル為ニハ幹事ナシテ実施スル場合アルヲ予期スルカ如何（特ニ外交問題等）
右ニ対シテハ外務大臣ヨリモ同様ノ意見アリテ全員異存ナシ、
二、本日右決定ニ基ツキ総理、総長列立ニテ本件主旨ヲ上奏、御上ヨリ御言葉ヲ拝授セリ、
三、鞍山空襲ニ関シ池田参謀副長ノ説明アリ、年間ヲ通シ銑鉄三〇万屯ノ減産ナリ、

八月六日　日曜

一、昨夜ヨリ本日ニ亘リ班長以下全員伊豆山ニ於テ錬成ヲ実施ス

八月七日　月曜

一、本日最高戦争指導会議ノ三幹事ニ於テ今後採ルヘキ戦争指導大綱（案）ノ打合セヲ行ヒ概ネ意見ノ一致ヲ見タリ、
二、但シ海軍幹事ハ右終了シ一旦帰リタル後、左記意見ヲ提出シ来レリ、

1、対重慶工作ハ内容如何ニ依ルモ直接工作ハ不同意
2、軍、政、機関ノ一元化ニハ不同意
3、東印度ノ独立問題ハ不同意

然レトモ従来ノ研究案ニハ修正ヲ加フルコトナク幹事一案トシテ提出シ、会議席上所要ノ検討ヲ加フルコト、ス、

八月八日　火曜

一、本日午前八時衡陽ヲ攻略セリ、第十軍長、参謀長、第三師、第十九師、予備十師、暫編五十四師、各師長投降シ、戦果大ナル見込
二、今後採ルヘキ政略指導要領ニ関シ省部主務者間ニ研究ヲ行ヒ一案ヲ得タリ、
（出席者　班長、田中中佐、橋本少佐
軍務課　大西大佐　加藤中佐）
三、世界情勢判断（案）ヲ総長、次長ニ対シ説明シ所要ノ修正ヲ行フ（班長及橋本少佐説明）
第二、第三部長、第四班長陪席ス
修正意見ハ明日会議席上総長及次長ヨリ開陳セラル、

八月九日　水曜

一、本日九時三十分ヨリ第一回最高戦争指導会議ヲ開催ス次長モ列席ス〔『敗戦の記録』参照〕

議題「世界情勢判断」

本日ハ幹事ヨリ一応ノ説明ヲ為シ、質疑ヲ行ヒ終ラス

外務大臣ヨリ独ニ対スル判断一般ニ甘シトノ意見アリ、

二、本日ヨリ八、九月輸送ノ為ノ船舶防衛兵棋ヲ軍令部総長官邸ニ於テ実施セラル、

八月十日　木曜

一、田中中佐本日ヨリ伝書使トシテ「ソ」ヘ出張ス

二、関東軍宮田〔竹田宮恒徳の秘匿名〕参謀ヨリ鞍山防衛ニ関スル事項及五家子事件*ニ関スル報告アリ、

三、本日十三時三十分ヨリ第二回最高戦争指導会議ヲ開催シ昨日ノ議題ニ関シ原案ニ相当ノ修正ヲ加ヘタル後、決定ス

尚綜合判断ハ幹事ニ一任セラル、修正ハ概ネ陸軍統帥部ノ意見通リナリ、

四、葡カ近ク「チモール」ノ撤兵要求ヲ提出スヘシトノ情報アルモ、帝国トシテハ絶対ニ応セサルコトニ関係者意見一致セリ

五、泰新内閣ニ対シテハ既定方針ヲ堅持スルコト、セラレタリ、

六、海軍ヨリ譲渡ヲ受ケタル機関砲ヲ以テ五十六ヶ隊ヲ編成セラル、

七、内地飛行場整備ノ為目下使用シアル兵力ハ約六万ナリ、

八、対延安政権謀略工作要領本日決定セラル、

＊　ポシエット湾西方のソ満国境五家子付近で七月二十九日と八月一日に発生した国境紛争事件。

八月十一日　金曜

一、昨夜半支那大陸ヨリ第三回目ノ本土来襲アリ、二十数機ヲ以テ、長崎、八幡、米子及南鮮地区ニ来襲、重点ハ長崎ナリ、戦果無ク損害軽微ナリ、

二、七月末「ラバウル」附近糧秣保有量ハ各部隊七ヶ月分貨物廠三ヶ月分、計十ヶ月分ナリ、八月末迄ニハ概ネ洞窟内ニ格納シ得ル見込ナリ

三、軍ノ戦時警備ニ連繋スル総動員警備要綱ハ本日閣議ニ上呈〔程〕セラレタルモ保留トナル、

四、本日十四時ヨリ第三回最高戦争指導会議ヲ開催シ我カ国力ノ推移ニ関シ関係大臣ヨリ報告アリ、

五、陸海軍ノ船舶兵棋演習ノ研究会アリ

1、呂宋［ルソン］海域対潜警戒方策、

2、敵機動部隊出現ニ対スル処置、

3、敵空襲ニ対スル船舶ノ防護方策、

4、通信連絡ニ関スル改善方策、

5、輸送ニ関スル改善方策

右研究ノ結果ハ従来ノ方策ニ比シ画期的名案ナク当分ノ間船舶損耗ノ減少ヲ期待スルハ過望ナリ、

八月十二日　土曜

一、十五時ヨリ第四回最高戦争指導会議ヲ開催シ「今後採ルヘキ戦争指導大綱」案ヲ討議セラル、本日ハ方針ノミトシ、概ネ原案ノ如ク意見一致ス、但シ会議終了後、外務大臣ヨリ、軍務局長ニ対シ軍、政、機関ノ一元化問題ハ原案ヨリ撤回セラレ度旨申出アリ、陸軍省トシテハ大臣以下外務大臣ノ意見ニ同意ナルカ如シ、

二、満「ソ」国境「アルグン」*河越境事件起ル、満州国外交部ヨリ直チニ抗議セリ、但シ事件拡大ノ点ハ先ツナシ

＊　満州里東方六〇キロ付近でソ連兵が八月一日、二日、八日と三回アルグン河を越え侵入してきた事件。

八月十三日　日曜

一、大宮島トノ通信連絡ハ十日八時四十分杜絶セリ

八月十四日　月曜

一、本日十時ヨリ第五回最高戦争指導会議開催、戦争指導大綱第一次戦略方策ヲ討議ス、

小磯総理ヨリ

作戦指導ハ更ニ積極的ニヤツテハ如何トノ発言アリ、帝国ノ実力ニ相応セサル点アルモ一応理想的気持トシテハ可然、次テ絶対国防圏ヲ如何ニスヘキヤ、圏内海上交通ノ見透等ニ関スル問題アリテ原案ヲ修正ノ上、意見一致セリ

尚陸海軍ノ渾然一体化ノ件ハ作戦指導ノ項ニ気持ヲ入レルコトトシテ削除セラル、

八月十五日　火曜

一、十三時三十分ヨリ第六回最高戦争指導会議ヲ開催シ、戦争指導大綱第二項国内施策ヲ討議ス

イ、国体護持ノ項ハ特ニ精神的ニ重要ナル項目ナルヲ以テ第一項トス

ロ、生産体制ノ一元化ハ海軍ノ反対ニ依リ削除ス

ハ、国内防空態勢ハ広義ニ解シ防衛ト改ム

此際総理ヨリ、国内防衛ニハ戒厳ヲ含ムト解釈スルカ如何トノ質問ニ対シ、佐藤幹事ハ含マスト答ヘタリ（実ニ先見ノ明ナキ答解《〔ママ〕》ト謂フヘシ）

二、本日総長欧州戦況上奏ノ際　御上ヨリ左ノ如キ主旨ノ御下問アリタリ（橋本少佐直接総長ヨリ聴取）

「独ハ現情勢ニ於テ何レカ一方ト結ヒ、他方ニ徹底的ニ戦争指導ノ重点ヲ指向スルヲ可ト思考セラルルモ、独ノ気持ハ如何」

右御下問ニ対シ総長ハ本件ニ関シテハ、独「ソ」ヲ和平セシムルヲ可トシ、目下最高戦争指導会議ニ於テ慎重研究中ナルヲ以テ近ク本件施策ハ具体化セラルヘキ旨奉答セリ、

八月十六日　水曜

一、比島参戦問題ニ関シ南方総軍ヨリ意見具申アリ、現地ニ於テハ軍（陸、海）大使館並ニ比島政府間ニ意見一致シアリ

右現地ノ意見ニ基キ本日大東亜省ニ於テ、陸、海、外、大東亜、関係主務者協議ス、異存ナシ、橋本少佐出席

二、澳門ニ武装蜂起事件アリ、葡ノ対日態度トモ関連シ注意ヲ要スヘシ、

三、本日十五時ヨリ第七回最高戦争指導会議ヲ開催シ対外施策及宣伝謀略ノ項ヲ審議ス（本日ヲ以テ終了）

四、昨十五日米、英、連合軍南仏（「ツーロン」東方地区）ノ上陸ニ成功セリ、

八月十七日　木曜

一、昨日ノ最高戦争指導会議ノ状況左ノ如シ、

イ、外務大臣ハ「軍政機関一元化」ヲ削除方懇談シ、佐藤軍務局長、之ニ同意シ削除スルコト、ナル、

ロ、対「ソ」施策ニ「中立関係維持」ノ件ヲ挿入、独「ソ」和平実現ニ「速カニ」ヲ追加ス

特派使節派遣ノ件ハ全員諒承セルモ、文句ハ削除ス

二、以上ニテ審議ヲ終了セルヲ以テ明十九日最高戦争指導会議ニ　御親臨ヲ奏請ス
尚軍令部総長ヨリ構成員ニ枢密院議長ヲ加ヘラレ度トノ申出ニ対シ参謀総長ハ不同意ヲ表明セリ、
所要ノ国務大臣出席ニ関シテハ政府ニ一任ス

八月十八日　金曜

一、本日総理、両総長列立ニテ上奏シ、明日ノ最高戦争指導会議ニ御親臨ヲ奏請ス
会議ノ際ニ於ケル扈従ヲ侍従長トスヘキヤ、武官長トスヘキヤ、ニ関シ内大臣ヨリ話アリテ、総理ハ今回ハ戦略カ主ナルヲ以テ武官長ヲ可トスル意見ヲ申述ヘ、上奏ノ際本件御裁可アラセラル、
二、枢密院議長出席ノ件ニ関シテハ内大臣ニ御下問アリ、内大臣ハ出席必要ナキ旨奉答セリ、
三、九月六、七日鉄道主任参謀ヲ召集シ、大陸鉄道ノ輸送ニ関スル会議ヲ開クコト、ナレリ、

八月十九日　土曜

一、本日第八回最高戦争指導会議ヲ御前ニ於テ開催シ「今後採ルヘキ戦争指導［ノ］大綱」ヲ別冊［『敗戦の記録』参照］ノ如ク決定セラル、
席上、総理、参謀総長、外務大臣ヨリ夫々別紙ノ如ク説明アリ、
尚外務大臣ヨリ緊急提議トシテ「比島ニ対シテハ同大統領ノ希望ヲ入レ適時米英ニ対シ宣戦セシム」ヲ附加致度旨申述ヘ一同之ニ同意セリ、
二、比島行政処理ニ関スル件概ネ現地ノ意見ノ如ク処理セラル、

八月二十日　日曜

一、本日、昨日決定ノ「戦争指導大綱」ニ関シ、班長ヨリ各課長及各課高級部員ニ対シ、夫々詳細ニ説明セリ、
一、本日十七時頃敵機六〇―八〇機北九州地区ニ来襲セリ、昼間ノ戦果　撃墜確実二十一機（内海軍ニ依ルモノ三機）
陸軍ハ体当リニ依リ三機ヲ撃墜セリ、

八月二十一日　月曜

特記事項ナシ

八月二十二日　火曜

一、第二、四半期物動決定ス
陸、海、軍需ノ戦力化ニ徹底ス

二、本年度ノ飛行機生産量ハ四二、〇〇〇機程度ト予想セラル、
八月　キ*84（戦斗）ハ試作ヨリ生産過程へ移行中ナルヲ以テ未タ予定ニ達セス、上中旬60機ノ予定ニ対シ18機ナリ、
又キ67（爆撃）モ改修ニ依リ減産ス
「アルミ」使用量ハ最近一機当リ六屯（当初4.1屯）ニ達ス

三、橋本少佐本日ヨリ十日ノ予定ヲ以テ、関東軍、支那総軍、台湾軍ニ対シ御前会議決定事項伝達ノ為出張ス、

* 陸軍では、飛行機のキをとり、キ―〇〇と設計番号をつけた。

八月二十三日　水曜

一、最近野菜ノ配給著シク不円滑ナリ（昨年五月50匁ニ対シ本年ハ38匁、昨年八月70匁ニ対シ本年26匁ニ減）
其ノ原因トシテハ人手不足、買出、輸送不円滑、物価問題等アルモ政府トシテハ取リ敢ヘス価格ヲ修正スル如ク措置ス

二、対重慶政治工作ニ関シ、総長、大臣、次長、次官、局長話合ヒノ結果、陸軍トシテハ大本営ハ実施セス、政府ニ実施セシムルコトニ腹ヲ一致セシメラル、
此ノ際次長ヨリ停戦ハ統帥行為ナルコトヲ良ク政府ニ認識セシメ置クヲ要スル件ヲ力説セリ、

八月二十四日　木曜

一、戦争指導大綱ニ準拠スル「国力運営大綱」ニ関シ陸軍ノ省部間ニ意見一致ス、斯クテ第三、四半期モ戦力化ニ徹底セシムヘキ統帥部ノ意見ハ貫徹セリ、

二、昨夜羅「ルーマニア」国王対「ソ」休戦条件ヲ受諾シ、枢軸側脱落ノ先駆トナル、
勃国「ブルガリア」ノ態度モ亦疑ハシ、

三、軍令部一部［長］直属班ニ柴［勝男］大佐着任ス、

四、永井大佐カ外国武官ニ対シ決戦時機、地域、飛行機等ニ関シ不用意ニ漏洩シ、外国通信ニ現レタル事件アリ、

八月二十五日　金曜

一、幹事補佐ニ於テ対「ソ」対重慶問題ニ関シ一案ヲ作成

シ夫々左記主旨ニ基ツキ構成員ニ意見ヲ具申スルコト、ス、

1、対「ソ」、速カニ特使ヲ派遣ス、

2、対重慶、日、支人ヲ問ハス責任アル人物ヲ派遣シ、中央カ責任ヲ以テヤルコト、

二、本日外務大臣ハ羅国ノ脱落ニ伴ヒ独断大島大使ニ対シ独「ソ」和平ヲ斡旋スヘキ訓令ヲ発セリ、

（本件二十六日ノ最高戦争指導会議ニ於テ報告アリ）

三、幹事補佐ノ間ニ於テ陸海軍情報関係者ノ統合並ニ船舶運営機構ノ統合問題ハ実施セサルコトヲ話合ヒ政府ニ其ノ旨伝達セリ、

四、本日富［冨］永次官第四航空軍司令官へ　後任ニ柴山中将決定ス、

八月二十六日　土曜

一、九時ヨリ第九回最高戦争指導会議ヲ構成員ノミニテ開キ、対重慶工作其ノ他ニ関シ、左ノ如ク協議セリ、

（総長口達ノ要旨）

1、最高戦争指導会議決定ニ基ツキ、中央ニ於テハ、総理、外務大臣協議ノ上、実施ス、現地ハ国民政府トス、之カ為先ツ周仏海ニ対シ柴山顧問ヨリ、口頭ニテ補導スルコトニ概ネ話合ヒ一致セリ、

2、外務大臣ヨリ大島大使ニ対シ、独「ソ」和平斡旋ノ訓令ヲ昨日発セル旨並ニ「スターマ［ー］」ニ対シテモ、伝達スル旨説明アリ、

尚独崩壊セル場合ノ帝国ノ態度ニ関シ、外務省ニ於テ研究スヘキ旨発言アリ、

3、次テ対「ソ」特使派遣ニ関シ人選ヲ陸軍ニ依頼セルモ（此際東条大将候補）総長ヨリ適任者ナシトテ拒絶セリ、総長ハ外務大臣自ラ赴「ソ」スヘキヲ主張セルモ、同意セス、又松岡［洋右］、久原［房之助］ノ両氏ニ対シテハ外務大臣不同意ナリ、

4、東印度ノ独立声明ハ臨時議会ニ於テ行フコトニ決定セリ、

但シ独立ノ範囲、方法、時機ハ更ニ研究ノ上別ニ決定ス

5、次テ仏印問題ニ関シ外務大臣ヨリ、欧州情勢変化ニ伴フ仏印ノ動向ニ関シ、統帥部ノ態度如何トノ発言アリ、之ニ対シ梅津総長ハ絶対静謐保持ノ方針ヲ堅持スヘキ旨述フ、

八月二十七日　日曜

一、対潜方策ノ現況ニ関スル説明アリ、
現況ハ未タ其ノ緒ニ就キアラス、今後モ方策ノ目途ツカス、結局輸送船ノ自衛力強化、速力ノ増加ヲ期スル以外ニ改善ノ道ナシ
二課ニ於テハ朝枝少佐主任トナリ陸軍トシテノ方策ヲ推進スルコト、ス、

八月二十八日　月曜

一、先日ノ重光訓令ニ対シ大島大使ヨリ左記主旨ノ返電アリ、「リッペン」トハ未タ会見シアラサルモト冒頭シ、
(イ)「ソ」ヲ打審［診］セルヤ
(ロ)「ソ」ニ対シ外交技術上ノ自信アリヤ、
(ハ)「ソ」カ西方攻勢ノ力アルニモ拘ラス和平意図アリヤ、
(ニ)独ノ対日保障要求（日「ソ」戦）ニ応スル準備アリヤ、
(ホ)「ソ」ノ対日要求ニ応スル準備アリヤ、
右ニ対シ重光外相ハ今ヤ大島大使ハ実施ノ意志ナシト見テ、即日「スターマ［ー］」ト会談シ、其ノ結果ヲ大島ニ訓令スルコト、セリ、
二、徳王ノ九月下旬ニ於ケル訪日ヲ許可セリ、
三、対重慶政治工作ノ為如何ナル路線ヲ可トスルヤヲ研究ス　路線トシテノ絶対要件ハ
(イ)重慶要人ト会ヘルコト、
(ロ)真実ヲ先方カ話セルコト、
(ハ)実行ノ熱意アルコト、
右ニ基ツキ周仏海ハ目下汪首席ノ代理ニテ貫禄モアリ且ツ先般来朝ノ際、総理ニ熱意ヲ披瀝シアリタルヲ以テ可トスヘシトノ意見ナリ、
周ハ連絡ノ為先ツ葛啓恩ヲ派遣シアリ、
四、対「ソ」特派大使ノ主目的ヲ先ツ独「ソ」和平斡旋トスヘキヤ、或ハ日「ソ」関係ヲ主トスヘキヤニ関シ、幹事補佐ニ於テ研究ノ結果、日「ソ」中立条約ノ改変（二十一年ニ期限トナリ二十年四月迄ニ次ノ交渉ヲ必要トス）ヲ先ツ問題トスルヲ可トスル事ニ意見一致セリ、

八月二十九日　火曜

一、臨時議会ニハ臨時軍事費及食糧問題ノミヲ提案スル事

ニ閣議ニ於テ決定セリ、
二、未稼動物資ノ査察使ハ豊田［貞次郎］日鉄社長ニ決定ス、
三、藤原軍需大臣ヨリ原価計算、経理及賃金統制令統制会等ヲ全廃シテハ如何トノ提案アリタルモ、急激ナル変化ハ適当ナラストテ決定セス、
四、満州ノ特別製鉄ハ不成功ナリ、当分見込ナシ（整備局長）
五、第二部ヨリ、総長、大臣ニ対シ従来ノ対重慶路線ノ状況ヲ説明シ陸軍大臣ハ東宮案ヲ可トスル意見（第二部モ本案ノ意見ナリ）アリテ、之カ為晴気大佐ヲ明三十日上海ニ派遣スルコト、セラル（其結果、本案ハ虚構ナルコト判明ス）

八月三十日　水曜

一、本日第十回最高戦争指導会議ヲ開キ八月二十六日ノ研究結果ニ基ツキ「対重慶政治工作実施要綱」ヲ決定セラル、［『敗戦の記録』参照］
此際参謀総長ヨリ、「本件工作ハ国民政府ノ自発的形式ニテ実施シ、且ツ本工作以外ニハ一切実施セサルコト」ヲ特ニ主張シ決定ス、
尚条件中ニ満州問題起ル場合ニハ一切触レサルコトトス、
重光外相ヨリ日本外交ノ信用ヲ確立スル要アリトテ暗ニ撤兵実行ノ意志アリヤトノ意見ニ対シテハ総長ハ直チニ撤兵ハ実行スト明言セリ
二、右決定後、独「ソ」和平問題ニ関シ総長ヨリ対「ソ」関係ヲ促進セラレ度旨発言シ、其ノ結果九月二日構成員ノミノ会議ヲ開クコト、セリ、
三、「ドゴール」声明ニテ日本「ヴイシー」間取極メテ［ママ］無視スト、

八月三十一日　木曜

一、十時ヨリ第十一回最高戦争指導会議ヲ開キ戦争指導大綱ニ基ツク国内諸方策ノ政府側研究案ヲ説明セルモ内容抽象的ニシテ適当ナラサリシヲ以テ、更ニ研究スルコト、ナル、
尚本日対「ソ」特使派遣ニ関シ大体次ノ如キ腹ヲ決定
(イ)派遣時機ハ成ルヘク早キヲ可トス、
(ロ)外務大臣ハ条件ヲ決定後派遣者ヲ決定スル意見ナル

モ総長モ同意見ナリ
(ハ)特使ノ選定ニハ種々問題アリ、東条大将、鈴木［貞一］中将ノ案アリタルモ陸軍ハ飽迄適任者ナシトテ拒絶、結局松岡氏カ最適カ、

九月一日　金曜

一、陸軍政務次官大島陸太郎氏、参与官頼光好秋氏決定ス
二、本日ノ閣議ニ於テ藤原軍需大臣ハ船舶ノ沈没、石炭ノ不足、飛行機減産ノ実情ニ鑑ミ軍需大臣ノ立場トシテハ、爾後ノ戦争継続ニ自信ナク、議会ニ於テ如何ナル程度ニ説明スヘキヤト申出デアリ、結局軍需省ニ於テ、秘密会、本会議ニ於テ説明スル二案ヲ起案スルコト、ス
三、本日橋本少佐、支那ヨリ帰任ス、
台湾軍ニ対シテハ飛行便ノ関係上連絡セサリシヲ以テ富［冨］永中将赴任途中伝達ヲ依頼スルコト、セラレタリ、

九月二日　土曜

一、本日第十一回最高戦争指導会議ヲ開キ構成員ノミニテ対重慶政治工作ノ具体案ニ関シ、検討セルモ外務省案、総理案ノ二案ノ提出アリテ決定スルニ至ラス、四日中ニ幹事案ヲ取纏メ、更ニ五日ノ会議ニ提出スルコト、ナル、
二、幹事補佐ノ間ニ於テ「国力運営大綱」ヲ検討シ概ネ意見ノ一致ヲ見タリ、
三、東印度ノ独立ニ関シテハ、海軍ハ軍政地区ノ取扱ヒニ関シ反対ヲ表明セリ、
四、十五時臨時閣議ヲ開キ臨時議会ニ於ケル総理演説案ヲ検討ス、本案ニ東印度独立ノ件無キヲ以テ席上直チニ陸軍大臣ヨリ強力ニ主張シ原案ノ如ク挿入セリ（本件海軍ノ裏面指導ニ依リ削除セルモノナリ）

九月三日　日曜

一、対重慶工作ノ具体案ニ関シ総理私案、外務省案ヲ基礎トシ橋本少佐一案ヲ作製［成］、本案ニ依リ午后市ヶ谷別館ニ於テ、赤松［貞雄］軍務課長、大西大佐、班長、橋本ノ四名ニテ省部主務者案ヲ起案セリ、
右案ニ基ツキ夜幹事補佐ノ間ニ於テ検討ス、
二、朝鮮軍参謀長ヨリ次長へ私信ニテ、戦争指導大綱ノ説

明ノ為、幕僚ノ派遣ヲ要望シ来レルヲ以テ、橋本少佐明日出発ヲ命セラル、

九月四日　月曜

一、本日九時ヨリ第十二回最高戦争指導会議ヲ構成員ノミニテ開催シ、主トシテ対「ソ」施策ヲ検討シ、特派使節ニ広田元首相ヲ決定セラル、
正ニ歴史的ノ日ナリ
陸軍ヨリモ随員ヲ派遣スルコト、ナル、
尚今後施策ハ外務省ヲ中心トシ、陸、海、外ニテ纏メルコト、セラレタリ、
更ニ今後ハ或ル程度、構成員ノミニテ研究スルコトトナレリ、
議会演説ヲ決定シ、該演説中東印度独立ノ件ヲ決定セリ、

二、本日第二課長支那へ出張ス
橋本少佐朝鮮軍へ連絡ノ為出張ス

九月五日　火曜

一、第十三回最高戦争指導会議ヲ開キ（次長モ出席）「対重慶政治工作実施ニ関スル件」ヲ決定ス、
本決定ニ於テ、満州問題ハ現状ニ変更ヲ加ヘス且香港及南方諸地域権益問題ハ満州問題トハ関連ナク実施スルコトトセラレタリ、〔『敗戦の記録』参照〕

二、右会議ニ於テ外務大臣ヨリ対泰施策ニ関スル報告アリテ決定ス、本件ハ山本熊一新大使赴任ノ際携行セリ
（14日信任状捧呈）

三、更ニ外務大臣ヨリ「コスム」仏大使ノ連絡結果ヲ次ノ如ク説明セリ、
「目下仏本国ニハ「ペタン」政権ハ存在セス（独ノ強制ニ依リ「ベルフォール」ニ移転セリ）本使ハ正統政府ノ出現ヲ俟ツテ日本トノ友好関係ヲ維持スル如ク意見具申ヲスル積リナリ、若シ政府カ拒絶スル場合ニハ辞職ス
仏印首脳モ本使ト同意見ナリ」
右ニ基ツキ対仏印措置ヲ至急研究スルコト、セリ、

九月六日　水曜

一、本日十時ヨリ総理、両総長列立ニテ重慶工作実施ニ関シテ上奏セリ、其ノ際御上ヨリ左記主旨ノ御下問アリ、

(1)日本ノ弱味ヲ見セナイカ、
(2)成功ノ見込アリヤ、
(3)軍ノ志気ニ影響ナキヤ、
(4)近衛声明トノ関係ハ可ナリヤ、
(5)国民政府殊ニ汪主席トノ関係ハ可ナリヤ、
(6)日華同盟条約ヲ廃棄セル場合、海南島ノ処理如何、
(7)南方権益ヲ考慮スル件ハ如何、
(8)香港ヲ譲渡スル場合、海南島ノ処理如何、
(9)日華同盟条約ハ御前会議決定ナルニ之カ廃棄ヲ最高戦争指導会議ニ於テ決定スルハ如何、
以上ノ御下問ニ対シ総理ヨリ席上奉答セルモ、御上ニハ御不満ノ態ニ拝セラレタリ、〔『敗戦の記録』参照〕
二、対仏印措置ヲ研究ス
三、東印度独立ノ件、並ニ朝鮮人待遇問題ニ関スル件ヲ夫々現地軍ニ電報ス
四、本日第八十五議会ヲ開カル、
五、宇垣［一成］大将、朝鮮、満州、支那へ出張スルコトトナル（十四日出発予定）
但シ重慶工作トハ何等ノ関係ナシ、坂西利八郎中将外二氏随行ス

六、夜別館ニ於テ、軍務課長、大西大佐、加藤中佐、班長「対重慶工作ノ為国民政府へ伝達要領」並ニ対「ソ」施策ヲ研究ス

九月七日　木曜

一、前日研究セル国民政府へ伝達要領ハ幹事補佐ノ間ニ於テ検討ノ結果、意見一致セリ、
大西大佐ハ更ニ対「ソ」施策陸軍案ヲ海軍及外務ニ説明セリ、
二、侍従武官ヨリ近ク対重慶政治工作ニ関シ、総理及両総長ニ対シ御下問アルヘキヲ連絡アリタリ、
三、厚生大臣ヨリ総長ニ対シ満鉄ノ軌条ヲ撤去シ、船舶ヲ建造シタキ件、並ニ満州ノ勤労奉公隊ヲ内地へ導入シタキ件、ノ申出アリタルモ、総長ハ統帥部ノ主務ニ非スト一蹴セリ、
四、本日議会ハ総理演説アリ、
五、夜橋本少佐、朝鮮ヨリ帰任ス、

九月八日　金曜

一、本日及明日ニ亘リ大陸交通主任者会同ヲ実施ス、

二、本日午后鞍山及本渓湖ニ対シ米空軍ノ空襲アリ、延98機、損害未詳、戦果撃墜三機撃破六機、在支我航空部隊ハ此ノ敵ノ帰投ニ乗シ、本夜成都周辺ノ基地ニ進攻スル筈、

三、夜独カ崩壊若クハ単独和平セル場合ノ措置ヲ研究ス（大西大佐、加藤中佐、班長、橋本少佐）

九月九日　土曜

一、七時ヨリ第十四回最高戦争指導会議ヲ開キ「対重慶政治工作実施ニ伴フ国民政府ヘノ伝達要領ニ関スル申合」ヲ決定ス〔『敗戦の記録』参照〕

二、本日午后総理両総長列立上奏ノ際、右ニ関シ、御上ヨリ左記主旨ノ御言葉アリ、

「本件ハ極メテ重大ナルヲ以テ、単ナル謀略ニ非ス、飽ク迄正道ヲ以テ進ミ帝国ノ真意ヲ先方ニ透徹スル如ク留意セヨ、特ニ一時的効果ニ眩惑セラレス、永久ニ成果ヲ収ムル如クセヨ」トノ御思召ヲ拝セリ、

三、昨日連合軍「ユーゴ」海岸ニ上陸セリ、

四、昨日成都基地群ノ攻撃ハ撃破炎上計B-29〔ママ〕機ノ成果ヲ収メタリ、更ニ本夜攻撃ヲ再開スル予定、

九月十日　日曜

一、幹事補佐ニ於テ対「ソ」施策ヲ研究セルモ未タ結論ニ到達セス。外務省ハ特派使節ニ条件ヲ全面的ニ委任セサレハ実行不可能トノ固キ見解ナリ、

二、「ダバオ」附近ニ敵上陸ノ報アリ（機動部隊数箇近接）

右ニ基ツキ作戦連絡会議ヲ開キ、海軍ハ捷号作戦ノ発動ヲ主張セルモ、陸軍ハ暫ク状況ヲ静観セント決心セル所、夜ニ入リ虚報ナル旨入電アリ、過早ノ処置ヲ発令セサリシハ幸ナリキ、

九月十一日　月曜

一、柴山陸軍次官国民政府ヘ重慶工作伝達ノ為本日出発ス、柴山中将外務大臣訪問ノ際、外務大臣トシテハ重慶工作ハ成功ノ見込ナシトノ意見ヲ開陳セル由ナリ、斯カル工作カ容易ニ成功スヘシトハ何人モ予期シアラス真ニ必要上実行ヲ決意セラレタルモノナルニ、外務大臣ノ此ノ不熱意ハ正ニ逆賊的言ト謂ハサルヘカラス

二、八月中ノ船舶消耗ハA、B、C、合計沈没53隻約二三万屯、損傷28隻約一二・五万屯、計81隻三五・五万屯

ナリ、

三、臨時議会ハ本日ヲ以テ議事ノ審議ヲ終了セリ、

四、支那作戦ニ於ケル鉄道状況ニ関シ現地参謀ノ説明アリ、
空襲被害及敵輪転材料ノ捕獲見込頗ル甘シ、斯カル希望的観測ノ下ニ実行セハ「ビルマ」ノ苦杯ヲ見ルコト必セリ、
厳ニ注意ヲ要ス

九月十二日　火曜

一、支那漸［浙］東沿岸作戦部隊ハ九日温州ヲ攻略セリ、

二、「パラオ」「ヤツプ」ニ対スル敵ノ本格的来襲ノ機切迫ス

三、岩越少佐南方出張報告ノ要旨、
1、琉球ノ築城ハ可ナリ　九月末迄ニハ概成ス
2、比島航空要塞ハ未タ不備ナリ、
3、緬甸ニ於ケル人ノ損傷ハ二割（入院又ハ患者）馬ハ定数ノ二割保有、自動車ハ三分ノ一（林［第十五軍］ハ自動車三分ノ一喪失）戦力ハ二ヶ師団増強セラレタルモ、昨年現在ニ比シ七割程度（18Dハ $\frac{1}{3}$　53D $\frac{2}{3}$　56D80％）
尚林集団ハ人ハ四分ノ一、各師団ハ四、〇〇〇―三、〇〇〇、馬90％減、兵器80％減ニシテ「ノモンハン」以上ノ惨状ナリ、

四、本日省、部ニ於テ、十課、交通課起案ノ「突破輸送ニ関スル件」ヲ研究ス
問題ハ今後甲造船（タンカー）ノ建造ヲ更ニ改訂スヘキヤ、
捷号輸送トノ調整ヲ如何ニスヘキヤ、更ニ機帆船ヲ徴傭スルノ可否、対空兵装強化ノ能否等ノ諸点ニ存スルモ更ニ研究ヲ続行スルコト、ス

五、本日第八十五臨時議会閉院式

九月十三日　水曜

一、本日陸軍省局長会報ノ要旨左ノ如シ、
1、軍務局長ヨリ本議会ニ於テハ言論ノ自由ヲ履キ違ヘ自由主義的傾向ヲ看取セラル、
右ニ対シ大臣トシテハ戦争遂行ニ寄与スル言論ハ尊重スルモ反戦、厭戦的言論ハ断乎断圧スルヲ要ス、
2、兵務局長ヨリ、今後国内態勢強化ノ為、在郷軍人ノ活用、婦人会、学徒ノ掌握ヲ徹底スルヲ要ス

右ニ対シ大臣ヨリ在郷軍人ヲ直接政治運動ニ参与セシメザルヲ要ス

3、軍務局長ヨリ情勢ノ推移ニ応シ戒厳ノ研究ヲ始ムル必要アリ、

右ニ関シ法務局長ハ警備以外ニ軍カ関与スルコトハ不可能ナリ、

4、鞍山第二回空襲ノ損害ハ「コークス」炉十六本中十四本、二月迄ハ鋼ノ生産不能

5、第三、四半期普通鋼ノ見透ハ54万屯（A 9.3 B 9.1 D* 5.1 Bx 16 C 14）

6、二十年度「アルミ」生産ハ内地12万屯、朝鮮0.7万屯、満州1.5万屯、計14.2万屯、

7、十月一日以降瓦斯ハ三割減、木炭ハ240万屯ノ予定ニ対シ130万屯ナリ、

* 航空機関係は陸海軍別々でなく軍需省が統轄することになり、これをDと称した。

九月十四日　木曜

一、十時ヨリ第十五回最高戦争指導会議ヲ開キ「情勢ノ変化ニ応スル対仏措置ニ関スル件」ヲ諒解トシテ決定ス

諒解トセラレタルハ対仏印問題ハ腹案ニ属スル事項ナルヲ以テナリ、〔『敗戦の記録』参照〕

席上外務大臣ヨリ仏印ヲ原住民ニ依リ独立セシメテハ如何トノ意見アリタルモ、独立セシムル為ニハ爾他ノ要素ハ一応問題外トスルモ武力処理ノ実力ト確信ナキニ於テハ不可能ナルヲ以テ否定セラル、

右外務大臣ノ思想ハ情勢判断トシテモ亦帝国ノ全般施策、就中、戦略方策ヨリ観ルモ最モ幼稚極マルモノナリ、

尚「国力運営」ニ関スル件ハ全員異議ナキモ、飛行機、造船等具体的問題ヲ決定シタル後、審議決定スルコトトシ、本日ハ留保セラル、

二、本日燃料会報アリ、其ノ要旨左ノ如シ、

1、還送油見込、

Ⅰ、約五一万竏（実蹟〔績〕）

Ⅱ、約四三万竏（一部見込）

Ⅲ、約四一万竏 ｝大型船ニ依ル突破輸送ヲ行フモノ

Ⅳ、約一〇万竏 ｝トシテ

2、右ニ依リ需給見込ハ

航揮ハ十二月末迄、普揮ハ三月末迄、重油ハ三月末

迄、

3、来年日、満、支ニ於ケル、燃料最大限生産シテ約70万竏、内航揮ハ約一四万竏ニシテ問題トナラス、

三、本日海軍省ヨリ軍事課ニ対シ油槽船新規徴傭ノ申込アリ　愚人ノ夢ナリ、海軍ニハ国家ナシ、
GF所有「タンカー」（特務艦含ム）一二・九万屯、内大破修理四・四万屯、差引現在八・五万屯、あ号前ハ実働一四・八万屯ヲ保有シアリタリ、

四、服部第二課長支那作戦視察報告要旨左ノ如シ、
左記理由ニ依リ支那作戦ハ計画通リ遂行スルヲ要ストノ判決ナリ、
「ビルマ」作戦ニ比較シ、
(イ)航空勢力可　(ロ)作戦進捗状況可　(ハ)給養可
(ニ)鉄道可　(ホ)航空撃滅戦ノ成期ニ期待シ得
右理由ハ何レモ冷静ナル観察トシテ適当ト認メ難シ、現地ノ実情ハヨリ深刻ナリ、而カモ今後ノ作戦ニ於テハ当然捷一号作戦ト某時機併行スヘク、斯カル航空作戦ノ協力ヲ期待スルコトハ過望ト謂フヘク、国軍トシテハ宜シク捷号作戦ニ全力ヲ傾注シ、支那第二期作戦ハ中止スルヲ要ス
無理シテ敢行セハ「インパール」作戦ノ再現疑ヒナシ
第二課長ノ面目問題等ハアランモ、此ノ際上司ノ断乎タル決断ヲ望ムヤ切ナリ、

九月十五日　金曜

一、本日満州国承認記念日ナリ、

二、八時「パラオ」諸島ノ「ペリリュー」ニ敵上陸ヲ開始セリ、
我守備隊ハ敢斗反撃シ、第一回上陸ハ十時之ヲ撃退セリ、

三、八時「モロタイ」島南西岸ニ敵上陸ヲ開始セルモノ、如シ、

四、十六時ヨリ第十六回戦争指導会議ヲ構成員ノミニテ開催シ、対「ソ」施策ヲ検討セラル、
席上外務大臣ヨリ従来研究セル対「ソ」交渉ノ件ハ全部中止シ今後ハ日「ソ」間ノ共通問題ニ関シ、理念的ノモノヲ研究シ度トノ発言アリ（太平洋憲章的ノモノ）
尚今後ハ特使派遣ヲ「ソ」カ拒絶シタル場合ノ処置ヲ研究スルト共ニ独カ英米ト単独和平セル場合ノ措置ヲ

モ研究スルコト、セラル、

九月十六日　土曜

一、十四時ヨリ第十七回最高戦争指導会議ヲ開催シ国力運営ニ関スル件ヲ審議セルモ留保トナル、
席上柴山陸軍次官、重慶工作ニ関シ、国民政府ニ伝達結果ヲ「別紙」ニ依リ報告ス〔『敗戦の記録』参照〕

二、大陸鉄道運用一元化問題ニ関シ、省部主務者間ニ於テ研究ノ結果、今後ノ情勢推移ニ応シ、軍需輸送ヲ確保スル為ニハ野鉄ノ一元化運用ノ必要アリ、之カ為関東軍野鉄ヲ強化シ、北支野鉄ヲ区処セシムルヲ可トスルコトニ意見一致セリ、
軍ノ斯カル措置ハ総動員物動ノ一貫輸送ヲモ引キ受ケ得ルノ態勢ナリ、

三、昨日「モロタイ」島ニ上陸セル敵ハ一ヶ師団ナルモノ、如シ、

九月十七日　日曜

一、「ペリリュー」島ニ対スル敵上陸ハ我軍ノ勇戦ニ依リ多大ノ損害ヲ与ヘ、一二回撃退セルモ、遂ニ最南端ニ地歩ヲ獲得セラル、
其ノ兵力ハ約一師団ナリ、

九月十八日　月曜

一、満州事変十三週〔周〕年記念日ナリ、

二、昨十七日九時十五分敵ハ「ペリリュー」島南方ノ「アンガウル」島ニ対シ上陸ヲ開始セリ、我カ守備隊ハ歩兵一大隊ナリ、

三、「ペリリュー」ノ戦果中判明セルモノ左ノ如シ
巡洋艦一、駆逐艦一、潜水艦一ヲ含ミ艦艇五轟沈、舟艇61隻以上、戦車擱坐一五〇輌、

四、交通防衛緊急対策要綱（案）ニ関シ研究ス
（省部主務者間）

五、本日「ソ」ヨリ我カ特使ノ派遣ヲ拒絶シ来レリ、
「ソ」ノ真ノ腹ハ何処ニアリヤ不明ナルモ国家ノ為遺憾千万ナリ、
帝国ハ飽迄執拗ニ対「ソ」交渉ヲ継続スルヲ要シ、夜別館ニ於テ、班長、加藤中佐、橋本ニテ今後ノ交渉要領一案ヲ研究セリ
更ニ日「ソ」支東亜共同宣言（案）ヲ研究ス

九月十九日　火曜

一、本日燃料課長ヨリ、統帥部関係者ニ対シ、燃料ノ現況及将来ノ見透ニ関シ説明アリ（内容ハ先般ノ燃料会報時ニ同シ）
本年四―八月ノ油槽船ノ損傷及建造状況左ノ如シ（実績）

沈没　一七六、六六三
損傷　一三七、二三三　計三一三、八九六屯
建造　二四三、三五〇屯

二、十四時ヨリ第十八回最高戦争指導会議ヲ開催シ、「今後採ルヘキ戦争指導大綱」ニ基ツク物的国力運営ノ基礎事項ニ関スル件ヲ決定セラル、［『敗戦の記録』参照］
尚、今後ノ対「ソ」交渉要領ヲ検討ノ結果次ノ如ク決定セリ、
1、断念スルコトナク、一時打チ切リ、機ヲ見テ再興ス、
2、一般ノ対「ソ」懸案事項ノ解決ニ努メツ、森島［守島伍郎］公使ヲ速カニ帰任セシム、

三、第十課長ヨリ船員ノ身分取扱ニ関シ、総長、次長ニ報告アリ、

九月二十日　水曜

特記事項ナシ

九月二十一日　木曜

一、本日陸相官邸ニ於テ森［守］島公使ノ報告アリ、要旨左ノ如シ、
1、「ソ」外交ノ根本原則ハ現在ニ於テハ「ナチ」打倒一点張リナリ　従ツテ独「ソ」和平問題ハ「スターリングラード」戦迄ハ多少ノ可能性アリシモ現在ハ絶対ニナシ、「ソ」ノ感情及実利ノ点ヨリ見ルモ又佐藤「モ」会見時ニ於ケル「モ」ノ態度ヨリ判断スルモ明瞭ナリ
2、次ニ「ソ」外交ノ重点ハ奪回地ノ生産恢復並ニ進ンテ生産増強ヲ企図シ、戦前五ヶ年計画ノ目標達成ニ努力ス、
即チ遂ニハ米英トノ対立ヲ予期シ、必要ナル国力ノ増強ヲ期スルニアリ、
3、「ナチ」打倒迄ハ米英トハ飽ク迄協調ヲ続行ス

而シテ前記国内ノ復興生産ノ増強ヲ期スル為ニハ相当長期ニ亘リ、米英ノ力ヲ利用スル必要アルヲ以テ、(復興ニハ五ヶ年ヲ要ス)「ナチ」打倒後ニ於テモ、当分ノ間協調ハ続行スヘシ、其ノ期間ノ見透ハ困難ナルモ「ソ」国力恢復ノ状況、米英援助ノ度、如何ニ依リ変化スヘシ

(恰モ仲ノ悪イ夫婦者ノ如キモノニシテ、当分絶縁スルコトナシ)

4、日「ソ」関係モ原則ハ同一ナリ、但シ時ト分量ハ異ナル、即チ中立条約ハ遵守ス、「サイパン」失陥後ノ態度ハ変化セス、西方ニ於テ、多忙ナルヲ以テ、東方ニ於テハ英米ノ勢力ヲ日本ニ依リ消耗セシムル態度ナリ、

5、支那問題ニ関シテハ支那ニ於ケル将来ノ行動ノ自由ヲ確保スル為、決定的態度ヲ表明セス、

但シ米英勢力ノ支那進出ニハ関心ヲ有シアリ、

二、十四時三十分ヨリ第十九回最高戦争指導会議ヲ開催シ、

1、独急変ノ場合ノ対外措置腹案ヲ研究案トシテ決定、

2、独逸屈服ノ場合ニ於ケル国内的措置要綱ヲ決定ス

右対外措置ヲ研究案トセルハ当時ノ情勢ニ依リ更ニ検討ヲ要スヘキ点アルヲ以テナリ、『敗戦の記録』参照」

尚国内措置要綱ハ事態惹起後閣議ニ於テ決定シ、発動スルコト、定メラル、

更ニ本会議ニ於テ「バーモ」及「チャンドラ・ボース」ヲ招致シ、内閣並ニ緬甸方面軍首脳交〔更〕迭ニ伴ヒ帝国ノ対緬甸印度政策ニハ何等変化ナキ旨ヲ懇談スヘキ件諒解セリ、

三、「マニラ」地区本日空襲アリ、

空母、戦艦等ヨリ成ル約五〇隻ノ機動部隊比島近傍ニ行動シツ、アルカ如ク、「マニラ」附近我カ航空機ノ損害大ナルカ如シ

四、今後ノ燃料確保問題ニ関シ省部、主務者間ニ研究ノ結果、

1、GF「タンカー」の主力若クハ一部ヲ一貫輸送ニ十月一回使用

2、護衛艦ノ余力GFヨリ更出ス

3、船団編成ノ再検討(小船団)

ニ関シ至急海軍側ト協議シ、要スレハ最高戦争指導会議ニ於テ決定スルヲ要ストノ結論ニ到達セリ、

九月二十二日　金曜

一、本日九時比島全般ニ戒厳令ヲ布告ス

二、本日又々「マニラ」空襲ヲ受ク、

昨日「マニラ」ニ於ケル空襲被害船舶ハ七万総屯ナリ、

斯カル損害ヲ受ケツツ何時ノ時機ニ出撃セントスルカ、

捷号作戦ノ発動トハ何ソヤ、捷一号作戦ノ構想ニ関シテハ、更ニ深刻ナル検討ヲ必要トス

九月二十三日　土曜

一、本日四時三十分、芬蘭対日国交ヲ断交ス

恐ラク英国ノ強制ニ依ルモノナランモ帝国トシテハ大ナル興味ナシ、

帝国ハ実質的ニ断交スルノ措置ヲ採リ表面ハ相手トセス、

二、本日十時比島政府ハ米英ニ対シ戦争状態ニ入レル旨宣言セリ、

斯クシテ大東亜諸邦中正式ニ参戦シアラサルハ、満州国ノミトナレリ、

三、昨二十二日二十二時世界最小ノ「サンマリノ」国対独宣戦ヲ布告セリ、

九月二十四日　日曜

一、本日十五時ヨリ、陸海軍集会所ニ於テ陸海軍幹事補佐並ニ作戦課、軍事課関係者集合シ、今後ノ燃料還送問題ニ関シ協議シ、左ノ結論ニ到達セリ、

即チ、

今ヤ燃料問題ハ如何ナル小細工ヲ弄スルモ、其ノ量タルヤ徴［微］々タルモノニシテ茲ニGFヲ解体シ之カ油槽船全量ヲ即時一貫輸送ニ充当スルヲ要ス

日清、日露戦争時代ノGF作戦ハ現代ニ於テ存在シ得サルハ海軍自体ニ於テモ認識シアリ、敵撃滅ノ用ヲ為サヽルGFノ為ニ一ヶ月七万屯ノ重油ヲ徒費セシムルノ可否ハ三才ノ童児モ判決シ得ル所ナリ、

本件ニ関シテハ陸、海、両軍務局長、両作戦部長間ニ於テ近ク話合ヒヲ進メラルルコト、セリ、

九月二十五日　月曜

一、「パラオ」本島ヨリ、「ペリリュー」ニ対スル増援ハ無事成功セリ、其ノ兵力約一大隊ナリ、「ペリリュー」守備隊ノ志気更ニ昂揚シ滅敵ニ邁進シツヽアリ、断シテ行ヘハ必成ス、太平洋作戦ニ於ケル最初ノ成功ニシ

テ其ノ功績ハ顕著ナリ、

九月二十六日　火曜

一、本日班長演習見学ノ為、千葉ニ出張ス
二、陸軍ノ南方向十月輸送ハ三〇万屯ト決定ス
（九月ノ輸送機一三万屯ヲ含ム）
三、本日一三、三〇―一四、三〇ノ間B-29八〇―九〇機鞍山、大連、本渓湖地区ニ来襲セリ、損害ハ微弱ナリ、
四、本日馬事公苑ニ於テ陸軍次官、海軍次官主催ニテ枢軸武官招待茶会アリ、斯カルオ祭行事ハ中止スルヲ要ス出席セル武官ノ顔触レハ独、伊、満、支、泰、何レモ馬鹿〳〵シキ事ナリ、

九月二十七日　水曜

一、本日、日、独、伊、三国同盟締結四週〔周〕年記念日ナリ、同盟締結当時、今日ノ事態ヲ誰レカ克ク達観シ得タルヤ、感慨無量ナリ、

九月二十八日　木曜

一、非戦斗員ノ交換ニ関シ、英米ヨリノ申出ニ対シテハ左ノ如ク措置スルコトニ省部主務者間ノ意見一致セリ、
イ、英ノ第二回交換申出ニ対シテハ同意ス
但シ船舶ハ問題ナルヲ以テ別途研究ス
ロ、「サイパン」島邦人非戦斗員ノ米側交換申出ニ対シテハ方針トシテハ拒絶スルモ一応遷延策ヲ講ス
ハ、米側提案ノ「ソ」経由、鉄道ニ依ル交換ハ一回限リ少数人員ノ実行ニ関シ研究ス、
二、十四時ヨリ第二十回最高戦争指導会議ヲ開催シ、外務大臣ヨリ、「対「ソ」施策ニ関スル件」ヲ報告ス内容貧弱成功ノ目途ナシ、次テ内閣顧問臨時設置制要綱（案）及綜合政策局（仮称）設置要綱（案）ノ説明アリ、〔『敗戦の記録』参照〕

九月二十九日　金曜

一、昨日ヨリ燃料還送ニ関スル緊急措置ヲ研究シ関係方面ト接〔折〕衝ヲ開始ス

九月三十日　土曜

一、本夜大宮島［グアム島］「テニヤン」島ノ守備隊玉砕ニ関シ大本営発表アリ、発表ノ時機ヲ失シ適当ナラス

十月一日　日曜

一、大宮島ニテ玉砕セル田村参謀長御遺族ヲ弔問ス（班長、橋本、稲葉［正夫］、水原［治雄］）

十月二日　月曜

一、九月中A、B、C船ノ損耗概況左ノ如シ、

沈没	三六・六万屯
損傷	一三・八万屯
計	五〇・五万屯

十月三日　火曜

一、芬対日断交ニ伴ヒ駐芬蘭公使一行ノ行動ニ関シ「ソ」経由帰朝方交渉中ノ所、本日「ソ」側ヨリ許可シ来レリ、「ソ」ノ態度面白シ、

二、京漢鉄道ハ来ル五日南北連接スルコト、ナレリ、

三、最近ノ輿論指導上注意スヘキ点左ノ如シ、

イ、「決戦」ナル言葉ヲ盛ニ使用シ、決戦ノ成果ニ大ナル期待ヲ斯クル如キハ失敗セル場合ノ為、注意ヲ要ス

ロ、最近観念的必勝論ト合理的敗戦論ト横行シアリテ注意ヲ要ス、

四、次長ヨリ各部、課長ニ対シ、津野田*［知重］少佐事件ノ経緯ヲ説明シ注意ヲ喚起セラル、

* 東条首相暗殺を計画したが、総辞職したので未遂に終わった。

十月四日　水曜

一、日満支燃料自給対策ニ関シ省部主務者ニ於テ研究セル所（燃料課案）

今後ノ努力如何ニ依リテハ昭和十九年度航揮約七〇万屯強（五十万屯強「アルコール」）ノ自給可能ナリ、

之カ為ニハ鋼材約二十万屯、銅七、〇〇〇屯、「コバルト」八〇屯ヲ要シ農産物モ優先取得ノ要アリ、

而シテ本件達成ノ為ノ最大ノ隘路ハ輸送力減ニ伴フ石炭ノ逼迫ニシテ、今ヤ石炭問題ノ解決ハ燃料自給ノ面ヨリスルモ喫緊ノ要事ニシテ、十一月以降A、Bノ南方向輸送ヲ原則トシテ中止シ、最小限二〇―三〇万屯

ノ船腹ヲ、日、満、支ニ配船スルコトニ依リ可能ナリ、

十月五日　木曜

一、捷号作戦ノ人的優先ヲ期スル為、陸大学生ヲ速カニ卒業セシメ之ヲ充当スルヲ要ストノ意見、補任課長ヨリ班長ニ話アリ、班長ハ次長ニ具申セリ、

二、太平洋基地ヨリスル敵本土空襲ノ切迫ノ徴濃化シアルヲ以テ省部主務者ニ於テ之カ対策ヲ懇談ス

軍防空兵力中飛行機ハ捷号準備発動ニ伴ヒ其ノ勢力ハ概ネ半減シアル実情ニ鑑ミ今後之カ補足対策就中民防空ニ力点ヲ指向スルヲ要ス、但シ現政府ノ指導力ヲ以テシテハ現在以上強力ナル防空対策ノ推進ハ困難ナラントノ結論ナリ、

三、十四時ヨリ第二十一回最高戦争指導会議ヲ開催シ「決戦輿論指導［方策］要綱」ニ関シ政府側ヨリ報告ス

右要綱中軍人遺家族ノ取扱ニ関スル件ハ次長ノ意見ニ依リ特ニ復活セラレタルモノナリ、

次ニ情報局総裁ヨリ

敵側思想謀略破摧方策及対敵宣伝方策［要綱］ニ関スル情報局（案）ノ説明アリ、［『敗戦の記録』参照］

四、本日、田中中佐、「クリェル」ヨリ無事帰任、

十月六日　金曜

一、頭山満翁九十才ノ高齢ニテ逝去

明治、大正、昭和三代ニ亘ル在野ノ志士遂ニ逝ク、

二、第三、四半期物動暫定実施計画ニ関シ戦備課ヨリ説明ヲ受ク、概活シテ第一、四半期ニ比シ七〇―五〇％ノ国力ナリ、最大隘路ハ石炭ノ不足ニシテ最底［低］需要ニ比シ一四〇万屯減ナリ、速急ニ対策ヲ講スルノ要アリ

三、仏印ノ状況ニ関シ河村参謀長ノ報告アリ、

(イ)現仏印政権ハ仏印ヲ戦禍ヨリ温存スル方針ヲ堅持シアリ、

(ロ)仏印軍ノ現兵力ハ約一〇万、素質ハ不良ナリ、但シ対日警戒ハ厳、

(ハ)仏印ト「ドゴール」派トノ連絡ハアルモノ、如シ、

(ニ)重慶トノ政治的密絡ハ首脳部ニハナシ、但シ対米関心ハ頗ル旺盛、

十月七日　土曜

一、九時ヨリ昨日ニ引続キ対仏措置決定ノ経緯ニ関シ、河村参謀長ト懇談アリ、

二、村田〔武〕中佐南方防衛関係視察報告アリ、

1、「スマトラ」防衛関係部隊ノ指揮隷属系統複雑ニシテ目下委員会組織ニテ実行中ナリ、

2、「パレンバン」ニ於ケルAA不足ナリ、又警戒機ハ著シク不足ニシテ二十四時間連続作動シアラス

3、北「スマトラ」製油所防衛不可ナリ、

4、「ムシ」河閉鎖セル場合ノ補助輸送路ヲ各種研究スルト共ニ昭南貯油所危険ナル場合ノ洋上補給ヲ考慮ノ要アリ、

三、第一部長比島視察報告要旨、

1、比島空襲被害ハ陸軍ノミニテ五三〇機（内戦斗機二八〇機、一三〇機ハ修理可能）奇襲セラレタル原因ハ見張リ通信連絡不十分ニシテ邀撃、退避ニ専念セル為ナリ

空母攻撃ハ奇襲スルヲ要ス

十月十五日ニハ概ネ旧機数ニ恢復ス（現在270機ナリ）

2、海軍ノ飛行機補給状況ハ著シク不良ニシテ途中故障多シ、基地補給ニ慣熟シアラサル為ナリ、

3、電波警戒機ハ十月二十日迄ニ概成予定ナリ、

4、航空作戦情報ハ、陸、海軍共ニ4FAへ集中シ、実質的ニ比島航空ハ陸、海一体ナリ、

5、陸海航空部隊ニ対スル地上部隊ノ協力不十分ナリ、

6、総長ヨリⅡHAカ「ピンラン」ニ位置スル意味アリヤ、「ボルネオ」ヲ隷下ニ入レテハ如何、

四、燃料還送量ハ第三、四半期三〇万吋、第四、四半期二〇万吋トスルコトニ主務〔者〕間ノ意見一致セリ、

十月八日　日曜

一、第五航空軍ハ昨夜成都飛行場ニ集結中ノB-29ニ対シ先制急襲セリ、

十月九日　月曜

一、昭和二十年度航空機生産機数ニ関スル件ヲ、省部主務者間ニ於テ協議ス

軍需省航空兵器総局案ニ依レハ総機数三、〔ママ〕三六〇〇機（内一、六〇〇機ハ試作機）ナリ、本生産目標達成ノ為ニモ「アルミ」特殊鋼等原料面ニ於テハ無理ナリ、

右ニ対シ統帥部及航本ハ四万機目標ヲ固執、陸軍省ハ取リ敢ヘス発足スル為ニハ軍需省案ヲ可トスル意見ナリ、

航空機ノ生産ハ国力ヲ基調トスヘキニ付、昭和二十年度国力ノ見透ヲツケタル後決定スルヲ必要トス

現状ニ於テ議論スルモ基礎ナシ、

二、米国「ウイルキー」死亡ス

十月十日　火曜

一、本朝来沖縄、宮子〔古〕島等琉球列島ニ対シ、敵艦載機来襲中ナリ、敵機動部隊出現ス

来襲機数延八三〇機（五次）

二、「ソ」軍「ハンガリー」首都「ベルグラード」ノ七〇粁ニ近迫ス、

同国ノ去就モ時機ノ問題ナルヘシ、

三、京漢鉄道本日駐馬店ニ於テ打通完了セリ、

釜山―奉天―漢口三五〇〇粁ノ大陸幹線鉄道茲ニ一貫ス

四、南方軍総司令部「サイゴン」ニ移駐決定ス

イ、捷一号作戦完遂ノ為

ロ、捷号作戦末後ニ於ケル南方全般作戦統帥ノ為

五、「チヤーチル」「イーデン」陸海軍幕僚ヲ帯同シテ「モスコー」ニ至リ「スターリン」ト会談ス

十月十一日　水曜

一、硫〔琉〕球東方海面ニ現出セル機動部隊ハ敵ノ主力ナルカ如ク次テ台湾、比島方面ヘ南下ノ算大ナリ

昨日ノ戦果　撃墜20機、船舶九隻撃沈

二、B-29約一〇〇機支那ニ集結中ナリ、

十月十二日　木曜

一、本朝来台湾全島ニ敵機来襲中ナリ延一、三〇〇機、

二、十四時ヨリ第二十二回最高戦争指導会議ヲ開催ス

国内防衛方策要綱ヲ報告ス〔『敗戦の記録』参照〕

席上大規模疎開実施ノ可否ニ就キ議論アリタルモ、必要最小限ノ疎開ハ実施スルコトトシ細部ハ政府ニ於テ内務大臣ト話合フコトトセラル、

次テ御勅語、御親拝問題ニ就テ話合アリ、

総理ヨリ勅語案ヲ発言シ、海軍大臣賛成セルモ、杉山大臣ヨリ、勅語ハ議会、地方長官会議ニ於テモ屢々ア

リタルヲ以テ御親拝ヲ可トス、軍令部総長ハ御親拝案、
梅津総長ハ何レモ可
結局、本件ハ御上ノ行事ナルヲ以テ、本日ノ発言ハ個人ノ意見トシテ次回研究スルコト、ナレリ、
次テ米内海軍大臣ヨリ対重慶工作ハ発動以来一ヶ月ナルモ成果如何トノ質問アリ、
総理ヨリ何等反応ナキ旨応答セリ

十月十三日　金曜

一、二十年度甲造船計画建造方針ニ関シ省部主務者間ニ於テ海軍阿部［茂］中佐ヨリ海軍案ノ説明ヲ聴取ス
イ、施設能力　二五〇万屯
ロ、労務面ニ於テハ現状ヲ維持セハ二〇〇万屯
ハ、資材面ヨリセハ一三〇―一四〇万屯
一応目標ハ一八〇万屯トシテ船型ニ関シテハ速カニ決定スルコトトス
二、本日モ台湾空襲セラル延一四〇〇機、戦果撃墜三十二機、、

十月十四日　土曜

一、十二日夜、台湾東方海域敵機動部隊ニ対スル海軍攻撃ノ戦果中、本日迄ニ判明セルモノ左ノ如シ、
第一次　四隻（内空母二）轟撃沈外ニ炎上二隻、
第二次　戦果確認セス（陸軍航空主体）
十三日昼間攻撃ヲ企図セルモ天候不良ノ為中止セリ
二、比島独立一週［周］年記念日ナリ、
三、台湾ニ戒厳令施行ノ件ニ関シ台湾軍ニ意見ヲ徴［徴］シタル所、現地ニ於テハ其ノ必要ヲ認メアラス、

十月十五日　日曜

一、本日迄ニ判明セル戦果左ノ如シ
十二日　轟撃沈　[記号]6―8（内制式3―4）
十三日　〃　[記号]3―5（〃2―3）
計　〃　[記号]9―13（〃5―7）
外ニ艦型不詳十数隻撃破、
右戦果ハ昨十四日及本日更ニ攻撃ヲ反復中ニシテ拡大ノ算大ナリ、「ガ」島以来二年目ノ快報ニシテ将ニ世界戦史ニ其ノ類例ヲ見ス、帝国ノ戦争完遂ニ対スル自信ヲ強化セルモノト謂フヘク、誠ニ慶賀ニ堪ヘス　昨

日第一次攻撃ニ於テ大型空母一ニ直撃弾ヲ与ヘ大傾斜ヲ生セシム

十月十六日　月曜

一、昨日陸軍第九十八戦隊（一五機）ノ攻撃ニ依リ左ノ戦果ヲ挙ケタリ、

空母三（大型一、小型二）戦艦一、巡洋艦二ヲ轟撃沈セリ、

陸軍雷撃機ノ初陣トシテ、此ノ赫々タル戦果ハ将ニ空前絶後ナリ、

二、昨日再ヒ50機ヲ以テ「マニラ」ヲ空襲セリ戦果15機撃墜、

三、昨日比島周辺ニ近接セル敵機動部隊ハA四隻ヲ基幹トシ我カ陸海軍機ハ之ヲ攻撃シテ左ノ戦果ヲ得タリ、

大型A一轟沈、A二撃破、A一至近弾、C一撃破、

四、海軍ヨリ艦隊追撃作戦ノ為、「タンカー」二隻ノ使用申出アリ、

五、船舶ヨリ観タル昭和二十年度国力検討ニ関シ、十課案ノ説明ヲ聴取ス、

六、昨夜「ハンガリー」代表対「ソ」和平ヲ提案セルカ如シ、

十月十七日　火曜

一、GF出撃ノ為「タンカー」二隻ノ使用ノ件決定ス、

二、比島「レイテ」島東方ノ小島ニ敵上陸ノ報アリ、

三、本日第一部ノ遠乗会ヲ実施ス

十月十八日　水曜

一、昨十七日十時五十分敵機動部隊「カーニコバル」ニ現出セリ、

二、「レイテ」島東方小島（「スルアン」島）ニ対スル敵上陸ハ事実ナルカ如シ

本日捷一号作戦発動セラル

右上奏ノ際両総長ニ対シ御上ヨリ左記要旨ノ御言葉ヲ賜ハル、

「本回ノ作戦ハ皇国ノ興廃ヲ決スル重要ナル戦斗ナリ、宜シク陸、海真ニ一体トナリ滅敵ニ邁進セヨ」

三、先般来沖縄、台湾ニ於ケル船舶ノ空襲被害綜合左ノ如シ、

沖縄　大型船一〇隻沈没、小型及大小発五五隻沈没

台湾　沈没九隻　損傷七隻
四、十二日以来台湾ニ出撃セルB-29ハ180機ナリ、
五、対重慶工作ノ進展振リニ対シ国民政府最高顧問矢崎［勘十］中将ヨリ左記要旨ノ報告アリ、
(イ)周仏海ノ使者ハ明年一月頃帰ル予定ナリ、
(ロ)使者ハ自己本位ノ人物ナルヲ以テ先ツ成功ノ目途ナシ、
(ハ)今後ノ方法トシテハ中立国利用以外ニ名案ナシトノ意見ナリ。

十月十九日　木曜

一、昨夜軍令部ヨリ捷一号ノ発動ニ伴フGF出撃作戦ノ為油槽船六隻ノ使用ヲ申出タリ（新ニ四隻追加）
GF作戦ノ骨幹タルヘキ油槽船問題ヲ作戦発動後ニ於テ切リ出シタル海軍ノ非常識モサルコトナカラ、純然タル計画作戦タル捷号ノ作戦構想決定ニ当リ、両作戦当事者間ニ於テ事務的ニ検討シアラサリシ事ハ一大手落ナリ、
陸、海、空、一体トナリテ決戦ヲ指導セントスル本作戦ニ於テGFノ作戦行動如何ニ関シ、陸軍統帥部カ何等知ルコト無キ実情ハ真ニ遺憾至極ト謂フヘク、後世史家ノ捷号研究時ニ於テ最大ノ批判ヲナスヘキ点ナリ、
而シテ右GFノ要望通リ追加四隻ノ使用ヲ認ムル場合ニ於テハ第三、四半期燃料還送三十万竏予定ハ半減シ、先般来省部主務者間ニ於テ苦心惨憺ノ結果、一脈ノ光明ヲ認メタル燃料自給方策モ根底ヨリ覆リ、捷号以後ニ於ケル、全般戦争ニ致命的打撃ヲ与フルニ至ルヘシ、
斯カル危険ノ下ニGF出撃作戦ノ目途如何、
吾人ノ戦略常識ヲ以テセハ奇蹟ノ存セサル限リ、現情ニ於ケル水上艦艇ノ行動ハ不可能ニシテ徒ラニ敵ノ志気ヲ鼓舞スル以外ニ何物モナシ、若シ海軍伝来ノ面目ヲ維持センカ為敢テ此ノ暴挙ニ出ツルコトヲ固執センカ、真ニ海軍ハ海軍ノミノ存スルアリテ国家ナシトノ悪評ヲ受クルモ亦至当ト謂フヘシ、帝国陸軍トシテハ大東亜戦争完遂ノ大局的見地ニ基ツキ断乎海軍ヲ飜意セシムルヲ要ス
二、本日「タクロバン」及「レイテ」島南岸ニ敵上陸ヲ開始セリ　更ニ「ミンダナオ」東方海上ニ敵大船団アリ、
此日戦場天候悪ク我カ航空機出撃不可能ナリ、
三、本日十四時ヨリ第二十三回最高戦争指導会議ヲ開催ス
先ツ「液体燃料確保対策ニ関スル件」ヲ議題トシテ海

軍軍務局長ヨリ説明シ、全員異議ナシ、内容中生産目標ヲ努力目標ニ改メ、軍需大臣及農商大臣ニ総理ヨリ協議ノ上次回会議ニ決定スルコト、セラレタリ、（海軍側ノ態度ハ油槽船問題ト関連シ極メテ不可解ナリ）次テ矢崎顧問ヨリ重慶工作ノ報告アリ、総理ヨリ他ニ方法無キヤトノ質問ニ対シ、重光外相ハ極メテ困難ナリトノ応答アリタル後、幹事ニ於テ一案ヲ研究スルコトトセラル、

十月二十日　金曜

一、捷号作戦発令時　御上ヨリ両総長ニ対シ
「皇国ノ興廃ヲ決スヘキ重大ナル戦ヒナルヲ以テ、陸海真ニ一体トナリテ敵撃滅ニ邁進セヨ」
トノ主旨ノ有難キ御言葉ヲ賜ハレリ、

二、油槽船徴傭問題ニ関シ作戦課ノ意見トシテ服部大佐ヨリ班長ニ対シ左記返答アリ、
「両軍政当局ニ於テ異存ナクハ作戦的ニハ異存ナシ」

三、敵「ニコバル」ノ「テレッサ」島ニ本一時四十分上陸ヲ開始セリトノ報告アリ（後誤報ト判明）

四、油槽船徴傭ニ関シ陸軍トシテハ左記ヲ条件トシテ同意ス

イ、A及Cニ対シ内地ニ於テ重油各一・五万竏ヲ補填ノコト

ロ、解放「タンカー」ノ昭南著［着］ヲ極力促進スルコト

ハ、他ノ「タンカー」船団ノ護衛ニ支障ヲ与ヘサルコト

ニ、最高会議ニ於テ決定ノコト

五、海軍出撃ノ作戦構想左ノ如シ、

1、機動部隊本部　瀬戸内出航二十三日朝比島附近著［着］
兵力母艦（改装四ヲ含ム　一五〇機）　D［駆逐艦］九隻、

2、第一遊撃隊、リンガ―ブルネイ―テ［レ］イテ湾
（二十四―五日著［着］）

1KDF*
- 1S*（B*）大和、武蔵、長門
- 2S（B）山城、扶桑
- 3S（B）榛名、金剛
- 4S（Ca）鳥海、摩耶、愛宕、高雄
- 5S（Ca*）妙高、羽黒
- 7S（Cb*）熊野、鈴谷、利根、筑摩
- 最上
- 2Sd*　Cb×1　d*×10
- 10S　Cb×1　d×10
- 16S　青森、鬼怒　d×1

3、第二遊撃隊　二十日馬公発、二十四日朝「テ［レ］イテ」湾著［着］

21S 那智、足柄　C×1　d×7
4sf*（ϒナシ）伊勢、日向

* KDF機動艦隊、S戦隊、B戦艦、Ca重巡、Cb軽巡
Sd水雷戦隊、d駆逐艦、C巡洋艦、sf航空戦隊、ϒ飛行機

十月二十一日　土曜

一、本日「アーヘン」米軍ニ占領セラル

二、比島作戦ニ使用シ得ル、陸、海軍航空兵力（計画）左ノ如シ、

陸軍	戦斗	三二〇機	六一六機
	重爆・双軽・襲撃	二七二機	
	司偵	二四機	
	2FA	三四〇機	五四〇機
	1FA	五四機	
	機動	一五〇機	

三、十時ヨリ第二十四回最高戦争指導会議ヲ開キ「油槽船ノ使用ニ関スル件」決定ス（別紙）［『敗戦の記録』参照］

四、本日陸海軍ニ御勅語ヲ賜フ、

十月二十二日　日曜

特記事項ナシ

十月二十三日　月曜

一、靖国神社臨時大祭

二、本日班全員高雄［尾］山ニ秋季鍛練ヲ行フ、

十月二十四日　火曜

一、二十一日夜迄ニ判明セル「レイテ」湾ノ状況左ノ如シ、

「パロ」附近　一師団半
「ダラッグ」附近　一師団半　｝計三ヶ師団上陸、

今次作戦ニ参加セル敵ノ航母ハ巡改16―20隻、

二、西欧戦場ニ於テハ「ソ」軍東「プロシヤ」ニ三〇粁進入シ、「グンビンネン」附近ニ於テ独「ソ」両軍交戦中ナリ、

三、対重慶工作ニ関シ三幹事協議ノ結果左ノ如ク意見一致

セリ
1、帝国政府直接実施スルハ不可ナリ
2、矢崎軍事顧問責任者トス
3、第三国ヲ利用スルコトハ不可（外務省反対）
四、比島作戦有利ニ進展スル場合、戦果ヲ利用シテ政略攻勢（終戦導入ノ企図）ニ資スル為ノ帝国政府声明（案）ヲ班内ニ於テ研究一案ヲ得タリ、

十月二十五日　水曜

一、本日在支米軍B-29約一〇〇機、大村、長崎、佐世保地区及済州島ニ来襲セリ、
戦果撃墜六機、撃破一七機、損害ハ大村ノミ、
二、本早朝ヨリGF主力敵機動部隊ト「レガスピー」東方海面ニ於テ接触砲戦ヲ開始シ、先ツ二隻ヲ撃沈、次テ追撃ニ移リタルモ北方ヨリ南下セル敵一群（空三基幹）ト追撃中ノ敵反転ノ為、合撃ノ態勢トナリ、夕刻ニ至ル迄細部ノ状況判明セス、
両統帥部共ニ憂色溢シ作戦ノ前途、GFノ運命如何ト心痛甚シ
第二遊撃隊モ此日早暁「ミンダナオ」海ヲ経テ「レイテ」湾ニ突入セルモ敵艦隊ノ急襲砲撃ヲ受ケ、多大ノ損害ヲ生シテ後退セリ、
北方ヨリ「ルソン」島東方海面ニ南下セル我カ機動部隊本部ハ敵空母群ノ牽制ニハ成功セルモノ、如シ、
夕刻迄ニGFノ獲得セル戦果A四、C二、D一撃沈
三、十五時ヨリ第二十五回最高戦争指導会議ヲ開催シ、対重慶工作ニ関スル幹事研究案ヲ検討シ左ノ如ク決定ス
（別紙）
1、軍事顧問ヲ責任者トス
2、陳公博ヲ速カニ招致シ、汪ノ遺言（全面和平）ヲ聴取セシム、
尚矢崎中将ヲ総理大臣ノ命ヲ受ケテヤルコトヲ、陸軍大臣諒承、本件ヲ現地軍ニモ通牒スルコトトセラル、
更ニ局長ヨリ作戦有利ニ進展スル場合ノ政府声明ニ関シ研究中ノ旨発言セリ、
総理ヨリ中立国利用ハ特使派遣ノ件発言セルモ外務大臣反対セリ、

十月二十六日　木曜

一、本日杉田大佐ヨリ比島状況報告アリテ、作戦ハ逐次好

転シツ、アリ

GFモ相当ノ損害ハ受ケタルモ敵トノ離脱ニ成功セリ、

二、帝国政府声明ニ関スル幹事補佐会議ヲ行フ、

全員異存ナク外務省ニ於テ、細部ヲ研究スルコトトス、

三、大陸鉄道ノ再編成並ニ確保対策ニ関シ、十課ノ説明アリ、

四、昨日発表セル戦果ノ外本日迄ニ判明セル戦果、

海空戦ニ依ルモノ

A二
C一 } 撃沈　A四撃破

「レイテ」湾ニ於ケル戦果

T五撃沈　一一炎上　四擱坐　二撃破

A二撃破　B一擱坐　B二撃破

C撃沈〔ママ〕三撃破　D一撃沈　三撃破

大型上陸用舟艇一七撃沈　撃破炎上二一、

我損害

戦艦一沈没、一中破、若干ノ未帰還機アリ、

五、比島方面戦況ニ鑑ミ挺進第三、第四連隊ニ動員下令セラレ

第三連隊ハ本日、第四連隊ハ三十日佐世保ヲ出発スル筈、

六、部隊精鋭ニシテ意気天ヲ衝ク

ト号部隊*中万躲［朶］隊（七機双軽八〇〇瓩［爆弾］）ハ二十三日　富嶽（一一機キ六七　八〇〇瓩［爆弾］二発）ハ本日夫々出発セリ、

必死、必殺部隊ニシテ是等若人ノ純忠ハ必スヤ敵撃滅ノ快挙ヲ獲得スヘシ、

「必死」謂フハ易ク行フハ難シ、

国内ニ在リテ政治、遊興ヲ事トセル文官首脳、又以テ如何トナスカ、

七、十月一日現在保有船腹量（千屯以上）左ノ如シ、

Ⓐ貨一三七隻　五四・五万屯　Ⓑ貨九四隻　三四・二万屯

油　八〃　一・二〃　油　一四〃　一〇・七〃

Ⓒ貨三五一隻　九七・一万屯

油三四〇〃　八五・〇〃

右合計九四四隻　二八三万屯

* 特別攻撃部隊。

十月二十七日　金曜

一、本日部長会報ニ於テ総長ヨリ左ノ注意アリ、

1、戦況発表稍々刹那過ル、作戦見透シノ無キ場合ニ於ケル過早ナル発表ハ研究ヲ要ス
2、第一線部隊精力保持ノ為ノ補給ニ関シ更ニ研究ヲ要ス、
3、上司ニ対スル中間報告ヲ励行スルコト（武功章ノ件）
4、軍人遺家族ノ援護ニ関シテハ無条件ニ依存心ヲ起サセヌ様研究スルコト、
5、戒厳令ノ適用ハ寧ロ遅過ルヲ可トス、
6、戦勝気分ヲ絶対ニ戒メ、他方面ノ戦備ヲ強化スルヲ要ス
二、軍需省航空兵器総局原田〔貞憲〕少将ヨリ、航空兵器生産ノ隘路ニ関スル報告アリ、
生産隘路ハ発動機ニアリ、材料不足、労務者不足、航空機工場ノ跛行等、原因ハ明瞭ナリ、航空自体カ他力本願ニシテ、自ラ打開セントスルノ気魄無キハ最モ遺憾トスル所ナリ、
三、昨日重慶工作問題ニ関シ総理、矢崎最高顧問会見シ別紙〔『敗戦の記録』参照〕ノ如ク指示セリ、
四、第五航空軍ハ成都周辺ニ進攻シB-29六〇機ヲ炎上撃破スルノ大戦果ヲ挙ケタリ、

十月二十八日　土曜

一、九時ヨリ第二十六回最高戦争指導会議ヲ開催シ、「液体燃料確保対策ニ関スル件」ヲ決定ス、
席上外務大臣ヨリ十一月六日前後（戦況ニ依リ）大東亜宣言ノ趣旨ヲ敷衍シ我カ戦争目的ヲ明カニシ、我方今後ノ方針ヲ闡明ナラシムル為帝国政府声明ヲ発表致度トノ発言アリタリ、次テ更ニ外務大臣ヨリ仏印問題処理ノ緊要性ニ関シ提案アリ、
本件ニ関シテハ梅津総長ヨリ趣旨ハ同意ナルモ軍事上ノ準備完了シアラサル現況ニ於テハ慎重研究ヲ要スヘキ旨説明アリ〔『敗戦の記録』参照〕
二、午后最高戦争指導会議事務当局ノ遠乗会ヲ実施セリ、

十月二十九日　日曜

特記事項ナシ

十月三十日　月曜

一、「レイテ島」方面ニ於ケル彼我航空兵力ハ目下略々伯

仲シアリ、今後ニ於ケル航空戦力ノ推移如何カ決戦ノ
運命ヲ決定ス
海軍特別攻撃隊ハ27日「レイテ」湾ニ於テＢ一、Ｃ一、
大破セリ、
同29日[記号]四ヲ攻撃シＡ一隻炎上、他二隻ヲ炎上セリ、
二、二十八日迄ニ陸軍航空ノ得タル戦果左ノ如シ、

Ｔ	六三隻（撃沈、炎上、撃破ヲ含ム）	
Ｄ	一〇隻	撃沈破
Ｃ	三隻	撃沈破
Ｂ若クハＣ	二隻	撃沈破
Ｂ	二隻	撃沈破

十月三十一日　火曜

一、十四時三十分最高会議幹事ニ於テ声明問題及、仏印問題ヲ研究シ、左ノ如ク意見一致ス、
イ、声明　六日ニ大東亜宣言ヲ追憶スル主旨トス
ロ、仏印問題　決定ノ時機ハ延期ス（趣旨ハ異存ナシ）
二、次長比島出張報告要旨
1、16師団ノ戦力ハ現在二分ノ一程度ナリ、
2、航空勢力ハ彼我伯仲シアリ、決戦ハ今後ニアリ、
3、比島ニ於ケル陸軍ノ通信極メテ不良ナリ（海軍ハ可）
4、98sf［航空戦隊］ハ目下再建中ナリ、7sfハ十一月中訓練ス（海軍航空ノ骨幹ナリ）
5、第一師団ノ出帆遅延ノ原因ノ一ハ軍旗ヲ飛行機ニ依リ護送シ到着遅レタル為ナラン、
三、「レイテ」島ニ対スル増援兵力ハ既ニ五大隊半到着シアリ、
第一師団ハ本夜「マニラ」ヲ出帆ス
四、桂林作戦ハ三日ヨリ攻撃ヲ開始ス
同作戦全県ニ於テ機関車60輌貨車553輌ヲ捕獲セリ、
五、近ク陸軍、司偵8機、爆撃16機ヲ以テ「サイパン」ノ攻撃ヲ企図シアリ、
六、十月中陸軍関係新鋭機ノ生産状況左ノ如シ
キ84　…………三〇一機
キ67　…………六一機
キ43―三型…………九〇機
キ43―六型…………八〇機
七、本月末ニ於ケル捷一号関係ノ飛行機状況左ノ如シ、
陸軍

保有四四〇機、内整備完了シアル二五六機、出動可能
ハ一〇六機ナリ、
海軍
出動可能ハ九七機程度ナリ、
概観シ全出動可能ハ二〇〇機程度ナリ、

十一月一日　水曜

一、本日帝国政府声明ニ関スル外務省案提案アリ
凡ソ現情勢ニ適セサルモノト認ム
二、本日「チャンドラ・ボース」着京セリ、
三、本日午后一時過、突如B-29一機帝都ニ来襲セリ、
偵察行動ト判断セラル、我カ警戒著シク不良ナリ
四、第一師団ハ無事航行中ナリ、

十一月二日　木曜

一、昭和十九年度後期及昭和二十年度新軍建設能力ニ関ス
ル第三課研究案ノ中間報告アリ、要旨左ノ如シ、
1、資材面ヨリ観察セハ
イ、19年度後期一一ヶ師団可能（六ヶ師団ハ砲兵装備／五ヶ〃　砲兵ナシ）
但シ装備ハ著シク低下
ロ、20年度ハ一七ヶ師団ノ建設可能ナリ、
右両者共国力及戦力ノ見透ヲ最モ希望的有利ニ観察
シタル場合ニシテ、現状ヲ以テ推移セハ新軍建設ノ
能力ハ全然ナキノミナラス、補給ニモ不足ヲ生ス、
2、人的面ヨリ観察セハ質ハ低下スルモ可能ナリ、
但シ軍動員ト総動員ノ根本的調整ヲ必要トスルニ至
ルヘシ、
二、十四時ヨリ第二十七回最高戦争指導会議ヲ開催ス
1、声明問題ハ文章ハ更ニ検討スルコトトス（幹事補
佐）
2、仏印問題ハ決定ハ時期尚早ナルヲ以テ両統帥部ニ於
テ更ニ研究スルコトトス、
三、十月中ニ於ケル船船［舶］ノ損害左ノ如シ、
A、B、C船損耗計五二万屯（内沈没三五万屯）
右ニ依リ十一月一日現在A稼働船ハ一〇四隻　四一万
屯ナリ、
四、一戦二型、二式複戦、及司偵約一二〇機ヲ「ト号」装
備ヲ為シツ、アリ

十一月三日　金曜

一、本日明治ノ佳節ニ当リ珍シク雨降ル、天佑カ？

二、昨夜二十二時二十五分陸軍重爆九機、引続キ海軍中攻九機ヲ以テ「サイパン」「テニヤン」ノ敵飛行場ヲ先制攻撃セリ、成果不明（数ヶ所炎上中）

三、比島決戦ノ為敵増援可能兵団ノ状況左ノ如シ、

在「ビアク」　一ヶ師団
在「ホランデイヤ」「アイタペ」　一〃
在「ロレンゴウ」　一〃
計三ヶ師団

十一月四日　土曜

一、昨日比島決戦ノ為尚武（14HA）ヨリ船腹一五万総屯ノ増加配船ヲ要求シ来レリ、未タ南方総軍ヨリハ何等ノ連絡無ク中央トシテハ直チニ処置スルノ必要ナキモノト認メラル

船舶状況左ノ如シ

(イ)十一月十日頃迄ニ「マニラ」周辺ニ到着スルモノ

A　六二、〇〇〇屯
C　二五、〇〇〇屯
計八七、〇〇〇屯

(ロ)十一月二十日頃

A　六三、〇〇〇屯
C　四四、〇〇〇屯
計一〇七、〇〇〇屯
一九四、〇〇〇屯

(ハ)南方軍配当船九五、五〇〇屯（内訳不明ナルモ「ドラム」輸送用約五万屯、米輸送用約二万屯ト判断ス）

右ノ状況ナルヲ以テA船一二・五屯ニ南方軍配当船中ヨリ三万屯ヲ抽出セハ尚武要求ノ一五万屯ニ達シ、之カ運用ニ依リ取リ敢ヘスノ処置ハ必要ナカルヘク、問題ハ爾後ノ損耗補填ヲ如何ニスヘキヤニ存スヘシ

船舶逼迫ノ実情ハ何人モ詳知シアリ、速カニ南方軍ノ船舶ノ実情ヲ把握スルヲ以テ先決問題ト為ス

二、玉兵団［第一師団］主力（七大隊）ハ二日夜迄ニ損害無ク揚陸ヲ完了セリ、「レイテ」会戦ノ初動ハ可ナリ、

十一月五日　日曜

一、九時ヨリ第二十八回最高戦争指導会議ヲ開催セリ、「大東亜共同宣言記念日ニ於ケル帝国政府声明」並ニ「軍人遺家族援護強化ノ件」ヲ報告決定ス

次テ軍務局長ヨリ「レイテ」島作戦ノ為、陸軍船舶徴傭ノ必要性ヲ発言、次長ヨリ戦況説明ヲ為ス

席上総理ハ敵撃滅ノ為ニハ国力ヲ云々スル時機ニ非ラサルヲ以テ、此ノ際思ヒ切ツタル作戦指導ノ実行ヲ要望セリ、

二、威〔南方軍〕ヨリ船舶状況ノ報告アリ、絶対不足量ハ五万総屯ナルモ此ノ際後続ノ戦略兵団数箇ノ投入ヲモ予期シ、八万総屯ヲ徴傭スルコトニ部内ノ意見一致セリ、

十一月六日　月曜

一、本日大東亜共同宣言採択一週〔周〕年記念日ナリ、帝国ハ戦争完遂ノ決意並ニ帝国ノ戦争目的ヲ闡明ナラシムル為、帝国政府声明ヲ発セリ、

二、比島東方海上ニA一二、B五ヲ基幹トスル機動部隊新ニ出現セリ、

〔帝国政府声明の新聞切抜〕

十一月七日　火曜

一、本夜半陸軍機（重爆四、司偵五）「サイパン」攻撃ニ成功セリ、

二、十月中ニ於ケル兵器ノ生産状況左ノ如シ、

二十粍AA（一二七）　五七粍HMA（五三）

八〇粍AA（一二）　一二〇AA（八）

警戒機（要地用一五　野戦用一〇）　大発　鉄製一三〇　木製　八〇

㊇*三、〇〇〇—三、一〇〇（残四〇〇ヲ以テ製造ヲ中止ス）

三、十月中比島ヘ対スル飛行機ノ補給ハ六三三機（一式戦一六七　四式戦二五四　三式戦二七　二式戦四九）

十一月六日比島戦斗機ノ実動可能ハ七〇機ナルモ、中旬以降ハ概ネ一五〇機ヲ維持シ得ル見込ナリ、

四、第二十三師団ハ九日釜山ヲ出発予定、

＊　木造ベニア板の特攻艇、通称㋹「まるレ」。

十一月八日　水曜

一、本日十時ヨリ第二十九回最高戦争指導会議ヲ開キ、比島決戦指導ノ為C船八万総屯ノ陸軍使用ヲ決定ス、

本決定ノ国力ニ及ホス影響ニ関シ藤原軍需大臣ヨリ説明アリ、

即チ第三、四半期ニハ影響ナク、第四、四半期ニ影響

ヲ生ス　今後機帆船ノ徴傭ニハ石炭船ハ避ケラレ度旨附加要望セリ、

尚運通大臣ヨリ日本海航路並ニ山陽線ノ強化実施ノ説明アリ、

二、引続キ佐藤軍務局長ヨリ、対重慶工作ノ現況ヲ説明セリ、

陳公博ハ十六日頃南京出発、十日間位滞在スル筈、

三、「ボース」カ「ソ」大使「マリツク」〔ママ〕ニ面談ノ希望アルモ、外務大臣ヨリ「丁」ノ意図ヲ良ク確カメタル後処置スルコトトセリ、

四、「タイ」総理訪日ノ件ハ極力実現セシムル如クス、

五、田中中佐、橋本「レイテ」作戦不利ニ進展セル場合爾後ノ戦争指導方策ニ関シ一案ヲ研究セリ

十一月九日　木曜

一、比島方面陸、海軍最高指揮官ヲ正式ニ発表セリ、

二、「ルーズベルト」ノ四選確定セリ、「中流ニシテ馬ヲ変ヘルナ」ト云フ米国民衆ノ思想ハ戦争指導上模範トスルニ足ル、

三、「ソ」ノ革命紀〔記〕念日ニ於ケル「スターリン」ノ演説別紙〔『敗戦の記録』参照〕ノ如シ、

日本ヲ侵略者トシテ正式ニ待遇セル意図ニ関シテハ、各種ノ判断アランモ、対日動向、今後ノ推移ニハ注意ヲ要ス、

四、比島方面ニ対スル飛行機集中ハ今後十二月上旬迄ニ更ニ陸軍一、二〇〇機、海軍六〇〇機ナリ、然レトモ陸軍ノ実勢力ハ十一月中旬一五〇機、十二月上旬二〇〇機程度ト判断セラル、海軍ハ八〇機程度ナラン、

五、十一月一日現在ノ船舶状況左ノ如シ、

Ⓐ	貨四一万屯	油三四〃	計七五万屯
Ⓑ	貨五二万屯	油二五〃	計七七万屯
Ⓒ	貨八一万屯	貨容一五〃	計九六万屯

十一月十日　金曜

一、第二十六師団昨夜無事「オルモツク」ニ入港セリ、作戦ノ前途稍々光明ヲ覚ユ、

二、支那派遣軍唐川〔安夫〕参謀副長上京報告アリ、

イ、奥［粤］漢打通ハ一月中旬ノ予定
ロ、仏印打通ハ四月中旬ノ予定、
ハ、海南島ニ兵力ヲ増強（一ヶ師）セラレ度、
ニ、香港ヲ支那派遣軍ノ隷下ニ入ルルヲ可トス、
ホ、今後ノ作戦ニ於テハ食料ハ自活可能ナルモ燃料ハ
　問題ナリ　　　　　（三ヶ月分保有）
三、本日一六時二十分　汪国民政府首席、名古屋病院ニ於テ夢［薨］死セリ、巨星逝ク、国民政府ノ前途暗澹タリ

十一月十一日　土曜

一、本日ハ前大戦ノ休戦記念日ナリ、今次戦争ノ前途果シテ如何、
二、昨十日十時柳州ヲ十二時桂林ヲ完全ニ攻略セリ、本作戦ノ戦争全般ニ寄与セル所頗ル大ナリ、慶賀ニ堪ヘス
三、本日午前B-29約八十機西部九州及済州島ニ来襲セリ、一部ハ中国地方ニモ侵入セリ、損害軽微、
四、勃国政府正式ニ対日断交を通告シ来ル、群小国家ノ動向、予期セル所ナルモ不愉快ナリ、
五、本日桂柳作戦ノ成功ニ対シ　御勅語ヲ賜ハル、
六、第二十六師団船団ハ昨日「オルモック」ニ突入セルモ、上陸用舟艇不足ノ為、兵員ノ全部及軍需品ノ一部ヲ揚陸シタルノミニテ敵機ノ妨害ニ依リ帰還セリ、戦機ニ投スル兵団輸送ニ此ノ不始末ハ罪万死ニ値ス「レイテ」決戦ノ前途ニ暗影ヲ与ヘタリ、残念至極ナリ、

十一月十二日　日曜

一、「レイテ」向B船団（低速軍需品船団）「オルモック」港外ニ於テ全部撃沈セラル、遺憾ナリ、
二、汪首席夢［薨］去ニ伴ヒ陳公博、首席代理及軍事委員長ニ就任セリ、
汪首席夢［薨］去ニ関スル帝国政府声明及総理談ヲ行ヘリ、

十一月十三日　月曜

一、陸軍特別攻撃隊万朶隊（四機）ハ昨日「レイテ」湾ノ敵艦船ヲ攻撃シ戦艦一、輸送船一ヲ撃沈セリ、
本日総長右上奏ノ際、御上ニハ御満足アラセラレ御嘉

賞ノ御言葉ヲ賜ハレリ、

二、「レイテ」ニ対スル敵ノ増援企図ハ依然旺盛ニシテ十二日ニハ一―二師団上陸セルカ如シ（船腹六〇万屯）

十一月十四日　火曜

一、2bD［26D］ノ輸送手違ヒ等最近幕僚業務不良ナルヲ以テ次長ヨリ現地軍ニ注意ヲ換［喚］起セラル、

二、十一月上旬飛行機生産状況左ノ如シ、
キ84―二二三機（月五五〇）　キ67―一二機（一三〇）
キ46―三型二六機（一二〇）　キ43―三型一一四機（三〇〇）

三、特攻隊等殊勲者ノ特別進級ノ件、陸海軍間ニ意見一致ス

四、十一月十日現在「レイテ」ニ於ケル彼我戦力比左ノ如シ、
米八万人（三六大隊）　日本四・五万人（二四大隊）

五、比島ニ於ケル燃料ハ一月迄ハ可ナリ、

十一月十五日　水曜

一、「ペリリュー」ノ戦況切迫シアリ、切ニ頑張リヲ祈ル、

二、「ラバウル」ニ於ケル海軍側参謀長富岡［定俊］少将ノ「ラバウル」ノ状況ニ関スル説明アリ、
1、陸、海軍共全部地下ニ入レリ、陸軍ノ地下壕八万米、
2、食料ハ完全自活ノ域ニ達シアリ、
3、兵器モ某程度自給修理可能ナリ、
以上訓練、築城、自活共ニ良好ニシテ総員肉攻ノ標語ノ下凡有創意工夫ヲ凝ラシ、今ヤ決死敢斗ノ域ヨリ明朗敢斗ノ域ヘ悟入シツツアリ、

三、印度仮政府ニ対スル外交機関設置ニ関シ、軍務局長、第二部長「丁」ト会談セリ、

十一月十六日　木曜

一、十四時ヨリ第三十回最高戦争指導会議ヲ開催シ「海軍ノ対潜用機帆船徴傭ノ件」ヲ決定ス、
此ノ際秦次長ヨリ陸軍船舶ノ現状並ニ「レイテ」作戦ノ実況ヲ説明シ、陸軍ニ於テモ八万屯ノ機帆船必要ニシテ近ク正式ニ要請致度旨発言ス、之ニ対シ、総理ハ万難ヲ排シ応スヘキ旨応答セリ、
次テ軍務局長ヨリ重慶工作ニ関スル河本［川本芳太郎］上海陸軍部長ノ報告要旨ヲ説明、引キ続キ外務大

臣ヨリモ何成槙ノ重慶工作路線ノ概貌ヲ説明セリ
次テ総理ヨリ「スターリン」演説ニ対スル処置ノ必要性ヲ総理ヨリ提案シ、外務大臣ハ右ニ基ツク六ヶ条ヲ説明セルモ次長ヨリ直チニ「無言ノ抗議ヲ可トス、輿論ニヨリ外交ヲ律スヘキニ非ス」ト反対セリ、
次テ総理ヨリ本件ニ関連シ国防上ノ不安ナキヤトノ質問ニ対シ次長ヨリ「対米作戦ノ為満州ノ国防ハ犠牲ニシアリ、従ツテ欠陥アルハ当然ナリ」ト応答ス
更ニ総理ヨリ「ソ」ハ中立条約ヲ廃棄スルヤトノ質問ニ対シ次長ハ「当然廃棄スヘシ「ソ」トシテハ条約存続ノ必要性ナシ、但シ条約ト戦争トハ無関係ニシテ、条約アリトモ安心出来ス」
次テ総理ヨリ印度仮政府ニ対スル外交機関設置ノ件ヲ発言シ外務省説明ス、
右ニ対シテハ軍トシテハ現地軍ノ意見ヲ微〔徴〕シアルニ付暫ク留保スルコトトナレリ、
二、昨夜ヨリ本日午前ニ亘リ田中中佐、橋本少佐、「レイテ」作戦所期ノ目的ヲ達成シ得サル場合ノ事態推移ノ観察並ニ爾後ノ戦争指導方策」ヲ研究ス

十一月十七日　金曜

一、内地燃料関係防空視察報告要旨左ノ如シ、
1、設備ノ防護ハ可ナリ、
2、油製品及原料ノ防護就中分散貯蔵ハ不十分ナリ、今後工場設備防護ノ完避〔璧〕ヲ期スルト共ニ製品ノ分散ヲ徹底セシムルノ要大ナリ、
二、「バーモ」国家代表挨拶ノ為来部セリ、
三、機帆船徴傭問題陸軍トシテハ二十万屯（内七万屯ハ十二月中）ノ要望ナル所、海軍ヨリモ突然六万屯ノ要望ヲ提案シ来レリ、

十一月十八日　土曜

一、欧州西部戦場ニ於テハ米、英軍ハ十四―十五日ヨリ全正面ニ亘リ攻勢ヲ開始セリ、本攻勢ノ帰趨如何ハ独今後ノ戦争遂行能力ニ直接重大ナル影響ヲ与フヘシ、
東「プロシヤ」正面ニ対スル「ソ」軍ノ攻勢ハ一応独軍ノ健斗ニ依リ失敗セリ、

十一月十九日　日曜

特記事項ナシ

十一月二十日　月曜

一、B-29一三〇―一五〇機程度明日満州若クハ本土方面ニ対シ出撃ノ算大ナリ、

二、機帆船徴傭ニ関シ種村大佐海軍ト交渉ノ結果十二月分ニ関シテハ海軍要望ヲ撤回シ全部陸軍ニ譲ルコトトナレリ、

問題ハ陸軍トシテ一ヶ月間ニ徴傭可能ノ量如何ニ存ス、従来ノ経験ニ徴スルニ一ヶ月三万屯程度カ限度ナルヘシ、

十一月二十一日　火曜

一、現在ニ於ケル海軍ノ実動戦力左ノ如ク其ノ殆ント全力ハ比島沖海戦及其後ノ空爆ニ依リ損耗セリ、実ニ悲シムヘキ事実ナリ

戦艦一隻（榛名）、巡洋艦二隻、駆逐艦八隻、潜水艦七隻、

二、本日九州地方ニ対シB-29七〇―八〇機来襲セリ、損害ハ軽微ニシテ戦果ハ相当大ナルモノヽ如シ、

三、十四時ヨリ三十一回最高戦争指導会議ヲ開催シ「印度仮政府指導ニ関スル件」ヲ報告トシテ決定ス、

(イ)第一項印度仮政府トノ外交関係ハ既定方針ノ変更ニアラサルヲ以テ正式ニ設置スルコトナク、外交代表ノミヲ派遣ス

(ロ)第三項ノ区処権ハ光機関長カ、大本営印度施策機関ノ出先ノ長トシテ、所有スルコトトス、

(ハ)従ツテ本件ノ取扱ハ既定方針ノ範囲内ニ於テ、大本営政府間ニ話合ヲ進メタルコトヲ認ムル程度トス

次テ外務大臣ヨリ先般ノ「スターリン」演説ニ関シ、佐藤、「モロトフ」会談ノ要旨ヲ説明シ、其ノ印象ニ依レハ何等心配ナク、「ケベック」「モスクワ」会談トハ全然関係ナキ旨ヲ附言セリ、

尚大島「ゲッペルス」会談ニ於ケル「ゲ」ノ対「ソ」和平意図ニ関シテハ相当重要ナル問題ナルヲ以テ、大島大使ニ対シ更ニ先方ノ意嚮ヲ確カムル為電報スルコトトス、

四、本日重要人事ヲ発令セラル、主要ナルモノ左ノ如シ

畑元帥　　教育総監へ

岡村大将　　支那派遣軍総司令官へ

岡部［直三郎］大将　　統［第六方面軍］司令官へ

下村［定］中将　　北支方面軍司令官へ

横山〔勇〕中将　西部軍司令官へ
河辺〔正三〕中将　中部軍司令官へ
村上〔啓作〕中将　駐蒙軍司令官へ
澄田〔賚四郎〕中将　第一軍司令官へ

十一月二十二日　水曜

一、昨日来襲B-29ニ対スル内地ノ戦果ハ撃墜確実一四機、不確実一一機、撃破七機、計三二機、
支那ニ於ケル戦果ハ
撃墜確実三機、撃破一〇機ナリ、更ニ其ノ追加ヲ加フレハ総計撃墜破六〇数機ニ達シ、八割以上ノ損害ヲ与ヘタルコトトナル、
二、昨日総長戦況上奏ノ際、御上ヨリ大島「ゲッペルス」会談ノ電報ニ関シ本件ハ日独ノ戦争遂行上重大問題ナリト考ヘラレルカ、如何ナル事ヲ意味スルヤトノ御下問アリ、総長ハ直チニ触〔解〕釈ハ二様（日本ニトリ有利ナル場合ト、不利ナル場合）アルモ先ツ独側ノ意嚮ヲ更ニ確カムルヲ可ト考フル旨ヲ奉答セリ、
三、「レイテ」作戦不利ニ進行スル場合ノ事態推移ノ観察、並ニ爾後ノ戦争指導大綱ニ関シ、先日来班内ニ於テ研究中ノ所、本日班トシテ成案ヲ得タリ、
総長、次長ニ班長ヨリ報告ス

十一月二十三日　木曜

一、機帆船徴傭ニ関シ事務的ニ一応左ノ如ク妥結セリ、
1、陸軍ハ十二月五万屯ヲ徴傭ス
2、但シ此ノ際左記事項ヲ含ミ置クモノトス、
(イ)一月以降ノ徴傭ノ際ハ極力物動ニ影響ヲ及ホササル如ク、遊休未稼動〔働〕船ヲ徴傭スルコト
(ロ)一月以降ノ徴傭量ハ一月五万屯、二月二万屯、三月二万屯、計九万屯トシ、其ノ陸、海軍配分ハ、両統帥部ニ於テ協議スルモノトス

十一月二十四日　金曜

一、B-29約七〇機八群ニテ帝都周辺ニ来襲セリ、
中島武蔵野工場及大森特殊鋼工場ニ若干ノ被害アリ、
二、陸軍ノ機帆船徴傭ニ関シ省部主務者ニ左ノ如ク諒解セリ、
1、機帆船五万総屯徴傭量ノ時機的充足ニ関シテハ年内ニ全量ノ徴傭ニ努力スルモ万己〔已〕ムヲ得サル場

合ニ於テハ一―二［万］総屯ハ一月ニ繰越スコトアルヲ予メ諒解ス

2、右繰起［越］ノ場合ニ於テハ努メテ早期ニ之ヲ完了スルト共ニ其ノ繰越量ハ一月以降ノ新徴傭ニハ何等ノ関連ヲ有セサシメサルモノトス

3、部外ヘノ発動ハ十二月五万総屯トシ、本諒解事項ハ部外ヘノ漏洩ハ厳ニ防止スルモノトス、

三、最近「ニセ」軍人横行シアリ、

十一月二十五日　土曜

一、九時ヨリ第三十二回最高戦争指導会議ヲ開催シ陸軍ノ十二月機帆船五万総屯ノ徴傭ヲ決定ス、

二、昨日陸軍特攻隊靖国隊（一機）ハ「レイテ」湾ノ敵空母ヲ攻撃セリ、戦果不明、

三、「ペリリュー」島ニ於テハ遂ニ歩兵第二連隊ハ軍旗焼却ノ処置ヲ採レリ、今後ハ遊撃戦ニ専念ス

四、昨日B-29帝都来襲ノ戦果ハ撃墜五、撃破九、

十一月二十六日　日曜

一、「ペリリュー」守備隊トノ連絡ハ二十四日十八時十分以降遂ニ杜絶セリ、

二、独立混成第二十三旅団ハ二十四日九時南寧ヲ攻略セリ、

三、次長陸大現戦視察ノ為出張セリ、

十一月二十七日　月曜

一、昨夜三時陸軍重爆三機ヲ以テ「サイパン」ヲ攻撃シ在地大型二機、小型十数機ヲ炎上セリ、

二、陸、海軍特攻隊ハ「レイテ」湾内ノ空母及輸送船ヲ攻撃セリ、

三、B-29約四十数機帝都周辺ニ来襲セリ、

四、「ペリリュー」島守備ノ村井［権治郎］少将及中川［州男］大佐ヨリ最後ノ電報来ル、武人トシテ最後迄凡有手段ヲ尽シテ敢斗セラレタル心情察スルニ余リアリ、

其ノ行動ハ真ニ帝国武人ノ亀鑑タリ、

十一月二十八日　火曜

一、第四航空軍ハ二十六日夜半輸送機四機ヲ以テ「ドラッグ」及「ブラウエン」敵飛行場ニ対シ、中重雄中尉ノ指揮スル特別決死隊（薫空挺隊）ヲ以テ強行著［着］

陸ノ上欧〔殴〕リ込ミヲ敢行セリ
決死隊中ニハ高砂族ヲ含ミアリ、
決死隊ノ戦術的用法ノ可否ハ一応論外トスルモ隊長以下隊員ノ行動ハ壮烈鬼神ヲ泣カシムルモノアリ、
二、昨二十七日陸軍特攻隊八紘隊ハ「レイテ」ノ敵艦船ヲ攻撃シ十機ヲ以テ十艦船ヲ屠レリ、
三、米国務長官「ハル」辞職シ後任ハ「ステチニアウス〔ママ〕」ナリ、七十才余ノ「ハル」ヨリ四十五才ニ若返リタル米指導部ノ意図奈辺ニアリヤ、採ツテ以テ帝国ノ範トスルニ足ル、
四、昨二十七日昼間海軍機ハ「サイパン」及「テニアン」ノ敵飛行場ヲ銃爆撃セリ、九機帰還セス、

十一月二十九日　水曜

一、「レイテ」突破輸送第六次船団（二隻）ハ昨二十八日十九時三十分無事「オルモツク」ニ突入成功セリ、
兵站部隊及兵器、糧秣ヲ搭載シアリ、
二、本日未明海軍ハ五機ヲ以テ「サイパン」飛行場ヲ攻撃セリ、

十一月三十日　木曜

一、昨夜半ヨリ本早朝ニ亘リ敵B-29約二十機ハ五次ニ分レ帝都ニ来襲シ焼夷弾ヲ投下セリ、
二、昨二十九日レイテ湾ノ敵艦船ニ対シ陸軍特攻隊靖国隊（六機）ハ一六時三十五分進攻シ、戦艦一、戦艦若クハ巡洋艦一、輸送船三ヲ撃沈破セリ、
三、十四時ヨリ第三十三回最高戦争指導会議ヲ開催シ、先ツ総理ヨリ対重慶工作ニ関スル進展状況（満鉄江頭ノ工作）ヲ説明セルモ、工作多元的トナリ、徒ラニ我カ企図ヲ暴露スルヲ以テ取止メテハ如何トノ意見アリタルモ、情報収集ノ見地ニ於テ続行スルハ差支ナシトノ結論トナレリ（本工作ハ先般決定ノ国民政府ヲシテ、行ハシムル主旨ニハ、全然副ヒアラス、而カモ工作路線ハ従来現地軍ノ手ヲツケタル残滓ニ過キス〔）〕
右ニ関連シ外務大臣ヨリ上海ノ中村〔豊一〕公使ヲ通スル袁良工作ニ関シ報告アリ（取ルニ足ラス）
次テ総理ヨリ対「ソ」問題ニ関シ満州軍備ヲ徹底的ニ増強シテハ如何トノ発言アリ、之レニ対シ陸軍統帥部ヨリ陸軍全般軍備ノ実情ヨリ不可能ナル旨説明セリ、
次テ総理ヨリ造船ノ徹底的強化ノ為未稼働㊉ノ十万屯

ヲ造船ニ指向致度トノ発言アリタルモ、本件ハ事務的ニ十分検討スルコトトス、㊉十万屯ノ用法ハアルミ自給日満支燃料自給対策遂行ノ為既ニ胸算済ナルノミナラス造船部門ニハ未稼働配分ニ於テ既ニ優先考慮済ナリ）

十二月一日　金曜

特記事項ナシ

十二月二日　土曜

一、「レイテ」ニ対スル㋴*輸送ハ二十七日二時第一回突入ニ成功セリ　㋴ノ作戦的用法成功ノ端緒ナリ、

二、「レイテ」ニ対スル第七次突破輸送ハSS［上陸用機動艇］二隻及高速艇一ヲ以テ三十日成功セリ、人二〇〇名糧秣五〇〇立方米、

尚目下「マニラ」―「レイテ」間ハ夜間機動ニ三夜ヲ要シ四日夜「オルモツク」ニ進入シツツアリ、

* 陸軍の小型潜水輸送艇で「マルゆ」と称した。

十二月三日　日曜

一、本日昼間B-29約七十機、帝都ニ来襲ス

夕刻迄ニ判明セル戦果撃墜一五機、損害軽微ナリ、俘虜十一名（内三死亡、三重傷、参謀大佐一、戦隊長大佐一ヲ含ム）

二、「レイテ」決戦指導計画ニ関シ第二課長ノ総長ニ対スル報告要旨、

1、方針

(イ)陸、海、空戦力ノ徹底的集中ヲ期ス

(ロ)戦力投入ハ後方遮断、航空作戦トノ節調ヲ保ツ

(ハ)陸海航空ヲ統合シ節度アル作戦ヲ実施ス

(ニ)「レイテ」島上ニ於ケル組織的作戦指導ヲ実施ス、而シテ其ノ覘［狙］ヒトスル所ハ部分的撃滅戦ノ累積ニ依リ戦勝ヲ求ムルニアリ、之カ為先ツ「ブラウエン」飛行場群ヲ制圧ス

(ホ)「レイテ」水道ノ閉塞ヲ企図ス

之カ為第五十八旅団ヲ「サマール」島ニ投入シ海軍ハ機雷ヲ投下ス、

(ヘ)「レイテ」周辺ノ諸島嶋［嶼］ノ防備ヲ強化シ敵ノ滲透的溢出作戦ヲ封殺ス

(ト)「レイテ」―「マニラ」間ニ強力ナル補給、連絡帯ヲ設定ス、
(チ)「バゴロッド」及「レガスピー」方面ノ防備ヲ強化スルト共ニ計画的ニ対［討］匪ヲ行フ、

2、要領

(a)航空関係事項
(イ)台湾ヲ航空ノ集中末地トシ、各戦隊毎ニ比島へ出動セシム
(ロ)「レイテ」湾敵艦船掃蕩作戦ハ十―十五日間ノ二日間ヲ予定ス、使用兵力ハ陸軍トシテハ第三次ト号七〇機及新ニ進出セシムヘキ二飛行団一五〇機トス、
(ハ)第七飛行師団ヲ以テ「モロタイ」「ビアク」双子島ノ敵基地ヲ攻撃ス
(ニ)「パラオ」泊地ニ肉迫攻撃ヲ敢行ス
(ホ)敵機動部隊ニ対シテハ前項兵力トハ別箇ニ準備シ且特攻部隊ノ攻撃ニハ節度アラシム、

(b)地上作戦関係事項
(イ)第十六師団ハ現陣地ヲ確保シ第二挺進団ヲ以テ「ドラツグ」及「ブラウエン」ニ空挺作戦ヲ実施ス（以上先遣隊的用法）
(ロ)後続兵団（第六十八旅団及第八師団ノ歩兵第五連隊）ヲ「カリガラ」方面ニ投入、爾後「パロ」方向ニ進出、次テ主力ヲ「ブラウエン」一部ヲ「タクロバン」方向ニ指向ス（68MB［混成旅団］ハ四及六日出発）
(ハ)決戦時機ニ於テハ別ニ歩兵三大隊ヲ「レイテ」湾ヨリ逆上陸セシム
(ニ)状況許ス限リ後方ヲ「カリガラ」湾ニ保持ス

(c)海上作戦ニ対スル要望
(イ)局地的奇襲ヲ主トシ「レイテ」ニ対スル補給援護ヲ重視ス
(ロ)「カリガラ」湾及「レイテ」水道ノ魚雷艇掃蕩作戦、
(ハ)「レイテ」水道ノ閉塞、有利ナル場合ハ逆上陸、
(ニ)敵後方連絡線ノ破壊ヲ強化（現在潜水艦八隻実施中）

(d)兵站関係事項
(イ)「マニラ」ニハ弾薬二ヶ師団会戦分、比島内各兵団ハ〇・四会戦分ヲ保有シアリ、
(ロ)機帆船ハ一万立方米ヲ保有シアリ、

(ハ)「レイテ」ニ対スル常続及集積輸送ノ為月一万立方米ヲ要ス、
(ニ)「マニラ」ヲ大型船ノ基地トシ「バタンガス」及「レガスピー」ニ陸上基地ヲ推進ス、
(ホ)「レイテ」島ハ「オルモック」ノ外「レイテ」及「パノンポン」ニ揚陸地ヲ設定ス、
(ヘ)「レイテ」島ニ対シテハ十二月上旬迄ニ弾薬0.4会戦分、糧秣二ヶ月分ヲ集積ス、
(ト)潜水艦輸送ヲ初期ヨリ実行ス、

十二月四日　月曜

一、十二月一―二日「ブラウエン」飛行場ニ敵在地機ヲ認メス

薫特攻欧［殴］リ込ミノ成果ト判断セラル、

二、敵ノ太平洋ニアル制式空母ハ七、巡改四、其他一、計十三［十二］隻。別ニ「ハワイ」ニ制式三アリ、

特空母四〇（内二〇隻ハ「レイテ」ニ対スル飛行機輸送用ナリ）アリ　最近ノ中部太平洋方面基地状況ヨリ前記正式（巡改含ム）一五隻、特空母二〇隻程度ヲ以テ本土空襲ノ算アリ、（八日頃）

右判断ハ海軍ニ於テ特ニ強シ

三、第二挺進団（第三、第四挺進連隊）ハ六日夜主力ヲ以テ「ブラウエン」一部ヲ以テ「ドラッグ」ニ降下スル予定、

四、第十三師団ハ二日十二時三十分独山ヲ占領セリ、

五、SS二隻、高速艇一隻「レイテ」突入ニ成功ス

十二月五日　火曜

一、「グルー」米国務長［次］官ニ就任ス

二、旭［第二十三師団］第一次船団二隻ハ二日到着後無事揚陸ヲ完了シ四日門司向ケ帰航ノ途ニ就ケリ、

三、十二月八日前後ノ敵空襲ニ備ヘ歩兵十一ヶ大隊、昭空及高射砲各一大隊ヲ帝都周辺ニ増強スルト共ニ、敵機動部隊攻撃ノ為ノ航空部隊ヲ待機セシム、

四　十一月兵器生産ノ状況左ノ如シ、

十二糎AA十二門（東京都ニハ現在二十四門）鉄製大発一六〇㋻四隻（今後毎月四隻完成予定）二十粍MA一七〇〇挺、タ弾［対戦車小銃擲弾］七〇〇発、

五、十一月分飛行機生産ハ総計（陸軍ノミ）一、二五八機ナリ、内四式戦三三三機　一式戦二七七機　重爆五三

機　司偵四六機、

六、昨年以来ノ船舶保有状況左ノ如シ（A船）
十八年十一月一一二万総屯、十九年十一月四一万総屯、十二月二十三万総屯、

十二月六日　水曜

一、昨日「スリガオ」海峡ヲ北進中ノ敵艦船ニ対シ、陸軍特攻隊ハ石腸隊七機ヲ以テ攻撃シC一T五ヲ撃沈セリ、

二、第二十六師団先遣重松［勲次］大隊ハ本夜第二挺進団ノ作戦ニ呼応シ「ブラウエン」飛行場ニ対シ四十組ノ斬込隊ヲ以テ攻撃ヲ敢行スル筈、

三、本日昼間B-29一機帝都周辺ヲ偵察ス

十二月七日　木曜

一、昨夜高千穂隊ハ「ブラウエン」飛行場ニ対スル第一回ノ降下ニ成功セリ、状況左ノ如シ、

「ブラウエン」北一五、南六
「サンパプロ」南二 ｝跳下
「ドラッグ」

「ドラッグ」
「タクロバン」｝各ニ強行著［着］陸、

二、本早朝陸（三時）海（四時）軍飛行隊ハ「サイパン」B-29基地ヲ急襲シ其ノ出動準備中ニ大打撃ヲ与ヘタリ

三、本日十時ヨリB-29約九十機奉天地区ヘ約二十機大連地区ヘ来襲セリ、

四、十四時ヨリ第三十四回最高戦争指導会議ヲ開催シ

(イ)陸軍提案ノC船八万屯ヲ引キ続キ使用スル件ハ異存ナク決定ス

(ロ)前回総理提案ノ造船ニ対スル未稼働一一万屯使用ノ件ハ内容不明ナルヲ以テ今回ニ留保ス
総理提案ノ趣旨ハ鉄三〇〇万屯、飛行機四万機造出ノ為ニハ今後一切A、Bノ船舶損填ヲ考慮シ得サルヲ此ノ際既定計画以上ノ造船量ヲ強行致度トノ考慮ヨリ出テタルモノニシテ、主旨ハ可ナルモ、更ニ事務的ニ検討スルコト肝要ナリ、

(ハ)外務大臣ヨリ「ボース」滞京間「ソ」連大使訪問ノ経緯ニ関シ説明ス即チ
「ボース」ハ印度独立援助ノ件ヲ手紙ヲ以テ「ソ」大使ニ申込ミタル所此ノ手紙ハ受理セリ、
次テ面会申込ノ手紙ヲ出シタル所受領ヲ拒絶シ来ル、

以上ニヨリ「ソ」ハ「ボース」ニ対シ何等ノ興味ヲ有シアラサル事明瞭ナリ、

(ニ)瑞西［スイス］公使ヲ通シ、米国ハ日本ニ於ケル米捕虜ト「マーシヤル」ノ日本人捕虜トノ交換申込ヲ為シ来レルモ外務大臣ハ一応拒絶セリ、但シ斯カル米ノ企図ニ対シテハ何等カノ利用価値ナキヤトノ議論アリタルモ成案ナシ、

(ホ)総理ヨリ仏印ニ対シ速カニ武力ヲ行使シテ処理シテハ如何トノ提言アリタルモ、統帥部トシテハ作戦準備進展状況ニ依リ自主的ニ決定スヘキ旨次長ヨリ返答セリ、

(ヘ)「ドゴール」ハ仏正統政府ナキ［ママ］ヤ否ヤノ議起リタルモ見解各様アリテ一致セス、

五、羽場［安信］少佐比島ヨリ帰還シ、第十四方面軍司令［部］首脳部ノ「レイテ」作戦ノ見透ニ関シ左ノ如ク報告セリ、

山下［奉文］軍司令官及／武藤［章］参謀長 ― 要ハ食糧補給ノ如何ト特攻隊ノ勢力維持如何ニ存ス、

西村［敏雄］参謀副長　今後ノ努力ニ依リ彼我交綏［ママ］状態ニ維持シ得ハ良好ナル場合ナリ、

右西村参謀副長ノ見透ハ大本営トシテモ、正当ナルモノト考察セラル、

六、本日八時頃敵「アルベラ」ヨリ「オルモック」南方ニ亘ル海岸ニ上陸ヲ開始セリ、

七、高千穂第二次降下部隊ハ「ブラウエン」降下ヲ中止シ「オルモック」附近ニ降下、新上陸部隊ニ相対ス

八、本日関東及中部地方強震アリ、

浜松―関ヶ原間ノ東海道線大損害アリ、

機密戦争日誌　其九

自　昭和十九年十二月八日
至　昭和二十年四月二十三日

十二月八日　金曜

一、本日大東亜戦争勃発三週［周］年記念日ナリ、

二、昨七日満州奉天地区来襲ノB-29ニ対スル邀撃戦斗ニ於テ撃墜一五機（内不確実四機）ヲ出セリ、右撃墜中六機ハ体当リニ依ル（内一機満州国軍——日系）

尚ホ支那第五航空軍ハ其ノ帰途ヲ邀撃シ二機ヲ撃墜二機ヲ撃破セリ、

三、陸軍特攻隊一宇隊ハ五日T三ヲ撃沈、鉄心隊及万朶隊ハ戦艦若クハ巡洋艦一ヲ炎上セリ

尚ホ七日勤皇隊（九機）護国隊（七機）ハB一ヲ含ム一二艦船ヲ撃沈破セリ

四、在「ウルシー」ノ敵機動部隊ハ五日出港後西方ニ機動中ナリシカ七日以後ノ行動不明トナレリ、比島海域カ、本土周辺カ敵ノ企図未タ不明ナリ、夕刻沖大東島附近敵機動部隊出現、更ニ硫黄島ニ対シC及Dノ一群（Aヲ含マス）艦砲射撃中ノ報アリ、是等ノ間ニ何等カノ関連ヲ有スルナランモ、目下判断シ得ス

五、「レイテ」向ケ第八次突破輸送（大型艦四　SS二）ハ昨七日二十三時頃第六十四旅団ヲ搭載シ、「サンシイドロ」ニ強行擱挫上陸セリ、

六、垣兵団［第十六師団］ハ六日払暁「ブラウエン」北飛行場ノ奇襲占領ニ成功セリ、高千穂第一次降下部隊トノ連繋ニ成功セリヤ否ヤハ不明ナリ、

十二月九日　土曜

一、本日陸軍省軍事、戦備課ノ主務者ヨリ統帥部関係課長以下ニ対シ昭和二十年度物的国力ノ推移ニ関シテ説明アリ、要ハ統帥部トシテ速カニ将来ノ全般作戦計画ヲ確立シ、最少［小］限明年中期頃迄ニ於ケルA、B保有船腹量ヲ（損耗補填ヲ含ム）達観シテ軍政当局ニ指針ヲ与フルコト肝要ナリ、本件ナクシテ国力検討ナシ、

二、第二課長ハ省部関係各課長ニ対シ今後ノ作戦指導ニ関シ説明ヲ行ヘリ、要旨左ノ如シ、

(イ)今後ノ作戦指導ハ長期即応タルヘキコト、之カ為時間ノ余裕ヲ得ルコト、出血ヲ強要スルコト作戦間隔ヲ求ムルコト、

(ロ)帝国ノ国防圏ハ今後東守（退）西進ノ一般方向ヲトルコト

(ハ)今後ハ作戦的機動力ナシ、南方相互ノ連絡ナシ

南北ノ連絡ハ大陸ノミ

十二月十日　日曜

一、最近連日B-29ノ小［少］数機ヲ以テスル夜間ノ「ゲリラ」的空襲アリ、実ニ「ウルサキ」存在ナリ、

二、七日地震損害ニヨル東海道線ノ復旧状況左ノ如シ

イ、昨九日二十一時三十分単線連接、
本十日二時五十五分直通運転ヲ開始シ本日中ニ十往復、

ロ、十一日二〇往復、概ネ十七－八日頃複線運行トナリ七〇列車ヲ通ス（平常八〇列車）

ハ、一応復旧完了ハ年末、完全ナル復旧ハ三月末ノ予定

ニ、今次ノ地震ニ依リ東海道線ノ直通貨物ノ六〇「パーセント」ハ中央線ニ転換シ生産ニハ大ナル影響ナシ

ホ、復旧ノ為陸軍ハ教導鉄道団（約三、七〇〇名）ヲ派遣シ、海軍モ亦六〇〇名ヲ派遣セリ、

十二月十一日　月曜

一、「アルベラ」附近ニ上陸セル敵ハ微弱師団ナリ
夜間ノ短切揚陸ヲ実施シ直チニ退避シアルヲ以テ我カ航空ノ敵艦船攻撃ハ予期ノ成果ヲ収メアラサルカ如シ

二、支那派遣軍今井総参謀副長ヨリ国民政府ノ現状国民政府ノ支援強化方策、国民政府ノ対重慶工作路線等ニ関スル報告アリ、尚陳公博来朝時日本ニ対スル希望ヲ連絡アリタルモ従来ト変化ナシ
日支問題ノ解決ハ条件ニ非スシテ誠意ノ問題ナリ
又日支全面和平ナク局地停戦アルノミトノ見解ヲ述ヘアルモ已ニ中央ニ於テ屢々現地ニ連絡済ノ事項ナリ、

三、昨十日十七時二十分特攻丹心隊（六機）ハ「ヒタンダヤン」沖ニ於テ敵船団ヲ捕捉攻撃シ左ノ戦果ヲ得タリ、

轟沈　大T ——二隻
　　　大D ——一隻
　　　大LST——二隻
炎上｝T　一隻
撃破｝大D　一隻

十二月十二日　火曜

一、昭和二十年度甲造船建造ニ関スル統帥部内ノ意見左ノ如シ、

(イ)総建造量　約一八〇万総屯

(ロ)内　訳　貨物船　一四〇万総屯
油槽船　三〇　〃
特殊船　一〇　〃

(ハ)船型ハ優速、小型トスルコト

(ニ)陸海軍特殊船ハ軍需ノ枠外トシ損耗補填ニ充当スルコト

二、昭和二十年度陸海軍兵備統一ニ関シ軍令部主務者トノ連絡ノ結果、海軍ノ思想左如シ

(イ)日、満、支ヲ核心トシ戦争ヲ長期間継続スルコトハ不可能ニシテ南方要域ハ絶対ニ確保スルヲ要ス

(ロ)今後ハ必勝兵器ニ依リ特攻屈敵ニ邁進ス

(ハ)海軍今後ノ作戦構想

1、十二月迄ハ「レイテ」ニ戦力ヲ集中(大)[特攻機桜花」ノ投入)

2、明年三月迄特攻ヲ強化スルト共ニ不敗態勢ノ確立、此ノ間対潜強化、

3、二十年前期ハ不敗態勢ヲ強化スルト共ニ敵後方策源地ニ対スル強襲ヲ強化ス、

4、二十年後半期ハ必勝攻勢、一部要地ノ奪回、後方要地ノ強襲強化、

(ニ)海軍今後ノ兵備ハ基地航空ニ徹底ス
艦艇ハ対潜ニ徹底スルト共ニ艦艇ノ修理ハ余力ヲ以テ実施ス

(ホ)作戦目標ハ米兵二〇〇万ノ鏖殺、船舶一四〇〇万屯ヲ撃沈、且二十年度中期迄ニ富嶽ヲ作リ二十一年度ヨリ米本土ヲ爆撃ス

三、仏(ドゴール)「ソ」同盟成立セリ、目標ハ欧州ノミナルカ如シ、

四、西班牙[スペイン]ノ「フランコ」辞職説アリ、

十二月十三日　水曜

一、昨十二日八時「バイバイ」沖ニ於テ特攻石腸隊(二機)八紘[紘]隊(一機)丹心隊(一機)ハ左ノ戦果ヲ得タリ。

轟沈　中型T二隻　D一隻
炎上　〃　T一隻　D一隻

二、本日午后B-29八十機内外ヲ以テ名古屋及静岡地区ニ来襲セリ、名古屋ノ飛行機工場ノ損害ハ相当大ナリ（キ67発動機）

三、十四時ヨリ第三十五回最高戦争指導会議ヲ開催シ「現地ニ於ケル対重慶政治工作指導ニ関スル件」ヲ附議決定ス

即チ

(イ)現地ニ於ケル日本側責任者軍事顧問ヲ取止メ在支大使及陸海軍最高指揮官相協力シテ実施スルコトニ改ム

(ロ)右工作実施ノ統一ヲ期スル為之カ取纏メ並ニ中央トノ連絡ハ支那派遣軍総司令官担当スルコト、ス

(ハ)中央ニ於ケル責任ハ依然内閣総理大臣ニシテ、且ツ本工作カ主トシテ国民政府ノ自発的形式ニ於テ実施スル従来ノ方針ニハ変化ナシ

十二月十四日　**木曜**

一、十二月上旬中ニ於ケルA、B、C船ノ沈没左ノ如シ

九万六千総屯（内貨物船七万総屯）

二、総長ヨリ仏印、南支間ノ鉄道連接実施ニ関シ、大陸指ヲ以テ指示スル如ク研究ヲ命セラル、

三、空母六ヲ基幹トスル有力ナル敵機動部隊（T六〇艦艇五〇）ハ昨十三日夕刻「ネグロス」南方海面ニ現出セリ、「レイテ」決戦最高潮時ニ於ケル敵ノ此種新企図ニ対スル判断如何、対応措置ヲ誤ルコト勿レ

四、統帥部ノ船舶徴傭要望ニ対シ陸軍省ハ左ノ如ク国力検討ノ概要ヲ説明セリ、

(イ)陸軍省ノ考察セル昭和二十年度国力戦力ノ最低基準左ノ如シ

年間海上輸送量		三、五〇〇万総屯
飛行機		三二、〇〇〇機
陸海軍兵備鉄量		四二万屯
甲造船	油槽船	六五万総屯
	貨物船	一〇五〃
「アルミ」		一五万屯
日満支産油		一九六万竏
鋼材		三〇〇万屯

(ロ)統帥部要望ノ船舶ヲ徴傭セル場合ノ推移

(1)徴傭要望量

十二月　一〇万総屯

一月　ナシ
二月　一二万総屯 }（AB損耗補填）
三月　〃
四月以降　毎月五万総屯（AB損耗補填）
(2)国力戦力ノ推移
年間海上輸送量　二、三〇〇万屯
飛　行　機　二〇、〇〇〇　機
陸海兵備鉄量　五万屯
甲造船
　油槽船　〇
　貨物船　一〇五万総屯
「アルミ」　一二万屯
日満支産油　一一〇万竏
鋼　材　二一〇万屯
(ハ)右ニ対シ陸軍省提案ノ徴傭ヲ実施セル場合ノ推移
(1)徴傭量
十二月ヨリ三月ノ間　総計一五万総屯
四月以降陸海軍損耗補填ハ毎月三・五万総屯
(2)国力戦力ノ推移
年間海上輸送力　二、八〇〇万総屯（内六割ハC船以外）
飛　行　機　二五、〇〇〇　機
陸海軍兵備鉄量　三〇万屯
甲造船
　油槽船　二〇万総屯
　貨物船　一〇五万〃
「アルミ」　一三万屯
日満支産油　一四〇万竏
鋼　材　二六〇万屯
(ニ)右ノ場合軍需動員ニ及ホス影響
陸海軍需三〇万屯中二〇万屯ヲ陸軍取得ト仮定スルモ高射砲（二〇〇〇―三〇〇〇門）以外一切ノ新規兵備ハ不可能ナリ、
右陸軍省ノ説明ニ依リ統帥部ハ前回ノ徴傭要請ヲ一部修正ノ上更ニ要望ヲ提案セリ、
五、細田中佐一行比島出張報告要旨
(イ)現地ニ於ケル「レイテ」決戦ニ対スル思想
第一案「パゴロッド」「セブ」基地強化案
第二案「レイテ」戦局打開
右第一案ハ「レイテ」決戦放棄案ナリ、第二案ハ従来ノ一般思想ナルモ本質的ニハ徹底シアラス、即チ局部的戦況ノ打開ヲ企図セントスルモノト、「レイテ」ニ対スル最後ノ戦力補給ノ「ハナムケ」トスル思想アリテ決戦完遂ノ徹底的信念ナシ、
右両案ニ対スル武藤参謀長ノ案ハ第一案ニシテ「レイテ」決戦ハ既ニ限度ニ達シアルヲ以テ、転換スルヲ要ストノ思想ナリ、
山下軍司令官ハ当初決心明瞭ナラス、何レヲモ実行シタシトノ見解ナリ、
然レトモ細田中佐ノ全般作戦的意見ニ依リ司令官ハ大命ノ如ク「レイテ」決戦ニ邁進スル如ク決心シ所要ノ処置ヲ講スルコト、ナレリ、
(ロ)現地ニ於ケル敵情判断
現地ニ於ケル敵情判断ハ全般的ニ敵ノ行動ヲ有利合理的ニ観察シ過グル傾向アリ、従ツテ一般ニ悲観的ナリ、
(ハ)現地ニ於ケル陸、海、航空、船舶ノ関係
航空、船舶、海軍ノ各部隊ハ尚武中心主義ニ徹底シアルモ、尚武ハ中心タルノ誇ト権威アリヤ疑問ナリ、
(ニ)第四航空軍配属問題
第四航空軍司令官及尚武司令官共ニ指揮下ニ入レルコトハ必ズシモ不同意ナラス　但シ指揮下ニ入レタル場合ニ於テモ現航空作戦ノ推移ニハ何等ノ変化ナシ、寧ロ陸海航空ノ指揮関係ヲ統一スルコトカ先決ナリ、
六、本日夕刻陸軍省ヨリ統帥要望ノ徴傭ニ関シ猛烈ナル反対意見来レリ、
七、本日重要人事ノ発令アリ、
佐藤軍務局長　支那総軍参謀副長へ
真田第一部長　軍務局長へ
宮崎［周一］中将　第一部長へ
先日ハ西浦［進］軍務［事］課長ノ交［更］迭アリ
此ノ重要時機ニ戦争指導実務ノ中心部ノ交代可否ニ関シテハ後世史家ノ検討ノ要大ナルモノアリト考察セラル、

十二月十五日　金曜

一、「スール」海ニ進入セル敵ハ本日四時頃ヨリ其ノ一部ヲ以テ「ミンドロ」島南端「サンホセ」附近ニ上陸ヲ開始セルモノ、如シ、後続兵団ノ状況不明ナリ、
二、船舶徴傭ニ関シテハ統帥部トシテハ改メテ左記主旨ノ要望ヲ陸軍次官ニ提出セリ、
1、比島方面へ兵力増強ノ件

既定方針ヲ断行スルヲ要ス、細部ハ口述ス
2、第四、四半期油還送五十万竏トスル能否ノ件、
昭一九、一〇、二八、決定［「］液体燃料確保対策ニ関スル件」ニ明ナルカ如ク第四、四半期ハ最少［小］限二十万竏ノ還送ヲ確保シ且極力之カ上廻リニ関シ努力スヘキモ当時ノ想定ヨリモ更ニ悪化セル現況ニ於テ五十万竏還送ヲ期得［待］スルハ不可能ナリト思考ス（当時計算ニ依ル最大限還送量三六万竏ヲ船舶損耗ヲ見込ミ確実二十万竏ト算定セルモノナリ）
尚右ニ伴フ護衛ニ関シテハ万遺憾ナキヲ期シ度
3、軍需動員ノ規模ニ関スル件
船舶一五万総屯ヲ徴傭スル場合ニ於テモ最少［小］限
左記ヲ希望ス
(イ)鉄
陸海軍計四〇万屯トス
但シ陸軍ハ特別製鉄ニ依リ可及的増加ヲ図ラレ度、
(ロ)飛行機
上半期　一六、〇〇〇機ヲ目標トス、
下半期ニ関シテハ三月頃ノ情勢ニヨリ別途協議致度
(4)［ママ］、船舶損耗見透ニ関スル件
国力算定ノ為関係主務者間ニ於テ協議セル目標ノ必遂ニ関シ大本営政府一致シテ万全ヲ期スルコト、致度、
右陸軍統帥部ノ要望ニ関連シ海軍モ亦突如左ノ如キ要望ヲ提案セントシアルカ如シ、本件ニ関シテハ陸軍トシテハ断乎排除スル意嚮ナリ、
海軍ノ意嚮左ノ如シ
イ、陸軍ハ先般C船八万総屯ノ使用決定ヲ以テ最後ナリト説明セルモ今回更ニ要望スル理由如何
ロ、徴傭ノ結果国力トノ調節ハ如何、
ハ、一五万総屯ニ応スル護衛ハ不可能ナリ
（南方八万屯、内地二万屯ハ可能ナリ）
ニ、海軍トシテモ五万屯徴傭シ度シ
以上ノ如キ状況ナルヲ以テ本件決定ノ為ニハ更ニ時日ヲ要スルモノト思考セラル、
三、昨十四日十九時「スール」海ノ敵機動部隊ニ対スル航空ノ攻撃成果左ノ如シ、
炎上　B（ラシキモノ）二

大型C　二
T　一
C若クハD　一
艦種不詳　六

十二月十六日　土曜

一、昨十五日薄暮特攻隊ノ旭光隊一機ハ「ミンドロ」南端「イソン」島北方四粁海面ニ於テ戦艦若クハ大型巡洋艦一隻ヲ轟沈セリ、

二、船舶徴傭ニ関シ昨日次長ヨリ要望セル所ハ陸軍省ニ於テモ概ネ異存ナク、海軍及関係事務当局ニ対シ交渉ヲ開始セリ、

十二月十七日　日曜

一、昨十六日払暁旭光隊一機ハ「ミンドロ」海域ニ於テT一隻ヲ轟沈セリ、

二、昨夜半「スール」海ノ敵ハ更ニ「パラワン」島ノ「プエルトプリンセッサ」附近ニ上陸ヲ開始セルカ如キモ真偽詳カナラス

三、本日省部関係主務者間ニ於テ昭和二十年度油要［還］送量ニ関シテ検討ノ結果一応一二〇万粁ヲ南方軍ニ示達スルコトニ意見一致ス（次官ヨリ通牒ス）

右研究ニ於テ一二〇［万］粁ハ情勢見透上不可能ナルヲ以テ更ニ縮少［小］スルヲ要ストノ意見アリタルモ、南方軍トシテハ本件ノ為何等ノ努力ヲ要スルコトナク、今後現地ニ於ケル空襲被害ヲ見込ムル場合ハ稍々上廻リノ数量ヲ示スヲ可トスルコトニ一致セルモノナリ、

尚二十年度最低需要ヲ二〇〇万粁ニ抑ヘ日、満支産油ノ最モ確実ナル見込ヲ八十五万粁トシテ計算セルモノナリ、

十二月十八日　月曜

一、本日午後「レイテ」作戦指導ニ関シ服部第二課長ヨリ総長次長ニ対シ左ノ如ク説明アリ、

(イ)方針

1、大命ニハ変更ナシ

2、今後ハ航空作戦ヲ中心トシ地上ハ航空作戦ヲ容易ナラシムル範囲トス

3、「ルソン」ニ対スル地上兵力ハ既定計画ニ基ツキ

投入ス、

(ロ)処置

1、陸海航空ヲ一本ト為ス（第四航空軍司令官統一指揮）

2、地上ノ陸海軍部隊ヲ尚武［第十四方面軍］司令官ノ指揮下ニ入レル

3、決戦思想ヨリ持久思想ヘ転換ス但シ「レイテ」ニ対シテハ軍需品ノ補給ヲ実施スルト共ニ状況ヲ見テ「サマール」作戦ヲ実施ス

4、航空ハ艦船攻撃ト「モロタイ」「ビアク」基地ノ攻撃ヲ併用シ敵機動部隊ニ対スル攻撃ヲ準備ス

5、「バゴロッド」「パラワン」「ミンドロ」ニ対シテハ飛行機以外投入セス

6、「ルソン」ニ於テハ攻勢防御トシ情勢最悪ノ場合ニ於テハ中北部ヲ確保ス

(ハ)前記方針ニヨリ海軍ト交渉ノ結果

1、海軍ヲ陸軍ノ指揮下ニ入レルコトハ困難ナリ

2、海軍ハ依然「レイテ」決戦思想ヲ固執シアリ

(ニ)前記思想ニ基ツキ今後航空勢力ノ推移

1、十一月以降「レイテ」島航空作戦ニ於テハ我レ勝テリトノ印象ヲ得タリ、今後努力セハ航空必勝ノ目途ナシトセス

(2)、十二月上旬以降「モロタイ」「ビアク」ノ敵勢力著シク増加セリ

(3)現在迄ニ比島ニ投入セル兵力ハA一、二〇〇機B六〇〇機ナリ、

十二月ニ於テハ

A 六六〇機（内ト号一〇〇機）
B 四一六機
計一〇七六機推進

一月予定

A 四六〇機
B 四〇九〃
計八六九機

二月予定

A 五七〇〃
B 六七八〃
計一二四八機

右航空推進予定ニ依レハ一月カ最大ノ隘路ニシテ一般ニ質ハ著シク低下シアルモ整備力ノ増強ニ依リ補［補］足シ得ベシ、

(4)十一月十二日ヨリ十二月十二日ノ一ヶ月間ニ於テ陸軍航空ニ依ル敵艦船ノ撃沈ハ五一隻二五万総屯ナリ、

右ノ比率ニ依リ作戦ヲ続行セハ航空必勝ノ目途存ス
(ホ)以上ノ作戦思想ヲ把持スルニ至リタル理由（第二課長）
(1)敵「オルモック」ニ上陸シ軍需品ヲ喪失セリ、
(2)「カリガラ」湾逆上陸不可能トナレリ、
(3)「レイテ」突入成功船舶ハ六五％軍需品ノ到着ハ45％ニシテ所要ニ充タス
(4)敵ノ「ミンドロ」島上陸ニ伴ヒ新情勢展開セリ
右ニ依リ今後措置スヘキ事項
(1)東南支那沿岸ノ防備強化
(2)台湾及南西諸島ノ兵力増強（各一師団ヲ投入）
(3)油還送ノ促進
(4)航空ノ推進
(5)内地防衛ノ強化、
(6)特攻兵器ノ推進、
(ヘ)前記第二課ノ研究ニ対スル第一部長、次長、総長ノ所見、
第一部長
(1)彼我兵力ノ懸隔ニ起因スル作戦指導上ノ困難ニ際シテハ消極ヲ排シ積極合理的ニ難局ヲ打開スルコト肝要ナリ、
(2)航空作戦ノ縦深性ヲ検討スルヲ要ス
即チ戦力推進ト陸海軍航空ノ進出ヲ調整スルヲ要ス
次長
(1)大本営トシテ「ルソン」地区ニ対スル兵力投入ノ限度ヲ把握スルコト
(2)比島ニ対スル燃料ヲ処置スルコト
総長
(1)以上ノ構想ハ現情勢ニ対スル考ヘ方トシテハ可ナリ但シ思想ハ固著［着］スルコトナク弾力性ヲ保有セシムルヲ要ス
(2)本構想ハ35A、14HAノ気持ヲ確カメタル後決定スルヲ要ス
(3)航空依存ハ兵力及効力ニ於テ限度アリ、
(4)全般作戦ニ於テ積極性ヲ失ハヌコト特ニ肝要ナリ、
第二課ノ包懐セル作戦構想ハ前述ノ如クナルモ戦争指導ノ観点ヨリ考察セハ稍々現象ニ捉ハレ過キタル神経質的思想ノ動揺トモ看取セラル
戦局ノ実想［相］ヲ静観セハ捷一号作戦ノ構想就中「レイテ」決戦完遂ノ決意ヲ決定セラル当時ノ予想ト

変化アリヤニ関シ反省ノ要アリ、
曰ク「レイテ」ノ地上作戦ノ進捗意ノ如クナラスト、曰ク敵「オルモツク」ニ上陸セリト、曰ク敵「ミンドロ」ニ上陸セリト
斯カル事象ハ「レイテ」作戦遂行ノ阻害抗力トシテ当然起リ得ヘキ現象ニシテ何等新情勢ノ展開ニハ非ス。寧ロ斯カル現象ニ眩惑セラレテ「レイテ」決戦ノ意志動揺セル場合ニ於テノミ極メテ憂慮スヘキ情勢ニ進展スル危険性ヲ有ス　作戦当局ノ思想ニハ極メテ不満足ナリ、

二、本日午后B-29約七十機名古屋地区ニ来襲セリ、
戦果左ノ如シ
撃墜確実　一二機
〃　不確実　四機
撃破　二二機
（計三八機）
我ガ損害左ノ如シ
自爆未帰還　六機　大中破　八機

十二月十九日　火曜

一、特攻鉄心隊一機ハ昨十八日十五時三十分「ミンドロ」島「サンホセ」ニ於テ大型輸送船一隻ヲ撃沈セリ、

二、本日（昨夜）左ノ如キ内閣改造企図セラレタルモ実現セス
大東亜大臣へ　二宮文相
文部　〃　田中［武雄］書記官長
運通　〃　村田省三［蔵］
軍需　〃　吉田　茂
書記官長へ　斉藤弥平太中将
然シテ右改造ハ実現ヲ見サリシモ
吉田茂氏（九州地方行政協議会長）ヲ軍需大臣へ
小林躋造海軍大将ヲ国務大臣へ
夫々親補セラル
小磯内閣モ終末近キヲ思ハシムルモノアリ、

三、統帥部ノ提案シアリタル船舶徴傭要請ニ対シテハ本日陸軍次官ヨリ次長ニ対シ左ノ如ク解答セリ、
(イ)陸軍ハ左ノ如ク徴傭ス
十二月　五・五万総屯
一月　七・五〃
二月　二　〃
（計一五万総屯）
(ロ)損耗補填ハ十九年度中ハ実施セス

二十年度ハ陸海軍ニ対シ各月ノC船ノ喪失分ヲ含ミC船保有ノ7％ヲ補填ス

(ハ)右船舶ノ徴傭ニ伴ヒ統帥部ハ燃料還送ハ絶対優先トシ第四、四半期最小限三十五万竏ヲ確保スル如ク努力セラレ度、

右ニ対シ次長ヨリ次官宛口頭ノ形式ヲ以テ左ノ如ク徴傭ノ発動ヲ要請セリ、

「陸軍省解答案ニ依リ関係方面トノ協議ヲ進メ遅クモ二十一日最高会議ニ於テ決定シ二十二日ヨリ徴傭ヲ発動シ得ル如ク取リ運ハレ度

陸軍省希望条件ニ関シテハ其ノ必成ヲ期シ極力努力スルコト、致度」

十二月二十日　水曜

一、独軍ハ西部戦線ニ於テ十二月十六日ヨリ「アーヘン」東南地ヨリ「ルクセンブルグ」ニ亘ル約一〇〇粁ノ正面ニ於テ攻勢ヲ開始セリ、

其ノ使用兵力ハ不明ナルモ戦略予備一〇ヶ師団程度ヲ投入シ重点ヲ「アーヘン」南側ヨリ「リエージュ」方向ニ指向シアリテ現在既ニ約三十粁ヲ突破セリ、今後ノ進展期シテ埃ツヘキモノアリ、

論者或ハ前大戦ニ於ケル独第五次攻勢ト同一視シ独軍崩壊ノ端緒タルヘシトノ論ヲ為ス者アルモ断シテ然ラス、今次独軍ノ攻勢規模ハ従［縦］ヘ少ナリト雖モ敵側ノ物心両面ニ加フヘキ打撃ハ相当ノ期待ヲ保持シ得ルモノト考察セラル

二、南方総軍ノ「ミンドロ」上陸ニ伴フ比島方面ニ於ケル情勢判断ハ可ナリ、流石ニ総軍ノ権威ヲ保持シアリ、

十二月二十一日　木曜

一、駐芬武官小野打［寛］大佐ノ帰朝報告要旨左ノ如シ

(イ)芬蘭問題ニ就テ

「ソ」ハ芬ニ対シ極メテ慎重ニシテ漸進主義ヲ採リツ、アリ、今後芬ノ食糧問題ハ重大化スヘク、芬国内ノ状態ハ反「ソ」観念依然旺盛ニシテ、独ニ対スル反感ハ認ムヘキモノナシ、

芬ノ脱落ハ結局「マンネルハイム」元帥ノ意志薄弱ニ依ルモノナリ、

「ソ」ハ思想的ニ共産党ノ徹底的滲透ヲ図リツ、アリテ「ジュダノフ」ハ「レニングラード」ヨリ「ヘルシ

ンキ」ニ既ニ進出シアリ、
(ロ)瑞典［スウェーデン］ハ徹底的ニ親英米ナルモ目下石炭ヲ独ニ依存シアル関係上表面的ニ独トハ断交シアラス
諾威［ノルウェー］ニ対シテハ独ハ「ナルヴイク」以南ヲ確保スルニ努ムヘシ、
(ハ)「ソ」ノ国内問題ハ食糧ニアリ、即チ目下援「ソ」物資ノ主体（本年ハ三〇〇万屯）ハ食糧ナリ、従ツテ「ソ」ハ米ニ対シテハ協調ヲ保持スヘシ
本年八月ニ於ケル「ソ」ノ工業力ハ戦車月産一、八〇〇台飛行機月産三、〇〇〇機ナリ、
「ソ」ノ青少年ノ戦意ハ旺盛ナルモ中年以上ノ者ニハ厭戦気運アリ、現在冬季攻勢一時停頓ノ状態ニアルハ戦力関係以外ニ期［断］カル国内事情ノ反映ニ依ル攻勢名目ノ行キ詰リモ一要因ナルヘシ、従ツテ今後「ソ」ハ独ト和平ハ実施セサルモ実質的停戦ニ陥ルノ公算頗ル大ナルヘシ
「ソ」ノ対日動向ハ大東亜戦ニ現状ヲ維持スル限リ絶対変化ナカルヘク、中立条約モ廃棄セサルヘシ（本件「モスコー」ノ観察モ同シ）
(ニ)独ハ内ト外トノ観察ニハ大ナル相違アリ、外ノ観察ハ主トシテ英米ノ宣伝ニヨリ著シク悲観的ニシテ内ノ観察ハ独ノ宣伝ニ依リ著シク強気過ルノ傾向ヲ有ス、
独ノ最大ノ弱点ハ「インテリ」層ニ於ケル戦勝目途ニ対スル不安ナリ、
而シテ独ノ妥協工作ハ第二戦線実現迄ハ第二戦線破摧ノ機ニ対英米妥協ノ余地アリト考ヘアリシモ現状ニ於テハ対英和平ハ絶対ニナク、独「ソ」和平モ亦困難ニシテ従ツテ戦争終末ノ目途ナシト観ルヲ至当トスヘシ、
但シ独ニ於テハ依存妥協ノ希望アリテ「ヒムラー」ノ如キ者スラ工作ヲ実施シアルカ如シ、
二、第六航空軍ノ編成上奏御裁可アラセラル
今後防衛総司令官ノ隷下トナルモ之ヲ直轄トスヘキヤ、各軍管区ニ分属スヘキヤハ研究問題ナリ、
三、本日B-29満州ニ来襲セリ（奉天、撫順、鞍山）
第一次　各地区一〇機内外
第二次　六〇機
四、本日十五時ヨリ第三十六回最高戦争指導会議ヲ開キ船舶徴傭ノ件決定ス　其ノ席上ノ経緯左ノ如シ
先ツ陸軍々務局長ヨリ作戦上ノ必要、陸軍船舶ノ現状、

国力ニ及ホス影響、国内強力施策ノ必要等提案理由ヲ説明ス、

之レニ対シ綜合計画局長官、軍需大臣、運通大臣共ニ賛成セルモ、海軍々務局長ハ突然、本件ニ関シテハ未タ両統帥部ノ意見一致シアラサルヲ以テ本日ハ留保セラレ度トノ発言アリ、真田局長ハ直チニ之ヲ反駁セルモ、海軍大臣ハ陸、海ト海軍ノ要望ヲ挿入スヘシト主張シテ譲歩セス、

茲ニ会議ハ停頓ノ状態トナリタルヲ以テ一時休憩ノ上、真田軍務局長ハ泰〔秦〕次長ト相談ノ上独断海軍大臣ノ要望ヲ入ルルコト、シテ決定ス

（斯カル議論ノ際ニ梅津総長ハ上奏ノ為退出シアリタリ）

以上ノ経緯ノ如ク今般ノ徴傭ハ専ラ陸軍作戦ノ必要上惹起セル問題ニシテ最後迄陸軍ノ努力セル所ナルニモ拘ラス、決定最後ノ瞬間ニ於テ、海軍ニ便乗セラレタルモノナリ、

而シテ本朝来海軍統帥部ハ従来ノ主張ヲ変更シ七月モ徴傭ヲ強硬ニ主張シ来リ、両作戦課ニ於テ思想ヲ調整セントシタルモ遂ニ最後会議迄ニハ妥結スルニ至ラス、専ラ政治的ノ観点ニ於テ決定セラレタル次第ナリ、

両作戦課ノ最後的話合ヒニ於テハ

十二月　A　五・五万屯　　B　ナシ

一月　A　四・七〃　　B　二・八万屯

二月　A　一・〇〃　　B　一・〇万屯

合計A一一・二万屯、B三・八万屯ト一応ノ解決点ニ到達セルモ　以上ノ如キ最高会議席上ノ経緯ニモ鑑ミ一月以降ノA、B配分ニ関シテハ留保スルコトニ陸軍内トシテハ意見一致ス

五、本日台湾軍司令官ハ台湾総督ヲ兼任スルコトニ定メラル　待望ノ二位一体制ノ確立実現シ今後ノ戦争指導ニ一大光明ヲ見出セリ、上司ノ決断ニ感謝ス

十二月二十二日　金曜

一、二十日夕刻特攻万朶隊及若桜隊各一機ハ「タクロバン」沖ニ於テT二隻ヲ炎上撃沈セリ、

二、第四航空軍ハ昨二十一日夕「ミンドロ」島「サンホセ」ニ向ヒ北上中ノ敵艦船四〇ヲ攻撃シ左ノ戦果ヲ収メタリ、

撃沈　大型T　二隻

炎上　T　二隻
C－D　一隻
艦種不詳二隻

右攻撃ハ特攻殉義隊（七機）旭光隊（四機）参加セリ、

三、本日午後名古屋地区ニB-29一一〇機内外来襲セリ
戦果撃墜二〇機（内不確実四機）撃破二〇機以上

十二月二十三日　土曜

一、昨二十二日特攻殉義隊（二機）石腸［腸］隊（一機）ハ「サンホセ」沖ニ於テC－D二隻ヲ撃沈セリ、
尚二十一日「サンホセ」沖ニ於ケル旭光隊（四機）ノ戦果ハC－D一炎上

二、本日午后一時ヨリ種村大佐（田中中佐同行）ハ外務大臣ヲ訪問シ左ノ如ク懇談セリ、

(イ)仏印問題ニ関シ
先ツ統帥部ノ作戦準備進捗状況並ニ将来ノ見透ヲ説明シ仏「ソ」同盟等情勢ノ変化ニ依リ対仏印問題ニ再考ノ余地ナキヤト質問セルニ対シ、
外務大臣トシテハ目下佐藤大使ニ訓令シ「ソ」ノ意嚮［嚮］ヲ打診中ナルヲ以テ、大使ノ意見ヲ聴取後意志ヲ決定シ度ト答フ、
大臣個人ノ感想如何ト問ヒタルニ五分五分ナリト答ヘタリ、
但シ作戦準備ハ既定方針ニ基ツキ進メラレ度トノ意見ナリ、更ニ仏印軍備問題ニ関シ、軍ノ生存ニ必要ナル軍備ハ断乎要求スヘキモ、其他ニ関シテハ政治的ニ相当圧縮ノ余地アリト話シタル所大臣モ同意見ナリ、

(ロ)津軽海峡問題
陸軍ハ原則トシテ通過異存ナキモ、本件ヲ箇々ノ問題トシテ取リ上クルハ一考ヲ要シ全般的日「ソ」国交好転ニ資スル如ク取扱フヲ可トスヘキ旨話シタル所、大臣モ同意見ナリ、但シ海軍ニ於テハ事務的ニ頗ル難色アルヲ以テ政治的ニ解決ノ要アル旨附言セリ、

(ハ)支那軍政問題ニ関シ
軍ノ企図スル軍政問題トハ国民政府解消トハ全然別個ノ事ニシテ、日本側機関ヲ軍ニ統合セントスル意図ナルコトヲ説明セル所
大臣ハ主旨ハ同意ナルモ名義ハ存シタシトノ従来ノ意見ヲ依然固執ス

(ニ)対重慶工作ニ関シ

大臣ノ所感ヲ質シタル所、現状ハ重慶ノ対日工作ノ感アリテ重慶ノ事情ハ全然不明ナリト答フ、之レニ対シ大東亜政策ヲ超脱シ世界的ノ外交政策ヲ樹立セラレテハ如何ト意見ヲ具申セル所一案ヲ作成スヘシト答フ、

十二月二十四日　日曜

一、本日第八十六議会成立ス

十二月二十五日　月曜

一、本日大正天皇祭

二、林第三課長支那出張報告要旨左ノ如シ、

(イ)東南支那沿岸兵備強化ノ件

本件ニ関シテハ支那派遣軍ノ包懐スル今後ノ作戦思想ト大本営ノ意響［嚮］トヲ十分調整スルノ要アリ、

派遣軍ノ情勢判断ニ依レハ

1、重慶ハ後一押セハ壊滅ス

2、東南支那沿岸作戦ト奥地作戦トハ平行シテ惹起スルモ、東南支那ニ於テハ決戦不可能ナリ、

依ツテ派遣軍トシテハ西向作戦ニ専念シ決勝的戦果ヲ獲得スルヲ要スト為シアリ、之カ為

(1)二十年二月―三月ヨリ作戦ヲ開始シ主力四ヶ師団（116D 40D 47D 61D）ヲ以テ先ツ老河口、常徳、シ［芷］江ヲ奪取シ次テ貴陽ニ突入ス

(2)一部（3D 13D）ヲ以テ独山方向ヨリ昆明ヲ奪取ス、

(3)次テ四川要地ヲ奪取ス此ノ際後方ハ揚子江ニ保持ス

以上ノ構想ハ総司令官ノ確［ママ］キ決意ナリ、

支那派遣軍トシテ企図シアル東南支那ノ兵備ハ

福州附近　一ヶ旅団

厦門・仙頭　地区　一ヶ師団

広東地区　二ヶ師団（仏印投入予定ノモノヲ残置スルコト［］

尚ホ登集団［第十三軍］トシテハ舟山列島ヲ重視シ一師団（已ムヲ得サレハ旅団）

(ロ)低装備師団増加ノ件、現地ハ中央ノ意嚮ニ異存ナシ

(ハ)治安兵備ノ件

支那治安悪化ノ原因ハ全般戦局ノ推移ト兵力密度ノ減少ニアリ

尚ホ支那特警ノ用法ニ関シテハ更ニ編成主旨ニ鑑ミ現地ヲ教育ノ要アリ、

(ハ)自戦自活兵備ノ件

支那ニ於ケル自戦自活兵備促進ノ為ニハ中央ヨリ技術者ヲ派遣シテ現地技術陣ヲ強化スルニ存ス、之カ為ニハ

(1)補給廠関係ノ強化
(2)各師団ニ部長ノ増強　} ヲ必要トス

支那ニ於ケル兵器自給編成ハ一応十二月中ニ完結スル予定ニシテ其ノ見透左ノ如シ

小銃	三万挺	昭和二十年上期ノ目標
重擲	一七〇〇〃	
Lg	一五〇〇〃	
Mg	二〇〇〃	
迫撃砲	二〇〇〇門	
銃弾	四〇〇万発	

尚鹵獲兵器ノ活用ニ関スル第一線ノ著［着］意ハ不十分ナリ

更ニ自器自活ノ為ニハ上海、天津、青島ノ施設ヲ活用スルコト肝要ナリ、

(ホ)輸送殊ニ大陸鉄道兵備ノ件

支那ニ於ケル輸送力ハ摩［麻］痺ノ状態ニアリ、

(ヘ)航空兵備ニ関スル件

支那ニ於ケル航空部隊ノ戦力充実ハ速急ニ実施スルヲ要シ今後情勢推移ニ即応スル為左ノ如キ指揮組織ヲ確立スルヲ要ス

西向作戦ノ為　一師団
東南支那〃　一飛行団
三角地帯ノ対潜防空ノ為　一飛行団

尚右ニ関連シ航空情報、通信気象部隊ノ増強ヲ必要トス

以上ヲ綜合シ今後支那兵備ノ隘路ト［ママ］所ハ

(1)馬匹ノ不足
(2)幹部殊ニ各部将校ノ不足
(3)輸送力ノ不足

十二月二十六日　火曜

一、昨二十五日午前「レイテ」島「パロンポン」ニ敵上陸セリ、

兵力未詳ナルモ上陸用舟艇五〇―六〇隻ニ依ルモノ、如シ

二、昨夜我カ航空部隊ハ「サイパン」ノB-29基地ヲ攻撃

シ相当ノ戦果ヲ収メタルモノ、如シ、

三、本日ノ部長会報ニ於テ次長ヨリ「サイパン」奪回作戦ニ関シ新構想手段ヲ研究スヘキコトヲ命セラル、

四、今後戦争指導ノ諸問題ニ関シ午后四時ヨリ市ヶ谷別館ニ於テ省部主務者ノ研究ヲ実施シ「決勝非常措置要綱(第二次案)」ヲ取纏メ、各々上司ニ報告シ、之カ実現ヲ期スルコト、セリ、

第二十班ノ研究漸ク省部間ニ於テ其ノ緒ニ就カントシツ、アリ、

十二月二十七日　水曜

一、昨夜我カ航空部隊ハ更ニ「サイパン」基地ヲ攻撃セリ

二、本日B-29約五十機帝都周辺ニ来襲セリ、

戦果　撃墜一四機(内不確実五機)撃破二七機

損害　自爆未帰還　四機

尚ホ本日ノ邀撃戦ニ於テ帝都上空ニ於ケル敵機撃墜ハ七〇〇万都民ノ視聴ヲ集中シ為ニ志気愈々昂揚セリ、

三、本日第二課及第十課主務者ヨリ一月以降ノ機帆船ノ徴傭ニ関シ提案アリタルモ、要ハ徴傭技術上能否ノ点ニ存スルヲ以テ先ツ統帥部ノ要請ヲ事務的ニ陸軍省ニ移シ検討成果ヲ得タル上、決心スルコトニ協議セリ、

十二月二十八日　木曜

一、第一部長比島出張報告ノ要旨左ノ如シ

(イ)「レイテ」方面ニ対シ初期ノ期待ヲカクルコトハ最早不可能ナリ、今ヤ全比島ニ決戦的様相ハ展開セラレツ、アリ

(ロ)現地軍ハ「レイテ」及「ミンドロ」戦況ニ依リ稍々反動心理ニ捉ハレアル点尠シトセサル時日ノ経過ト共ニ鎮静スヘシ、

大本営トシテハ明朗ナル気持ヲ以テ現地ヲ指導スルコト肝要ナリ、

(ハ)現地ニ於ケル幕僚勤務ハ不良ナリ、殊ニ自ラ難局打開ニ挺身セントスルノ意気ナク上司及関係部隊ノ欠点追及ヲ事トシアルハ最モ遺憾トスル所ナリ、

(ニ)従来ノ比島ハ戦場観念皆無ナリシモ、今ヤ全面的ニ頭ヲ切リ換ヘテ指導セラレツ、アリ、

(ホ)幕僚統帥多ク、統帥ノ筋道ヲ確立スルヲ要ス

二、先般ノ船舶増徴問題ニ関連シ関係省主務ノ検討セル国力検討ノ結果ヲ内閣ニ於テ報告セリ、内容ハ従来悉ク

熟知シアル点ニシテ之カ積極的打開ノ方途確立ニ関スル熱意ト工夫ハ未タ不十分ナリ、

十二月二十九日　金曜

一、二十七日約一ヶ連隊ノ敵「サンシイドロ」ニ上陸セリ、茲ニ於テ「レイテ」ニ対スル、我カ最後ノ補給基地ハ遮断セラル

第三十五軍ノ状況ハ未タ詳カニシ得ス

二、本日池田関東軍総参謀副長ヨリ満州ノ現状ニ関スル報告アリ、

帝国刻下ノ施策ニ関シ取ツテ以テ範トスル点左ノ如シ、

(イ)航空機工場ノ徹底的分散疎開ノ実行

(ロ)航空機製鉄関係ノ地下転移ノ着手

(ハ)勤労国家管理ノ断行

右報告ニ関連シ次長ヨリ左ノ二点ヲ強力ニ要望セリ、

(イ)「アルコール」ノ大増産計画ノ具体的推進

(ロ)昭和十九年度鉄鋼約十万屯ノ計画外陸軍寄与

十二月三十日　土曜

一、兵備課長一行ノ朝鮮視察ノ報告アリ、

判決ハ朝鮮ニ於ケル今後ノ施策完遂ノ為ニハ速カニ軍司令官、総督ノ二位一体制ヲ断行スルニ在リト

二、本日十四時ヨリ第三十七回最高戦争指導会議ヲ開キ左ノ諸点ヲ協議セリ、

(イ)仏印処理問題

外務大臣ヨリ仏印ニ対スル武力行使ノ実行ニ関シテハ今後一月中旬頃迄ノ情勢ヲ勘案シ概ネ同時期ニ決心致度ト発言シ全員異議ナシ、

総理ヨリ右決心ノ時機ハ敵ノ仏印ニ対スル上陸等ノ公算モアルヲ以テ成ルヘク早キヲ可トストノ意見アリタルモ両統帥部ノ作戦的準備ヲ根基トスヘキヲ以テ原案ヲ可トスルコトニ決定セリ、

(ロ)「レイテ」作戦ノ見透如何トノ質問、総理ヨリアリタルモ両統帥部トシテハ深入スルコトヲ避ケタリ、

(ハ)外地ニ於ケル物資取得問題

外務大臣ヨリ仏印ノ軍備問題ニ関連シ、現地ニ於ケル陸、海、大東亜三者間ノ競争的争奪ニ依リ著シク混乱シアリテ、斯カル事象ハ泰及支那ニ於テモ顕著ナルヲ以テ此ノ際「外地ニ於ケル物資収得ヲ統一シテ行フ」件ヲ速カニ決定セラレ度トノ提案アリ、之ニ対シ全員

異議ナク年明ケ早々決定スル如ク事務的ニ一案ヲ作ルコトニ一致セリ、

(二)次テ秦次長ヨリ燃料問題ニ関シ過般来政府側ノ研究結果ハ消極低調ナルヲ以テ、更ニ努力セラレ度旨発言セルニ対シ書記官長ヨリ積極的対策ヲ樹立シ、要望ニ応スヘキ旨返答セリ、

十二月三十一日　日曜

一、昨三十日特攻進襲隊（五機）ハ「サンホセ」附近敵船団ヲ攻撃シ、左ノ戦果ヲ収ム

大型T　一隻撃沈

C　二隻轟沈

中型T　二隻炎上

二、台湾総督ニ安藤［利吉］台湾軍司令官原職ノ儘親補セラル

決戦下二位一体制ノ先駆トシテ誠ニ慶賀ニ堪ヘス

三、自由印度仮政府ニ対シ蜂谷［輝雄］公使任命セラル、

四、多難ナル二六〇四年ヲ終ル、

昭和二十年

一月一日　月曜

一、皇紀二六〇五年ノ光輝ナル決勝ノ新春ハ「サイパン」ヨリスルB-29ノ爆撃下ニ明ケタリ、

我レ苦シキ時ハ敵モ亦苦シ、今年コソハ彼我共ニ死闘ノ関頭ニ臨ムヘキ年ナリ、二十班トシテハ戦争指導ニ関シ左記事項ヲ上司ニ具申セリ

其ノ一

昭和二十年度重要研究並ニ懸案事項

第一、昭和二十年度重要研究問題

一、終戦方策

二、戦後経営方策

第二、重要懸案ニシテ速急ニ具体化ヲ要スル大綱

一、陸海一体ノ戦略大綱ノ確立

二、右ヲ根基トスル戦争指導大綱ノ確定

第三、戦争指導大綱ノ一環トシテ実現セシムヘキ当面ノ重要事項

一、陸海軍問題（大本営機構問題）

二、重要企業国家性附与問題

三、前二項ニ関連シ決勝非常措置要綱ノ強力ナル具現

四、最高戦争指導会議ノ構成及運営

五、内、外地ニ於ケル軍政吻合

(イ)内地　道州制確立

(ロ)外地　軍政機関一体化

六、支那問題解決

七、大陸鉄道ノ一元化ニ関スル件

第四、昭和二十年ニ於ケル業務指針

一、先見洞察

二、現況把握果敢断行

其ノ二

戦争指導上ヨリ観タル支那方面作戦ニ関スル観察（別冊）

近ク上京スヘキ支那派遣軍総参謀長ノ意見ヲ全面的ニ支持スヘキ意嚮ヲ具申ス

二、㋘*号兵器成功ノ朗報ニ接ス、敵艦船ヲ海底ニ葬ルノ日

近キヲ覚ユ

三、昨三十一日「アキヤブ」ニ敵上陸セルカ如シ

我カ方ハ既定方針ニ基ツキ既ニ自主的ニ撤退シアリ、

四、本日久シキ沈黙ヲ破リテ「ヒットラー」布告ヲ発セリ、

＊ 決戦兵器として研究開発した熱線を感知し目標に命中する爆弾。

一月二日　火曜

一、昨日具申セル支那方面作戦ニ関スル意見ハ総長、次長、第一部長共ニ主旨ヲ同意セラレ派遣軍ノ意見ニ対シテハ白紙ノ立場ニ於テ検討セラルルコト、ナレリ、

一月三日　水曜

一、三十日頃ヨリ南西諸島東南海域ニ近接中ノ敵機動部隊（空母一〇内外基幹ト判断ス）ハ本朝来台湾北部地区ニ来襲シ延五〇〇機ニ達セリ、

二、本日名古屋、浜松、大阪地区ニB-29約九〇機来襲セリ、「グアム」ヨリ発進セルモノナリ、

戦果　撃墜　一七機（内四機不確実）

撃破　二五機

三、次長ヨリ陸海合同促進ノ一トシテ両軍航空ノ統一ニ関スル案ニ就テ更ニ具体的方法ヲ研究ヲ命セラル

一案別紙ノ如シ

一月四日　木曜

一、機帆船徴傭ニ関シ、交通課ノ研究ヲ聴取ス

現在就航船ハ約一二万総屯ナルモ徴傭ノ対称〔象〕タリ得ルモノハ其ノ半数ト思考セラルルモ、更ニ機帆船及漁船ヲ具体的ニ検討シ且其ノ国力ニ及ホス影響ヲ研究ノ上改メテ省部主務者間ノ意見ヲ一致セシムルコト、セリ、

陸軍要望一七万総屯、海軍要望一月七万総屯ニシテ総保有量ヲ凌駕シアリ、目下ノ見透トシテハＡＢ計三一五万屯カ最大ナルヘシ

二、本日十四時ヨリ第三十八回最高戦争指導会議ヲ開キ左ノ議事ヲ行ヘリ

イ、決勝非常措置要綱ニ就テ

先ツ総理ヨリ施策内容ニ関シ説明シ之カ実行ノ決意ヲ表明セリ（内容ハ先般省部主務者ノ研究セル所ニ同シ但シ陸海合同及重要産業国営化ノ件ハ削除シアリ）

右ニ対シ総長ヨリ、
統帥部トシテハ是非実行ヲ望ムヘキ旨発言ス
次長ヨリ左ノ点要望ス
イ、液体燃料問題ノ解決
ロ、国内防衛問題ノ解決、
ハ、支那ニ於テハ太平洋戦線ノ波及スルコトヲ目途ニ統一整理スルコト就中物資取得ヲ一元化スルコト、
陸軍大臣ヨリ
大陸鉄道ノ一元化ヲ実施スルヲ要スト発言セルニ対シ輸転材料ノ一元化テハ如何トノ議アリタルモ結局会社一元化ヲ促進研究スルコト、セリ、
海軍軍務局長ヨリ、
防衛ト行政トノ吻合ハ主旨ハ可ナルモ裏日本ト表日本トノ関係ヲ考慮スルト共ニ軍需生産ノ関係ヲモ含マレ度（鎮守府管区ノ関係ヲ考慮ノコト）
三、昨三日「トルコ」ハ対日断交セリ、

一月五日　金曜

一、昨四日約四〇〇機ノ艦載機台湾ニ来襲セリ、
二、昨四日夕刻特攻一誠隊（三機）ハキューヨー島附近ニ於テ敵機動部隊ヲ攻撃シ左ノ戦果ヲ収ム
空母一隻　戦艦若クハ巡洋艦二隻轟沈
三、支那方面今後ノ作戦指導ニ関スル、松井［太久郎］総参謀長ノ報告要旨左ノ如シ
1、全般ノ構想
米軍ノ東南支那沿岸上陸ノ時機ヲ本年中期以降ト判断シ其ノ来攻ニ先タチ四川ニ進攻シ重慶ヲ覆滅スルニアリ、
2、右構想ヲ採用スル理由、
イ、重慶ノ企図ヲ事前ニ覆滅ス
ロ、本年中期以降ニ於ケル二正面作戦ノ困難ヲ予メ克服ス
ハ、敵航空基地ヲ覆滅ス
ニ、支那問題ヲ解決ス
ホ、四川進攻作戦ノ可能性、
二ヶ師団ノ南方転用中止ヲ前提トス、
後方的ニハ戦略挺進ノ思想トス
重慶政権トノ全面和平ハ成立セス、従ツテ重慶ノ分裂崩壊ニ依ル延安政権ノ中央化ヲ企図ス

へ、今後ニ於ケル緬甸方面軍ノ作戦推移ヲ考察セハ支那ニ於テ西方ニ地歩ヲ拡大シ置クコト必要ナリ、

ト、東南支那沿岸ニ上陸スル米軍ニ対シテハ決戦ヲ指導スルコト困難ナルモ重慶軍ニ対シテ容易ナリ、

チ、将来大陸ニ於ケル南方打通ヲ考慮スルモ西向作戦ヲ必要トス

3、兵力運用ノ大綱左ノ如シ

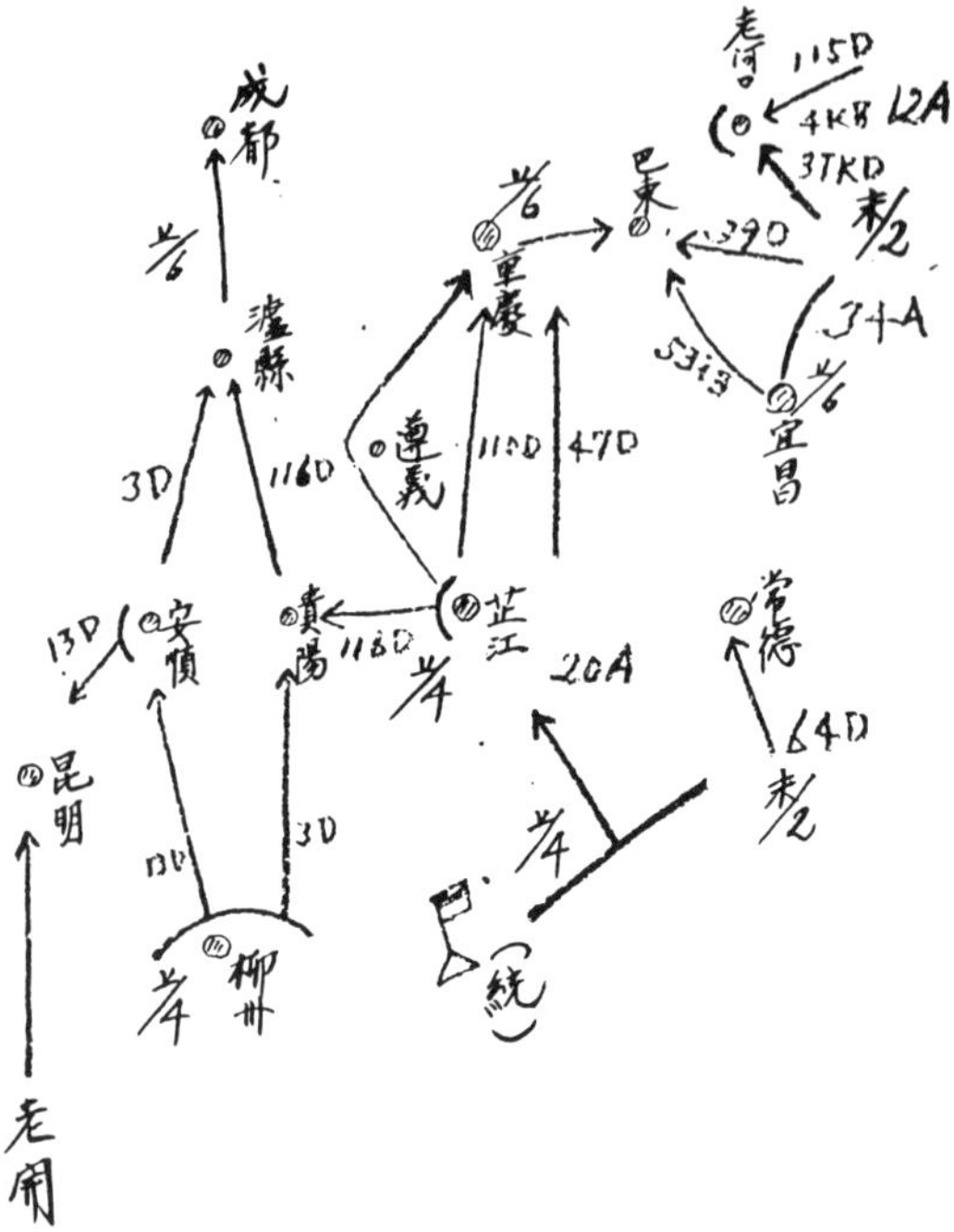

4、東南支那沿岸ニ対スル敵情ト兵力運用

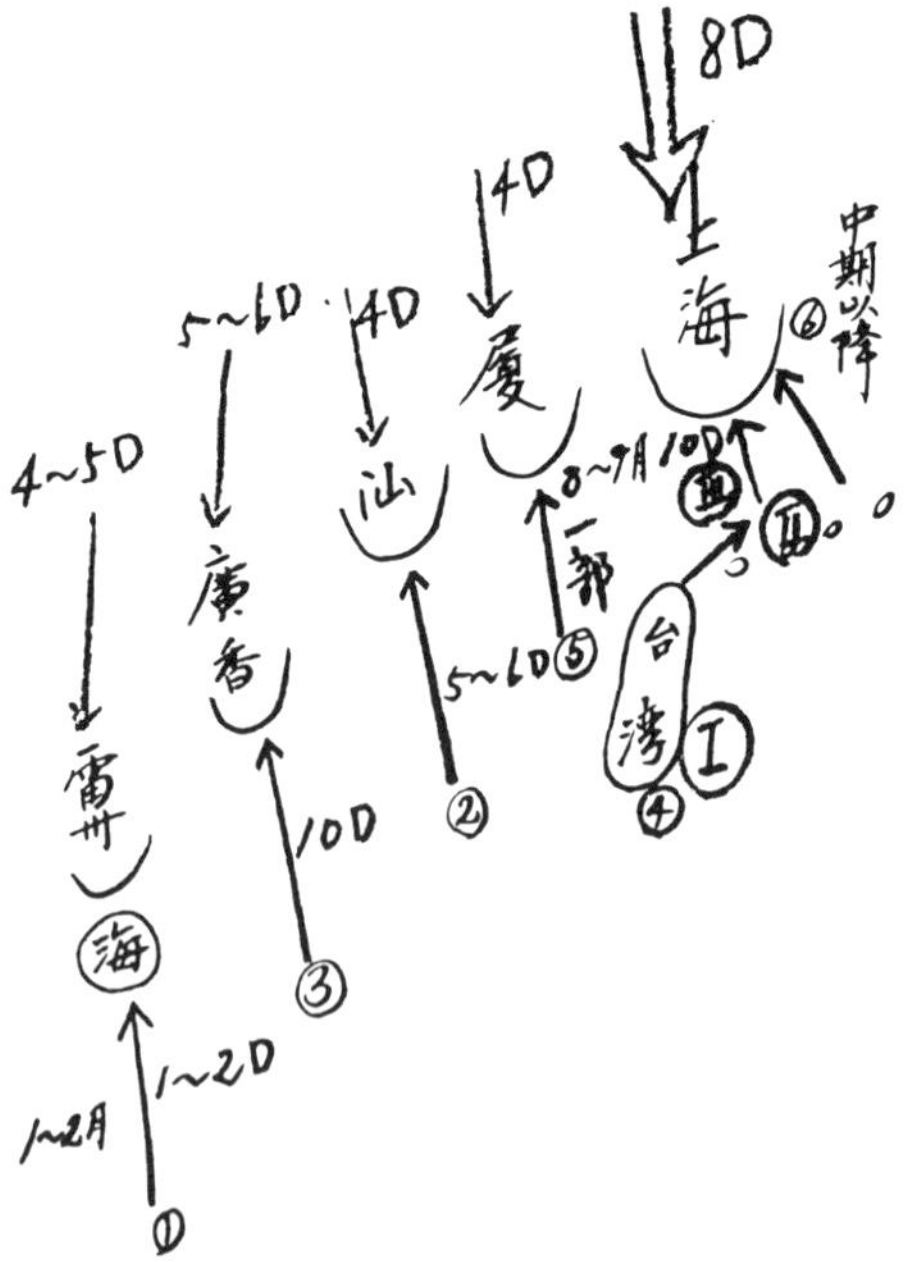

一月六日　土曜

一、支那派遣軍総参謀長ノ作戦連絡ニ対シ作戦課トシテ研究セル結果左ノ如シ（細田〔熙〕中佐説明）

総長ヨリ総司令官ニ対スル回答腹案

四川進攻作戦ニ関スル司令官ノ構想ハ可ナルモ帝国全般ノ戦略態勢並ニ国力ノ現状ニ鑑ミ主敵米ニ対処スル関係上両作戦ヲ同時ニ実施スルコトハ不可能ナ

リ、従ツテ派遣軍ハ取リ敢ヘス対米作戦ニ専念スル為東南支那方面ノ戦備ヲ強化セラレ度、

二、作戦課トシテハ事務的ニ前記ノ如キ思想ヲ堅持シアリタルモ第一部長以上ニ於テ戦争指導上ノ観点ノ下概ネ派遣軍ノ意見ヲ採用シ総長及第一部長ヨリ各々左ノ如ク回答セリ、

イ、総長ヨリ総司令官ヘ

総司令官ノ極メテ積極的ナル企図ニ関シテハ当方モ同感ナリ、

而シテ作戦規模及実行要領等ニ関シテハ更ニ検討ノ要アルニ付当方モ研究ノ上改メテ連絡ス

尚ホ東南支那沿岸方面ニ対スル急速ナル作戦準備ノ整備ニ関シテハ総司令官ノ透徹セル処置ヲ望ム

ロ、第一部長連絡要旨

1、比島方面ニ於テハ「リンガエン」ニ敵上陸セリ、従ツテ比島全域ニ捷一号ヲ徹底シテ敵ヲ撃滅ス

2、支那奥地進攻作戦準備ハ絶対ニ必要ナリ、殊ニ敵空軍ノ活動ヲ封殺スルハ最モ肝要ナリ、

3、東南支那作戦準備ヲ速急ニ整備シ重点ヲ広東以北ニ置キ上海周辺ニ於テ決戦ヲ指導スル如ク計画スルヲ要ス

4、今後ニ於ケル支那方面作戦ハ支那ノミナラス帝国戦争ノ根拠タルノ概ヲ以テ実施スルヲ要ス

5、南方ニ対スル二ヶ師団ノ転用ハ目下ノ所実施スル予定ナリ

即チ三月中旬迄ニ半師団（要スレハ一ヶ師団）残リ一ヶ師団ハ追而示ス

6、支那方面ヘ対シテハ取リアヘス兵力三〇万（五ヶ師団一四ヶ旅団独立警備隊九個）ヲ増加スル予定ナリ、

三、空母一二隻ヲ基幹トスル敵機動部隊（輸送船団ヲ含ム）ハ昨日来「ルソン」西方海面ニ行動中ナリ、「ルソン」島ニ対シ上陸ノ算大ナリ、

四、昨四日夕刻特攻一誠隊（四機）ハ空母二隻、戦艦一隻ヲ轟沈セリ、

一月七日　日曜

一、昨六日十時五分敵輸送船団二群「ルソン」島北「サンフェルナンド」附近ニ上陸ヲ開始セルカ如シ（未タ確報ナシ）

二、昨六日支那基地ノB－29九州地区ヘ来襲セリ、

一月八日　月曜

一、機帆船ノ徴傭ニ関シ先般来省部主務者間ニ於テ研究中ノ所一応諸種ノ影響ハアルヘキモ徴傭可能数量トシテハ三・五万総屯ヲ最大トスルコトニ意見一致セリ、而シテ海軍ノ要請ハ之ヲ認メサルコトトシ、細部ハ両作戦課ノ協定ヲ俟ツテ発動スルコト、セリ、

二、仏印処理ニ関スル作戦準備ニ関シ満足［彰］少佐ノ現地連絡ノ結果報告アリ、

一月九日　火曜

一、本日総理官邸ニ於テ対支緊急経済施策及支那ニ於ケル物資調達ニ関スル件ニ就テ各省主務者間ニ協議ヲ行ヘリ、

陸軍統帥部トシテハ支那ニ於ケル日本側機関ノ責任者ヲ此際明確ニ現地軍トスルコトヲ決定スヘキヲ強調セルモ文章トシテ表現セシムルニ至ラス

但シ陸軍ノ実質的主動［導］性ハ関係庁ニ於テ十分認メアリ、

二、本日「サイパン」基地ノB－29約六十機関東、東海地区ニ来襲セリ、

一月十日　水曜

一、昨九日一九時二〇分「リンガエン」湾ニ敵上陸ヲ開始セリ、目下判明セル兵力ハ船団三群護衛空母一乃至二群上陸用舟艇七〇－八〇隻程度ナリ、

二、昨日来襲セルB－29ニ対シテハ撃墜一一機（内体当リ四機）損害ヲ与ヘタルモノ一八機ナリ、

三、十二月中ニ於ケル陸軍飛行機ノ生産ハ計画二〇七〇機ニ対シ一〇五〇機ナリ、

尚現状ヲ以テ推移セハ爆撃損害ヲ一応見込マストモ今後約半年間ハ生産上昇ノ目途ナシ、

四、油還送ノ為作戦輸送ヲ実施スル件ニ関シ陸海中央協定成立セリ、

五、翼政、翼壮、翼賛ノ人事問題ニ端ヲ発シ、相当ノ動揺アリ、軍トシテハ先ツ、決戦措置ノ断行ヲ重点トシテ、国民組織ハ議会終了後ニ手ヲツケルコトトナル、而シテ軍ノ覘［狙］ヒトスル所ハ在郷軍人会ヲ強化シ、国民運動ノ中核タラシムルニアリ、

一月十一日　木曜

一、本日部長会報ニ於テ

次長ヨリ

内地軍隊ノ編成装備ヲ至急増強スル如ク研究スルコト

総長ヨリ

イ、南方全地域ヨリ作戦ニ必要ナキ人員ヲ速カニ還送スルコト

ロ、南方トノ連接鉄道ハ敷設スル意志ヲ明瞭ナラシムルコト

ハ、国内決勝施策ノ先駆トシテ陸軍先ツ之カ範ヲ示スコト之カ為、陸軍省部ノ重複業務ヲ速カニ是正スルコト次テ陸、海軍ノ実質的統合ヲ図ルコト、

二、十四時ヨリ第三十九回最高戦争指導会議ヲ開キ左ノ議事ヲ行ヘリ（本日ハ構成員ノ外、内務、運通、大蔵ノ各大臣出席）〔『敗戦の記録』参照〕

イ、大陸鉄道輸送確保対策ノ件、

提出案ヲ陸軍軍務局長ヨリ説明セルニ対シ先ツ準軍需輸送ト為ス件ニ関シ大東亜大臣ヨリ大陸総動員物資ノ輸送量如何、大蔵大臣ヨリ輸送物資中ニ塩ハ含ミアリヤ、運通大臣ヨリ現在輸送実績カ低下シアル卆〔率〕如何トノ質疑アリ、（幹事ヨリ夫々説明）

次テ鮮鉄ヲ満鉄ニ委托〔託〕経営セシムヘキ件ニ関シ内務大臣ヨリ、本件ハ朝鮮総督ノ申出ニ依リ削除セラレ度旨意見開陳アリ、

右ニ対シ梅津〔美治郎〕総長ヨリ

本件ハ重大問題ニシテ時機尚早ナリト思考ス

朝鮮ノ複線化完成ハ輸送量ハ飛躍的ニ増大スヘキニ依リ斯カル委托〔託〕経営ノ如キ無理ハ実施ノ要ナカルヘク殊ニ朝鮮総督ノ使命達成上本件ニハ同意致シ難シ

少クトモ朝鮮総督ノ同意ヲ得タル上決定ノ要アルニ付三月頃ノ情勢ヲ観テ、更メテ協議シテハ如何

次テ大蔵大臣ヨリ、本件主旨ハ速急実現ノ要アリ、東条〔英機〕内閣時代ニモ意見ヲ具申セルカ今ヤ実行ノ域ニ達シアルモノト認ム、

以上各大臣ノ発言ニ対シ真田〔穣一郎〕幹事ハ「以上議論ノ要点ハ方針トシテ可ナルモ時機尚早ナリトノ結論ニ到達スルヲ以テ此ノ際委托〔託〕経営ノ方針ノ下ニ準備ヲ実施セシメテハ如何」

ト提案ス　之ニ対シ総理ハ熟考ノ後委托［託］経営セシムルコトニ同意セリ、従ツテ第五項ノミヲ保留シ爾余ハ決定トナレリ

ロ、支那戦時経済対策ニ関スル件及支那ニ於ケル物資調達ニ関スル件、

本件ハ各員感謝ノ裡ニ決定セリ、

真田幹事ヨリ本案ノ実行ニ当リテハ一〇〇万ノ大軍ヲ有スル現地陸軍カ中核トナリ実行スルノ要アリ

本件主旨ニ関シテハ幹事並ニ幹事補佐間ニ於テモ意見一致シアル旨発言セルニ対シ、大東亜、大蔵大臣ヨリ是非陸軍中心トナリ実行セラレ度トノ応答アリ（此ノ際海軍ハ沈黙シアリ）

従ツテ表面文章上ニハ「陸軍ノ強力ナル推進」トアルモ実質的ニ陸軍ノ中核的指導力ヲ中央ニ於テ認メタルコト、ナレリ、

本件ハ今後ノ対支政策上一大転機ヲ画シタルモノト考察ス

ハ、国内緊急施策要綱ニ関スル件

内閣書記官長ヨリ提案理由ヲ説明シ殊ニ道州制ノ採用ヲ明確ナラシムル件ハ陸海軍ヨリ強力ナル要請アリタルモ国内ノ複雑ナル理由ト内容ノ大部ハ閣議事項ナルトニ依リ、道州制ナル文句ハ削除セリト発言ス（必要ハ十分認識シアリ）

右ニ対シ海軍大臣ハ反対ナル旨発言セリ、之ニ対シ真田幹事ヨリ本案主旨ハ幹事及幹事補佐間ニ於テ数回ニ亘リ熟議シ其ノ際海軍側ヨリモ強硬ナル主張アリタルニモ拘ハラス、海軍大臣ノ反対意見ニハ承服致シ難シト発言

次テ秦［彦三郎］次長ヨリ、今ヤ情勢緊迫シ近ク本土戦場化セントスル折柄、本案程度ニテハ如何カトモ考察セラル従ツテ出来ルモノハ今ヨリ悉ク準備シ置クヲ必要トスル旨主張シ、原案ヲ修正スルコトナク諒解セリ

本件今後ノ取扱トシテハ速急ニ閣議決定ノ上、本日ニ朔［遡］及シ最高会議決定トナシ、閣議不決定ノ場合ハ更メテ最高会議ニ附議スルコトトセラル、

以上議事終了後総理ヨリ此ノ際華北及華中両鉄道ヲ統合シテハ如何トノ緊急提案アリテ至急検討スルコ

トトナレリ、

次テ外務大臣ヨリ仏「ソ」同盟ニ関スル佐藤〔尚武〕「モトロフ」会談ノ要旨ヲ報告シ「ソ」ハ日「ソ」中立条約ハ依然続行スヘシトノ意見ヲ開陳セリ、

（本日海軍次長ハ出席シアラス、秦次長ノ出席抑制ノ下心アルヤニモ観察セラル）

一月十二日　金曜

一、本日班内ニ於テ省部統合ニ関スル一案ヲ研究シ班長ヨリ総長、次長ニ対シ、意見ヲ具申スルコト、セリ、

二、昨日来仏印東方海域ニ現出中ノ敵機動部隊ハ本朝「グラマン」三十機ヲ以テ西貢〔サイゴン〕ヲ空襲セリ、

三、緬甸〔ビルマ〕海岸方面ノ敵活動モ漸次積極化シ遂ニ「ミエボン」南側ニ約四〇〇ノ敵上陸ヲ開始セリ、

四、台湾鉄道ニ対シ現地海軍陸軍管理スル場合ハ海軍モ管理致度トノ申出アリタルモ陸軍トシテハ不同意ノ旨電報セリ、

一月十三日　土曜

一、朝鮮鉄道ヲ満鉄ニ委托〔託〕経営セシムル件ニ関スル省部、首脳者ノ意見ハ強硬ニシテ要スレハ次官朝鮮ニ出張シ総督ヲ説得セラルルコトトナルヤノ論モアリ

二、昨十二日第三十戦斗飛行集団ハ「リンガエン」及「イバ」附近ノ敵船団ヲ攻撃シ左ノ戦果ヲ収メタリ、

輸送船　七隻撃沈　四隻炎上

駆逐艦　一隻撃破

一月十四日　日曜

一、本日「マリアナ」基地ノB-29約六十機近畿及名古屋地区ニ来襲シ、外宮ヲ爆撃セリ、

戦果　撃墜一六機（内七機不確実）撃破二七機

一、本日支那基地ノB-29五十機台湾へ来襲セリ、

一月十五日　月曜

一、陸、海ノ航空及燃料関係機関ヲ夫々統合シ陸、海軍ノ共管ニスヘキ陸軍軍務局長ノ提案ニ海軍側モ同意セリ、

一月十六日　火曜

一、本日ヨリ次長京城及新京ニ出張ス
任務ハ不明ナルモ朝鮮鉄道問題及人事問題ナリト判断セラル
林［三郎］大佐、浦［茂］、橋本［正勝］少佐随行ス

二、先般仏印海域ニ現出セル敵機動部隊ニ依ル我カ船舶ノ損害左ノ如シ
輸送船沈没一二隻五・三万屯　損傷八隻三・六万屯
油槽船沈没一二隻七・五〃　損傷五隻三・六万屯
右ノ如キ情勢ニ艦ミ油ノ計画的還送ハ概ネ終末セルモノトシテ施策ヲ進ムルノ要アリ

三、海軍新兵器「連山」［陸上攻撃機］完成セリ、

四、独「ケッスラー」大将渡日ノ件ニ関シテハ海軍側トシテハ実現セシメ度意見ナリ、外務省ハ態度明瞭ナラス陸軍省部ノ意見ハ中止ニ変化ナシ、

五、省部統合ニ関スル総長ノ意見ハ人員ヲ節約スル方針ヲ堅持シ是非解決スヘシトノ決意ナリ、

六、本日第二課ヨリ今後ノ綜合作戦計画ニ関シ説明アリ、要旨左ノ如シ（軍令部トハ思想一致シアリト称ス）

イ、情勢判断（杉田［一次］大佐説明）

1、秋頃日本ニ対スル決戦ヲ強要ス（本土上陸）但シ上陸ハ秋以前ニモ予期ス

2、小笠原ニハ一―二月、台湾、南西諸島ニハ三―四月　東南支那ニハ二―三月　千島ニハ五月　上海ニハ四―五月「アンダマン」「ニコバル」ニハ一月　馬来「スマトラ」ニハ二月　昭南ニハ五月　香港ニハ二月頃夫々敵ノ来攻ヲ予期ス
比島全島ノ掃討作戦ハ実施セス、飛行場基地ヲ獲得セハ次期作戦ニ移行スヘシ

ロ、彼我戦力比

1、帝国軍備ノ弱点ハ内地兵備ニ欠陥アル点ナリ

2、彼我海上勢力ノ懸隔大ニシテ秋頃ニ於ケル兵力比左ノ如シ

	米	日
A［空母］	一五―二〇	六
補A	四〇	〇
B［戦艦］	一九―二二	五
C［巡洋艦］	七〇	米ノ四分ノ一
D［駆逐艦］	三〇〇	七〇

比島　三、〇〇〇　A[陸軍]一、二〇〇－一、五〇〇
⋈中部太平洋　一、七〇〇　B[海軍]一、三〇〇（五月頃）
現在八〇〇
千島　七五〇

ハ、作戦方針
1、特[持]久、出血要域確保
2、出血ハ敵艦船五〇〇万屯（⋈ニ依リ三〇〇〇万屯
特攻ニヨリ二〇〇〇万屯）ヲ撃沈
3、南方ハ空海ノ基地及資源ヲ確保ス
4、本土防衛就中帝都守護ニ重点
5、後方撹乱ヲ実施ス

ニ、作戦準備
1、東支那海　三月迄
2、上　海　八月迄

ホ、支那方面ニ対スル方針、
1、対米ヲ主トシ上海、広東ヲ強固ニス
2、重慶ヲ撃ツテ西方ニ地歩ヲ拡大ス
3、遊撃戦ヲ展開ス

ヘ、本土防衛ノ方針、
1、主線ハ九州、上海、
前方線ハ小笠原、南西諸島、台湾、東南支那、
2、右前方線ニ於テ敵輸送船三〇〇万屯撃沈ス、
（内一五〇万屯陸軍担任）

ト、泰、仏印ニ対スル方針、
機宜武力処理ス

チ、兵備、
1、成ルヘク速カニ内地張リ付兵力ヲ強化ス
2、満州兵備ハ総予備トスル
之カ為甲師団四、乙師団四、独混四ヲ編成シ内
若干ノ精説[鋭]師団ハ南満ニ集結ス
3、南西諸島ヘ姫路第八十四師団ヲ投入ス
4、台湾ヘ満州ノ第七十一師団ヲ派遣ス
台湾ノ兵力　12D、9D、50D、60D、71D外
ニ独混三箇
5、内地ニ方面軍司令部二箇新設（軍管区司令部ト
二位一体）
6、第六軍ヲ上海ヘ（西向）
第十三軍ハ東向専念
7、南方トノ連絡鉄道ハ強イテ敷設セス
8、徹底的遊撃戦展開ノ為ノ兵備ヲ重視ス
以上ノ作戦構想ニ於テ海軍戦力ニ対スル期待度ヲ如何

ナル程度ニ観察シアリヤハ不明ナルモ、実質的ニ今後

ハ陸軍独力ノ作戦遂行トナルヘシ

一月十七日　水曜

一、第三十七師団ノ仏印進駐ニ関シ仏印軍司令官ヨリ信集

団［第38軍］参謀長ニ対シ

イ、日本カ仏印ニ兵力ヲ更ニ投入スル件ハ作戦的ニ其

ノ必要ヲ認メス

ロ、尚ホ政治的ニハ仏印当局ニ対スル日本ノ不信行為

ナリ

トノ抗議ヲ提出シ来レリ、

「ドクー」総督モ亦松本［俊一］大使ニ対シ同様主旨

ノ提案ヲ為セリ

一月十八日　木曜

一、一月八日大島［浩］「リッペントロップ」会談ノ要旨

左ノ如シ

イ、「ヒットラー」ノ対西方決戦主義ニ変化ナク独ト

シテハ依然西方戦場ニ於テ作戦主動［導］権ノ把

握ニ努力ス

ロ、独「ソ」和平問題ニ関スル用語ハ極メテ慎重ナリ、

而シテ独主［首］脳部ニハ部分的ニ政略的解決ノ

意図アルカ如キモ「ヒットラー」ハ独「ソ」和平

ヲ話題ニスルコトヲ厳禁シアリ、従ツテ軍事的成

果ヲ挙クルコトカ先決ナリ、

ハ、米国ノ対「ソ」態度ハ著シク控エ目ナリ、而カモ

英ヲ介在セシメス直接話ヲ進メアリ、

ニ、「ソ」ハ日本ヲ対米障壁トシテ利用セントシアル

カ如シ

ホ、敵側陣営ハ今年中戦争カ継続セラル、場合ニハ其

ノ利害相剋ハ如実ニ顕ルヘシ、

二、十四時ヨリ第四十回最高戦争指導会議ヲ開催ス

議事要旨左ノ如シ、

(イ)日本軍ノ北部仏印進駐問題ニ関シ、

総理ヨリ本件ハ外交交渉ト作戦準備実施ノ二本立ト

致度、此ノ際日仏軍事協定改定ノ要否ヲ研究ノ要ア

リト発言セルニ対シ大東亜省ニ細部ノ情報入リ次第

決心スルコトニ意見一致セリ、

(ロ)緊急施策措置要綱決定ス

(ハ)右議事終了後総理ヨリ左ノ如キ質疑アリ、

1、比島方面ノ我カ作戦企図如何、尚軍ハ大陸ニ拠ルト云フ話アルモ事実ナリヤ、

本件ニ関シテハ両総長ヨリ両軍ノ作戦企図ヲ必要ニ応シ説明スルコトトセラル、

2、対支緊急経済施策ノ具体案ヲ決定スルノ要アリ、

3、八木［秀次］博士ノ言ニ依レハ技術ニ関シ陸海軍ノ対日［立］激化シ技術ノ進歩ヲ阻害シアリトノ事ナルモ如何

本件ニ関シテハ陸海両局長ヨリ科学技術委員会ニ於ケル陸海ノ協調実情ヲ説明ス、

4、大陸一貫輸送ニ関シ宇佐見ヲ招致シ度（全員異存ナシ）

5、独ノ「ケスラー」大将ハ招致シテハ如何

右ニ対シテハ外相、陸相ヨリ対「ソ」関係ヲ説明シ招致セサルコトトス

三、B-32「マリアナ」基地ニ出現シアルカ如シ、

一月十九日　金曜

一、第二部情勢判断ヲ説明ス要旨左ノ如シ、

イ、米国ハ本年秋頃迄ニ対日包囲圏ノ完成ヲ企図ス之カ為爆撃ヲ強化シテ本土ヲ軟化シタル後、一挙ニ本土ニ上陸ス、其ノ時期ハ二十一年春頃ト予期ス

ロ、「ソ」ノ冬季攻勢ハ本格的ナリ、

其ノ進出目標ハ概ネ独国境線ナルヘク、其ノ目的ハ三巨頭会談ニ有利ナル発言権ヲ獲得スルト共ニ凍結期ニ「ワイクゼル」及東普湖沼地帯ノ通過ヲ期スルニアルヘク、併セテ波瀾［ポーランド］ノ占領ニ依リ之カ政治的解決ヲ企図シアルカ如シ、

ハ、独ノ逆攻勢ニ依ル英米ノ損害ハ甚大ニシテ本格的英米ノ攻勢ハ本年秋頃迄遅延スヘシ、

二、本日ノ閣議ニ於テ左記三件ヲ決定セリ、

1、日満支産業配置ノ修正ニ関スル件

2、防空対策強化ニ関スル件

3、物貨［価］審議会運用ニ関スル件

三、本日「マリアナ」基地ノB-29約八十機阪神地区ニ来襲セリ、明石ノ川崎航空機工場ノ被害ハ相当大ナリ、

四、本日次長一行新京ヨリ帰任ス

新京ニ於テ関東軍ト事務的ニ協議セル事項左ノ如シ、

イ、満州ニ於ケル酒精増産ノ件、

1、現施設並ニ増産計画進捗中ノモノヲ合シ約二十四万瓩、
内七万瓩対日寄与分ヲ含ム、
2、右以外ニハ原料燃料其ノ他ノ条件ニ依リ約一〇万瓩ノ増産可能、但シ施設ハ内地ヨリ移駐スルヲ要シ、之カ原料トシテノ雑穀類ノ対日輸送ハ二十年秋頃ヨリ減少ス
本件ニ関シテハ中央ニ於テ検討ノ上連絡スルコト、セリ、
ロ、地上兵備強化ノ為鉄類ノ陸軍ニ対スル増加供給ニ関スル件、
空襲被害ニ依ル鋼及銑ノ減産並ニ今後ニ於ケル復旧状況ヨリ勘案シ、生産セルモノ、中ヨリ捻出スルコトハ先ツ不可能ナリ、従ツテ満州トシテハ未稼働物資ノ査察ヲ強行シ一〇―一五万屯ヲ捻出スヘク努力スルコトトス
右ニ依リ得タル鉄類ハ東満兵備ノ増強ヲ第一義トシ要スレハ現地ニ対シ、内地ヨリ兵器工場ヲ移駐シ処理不可能ナルモノハ内地陸軍ヘ還送ス
本件細部ノ計画ヲ至急具体化ノ上改メテ連絡スルコトニ意見一致セリ、

一月二十日　土曜

一、比島ニ於ケル一月三日ヨリ十二日ニ至ル間航空及海上特攻隊ノ収メタル戦果左ノ如シ
撃沈A八、B一、艦艇一二、輸送船七七
撃破炎上A一、B以下八　T四四
二、山下［奉文］大将ノ統帥振リニ対スル富［冨］永［恭次］第四航空軍司令官ノ意見具申ニ対シテハ当分ノ間中央トシテハ処置セサルヲ可トスル意見ヲ班長ヨリ次長ヘ具申セリ、

一月二十一日　日曜

一、支那派遣軍ハ南部奥［粤］漢打通作戦ヲ開始シ作戦ハ順調ニ進捗中ナリ、
二、本日議会ヲ再会［開］ス
議会再開迄ニ決勝非常措置要綱ヲ決定セントセシ努力ハ遂ニ水泡ニ帰シタリ、政府ノ全般ニ対スル感覚ノ鈍感ハ議会中相当政治的危機ヲ包蔵スルモノト予期セラル

三、本日両総長作戦問題ニ関シ総理官邸ニ於テ総理ト懇談セリ（先日最高会議席上総理ノ要請ニ依ルモノナリ）
四、地方行政協議会ニ対スル中央権限移譲ノ一案ヲ審議ス、要ハ地方行政協議会長ノ人事権ノ強化ニ存ス

一月二十二日　月曜

一、比島「リンガエン」方面ニ於テ十九日迄ニ与〔挙〕ケタル戦果（漁撈隊ノ戦果ヲ除ク）左ノ如シ
　人六、〇〇〇　火砲五九門　戦車六七輌破壊炎上、右ノ大部ハ斬込隊ノ挙ケタル戦果ナリ、
二、昨日来敵機動部隊台湾東方地区ニ現出シ、台湾及南西諸島ヲ空襲中ナリ、
三、本日ノ議会ニ於テ前田〔米蔵〕運通大臣ハ船舶国営実施セスト明言セリ惜シムヘキ事哉、
四、緬甸方面ニ於テハ敵「ラムレ」島「チヤウピュー」ニ上陸ヲ開始セリ

一月二十三日　火曜

一、支那派遣軍中村〔祐次〕参謀ヨリ最近ノ支那事情ニ関スル説明アリ、
二、ケ号兵器綜合試験成功セス今後更ニ基礎試験ヲ復行シ多量生産モ損失ヲ予期シテ平行的ニ実施スルコトトナレリ、
三、一月二十日現在ノ船舶損耗状況左ノ如シ
　輸送船一〇・七万総屯、油槽船九・七万総屯沈没、
四、本日ノ部長会報ニ於テ次長ヨリ国内地上装備強化ノ為格納庫ノ活用、金具屑鉄等ノ現地兵器化ヲ促進スヘキ件強調セラレ、総長ヨリモ同様主旨ヲ強調セラル、
五、本日「マリアナ」基地ノB-29約七〇機名古屋地区ヘ来襲セリ

一月二十四日　水曜

一、現在迄ニ比島「リンガエン」湾ニ上陸シアリト判定セラル敵兵力左ノ如シ、
　第一軍団　6D、25D、43D、158R〔連隊〕
　第十四軍団　37D、40D
　戦　車　一－二師団
二、航空機生産ヲ兵器行政本部ニ分担セシムル為兵本、航本、航空兵総局間ニ於テ研究セル一案ヲ省部主務者間ニ於テ聴取セリ、

地上兵備ノ余力ヲ航空ニ指向スヘキ方針ハ可ナリ、

一月二十五日　木曜

一、国土防衛ニ関シ省部主務者ニ於テ研究セル所左ノ如シ、

イ、軍需品ノ防衛分散ノ為全兵力ヲ使用スルモ全員ノ四分ノ一程度実行シ得ルニ過キス、従ツテ築城作業ハ頗ル低調ナリ、

ロ、捷三号発令後十二月迄ノ本土築城施設ノ進捗左ノ如シ

	歩兵	砲兵
相模平地	i五大	三大分ノ二五%
伊豆半島東部	i二大	A$\frac{1}{2}$大分ノ二五%
房総半島先端	i一大分ノ三五%	
九十九里浜	i九大	A三大分ノ七〇%
水戸附近	i四大	A$\frac{1}{2}$大分ノ八七%
水戸ヨリ銚子附近	i二大	A一大分ノ一〇〇%

ハ、築城進捗ノ為ニハ今後相当民力ヲ利用スルヲ要ス

二、十四時ヨリ第四十一回最高戦争指導会議ヲ開催シ決勝非常措置要綱ヲ決定ス〔『敗戦の記録』参照〕

先ツ書記官長ヨリ原案ヲ説明セルニ対シ軍令部次長ヨリ日満支産油目標ハ過少ナルノミナラス二十年度上半期五十万竏ノ南方油還送実行ハ不可能ナル旨発言、続イテ海軍総長ヨリ兵備関係ハ両統帥部間ニ未決定ナルヲ以テ削除セラレ度ト提案ス

次テ梅津総長ヨリ内容ニハ異存ナキモ之カ実行ノ為ノ施策ハ如何、更ニ今後情勢推移ニ基ツク地上兵備強化ノ件ヲ附加スヘキ旨発言セリ、

以上両統帥部ノ意見アリタルモ陸軍大臣ヨリ本件内容ハ閣議ニ於テ二日間慎重審議シ閣内ニ於テハ各種ノ異論アリタルモ無条件ニ決定セル経緯モアリ此ノ際一刻モ速カニ発足スルコト肝要ナリトノ提案アリテ、原案ヲ修正スルコトナク決定ス

斯クテ十二月初旬以来統帥部トシテ必死ノ努力ヲ続ケ来リタル国内施策ハ一応発足ノ運ヒトナレリ

然レトモ当初ノ統帥部ノ企図セル所トハ精神ニ於テ凡ソ低調ニシテ、引キ続キ鞭韃ノ要アルモノト認ム

陸軍案ニ比シ低調ナル点左ノ如シ

イ、陸海軍問題ニ関シ触レアラサルコト

ロ、内閣ニ人事権集中ニ依ル強力政治ノ実行ヲ避ケタルコト

ハ、重要産業、交通、金融ノ国営化ヲ避ケ運営ニヨリ国家性ヲ徴セシメントシタルコト
ニ、食糧問題ニ関シ各地域別増産自給ヲ避ケ全般的ノ増産ヲ図ラントシタルコト
ホ、道州制ヲ直チニ採ルコトヲ避ケタルコト
ヘ、甲造船計画ハ変更ヲ要スルニ拘ラス（「タンカー」船削減）其ノ儘トシタルコト
ト、地上兵備ノ近代化装備造成ノ思想ヲ避ケアルコト
チ、国民組織ノ再編成ニ触レアラサルコト
三、最近政界一般ノ動揺甚タシク内閣更迭ノ情報多キニ鑑ミ班長ヨリ総長ニ対シ説明セル所、総長ヨリ「宮中ニ於カレテモ政変ハ実施セサルコトニ御決定ノ由承ル、自分モ亦現下ノ情勢ニ於テ絶対ニ政変ヲヤッテハイカヌト確信スル」旨話アリ、

一月二十六日　金曜

一、恒石〔重嗣〕少佐仏印出張ニ依ル仏印処理ニ対スル現地軍ノ意見左ノ如シ、
イ、作戦目的ハ飽ク迄防衛強化一点張リトスルコト
ロ、仏印処理後ノ安南独立問題ノ処理ハ現地軍ニ一任セラレ度コト
ハ、南方軍トシテハ敵ノ仏印上陸ハ三月頃迄ト判断シ此ノ際ハ敵ト決戦ヲ予期シテ所要ノ処置ヲ研究中ナリ、
二、本日班長外務大臣ト面会シ仏印処理問題ヲ懇談ノ結果概ネ左ノ如ク意見一致セリ、
イ、処理ノ時機ハ成ルヘク速カナルヲ可トス要スレハ三巨頭会談前ヲ希望ス
ロ、処理名目ハ防衛強化トス
ハ、安南独立問題ハ現地ノ指導ニ一任シ適当ナル時機ニ帝国トシテ承認ス、
ニ、武力処理後ハ実質的ニ軍政ヲ施行スルコト

一月二十七日　土曜

一、昨夜班内ニ於テ第二十班軍務課ノ合同ニ関スル一案ヲ研究ス
二、航本影山〔景山誠一〕中佐ヨリ酒精生産確保ノ為九州ニアル薯類中（五億貫）相当部分ヲ軍ニ献納運動（買上）ヲ起サセテハ如何トノ提案アリ、一案ヲ研究スルコトトセリ、

三、昭和二十年度総予算一〇一八億、内臨時軍事費八五〇億ナリ、
四、「マリアナ」基地ノB-29七〇機内外帝都ニ来襲セリ、

一月二十七〔八〕日　土〔日〕曜

一、南方軍沼田〔多稼蔵〕総参謀長上京シ左記要旨ヲ報告セリ
1、南方軍後方運営大綱
イ、戦力特ニ航空戦力ノ快復ヲ六月ヲ目標トシテ努力ス
ロ、輸送力殊ニ自動車ノ整備ヲ重視ス
ハ、自戦自活ヲ徹底ス
ニ、燃料ノ確保ニ努ム
2、昭和十九年末ニ於ケル南方軍ノ総戦力
給養兵額二〇〇万（編成定員ハ一〇〇万）
馬三、〇〇〇頭
機甲車輌四万輌（内動クモノ二・六万輌）
舟艇一〇万屯（内可動五万屯）
飛行機一、五〇〇（可動五〇〇機）
3、兵力運用左ノ如シ
イ、豪北ヨリ一万－一万四千人ヲ「ジヤバ」ニ転用ス（概ネ六月頃迄）
右ニ依リ豪北ハ自活可能トナル
ロ、南方軍全般ノ通信系ハ全力西向ナリシモ、今後ノ情勢推移ニ鑑ミ主力ヲ南支那海へ転向セリ、
ハ、六月頃ヲ目途トシ左ノ如ク兵力ヲ移動ス
46D　馬来へ
4D　南泰へ
2D　南部仏印へ

一月二十九日　月曜

一、今後ニ於ケル交通施策ニ関シ第十課ノ研究案ヲ省部主務者ニ説明セリ、大体ノ方向ハ既ニ実行セラレアリ、
二、軍事課南〔清志〕中佐ヨリ、今後ノ地上及航空燃料対策ニ関スル研究一案ヲ統帥部ニ説明セリ、要旨左ノ如シ
イ、日満支産油一九六万竏ノ実績見込ヲ一五〇万竏トス
ロ、航揮現在庫量二・七万竏ニ地上自揮中ヨリ約四万竏ヲ転用、之ニ毎月生産分ヲ加ヘ財源ト為シ二月

以降ノ航空消費ヲ月耗航揮一万、酒精一万トセハ
昭和二十年度末迄燃料持続可能ナルト共ニ決戦予
備六万竏ヲ保有シ得
右構想ハ方針ニ於テ異存ナク万難ヲ排シテ断行ノ
要アルモノト認ム

一月三十日　火曜

一、昨二十九日朝比島「バタンガス」ニ敵上陸セリトノ海
軍報アリタルモ誤報ナルコト判明セリ、
二、本日ノ部長会報ニ於テ　総長ヨリ内外地共ニ軍ノ幕僚
遊兵多ク為ニ事務複雑化シアルヲ以テ速カニ少数精説
[鋭]主義ニ徹シ事務ノ簡素化ヲ断行スルヲ要ストノ
注意アリ、
三、一月中飛行機ノ生産状況左ノ如ク概ネ予定計画ノ三分
ノ一程度ナリ、
一式戦三〇〇ニ対シ一二〇、四式戦八〇〇－四〇〇、
三式戦一〇〇－九〇、司偵一四〇－〇　キ67二一〇－
四四、襲撃機一〇〇－三〇

一月三十一日　水曜

一、兵器行政本部ニ対シ航空機製造ヲ担任セシムヘキ件部
内ノ意見一致セリ、
右ニ依リ兵本ノ地上兵器消化能力ハ鋼材約二十五万屯
ナリ
二、第一部長支那ニ対スル大命ノ伝達ノ為出張セル際総司
令官ヨリ総長ニ対シ左記主旨ノ伝言アリ、
イ、派遣軍ノ意見具申ニ対スル中央ノ好意アル処置ニ
対シテハ深甚ノ謝意ヲ表ス
ロ、派遣軍トシテハ東正面戦略態勢ノ確立ニハ全力ヲ
尽クスヘキヲ以テ御安心アリ度、奥[粤]漢打通
作戦終了後ハ第二十三軍ヲ総軍ノ直轄トシ、作戦
準備進捗ノ為司令官自ラ部隊ヲ検閲スル予定ナリ、
ハ、西正面作戦ニ関シテハ自説ヲ固持スルカ如キモ重
慶ヲ撃滅スルコトカ米軍ノ接岸作戦ヲ挫折セシム
ル所以ナリト確信ス
凡有手段ヲ尽シテ此ノ企図ヲ達成致度
三、本日大島健一中将総長ヲ訪問シ、陸海協同ノ参考ニ供
シ度トテ軍事参議院、元帥府設立当時ノ経緯ヲ説明セ
ラル度

四、昨三十日正午頃米軍「スピック」湾北方「サンアントニオ」地区ニ上陸セリ
「マニラ」政［攻］略ノ為ト判断セラル

二月一日　木曜

一、十四時ヨリ第四十二回最高戦争指導会議ヲ開催シ
［一］情勢ノ変化ニ応スル仏印処理ニ関スル件」ヲ決定ス［『敗戦の記録』参照］
右決定ハ明二日、総理、両総長列立連署上奏スルコトトセラル
席上議事ノ概要左ノ如シ、
(イ)仏印側カ全面的ニ我カ要求ヲ受諾セル場合ノ処置ハ
「再編成ス」ト改ム
(ロ)安南国等ノ措置ニ関シ、
外務大臣ヨリ仏印カ帝国ノ要求ヲ全面的ニ受諾セル場合ニ於テモ現地ノ安南独立措置ハ差シ支ヘナシトト考ヘルカ如何ト発言セルニ対シ、
大蔵大臣ハ斯カル場合ニ独立サセルコトハ仏印ニ対シ苛酷ナリト反対意見ヲ述ブ
右ニ対シ梅津総長ヨリ斯クノ如キ場合ニ於テハ実質的ニ仏印ハ存在セス、従ツテ現地軍ノ処置ヲ容易ナラシムルヲ可トストノ意見ヲ開陳シ原案ノ通リトス
(ニ)《〔マヽ〕》仏印処理名目ニ関シ
外務大臣ヨリ仏印処理名目ヲ自存自衛ノ一点張リトスルヨリモ対「ソ」関係上「民族解放」ヲ掲クルヲ可トセスヤトノ意見アリタルニ対シ真田幹事ヨリ民族解放ヲ名目トセハ人種戦ニ陥ル虞アルノミナラス、安南ニハ目下独立指導者無ク且指導者ノ培養モ実施セラレアラサルヲ以テ独立ハ空手形ニナル公算大ナリ、従ツテ独立問題ハ現地ニ一任スルヲ可トスル旨説明シ原案ニ落着セリ、
右議事終了後外務大臣ヨリ左記ニ関シ至急研究ノ上帝国ノ意志ヲ決定致度旨提案セリ、
イ、西班牙［スペイン］カ「マニラ」陥落ヲ機トシ「オスメニア」政権ヲ承認スルノ公算アリ、此ノ場合帝国ノ措置、
ロ、「チモール」撤兵問題ニ関シ帝国ノ腹、
二、懸案中ノ特技武官制度及船員問題ニ関シ大臣総長間ニ左ノ如キ話合進メラレタリ、
イ、船員取扱問題ニ関シテハ南方ニアルC船ハB武官

日満支ノ船員ハ現状通リトスルコトニ陸海軍大臣間ニ話合成立セルニ依リ総長モ同意ス

ロ、特技武官制度ニ対スル総長ノ真意ハ主義上不同意ナルヲ以テ船員特技武官制ノ実行ニ方リテハ省部間ニ左記主旨ノ申合ヲ作ルコト

軍ノ編成内ニアル者ニ限定スルコト（一般ニ適用セス）

即チ船員作戦地軍ノ監視下ニアル鉄道要員等トスルコト

右総長ノ主旨ハ陸軍省主務者ノ意見モ同様ニシテ特技武官ノ対称［象］ハ船員、特設鉄道要員、南方航空輸送要員トス

三、昨三十一日敵「バタンガス」方面「ナスクブ」ニ上陸セリ、

二月二日　金曜

一、昨日内地軍管区司令官及参謀長ノ人事ヲ発表セリ、

二、額田［坦］第三部長、人事局長ヘ転出、後任ハ磯谷五郎［磯矢伍郎］少将ナリ、

三、服部［卓四郎］第二課長転出ノ内命アリ

後任ハ天野正一少将ナリ、

四、「ル」「チ」「ス」三巨頭会談ハ昨一日ヨリ「カイロ」ニ於テ開催セラレアリトノ情報アリ、

二月三日　土曜

一、独「ソ」戦線ニ於ケル「ソ」ノ突破力ハ依然旺盛ニシテ重点正面タル「ジューコフ」軍ハ「ベルリン」東方六〇粁「オーデル」河ノ線ニ達ス

「オーデル」河ハ「ベルリン」防衛ノ為最後ノ地障ニシテ独軍トシテモ之カ防衛ニ渾身ノ力ヲ傾倒スヘク茲ニ独ノ運命ヲ決スヘキ最後ノ決戦ノ日ハ近ツキツ、アリ、

帝国トシテハ「ソ」軍ノ「ベルリン」占領ニ依ル欧州戦政局ノ推移並ニ其ノ世界的影響等ニ関シ仔細ニ観察シ以テ対処ノ方途ニ遺憾ナキヲ期スルヲ要ス

二月四日　日曜

一、昨三日二十二時四十分敵馬尼刺［マニラ］市内ノ一角ニ突入セリ、

二、華北政務委員会委員長王克敏辞意固ク後任ニハ王蔭泰

ヲ推挙シ来レリ、
東京トシテハ右異存ナシ、
三、本日「マリアナ」基地ノB-29約一〇〇機関西地区ニ来襲其ノ主力ハ神戸地区ニ投弾セリ、

二月五日　月曜

一、昨日神戸地区ニ来襲セルB-29ノ戦果ハ撃墜六機ナリ
二、在厦門［澳門（マカオ）］福井［保光］領事暗殺サル葡国ノ敵性行為厳重抗議ノ要アリ、

二月六日　火曜

一、本日部長会報ノ要旨左ノ如シ
1、整備局長ヨリ速カニ統帥部ノ兵備ニ関スル意志ヲ確定セラレ度トノ意見アリ、戦力化シ得ル期間ハ二十年上半期ニシテ下半期ハ期待シ得ス
2、第一部長ヨリ
イ、今後ノ方針トシテハ本土ニ於ケル陸上決戦ニ依リ転回ヲ企図ス
ロ、中期迄ニ取リ敢ヘス一六ヶ師団ノ兵備完成ヲ企図シアリ尚今後ノ兵備ニ於テハ軍隊ノ配置ト収容カ問題ナリ、
ハ、敵ノ本土上陸ニ於ケル勝目ハ敵上陸後三週間以内ニ二〇ヶ師団ヲ決戦場ニ集中シ敵ヲ撃摧スルニ在リ、
3、次長ヨリ
本土ニ於ケル地上兵備最大ノ隘路ハ食糧問題ナリ、軍自ラ自活スルノ趣旨ヲ徹底スルヲ要ス、
4、一月中ノ飛行機生産実績（陸軍）ハ八七七機（九月策定セル一月ノ予定ハ二、二六〇）納入八〇九機ナリ、
空爆及地震ノ影響ハ否定シ得サル原因ナリト雖モ予定ノ三分ノ一程度ノ生産ヲ以テシテハ、航空必勝ノ目途ナシ、速カニ原因ヲ探究シ、抜本的対策ヲ確立スルヲ要ス
5、総長ノ戒厳ニ対スル気持ハ
イ、敵カ本土ニ上陸セル場合ハ全国戒厳ヲ発動スルヲ要ス
ロ、実施ノ方法トシテハ、軍カ責任ヲ取リ、地方行政ハ飽迄行政機関ニ担任セシムルヲ要ス、即チ軍官一体ノ形ハ最後迄保持スルコト

ハ、戒厳令ノ改正ハ不可能ナルヲ以テ、非常大権ヲ発動スルヲ要シ某程度ハ勅令ニ依リ実施シ得(此ノ点研究ヲ要ス)

6、尚総長ヨリ航空及地上兵備ヲ併進セシムルノ趣旨ニヨリ速カニ軍需動員訓令ノ改正ヲ研究スルヲ要ス

二月七日　水曜

一、一月中ニ於ケル船舶損耗(A、B、C計)左ノ如シ

沈没　六六隻　二五・三万屯

損傷　五七隻　二九・四〃

計　　　　　　五四・七〃

二、本日内地各軍司令官ヲ合同シ本土防衛ニ関スル大命ヲ伝宣セラル、

尚会同席上第一部長、総長ノ口演要旨左ノ如シ、

1、第一部長口演要旨

イ、敵今後ノ企図ハ先ツ支那沿岸ニ上陸シ次テ本土ニ上陸スル場合、先ツ西南諸島ヲ奪取シタル後、本土ニ来ル場合ノ二様ニ判断セラルルモ、八、九月頃以降実現ノ算大ナリ、

従ツテ本土作戦準備ハ中期迄ニ完成スルヲ要ス

ロ、本土地上邀撃戦闘ノ要決ハ二週間以内ニ二〇ヶ師団ヲ集結シ且一方面ノ戦場ニハ敵ノ三倍ノ火力ヲ集中スルニ在リ、

ハ、兵力集中ハ鉄道ハ期待シ得ス、夜間機動ニ依ル

ニ、兵団ノ運用ハ拘束兵団ト打撃兵団ニ区分ス

ホ、本土兵力配置ノ概要左ノ如シ、

奥羽五ヶ師団　関東一〇ヶ師団　東海五ヶ師団

中部四ヶ師団　西部四ヶ師団　中南部予備三ヶ師団

東海、関東奥羽ノ予備五ヶ師団　南鮮三ヶ師団

ヘ、作戦兵站ニ遺憾ナキヲ期スル為、満支ヨリ内地ヘ相当量ヲ転用ス

2、総長口演要旨

必勝ノ確信ヲ堅持スルコト之カ為

イ、最後ノ一兵迄戦フコト

ロ、陸上軍備ヲ充実スルコト

ハ、陸海協同ハ飽迄堅持スルモ、海軍ニ依存セサルコト

尚本土作戦準備ニ方リテハ、軍、官民、総力ノ結集ヲ以テ第一義トシ之カ為軍ノ行キ過キハ戒慎ヲ

要ス
更ニ今後新設兵団ノ幕僚幹部ノ素質ノ低下ニ鑑ミ克ク現況ヲ把握シ、命令ノ実行監督ヲ厳ニスルヲ要ス

三、本日憲兵司令官ヨリ総長ニ対シ左記要旨ノ報告アリ、

1、最近国内ニ於ケル「ソ」ノ諜報活動状況ニハ中立条約破棄ノ徴アリ

2、国内ニ於ケル和平策動者トシテハ吉田［茂］、樺山［愛輔］、原田［熊雄］等アリテ是等ハ近衛［文麿］、岡田［啓介］ニ連絡密ナリ、尚之等ハ「バチカン」ヲ通スルモノ、在支中立国人ヲ利用セントスルモノ抑留英人ヲ利用セントスルモノ等アリ、

3、最近大阪商人中ニハ企業国営論者多シ、是等ハ戦局ノ前途ヲ悲観シ、危険ヲ国家ニ負担セシメント企図スル者アルヲ以テ注意ヲ要ス

4、官僚ノ不良、警察ノ腐敗ハ天下周知ノ事実ナルヲ以テ速カニ是正ノ要アリ、

二月八日　木曜

一、米及「ソ」ノ陸軍幹部ノ年齢左ノ如シ、

「ソ」軍
連隊長二三―三〇才　旅団長三〇才代
師団長四〇才代（最年少ハ三二才）
軍司令官四〇才代
方面軍司令官四〇―五〇才代

米軍
軍司令官　戦前　六六才　現在　五八才
軍団長　〃　六四才　〃　五六才

日本
師団長五七―五〇才　連隊長五四―四四才
大隊長三九―二四才

右ニ依リ「ソ」軍ノ溌剌果断ナル統帥ノ根源ヲ知リ得ヘシ　帝国陸軍モ今ニシテ青壮年ヲ重視セスンハ作戦必勝望ムヘクモ非ス

二、三巨頭会談ハ黒海沿岸「ソ」領ニ於テ実施セラレアルカ如ク、本日非公式ニ左記放送アリ
イ、独ノ占領支配
ロ、欧州ノ経済機構
ハ、戦後ノ平和機構
ニ、対日問題ニハ触レアラサルコト、

三、「サイパン」ヨリ対日謀略放送ヲ開始シアリ、之カ妨害処置ハ概ネ目的ヲ達シアルモ一部ニ於テハ聴取可能ナリ、

二月九日　金曜

一、本日班内ニ於テ「今後採ルヘキ戦争指導大綱」（第一案）ヲ完成セリ

二月十日　土曜

一、「マカオ」ニ於ケル福井領事暗殺事件ハ時機既ニ失シアルヲ以テ一応抗議スル程度ニ止メ兵力進駐等ハ行ハサルコトトス

外務省ノ軟弱モサルコトナカラ、帝国ノ威容モ払ツテ地ニ墜チタリ、

二、対支緊急経済施策ノ一還〔環〕トシテ通貨膨張抑止ノ為中支敵産売却ノ件、現地ヘ電報セリ、

三、本日「マリアナ」基地B-29約七〇機来襲シ主トシテ太田飛行機工場ヲ攻撃セリ、

二月十一日　日曜

一、紀元節

二、昨夜突如内閣ノ一部改造行ハレタリ、

児玉〔秀雄〕国務相　文相ヘ（二宮〔治重〕文相依頼免官）

広瀬〔久忠〕厚相　国務相兼内閣書記官長ヘ

相川〔勝六〕厚生次官　厚相ヘ

田中〔武雄〕書記官長　貴族院議員ヘ

三、本日次長部内参謀以上全員ヲ集メ今後統帥部職員ノ進ムヘキ方向ヲ訓示セリ、

特ニ航空及地上作戦期待度ニ関シ明快ナル指針ヲ与フ

二月十二日　月曜

ナシ

二月十三日　火曜

一、台湾在籍民船ノ徴傭ハ現地陸軍ニ於テ作戦上必要アル場合ニ於テハ総督ト協議ノ上、実施スルコトヲ得トノ次長、次官電ヲ発電セリ、

尚次長電ニ依リ特技武官制度ヲ船員ニ適用スル件ニ関

シ台湾以南航行ノＣ船ハ海軍武官トナルヲ以テ予メ陸軍ニ於テ民船ヲ徴傭シ置クヲ可トスル旨敷衍セリ、

二、一昨日ノＢ-29ニ依ル太田空襲ハ幸ニ部員［品］工場ハ健在ナリ

三、本日省部主務者間ニ於テ燃料確保対策ニ関スル閣議上呈［程］案ヲ審議セリ

要ハ食糧問題トノ競合ヲ如何ニ調整スルヤニ存ス、

二月十四日　水曜

一、本日部内ニ於テ昭和二十年度軍需動員ノ規模ニ関シ一案ヲ研究ス

(イ)国力会議打合ノ案

鋼材二六〇万屯ノ場合ニ於テハ

A＋B	40
D	35
Bx	100
燃	14
C_x	22
C_2	39
C_3〜C_5	30
計	200［ママ］

A：陸軍　B：海軍
D：航空（軍需省）
B_x：甲造船
C_x：防空施設用
C_2：生産力拡充計画産業
C_3：官庁需要
C_4：満州・支那・第三国向
C_5：一般民需

(ロ)右案ニ基ツク陸軍省ノ軍需動員案

基本－20	確実27	
在庫－4		
特別－3		
＋α　3		
計　30		

（別＝㊉3ヲ考慮）

以上基本配当33ノ場合ハ

兵政本	－19.5
航　本	－ 2.55
衣　糧	－ 1.6
衛、獣	－ 1.1
需　品	－ 0.5
建　築	－ 3.0
其ノ他	－ 4.15
築　城	－ 0.5

(ハ)右陸軍省案ニ対シ左ノ如ク修正ヲ企図ス

(1)年間

武　器	－35,349
弾	－　67,060
ＴＫ🚚、牽燃	－47,480
器　材	－56,422
海　運	－34,270
計	250,591
其ノ他	76,400
施　設	96,250
総計	42.3万屯

(2)上半期

25万×0.7＝17.5万
17.5万＋17.5／2＝
約26万
実生産
年×60%
兵備
60%−15%＝45%

兵政本消化能力
25＋航8.5＋B1＋
⋈ 1＋半途4＋㋘1
＝40.5万屯

二、本土兵備進捗（予定）状況左ノ如シ
(イ)既決定発令済ノモノ
独立混成第九十五旅団　八戸
〃　第九十六　房総半島
〃　第九十七　渥美半島
〃　第九十八　有明湾
警備第一及第二旅団　東京
同　第三〃　横浜
第七十九師団　羅南
第七十六〃　済州島
(ロ)第一次兵備　一六ヶ師団　主力ハ四月　一部五月
(ハ)第二次兵備　八ヶ師団　六―七月
(ニ)第三次兵備　一六ヶ師団　八月
(ホ)外ニ満州ヨリ四ヶ師団ヲ抽出転用ス
三、「ル」「チ」「ス」三巨頭会談ハ黒海沿岸「クリミヤ」ノ「ヤルタ」ニ於テ挙行セラレ左記内容ヲ決定セリ、先ツ「スターリン」ノ意ノ如ク行ハレタルカ如シ
左　記
イ、独逸ノ壊滅
ロ、独ノ占領並ニ其ノ管理
ハ、独ヨリノ賠償
ニ、連合国会議
ホ、解放セラレタル欧州ニ関スル宣言
ヘ、波瀾ニ関スル件
ト、「ユーゴー」ニ関スル件
チ、外相会議ノ開催
リ、平和組織及戦争遂行ニ於ケル団結

二月十五日　木曜

一、本土ニアル海軍ノ兵員五〇万人、工作員一五〇万人計二〇〇万人ヲ保有シアリ、本土決戦兵備完遂ノ為ニハ是等海軍兵員及資材ヲ全面的ニ転活用スルヲ要ス
二、本日次長野戦兵器長官（兵器行政本部総務部長）ヲ招

致シ兵器行政本部ノ今後ニ於ケル業務遂行ニ対シ統帥部ノ要望ヲ左ノ如ク提示セリ、

イ、本土内各軍管区毎ニ極力独立シテ、兵器ヲ生産シ得ル如クスルコト

ロ、行政本部ノ航空協力ハ現行部品製造ノ範囲ニ止ムルコト

ハ、軍隊ニ簡易ニ兵器ヲ製造スル如ク指導スルコト

三、十四時ヨリ第四十三回最高戦争指導会議ヲ開催シ世界情勢判断ヲ附議セルモ敵ノ本土上陸ニ関スル企図並ニ其ノ時機ニ関シ意見纏ラス

次回ノ会議ニ於テ更ニ研究スルコトトナレリ、

四、本日「マリアナ」基地ノB-29約六〇機、名古屋地区ニ来襲セリ、爆撃目標ハ主トシテ交通線ノ破壊ニ指向セリ、

二月十六日　金曜

一、昨夜来敵機動部隊本土ニ近接シ、本朝六時五十五分ヨリ一六時一〇分ニ亘ル間艦載機十波約一二〇編隊延一、四〇〇機関東及東海地区ニ来襲シ主トシテ飛行場及港湾ヲ攻撃セリ、

機動部隊ノ兵力ハ五群、空母一五隻ヲ基幹トスルモノ、如シ

此ノ大機動部隊カ帝都ノ玄関先ニ於テ猛威ヲ振ヒアル間之ニ一矢ヲ報フヘキ海軍ナク、航空機ナシ、帝国ノ実力ノ程敵モ驚嘆セルナラン、

今後敵ノ斯カル企図ハ屢々実現スヘク為ニ帝国ノ国力、戦力ノ推移ハ最早絶対ニ希望的観測ノ存在ヲ許ササルニ至レリ、此ノ痛撃ニ依リ国内軍官民ノ発奮ヲ期待スルヤ切ナリ、

二、先般来陸軍省ニ於テ研究中ノ日、満、支ヲ基盤トスル自戦態勢ニ関スル綜合研究ノ判決左ノ如シ

イ、日、満、支ヲ綜合セハ概ネ資源的ニハ近代戦ヲ遂行シ得、

ロ、本土ト大陸トノ交通遮断セラルルカ如キ場合ニ於テハ最早近代戦遂行ノ能力ナシ

即チ本土ニ於テハ資源的ニ凡有資[ママ]ノ需給著シク不均衡就中、石炭ノ不足ト偏在ニ依リ縦ヘ工場施設ノ地下転移ヲ断行シ空爆ニ対シ保存シ得タル場合ニ於テモ工場ノ操業ハ不可能ナリ、尚ホ兵器生産ノ面ヨリ観ルモ本土内各地域毎ノ自給ハ不可能ナ

リ、食糧ニ於テモ自給シ得ル軍管区ハ東北ノミニ
シテ他ハ不足ス
斯クシテ今後本土内各地域毎ノ自活自戦態勢ノ促
進ニハ抜本的ノ施策ヲ断行スルヲ要シ且其ノ期待
ノ程度ヲ著シク低下セシムルヲ要ス

三、本日班長東条大将ヲ訪問シ現情勢ノ推移ヲ説明セリ、
(東条大将ニ対スル御下問奉答ノ参考トシテ、尚ホ先
般来各重臣ヲ各個ニ御召シノ上御下問アリタリ)
其ノ際東条大将ノ語レル所左ノ如シ、
イ、国内施策上今後ノ危機ヲ左ノ如ク観察ス
1、青年将校ノ不満
2、食糧事情逼迫ノ為国民大衆ノ戦意低下
3、知識階級ノ敗戦必至感
ロ、対「ソ」判断
四月以降「ソ」ノ動向ハ注意ヲ要ス殊ニ敵ノ本土
上陸ノ場合然リ
ハ、今後ニ於ケル国内対策
1、陸海軍ノ解決
2、内閣更迭ヲ要ス
3、内閣ノ人事権ヲ集中シ、文官任用令ヲ改正スル
ヲ要ス
4、戦時行政令ヲ制定スルヲ要ス
ニ、開戦以来現在ニ至ル間ノ回想
1、開戦ノ可否ニ関シテハ現在モ尚可ナリトノ確信
ヲ有シアリ但シ爾後ノ戦争指導ノ方法ニハ反省
ノ要アリ、
2、海軍ノ実力ニ関スル判断ヲ誤レリ、而カモ海軍
ニ引キヅラレタ
3、攻勢終末ヲ誤レリ、印度洋ニ方向ヲ採ルべキデ
アツタ、
4、石油ニ関スル観察ヲ誤レリ、日、満、支ヲ重視
スベキダツタ、
5、国内結集ニ関スル観察ヲ誤レリ、
6、対「ソ」判断ヲ誤レリ、但シ結果ハ良好ナリ、
7、三国同盟ノ功罪ハ目下不明ナリ、
但シ単独不講和ノ条約ハ帝国ノ終末ニ関スル施
策ヲ著シク束縛セルコトハ事実ナリ、

二月十七日　土曜

一、本日モ亦六時四十五分ヨリ艦載機来襲セリ

昨日ノ戦果ハ陸海軍合計一四五機ナリ（撃墜）
本日ノ来襲ハ午前中ニシテ一般ニ低調ナリ、

二月十八日　日曜

一、比島振武集団［第一一九師団］ハ十二日ヨリ「マニラ」北方地区ニ対シ攻勢ヲ開始シアリ、
二、昨日艦載機ニ対スル邀撃ノ戦果ハ撃墜一〇〇機ナリ、
三、数日来硫黄島攻略作戦ノ機濃厚ナリシ所本日一部ヲ以テ上陸ヲ開始セントシタルモ一応之ヲ撃退セリ、
四、班内ニ於テ戦争指導大綱ヲ研究ス

二月十九日　月曜

一、本日八時敵遂ニ硫黄島ニ上陸ヲ開始セリ、
二、本日「マリアナ」基地B-29一〇〇機帝都周辺ニ来襲ス　機動部隊ト合同出撃セサリシハ不幸中ノ幸ナリ、
三、本日今後ノ本土作戦準備進捗ノ為、大陸、本土間ノ軍隊、軍需品等ノ輸送要請ニ関スル部内研究ヲ行ヘリ、目下ノ作戦構想達成ノ為ノ輸送ヲ実施スルモノトセハ陸軍船舶ノ不足ハ左ノ如シ、
三月二一万屯　四月三・三万屯　五月二二万屯　六月七万屯　合計四ヶ月間不足五三・二［三］万屯
右船腹ヲ徴傭若クハ使用セハ概ネ六月頃C船ハ皆無トナル見込、
四、本日地方行政協議会会長ノ合［会］同アリ、第一部長出席シ戦況並ニ今後統帥部ノ気持ヲ説明セリ、統帥部ノ責任部長カ政府側ノ会議ニ出席スルノ可否ハ一考ヲ要ス
斯カル事ハ実ニ軍務局長ノ職ナリ

二月二十日　火曜

一、昨日二十時頃迄ニ硫黄島ニ上陸セル敵兵力ハ人一万、戦車二〇〇ナリ、
二、昨日部内ニ於テ研究セル輸送問題ニ関シ班内ニ於テ一案ヲ研究シ上司ニ意見ヲ具申セリ
而シテ本輸送問題ハ今後ニ於ケル戦争指導ノ方向ヲ決スルモノニシテ、一度方向ヲ誤ランカ絶対ニ挽回不能ナル最後的決意ノ段階ニ達シアルモノト認メラル
意見具申ノ判決
1、今後ノ作戦及戦争指導ハ本年中期迄ニ国内決戦即応態勢確立ノ根基トシテ直接戦備ノ造成ヲ第一義トシ、

イ、本年端境期ニ対処スル為絶対必要最少［小］限食糧（民ヲ含メ全量ヲ軍ニ於テ保存ス）
ロ、前半期航空及特攻ノ戦力化ニ必要ナル最少［小］限
ハ、本土地上兵備ニ即応スル為前半期戦力化ニ必要ナル最少［小］限
ニ、本土戦備強化ニ必要ナル大陸作戦資材ノ最少［小］限
ホ、同大陸軍需動員原料ノ最少［小］限
ヘ、最少［小］限兵力
2、前項目的達成ノ主眼ハ速カニ陸海軍問題ノ解決ニ依ル海軍現有輸送力ノ全面的活用トＡＢＣ一体ノ船舶運用トニ存ス
三、陸海軍統一ニ関スル海軍部内ノ意見左ノ如シ
艦隊及海軍航空皆無並ニ今後ハ大陸戦ノ様相ヲ呈シ本土ニ決戦ヲ予期セラルルニ依リ、陸海軍ヲ合一セントスル思想ニハ不同意ナリトノ見解ヲ有シ（結局海軍ノ併合セラルルヲ虞ル）従ツテ此際陸海ノ指揮ヲ単一化シ且軍需整備ノ一元化ヲ図ルコト先決ナリトノ意嚮ナリ

二月二十一日　水曜

一、戦争指導大綱案ニ関スル海軍側トノ研究ハ一応本日ヲ以テ終了ス、数ヶ所意見不一致ノ点アルモ各々上司ニ報告シ、其ノ決裁ヲ俟ツコトトシ成ルヘク速カニ御前会議ヲ奏請セラレ度事務当局ノ意見ナリ、
二、本日突如内閣ノ一部改造行ハル
即チ広瀬国務大臣兼内閣書記官長辞任シ石渡［荘太郎］蔵相其ノ後任トナル、蔵相ハ津島［寿一］北支開発総裁ナリ、
広瀬書記官長辞任ノ原因ハ行政協議会長ヲ親任官トスヘキ意見ニテ一応閣議ノ諒解ヲ得タリシ所、大達［茂雄］内相ノ反対ニテ首相カ軟化セン為ナリ、皇国浮沈ノ関頭ニ際シ自己ノ意見通ラサル故ヲ以テ辞職スルカ如キハ旧政党政治家時代ナライザ知ラズ言語道断ト称スヘシ後世史家ノ批判ヲ受クヘシ、

二月二十二日　木曜

一、本日ヨリ次長、次官統裁ノ下ニ本土決戦完遂ニ関スル省部首脳者ノ会議行ハル、
1、目的

本土決戦ノ為ノ戦政略ノ必勝方途ヲ研究シ真ニ省部一体トナリ一途ノ方針ノ下準備ノ完整ヲ図ルニ在リ、

2、第一部長ヨリ、

(イ)敵ハ春夏ノ候本土包囲圏ヲ概成シ秋頃以降本土侵寇ノ算大ナリ、

(ロ)敵進攻ノ順序ハ三月頃小笠原ヘ三月頃南支台湾ヘ八―九月頃敵作戦兵力ハ一五ヶ師団　本年末二〇―二五師団

(ハ)本土ニ於ケル作戦構想

a兵備三月　三一ヶ師団（北海道朝鮮ヲ含ム別ニGD［近衛師団］）

七月　四三〃（新設八、満州ヨリ四転用）

八月　五九〃（新設一六、別ニGD及北海道ニ新設二）

b兵団配置

関東一八、東海七、西部一三、其ノ他二一

(ニ)戦力ノ現況ト将来ノ運用

a現況　東部一・五会戦分　東海〇・七

西部一・〇

北部〇・七　中部二・二　朝鮮〇・五

平均一・二五会戦分

b今後整備セラルヘキ一〇師団会戦分ヲ加ヘ

東部58ヶD会戦分　中部44　西部44

平均全兵力ノ二会戦分ト為ス、

c航空燃料

本土4.7万竏、満州4.2万竏、支那1.6万竏

台湾1.1万竏、琉球0.4万竏、

燃料生産予定ノ如クナル場合ハ天号作戦ト同規模ノ作戦二回実施可能ナリ、

3、経理局長ヨリ

(イ)給養兵額ヲ指示アリ度、尚編成上馬ノ使用ハ極力避ケラレ度、

(ロ)満州ヨリ兵団ヲ転用シ対「ソ」関係ハ大丈夫ナリヤ

(ハ)築城指導ヲ防総ニ担任セシムルハ不可ナリ、各地区毎ニ指導官ノ派遣ヲ要ス、

(ニ)作戦準備ヲ有機的ニ組合セテ実行セヨ

本土ニ於ケル作戦準備ノ心構ヘハ「民ニ与ヘヨ而シテ民ヨリ得ヨ」

4、整備局長ヨリ

(イ)築城計画ハ鋼材、資材ノ見積リノ下ニ行ハレアリヤ
(ロ)行政的措置ハ講シツ、アリヤ
(本件ニ関シ経理局長ヨリ地方行政協議会長ト相談シテヤレ、法ハ運用ニ存ス)

5、第二部長ヨリ
(イ)防総ハ任務達成ノ為幾多ノ束縛アルヲ以テ解決ノ要アリ、
(ロ)軍司令官ニ権利ヲ与ヘヨ、築城ヲ予算ニテ拘束スルハ不可ナリ、
(右ニ対シ経理局長ヨリ国亡ヒテ法令何処ニアリヤ予算デハ絶対ニ束縛セヌ)

6、兵務局長ヨリ
(イ)兵員ノ体力、訓練ノ実情ヲ把握シテ作戦ヲ指導セヨ
(ロ)本土作戦完遂ノ決意ノ程度ヲ決定セヨ
(ハ)中央集権而カモ責任ヲ採ラサルハ最モ不可ナリ、
(ニ)上陸作戦撃摧ニ失敗セハ其ノ後ハ如何ニナルヤ
(右ニ対シ第一部長ヨリ決意ハ各自決定セヨ)

7、医務局長ヨリ
(イ)研究ノ基礎ヲ更ニ明瞭ナラシメヨ
(ロ)此ノ会議ノ空気ヲ如何ニシテ政府国民ニ知ラシムヘキヤ、
(ハ)軍服ノミテハ戦争ハ出来ヌ、国民総力結集ノ実ヲ軍自ラ挙ケヨ

8、兵器行政本部総務部長ヨリ
(イ)戦争指導責任者ハ誰カ、誰カヤルカ
(右ニ対シ第一部長ヨリ戦争ノ責任ハ悉クカ分担シテ居ル)
然ラハ一億全部カ責任者ナリ、之ヲ指導スル責任者ハ誰カ、
(ロ)戦力ハ人ナリ、人ノ基礎ハ食糧ナリ、之カ解決ヲ重視セヨ、

9、航空兵器長官ヨリ
(イ)敵ニ時日ヲ与フレハ第二、第三波カ来ル此ノ時ノ処置如何
(右ニ対シ第一部長ヨリ後ノ事ハワカラヌ、血ノ一滴ヲシボッテ第一波ニ投入ス)
(ロ)地下転移ハ敢斗精神ヲ消磨スルコトナキヤ、地下転移ノ範囲ト地上暴路［露］ノ範囲ヲ決定セヨ

第一部長ヨリ
陣地ヲ作ルコトハ敢斗精神ニ影響ナシ、苦脳［悩］ノ時役立ツ者ハ十中一アルノミ、景気ヨキ時ハ十中八迄ハ勇者デアル　智者テアル、耐ヘ忍フ事勢ニ乗スルコト之レ作戦ノ要決［訣］ナリ、

10、人事局長ヨリ
国民ヲ戦力化スルコトカ50ヶ師団作ルコトト同様ニ重大ナリ
地区司令官ノ下ニ民衆ヲ組織セヨ、而シテ防総ヲ強化セヨ、然ラスンハ之ヲ廃止セヨ、

11、第二部長ヨリ
当面ノ問題トシテハ必勝方策ヲ軍官民ニ如何ニ滲透セシムルヤニ存ス（以下第二回）

二、十四時三十分ヨリ第四十四回最高戦争指導会議ヲ開催シ前回保留セル情勢判断ヲ報告シテ決定ス
其ノ諸種ノ問題ニ関シ懇談アリ
(イ)秦次長ヨリ現下ノ戦況ヲ卒［率］直ニ説明ス
即チ硫黄島ヲ奪取セラレタル場合ハ一ヶ月後ニハ東京ハ戦場化ス、而シテ硫黄島ノ組織的抵抗ハ一週間ト判断ス、
(ロ)総理ヨリ
東京ノ複廓陣地ハ出来テ居ルカ、又ヤル意志アリヤ
（右ニ対シ首都ヲ如何ニ取扱フヤニヨツテ決定ス）
更ニ総理ヨリ陸海軍軍政方面ヲ一本ニシテハ如何
（右ニ対シ軍令部総長ヨリ凡有手段ヲ講シアリ）
尚ホ航空生産確保ノ為地下転移ハ軍隊テヤレ
(ハ)重光［葵］外相ヨリ
仏印問題ニ関シ安南工作ノ件ハ現地ニハ伝達セラレアラサルカ如シ、速カニ伝達セヨ、
(ニ)総理ヨリ
本土作戦ニ於テ上陸敵軍撃破後ノ処置如何
右ニ対シ
a、秦次長ヨリ　敵ヲ撃破セハ「ユツクリ」考ヘル
b、軍令部次長ヨリ　「サイパン」奪回作戦ヲ研究中ナリ
c、重光外相ヨリ　「サイパン」奪回可能ナラハ外交モ考ヘ直ス要アリ、
d、軍令部次長ヨリ　戦ハ水物ナリ必ス可能トハ考ヘラレス

(ホ)総理ヨリ
本土地上兵備ノ為ニハ莫大ナル資材ヲ要スト思考スルモ最早物動観念ハ放棄スヘキニ非ス
三、班長総理ト懇談セル際ノ総理ノ戦争指導大綱ニ対スル気持左ノ如シ、
1、活溌ナル外交ハ是非実施致シ度シ、
2、戦略方策ノ基幹ハ洋上撃滅ニ指向スルヲ要ス
3、軍備ハ如何ナル程度ニヤルカ
4、本土上陸ノ場所、準備ハ出来テキルカ、
5、統帥部トシテハ決勝非常措置要綱ハ修正ノ要アリト思考シアリ
6、外交措置
支那ヲ如何スルカ、国民政府ノ処置、重慶ニ対シテハ軍ハ信頼ナキヲ以テ直接政府カ実施ス
7、陸海軍問題ヲ速カニ解決セヨ
四、硫黄島作戦ニ於テ我カ特攻ニヨリ空母二隻ヲ轟撃沈ス外ニ火柱二十数本ヲ認ム

二月二十三日　金曜
一、西欧戦場ニ於テハ連合軍ハ「ジークフリード」線ニ対シ「ケルン」正面ニ於テ攻勢ヲ開始セリ、
二、大陸鉄道ヲ視察中ナリシ加藤［定］少将一行ノ報告アリ、
結論ハ支那ニ於テハ純然タル作戦ノ様相ヲ呈シ今後大陸鉄道ノ輸送力低下ヲ最少［小］限防遏ノ為ニハ之カ防衛戦力ヲ増強セシムルヲ要ス、
三、昨二十二日飛行第百十戦隊ノ二機ハ硫黄島ノ敵部隊ヲ攻撃セリ、
四、本日突然蔣介石死亡ノ漢口電アリ真偽不明（軍ヨリノ電報ナシ）ナルモ帝国ノ不敢取採ルヘキ措置ヲ研究ス
五、昨二十二日夕「トルコ」対日独宣戦ヲ布告セリ、

二月二十四日　土曜
一、上京中ノ高橋［坦］北支方面軍参謀長ノ連絡要旨左ノ如シ、
1、華北交通ヲ人事、輸送、修理ニ関シ速カニ軍管理トセラレ度
2、軍及大使官［館］ノ一元化ニ関シテハ

イ、公使（現在御用掛）ヲ軍司令部付トシ軍事ニ関シ方面軍司令官ノ指揮ヲ受ケシム

ロ、公使館ノ部長ヲ方面軍嘱託トス

ハ、方面軍ノ参謀副長、経理部長及第三課長ヲ公使館ニ兼職セシム

此ノ際物資ノ生産、収買、還送及軍需動員関係事項ハ公使館ノ任務トシ、経理部長第三課長ヲ区処セシム

燃料生産、交通ハ軍直営トス

3、済南ニ軍司令部一箇ヲ置カレ度、尚独立警備大隊ヲ速カニ編成セラレ度、

4、北支方面軍ノ情勢判断、

敵ハ上海上陸前ニ青島、山海関等ニ飛行基地ヲ獲得シ、朝鮮海峡ノ遮断ヲ強化スルコトアルヘシ

二、本日第二回目ノ省部首脳ノ合同研究行ハル

1、軍務局長ヨリ

(イ)《ママ》戦争遂行能力確保方策左ノ如シ、

a、輸送力確保カ絶対ナリ、各軍管区毎ノ自戦自活ノ能否ヲ決スルモノハ石炭並ニ塩ナリ、

b、今後戦力的ニハ裏日本、瀬戸内海、北九州ヲ複郭タラシムルヲ要ス

c、大陸、本土間遮断セラレタル場合ニ於テハ、飛行機化学工業及塩ハ致命的ナリ、

d、食糧ノ本土ニ於ケル自給卆［率］ハ北部90％東北130％東部80％東海85％中部75％西部90％朝鮮160％

ロ、今後戦力保持ノ為陸軍省ノ努力目標左ノ如シ、

根本問題ヲ陸海軍問題ノ解決ニ置キ

a、繰上生産並ニ輸送

b、工場港湾、資材分散、企業整備、大陸移駐、

ハ、軍需動員関係

a、軍需生産ト輸送ハ併進セシム、

b、兵本ニ対シテハ航空協力、半途品ノ急速戦力化、

c、第一、四半期陸軍々需ノ確保ヲ主眼トス

(ニ)《ママ》国力戦力ノ調整

a、第一案　作戦徹底国力無視、

b、第二案　国力徹底作戦圧縮、

c、第三案　兵備ニ重点ヲ置キ就中食糧確保

(ホ)《ママ》作戦準備上国民ノ指導

a、官民ノ活用ヲ根本方針トス

b、如何ナル場合ニ於テモ法的根拠ニヨル

c、軍ノ現地自活ニ国民利用

2、第三部長ヨリ

(イ)海上輸送力（帆船ヲ除ク）ノ推移見透左ノ如シ

三―七月　二二九万屯

七月以降　四五〃

年　間　二七四〃

右ノ配当ハ作戦用一四五万屯、物動八四万屯ト致度

(ロ)陸上輸送力ハ年間一億三千万屯、

(ハ)機帆船ハ年間輸送力二五一万屯（燃料一〇万屯）

(ニ)今後輸送ハ全部陸軍カ担任スルコト

(ホ)輸送力配分ヲ決定スルコト

(ヘ)通信ノ防空施設ナシ

（以上第二回）

二月二十五日　日曜

一、敵艦載機約六〇〇機帝都周辺ニ来襲セリ（第三回目）

二、右艦載機ト連繋シ「マリアナ」基地ノB-29約一三〇機来襲シ被害相当ニ大ナリ、

二月二十六日　月曜

一、本日十四時ヨリ第四十五回最高戦争指導会議ヲ開催シ

イ、仏印武力処理発動ノ件、

（発動ハ三月上旬トシ大分ハ五月以降上旬中トス）

ロ、仏印政務処理要領

ノ二件ヲ決定ス、席上修正トナリタル箇所左ノ如シ、

1、(ニ)ノ「成ルベク速カニ」ヲ削除（保護条約破棄ノ件）

2、重光外相ヨリ仏印カ我カ要求ヲ受諾セル場合ニハ「安南独立ヲ妨害セス」トアルヲ「独立ヲ支援ス」トノ修文意見アリタルモ原案ノ如ク決定ス

3、武力ヲ行使スル場合「抵抗スル者ト然ラサル者トニ対スル区別」明カナラサルヲ以テ抵抗スル者ハ俘虜ト為ス、

二、省部首脳者合同研究第三回目ヲ実施ス

1、医務局長ヨリ

前大戦ニ於テハ食糧問題及労務問題カ独敗戦ノ最大

原因ナリ、今後此ノ点十分考慮スルヲ要ス

2、川島［虎之輔］少将ヨリ

イ、航空地下転移ノ範囲ヲ明瞭ニ示達セラレ度、一、○○○機地下格納ノ為ニハ「セメント」五万屯、鋼材一、○○○屯、木材一三万石、人三○○万人日ヲ要スト

ロ、航空生産ノ地下転移ヲ示セ、特ニ最少［小］限ノ機数、機種及地域

ハ、以上ノ前提ニ基ツキ資源ノ大陸還送ニ関スル輸送配分ヲ決定セヨ、

特攻　一、○○○機二回出動
直援　三回〃
} ニ要スル燃料ハ二、八○○竏ニシテ

此ノ際油ハ問題ニナラス、

3、軍務局長ヨリ

イ、一般ノ作戦方針、特ニ海軍ニ対スル期待度ヲ明示セヨ

ロ、本年中期以降飛行機ニ対スル期待度如何

ハ、地上ト飛行機トノ力ノ配分如何、

4、兵政本総務部長ヨリ

生産ト物動、地下転移ト築城、食糧ト燃料トノ間ニ競合アルヲ以テ明示スルヲ要ス

以上ヲ以テ説明ヲ終リ以下研究会

1、伊藤［鈴嗣］少将ヨリ

今後戦争指導ニ関シ陸軍カ責任ヲ採ルヤ否ヤヲ明示セヨ

2、整備局長ヨリ

国力ハ中期以降ハ考ヘルノカドウカ（第一部長ヨリ考ヘナクテモヨイ）

3、経理局長ヨリ

四、五月頃ニ上陸スルコトハナイカ、準備ハヨイカ、

4、軍事課長ヨリ

兵備ニ関スル第一部長ノ考ヘ方ハ再考ヲ要ス

一六ヶ師団ハ年末ニアラサレハ完成セス、ヨク実情ヲ認識シテ決断スルヲ要ス、

5、人事局長ヨリ

新ナル大本営、陸海合同カ先決問題ナリ

ヤル意志アリヤ、

6、整備局長ヨリ

兵備決定ノ為ニハ最後ハ海軍ト喧嘩シテモヤル積リカ、三月上旬迄ニ決定スルコト先決ナリ、

7、次長ヨリ
朝鮮海峡確保ノ見透如何、見透ハ困難、

8、軍務課長ヨリ
船ノ一元運用ハB船迄一元的ニヤルコトハ不可[能]ナリ、

9、整備局長ヨリ
C船ダケ陸軍カ持ツテモ不可ナリ、港湾ノ把握ヲ必要トス

10、次官ヨリ
大陸ヨリ絶対還送ヲ要スル物動、物資ハ何カ、還送不能ノ場合ハ地上兵備、航空ハ出来ヌ、

11、軍事課長ヨリ
甲造船配当ノ鉄カ二〇万屯ニナル場合ハ地上兵備ハ出来ヌ

12、次官ヨリ
兵備ハ数カ多イノガ良イカ、少数デモ充実セルモノガヨイカ（右ニ対シ第一部長ヨリ数ヲ尚フ）

13、次長ヨリ
本土上陸第一波ノ撃摧ニ失敗セハ爾後計画ノ遂行ハ不可能ナリ、従ツテ持久戦ハ不能ナリ、絶対後ノ事ハ考ヘヌ、先ツ第一波撃摧ニ全力ヲ傾注ス

14、整備局長ヨリ
作戦主体ナラハ大陸物資ハ従ナリ、但シ此ノ際ハ地上兵備ハ出来ナクナルコトアルヲ予期スルヲ要ス、従ツテC船ノ所要量ヲ徴傭スヘシ

15、第一部長ヨリ
海軍艦隊及部隊ノ兵力左ノ如シ
潜水艦　六月末四〇隻　八月末迄ニ更ニ四〇隻ヲ建造ス
駆逐艦　現在一〇隻　六月末二隻ヲ増加ス
護衛艦　計画タ、ズ甲造船計画ニ依リ異ナル
魚雷艇　現在一〇隻
海軍ハ海上及水中ノ特攻ヲ重視ス
陸上部隊ハ一部要塞張リ付ケノ外、敵上陸ノ二ヶ月前ニ陸軍ノ指揮下ニ入レル（其ノ兵力二〇万）
以上研究ノ結果相当ノ激論アルタル後、別冊本土決戦完遂基本要綱ヲ省部間ニ於テ決定シ此ノ決定ニ拠リ、今後活発ニ対外接［折］衝ヲ開始スルコトト

セラル

二月二十七日　火曜

一、敵機動部隊其後ノ動静ノ詳カナラサルモ更ニ来襲ノ公算大ナリ

二月二十八日　水曜

一、明号作戦*ノ為田中［敬二］中佐一行（二課満足少佐海軍有馬［高泰］大佐大東亜省長井事務官同行）本日ヨリ仏印へ出張ス

二、内地各方面軍参謀長会同ヲ実施セラル、

三、一昨日決定ノ「本土決戦完遂基本要綱」ノ趣旨促進ノ為概ネ左ノ如キ予定ニヨリ、陸海次長、次官、軍務局長、第一部長ノ懇談ヲ行フコトトセラル

三月二日　情勢判断及作戦思想ノ統一

三日｝陸海兵備ノ統合　物動及軍需動員
四日｝

五日　輸送力ニ関スル事項

並ニ今後採ルヘキ戦争指導ノ大綱

（国内施策及対外施策ヲ含ム）

＊　仏印の武力処理作戦。

三月一日　木曜

一、本日ハ満州建国第十三周年記念日ナリ、

二、本日ハ南西諸島ニ敵艦載機六〇〇機来襲セリ、

三、午後二時ヨリ第四十六回最高会議ヲ開催シ

○仏印処理ニ伴フ広州湾処理ニ関スル件

○仏印カ我カ要求ニ応セサル場合ノ帝国政府声明ヲ決定ス、席上議論セラレタル点左ノ如シ、

(イ)秦次長ヨリ

帝国政府声明閣議決定ノ時機ハ武力発動前ニ実施スルハ不可ナル旨発言シ全員異存ナシ

(ロ)仏国官憲ハ「フランス」官憲ト改ム

(ハ)「反枢軸勢力」ハ対「ソ」考慮上削除ス

(ニ)泰ノ失地恢復ノ件ハ削除シ泰ヨリ申出アリタル場合ハ白紙ニテ改メテ協議スルコトトス

右終了後左ノ如ク各種問題ニ関シ発言アリ

(イ)秦次長ヨリ

仏印問題ニ関シ「ソ」ニ対シ如何ナル処置ヲ採ルヤトノ発言ニ対シテハ外務大臣ニ一任スルコトトナレ

リ、

(ロ)総理ヨリ

今後作戦遂行ノ為ノ要望ヲ速カニ提示セラレ度、

(ハ)更ニ総理ヨリ

軍需省ニ陸海軍航本ノ技術ヲ入レテハ如何

四、本日小林［躋造］国務大臣辞任シ新党結成ニ当ルコトトナレリ

斯カル亡国ノ遊戯ニ熱中スル政府ノ気持ヤ如何

三月二日　金曜

一、決号［本土決戦準備］兵棋行ハル

本日ヨリ三日間ノ予定ナリ、

三月三日　土曜

一、当面ノ重要懸案問題（先般陸軍省部ニ於テ決定セル事項）ニ関シ陸海両軍首脳ノ第一回会談ヲ実施セリ

議題ハ先ツ陸海軍問題ニ終始シ何等決定スルニ至ラス、即チ

イ、陸軍次官ヨリ先ツ陸海合同ヲ提議シ

ロ、陸軍軍務局長ヨリ

本件ハ直チニ決定セヨ、之カ為ニハ陸軍航空ハ全部海軍ニ入レルモ可ナリ、戦局ノ現段階ニ於テ陸海合同セサレハ、官民ノ結集ハ最早不可能ナリト補足ス

ハ、右ニ対シ軍令部次長ヨリ

陸海軍合同問題ニ関シテハ未タ研究シアラス取リ敢ヘス陸海軍同一場所勤務ヲ実行スルヲ可トス、陸海航空ノ一体ハ可ナリ、

ニ、海軍軍務局長ヨリ（海軍次官ハ本日出席セス）先ツ大本営陸海軍部ノ合一ヲ実施セヨ

同時ニ内閣官制ヲ変更セヨ、

ホ、陸軍第一部長ヨリ

航空一本ノ趣旨ハ可ナルモ陸海軍関係ヲ現状ノ儘ニテハ不可ナリ、速カニ陸海軍問題ヲ決定セヨ

右ノ如クシテ具体的ニ話ハ進捗セス

二、本日ノ「サンフランシスコ」放送ニ於テ日本軍ハ仏印武装解除ヲ実施セリト

右ニ対シ陸軍省ヲ始メトシ外務省、大東亜省ニ於テハ事実ノ有無ニ関シ懸念甚タシク現地ニ照会スヘシトノ議アリタルモ、統帥部トシテハ断乎之ヲ排撃セリ蓋シ

大命ニ依リ五月以降ト決定シアリ且田中中佐以下既ニ現地ニ到着シアルヲ以テナリ、

三、本日陸海軍統合問題ニ関シ陸海軍大臣ヲ夫々別箇ニ御召ノ上御下問アリタリ、陸海軍問題遂ニ上聞ニ達シ御心配遊ハサル

三月四日　日曜

一、本日B-29一六〇機関東地区ニ来襲ス

二、本日「ラバウル」ヨリ谷川［一男］少将一行帰任ス原［四郎］中佐健在ナリ、無事ナルハ奇績［蹟］ト称スヘシ

三月五日　月曜

一、決号兵棋本日ヲ以テ終了シ研究会ヲ行フ、

二、本兵棋ニ於ケル所見左ノ如シ、

イ、兵力運用ノ基本構想ヲ再検討スルヲ要ス

即チ関東平地ニ敵上陸セル場合、九州ヨリ兵団ヲ招致セントスルカ如キハ凡ソ現実ヲ無視シタルモノト云フヘシ、

ロ、敵上陸方向ヲ一ヶ月前ニ判断セサレハ本構想ノ作戦指導ハ成立セス、関東ナリヤ、九州ナリヤ確実ニ判断スル事ハ凡ソ不可能ニ属ス

ハ、地上決戦可能ナリトノ安易ナル観察ニハ深刻ナル反省ヲ加ヘ、其ノ構想、準備、編成装備ニ一段ノ工夫ヲ要ス

三月六日　火曜

一、本日陸海軍統合問題ニ関シ秦次長ヨリ軍令部次長ニ対シ提案セル所、軍令部次長ハ宮中ニ於テ一緒ニ勤務シ天皇御親政ノ実ヲ挙クルヲ可トスノ意見ニテ陸軍提案ニ関シテハ何等ノ同調ナシ

二、海軍ノ意嚮右ノ如クナルモ陸軍トシテハ更ニ執拗ニ攻撃ヲ続行シ已ムヲ得サル場合ニ於テモ御下問ニ奉答シ得ル為先ツ次ノ案トシテ、

陸海省部各々ノ兼任補職制（但シ一人）案ヲ研究ス

三、昨日朝香宮［鳩彦］殿下ニハ陸海軍大臣ヲ夫々御召ノ上大本営総長案ノ可否ニ関シ御下問アラセラル

海軍大臣ハ即座ニ不可ナル旨奉答セル趣ナリ

三月七日　水曜

一、陸海軍問題本日モ依然何等進展セス

二、本日仏印派遣中ノ田中中佐ヨリ仏印側回答猶予時間二時間中ニハ交渉時間αヲ含ムトノ現地側原計画ヲ電報シ来レルヲ以テ、之カ決定ノ経緯並ニ二時間中ニ於ケル防諜措置ニ関シ返電セリ、

三、夜班長、軍務局長官舎ニ於テ当面ノ重要問題解決ノ進捗ニ関シ局長ト懇談セリ、軍務局長トシテハ先ツ陸海軍ノ作戦思想必スシモ一致シアラサルヲ以テ之カ統一ヲ図ルヲ先決問題ナリトノ意見ナリ

（天号*ト決号トノ関係ハ第一部長ハ明瞭ニ一致シアリト称シアルモ公平ニ観察シテ相当ノ開キアリ）

＊　東支那海・南西諸島方面の航空作戦。

三月八日　木曜

一、先般ノ本土決戦兵棋ノ研究ニ基ツキ作戦準備完整ヲ容易ナラシムル為国土防衛法ノ法令化ヲ研究ス

二、本日仏印回答ノ猶予時間ノ件ニ関シ重ネテ田中中佐ヨリ来電アリ、結局大使ニ対スル大東亜大臣訓令ヲ変更セシムルノ要アル事判明セルヲ以テ昨日電報セル要旨ヲ大臣ヨリ改メテ訓令スルコトトセリ、

三、本日閣議ニ於テ満鉄及鮮鉄ニ対スル軍事使用ノ勅令発動ノ件ヲ報告シ、次テ華北、華中鉄道ノ軍管理ノ件ヲ決定セリ、

四、船舶問題ニ関シ陸海省部ノ部局長会議ヲ開キ左ノ如ク決定ス、

(イ)戦局ノ急需（決号ノ為大陸ヨリ急速輸送及天号ノ準備）ニ応スル為不敢取三月Aニ於テ二十四万総屯ノ船舶ヲ使用ス

右二十四万屯ノ取リ方ハ勉メテ国力整備ニ悪影響ヲ及ホササル如ク十分注意スルコト、

(ロ)A、B、C船及関係港湾ヲ一元化運用ス

之カ具体化ノ基本方針左ノ如シ

陸海軍ノ運輸機関ヲ合体シ一元輸送司令部ヲ急速ニ（四月始迄ニ発足シ得ル如クス）編成シ一元輸送ノ実行ニ当ル、

(ハ)大本営ニ輸送会議ヲ設置（兵総［兵站総監部］参謀長、両軍務局長、整備局長、戦力補給部長、海軍軍務局次長、総動員局長ヲ骨幹トス）輸送内容ヲ決定ス

(ニ)第五項ノ外輸送力向上ノ為凡有方途ヲ講ス
本件海軍側ノ同意ハ陸軍トシテ誠ニ慶賀ニ堪ヘサルモ従来ノ経験ニ徴スルニ斯クノ如ク簡単ニ解決シ得ヘシトハ夢想ダニシ得サル所ナリ、海軍事務当局ノ意見ヲ徴セハ本決定ハ先ツ転覆セシメラルルノ公算大ナリ、海軍ノ軍務局長、第一部長等ハ「ロボット」ニ過キズ

五、本日ノ班長会報ニ於テ大本営職員ノ家族ハ速カニ疎開スヘキ件ヲ話合ヘリ

三月九日　金曜

一、昨八日九時五十分「サンボアンガ」〔ミンダナオ島西端〕西方「ホコード」ニ敵上陸ヲ開始セリ、其ノ兵力B三、C四、D其ノ他二〇舟艇一八

二、昨夜総理単独ニテ総長ヲ訪門〔問〕シ左記事項ヲ懇談セリ、
本件ハ先般班長ヨリ総理ニ説明セル内容ナリ、
イ、総理ヲ大本営ノ議ニ列セシムルコト
ロ、戦争指導ハ大本営ニテ実施スルコト
右総理ノ要請ニ関シテハ総長異存ナク、之カ為大本営令ヲ改正ノ要否ニ関シ研究ヲ命セラル、

三、陸海軍問題解決案（統帥部案）ニ対スル陸軍大臣ノ意見左ノ如シ、
イ、次長、次官以下二人制ヲ採ラサルコトヲ総長、大臣以下ニ改ム
ロ、大本営ノ議ニ列スル件ハ陸海軍大臣ヲ明示スルコト、

四、本日二十時十八分ヨリ仏印ニ於テハ仏印側カ帝国ノ要求ヲ拒否セルニヨリ予定ノ如ク、武力処理ヲ発動シ順調ニ進展中ナリ、
大東亜地域ニ最後迄中間的存在ヲ続ケ来リタル仏印モ米英軍ノ接岸一歩前ニ於テ遂ニ覆滅ス
仏印処理ヲ作戦的ニ観タル場合ニ於テハ大成功ト称スヘキモ戦争指導的ニハ已ムヘカラサル動機ノ存スルスモ《マヽ》ノアリト雖後世史家ノ批判ニ侯ツヘキ点無シトセス
今後本次戦争カ長期化シ就中、独終戦後ニ於テハ人種戦惹起ノ公算甚大ニシテ帝国ノ終戦ニ一大支障ヲ及ホスヤ必至ナリ、

三月十日　土曜

一、陸軍記念日ハ「マリアナ」基地B-29ノ夜間大編隊（一三〇機）ニ依ル帝都爆撃下ニ迎フ（正子［午］過ヨリ約二時間）

全弾焼夷弾ニシテ炎々タル火事ハ終日息ムコトナシ

焼失家屋推定三〇万戸弱　罹災者一一〇万人

邀撃及地上破［砲］火ニ依ル戦果ハ撃墜一五機ナリ、

二、爆撃下午前二時仏印処理ニ関スル大本営発表ヲ実施ス、

三、午前九時仏印処理ニ関スル臨時閣議ヲ開催シ帝国政府声明ヲ決定シ、午前十時之ヲ発表セリ、

四、本日十一時十分敵遂ニ「ザンボアンガ」ニ上陸セリ

五、本日十四時ヨリ第四十七回最高会議ヲ開催シ、華北及華中鉄道軍管理ノ件ヲ決定ス

席上議事ノ概要左ノ如シ、

イ、幹事（陸軍）ノ説明ニ対シ総理ヨリ「当分ノ間」ノ意味ヲ質問セルニ対シ、大東亜戦争終了迄ト応答ス

ロ、重光大東亜相ヨリ交通、生産ノ一元的運営ハ必要ナルヲ以テ、軍トシテモ支援セラレ度トノ発言ニ対シ、秦次長ヨリ輸送ヲ管理セハ他ハ問題ナシト答フ

ハ、尚重光大臣ヨリ　戦争終了セハ鉄道ヲ完全ニ支那側ニ引キ渡ス件ヲ明瞭ナラシメテハ如何トノ提案ニ対シテハ、梅津総長ヨリ本件ハ条約通リニ実施セハ可ナリトノ応答アリ結局附帯事項トシテ記載スルコトトセリ

三月十一日　日曜

一、本早朝（後半夜）B-29一三五機名古屋地区ニ来襲セリ、損害ハ東京ニ比シ著シク軽徴［微］ナリ（約二万戸十万人）

戦果　撃墜二十二機　撃破六〇機

二、船舶使用問題本日モ海軍側ノ意嚮ニ依リ最高会議ヲ開催スルニ至ラス

三、議会ヲ本日再開ス

三月十二日　月曜

一、大東亜戦争完遂ノ為、緊急重要事項（戦争指導強化及陸海軍問題）ニ関スル件、総長、大臣、次長、次官ノ間ニ於テ陸軍案（別紙）トシテ決定ス

今後如何ニシテ海軍ヲ同意セシムルヤニ存ス
右決定ニ於テハ戦争指導強化案ハ原案中第二案トナレリ、

二、船舶問題本日モ遷延ス

三月十三日　火曜

一、船舶問題ニ関シ軍令部次長来部シ陸軍提案ノ一五万四千屯中ニハ食糧輸送船舶ヲ含ミ且船舶陸軍使用ノ影響ハ甚大ニシテ海軍ノ特攻計画ニ打撃ヲ与フヘキニ依リ同意シ得サル旨申込アリタリ、
本件ニ関シテハ先般陸海省部間ノ部局長会議ニ於テ既ニ決定シ目下最高会議提案ノ手続中ナリシ所、斯カル裏切行為ハ全ク予想シ得サル所ナリ、結局海軍省軍務二課渡辺［安次］大佐ノ策動ニ依ルモノニシテ、作戦準備上一刻モ惜ミアル秋、真ニ国賊的行為ト断セサルヲ得ス、斯カル陸海軍ノ間柄ニ於テ、今後如何ニ協調ヲ口ニスルモ一切無益ナリ、上司ノ決定ヲ下僚ノ横暴ニ依リ覆スカ如キハ陸軍ニ於テハ夢想タニシ得サル所ナリ、事茲ニ至リテハ最高会議幹事補佐ノ従来ノ仕事振リハ正ニ一大隘路ト称スヘシ

二、本日夜秦次長、総理ヲ訪問シ懇談セリ
右懇談ニ於テ、先般総理ヨリ総長ニ要請アリタル件モ含ミアリ、

三月十四日　水曜

一、昨夜半B-29 90機大阪地区ニ来襲セリ
撃墜一一機　撃破六〇機、市街地ノ損害ハ相当大ナルモノノ如シ

二、本日ヨリ船舶問題ノ解決ニ班長尽力セルモ遂ニ海軍側ノ同意ヲ得ルニ至ラス、夜第一部長室ニ第三部長、軍務局長以下関係者集合シ、対策ヲ協議セルモ成案ヲ得ルニ至ラス
尚ホ十五万四千屯ノ陸軍提案中ヨリ、食糧ヲ除キ十万四千屯案ヲ非公式ニ海軍側ニ示セルモ之亦何等ノ応答ナシ、

三月十五日　木曜

一、船舶問題ニ関シテハ本朝海軍側ヨリ一案ヲ提示シ来リタルヲ以テ次長室ニ陸海軍省部局長集合シ、食糧ヲ除キ三月ヨリ六月迄実働八万総屯ノ陸軍使用ニ解決セリ

陸軍トシテハ船腹量ノミヨリセハ寧ロ本案カ有利ナルモ食糧ヲ総動員ニ転嫁セルヲ以テ此ノ点不安アリ

二、十四時ヨリ第四十八回最高会議ヲ開催シ、約二週間ニ亘リ紛叫［糾］セル「民船ノ作戦使用並ニ輸送力ノ確保等ニ関スル件」ヲ決定シ

イ、陸軍ハ三月乃至六月ノ間実働船腹八万総屯ヲ使用ス

ロ、輸送力ヲ確保スル為、国家船舶及港湾ハ一元運営ス

ルコトトナレリ［『敗戦の記録』参照］

斯クシテ陸軍ノ企図スル本土作戦準備ハ一応発足シ得ルコトトナレリ、

会議席上問題トナレル点左ノ如シ

(イ)運通大臣ヨリ国家船腹一元運用ノ内容如何、統帥事項ハ大本営ノ責任ナランモ港湾及C船ノ運営ニ対シテハ、運通大臣トシテ補弼ノ責任アルヲ以テ同意シ得ス

(ロ)右ニ対シ海軍軍務局長ヨリ中央ニ戦力会議ヲ設置シ以テ輸送計画ヲ決定シ、之カ実行運営ハ陸、海、民、合同ニテ実施スルモノナリ、

(ハ)総理ヨリ国力ニ及ホス影響如何トノ質問アリ

之ニ対シ軍需大臣ヨリ影響甚大ナルモ即答シ得ス、

但シ影響ヲ少ナカラシムル如ク努力スト答フ

三、印度基地ノB-29ハ最近相当「マリアナ」基地ニ移動シアリ、

四、戦争指導強化ニ関シ明日上奏スルコトニ決定シ上奏案ヲ起案セリ、

三月十六日　金曜

一、戦争指導強化ニ関スル件（別紙）ヲ総理、両総長列立ニテ上奏シ御允裁ヲ得、本日情報局ヨリ発表セリ（上奏案別紙ノ如シ）［『敗戦の記録』参照］

之レニ依リ小磯［国昭］内閣総理大臣ハ特旨ニ依リ大本営ニ在リテ作戦ノ状況ヲ審ニシ且ツ大本営陸海軍部幕僚長及陸海軍大臣ト共ニ戦争指導ノ議ニ列スルコトトナレリ、帝国ノ戦争指導ニ一転機ヲ画スルコトトナレリ、今後総理ノ閣内ニ於ケル権限ヲ強化セハ茲ニ理想的戦争指導ヲ行ヒ得ルコトトナルヘシ、

二、西村［敏雄］少将ヨリ

今後ノ対「ソ」施策ニ関スル意見アリ

結論ハ日「ソ」交易ノ具体的促進策ナリ

三、田中中佐及満足少佐、仏印ヨリ大任ヲ果シ無事帰任ス
機動部隊ノ間隙ヲ通リ無事ナリシハ天佑ト称スヘシ

三月十七日　土曜

一、本朝B-29六〇機神戸地区ニ来襲シ其ノ一九機ヲ撃墜セリ、

二、硫黄島ノ皇軍一ヶ月ノ敢斗ニ依リ、愈々最後ノ関頭ニ直面セリ、即チ本日九時三十分ヲ以テ連絡杜絶ス
最後ノ電報ニ依レハ残存兵力約八〇〇名（北地区五〇〇名 東〃三〇〇名）ニシテ本夜全力ヲ以テ総攻撃ヲ決行スト
敵上陸以来敵ニ与ヘタル損害実ニ三万三千名ナリ
硫黄島部隊ノ敢斗ハ未タ戦史ニ其ノ類例ヲ見ス「ペリリュー」部隊ノ奮戦ト共ニ皇軍ノ精華ヲ遺憾ナク発揮セルモノニシテ殊ニ最後ノ瞬間迄斉々タル作戦指導ヲ行ハレタル栗林［忠道］最高指揮官ノ功績ハ偉大ナリ、此ノ闘魂ヲ目撃シ大和民族一人ト雖モ奮起セサルモノアランヤ

三、十三時二十分ヨリ第四十九回最高会議ヲ開催シ［「］第二次大東亜会議開催ノ件」ヲ決定シ、四月中旬ヲ期シテ東京ニ於テ開催スル為至急準備ヲ為スコトトナレリ［『敗戦の記録』参照］
本件ハ昨日突然外務大臣ヨリ提案ノ協議ヲ為セルモノナリ、

四、夜軍務課高橋［満蔵］中佐宍倉［寿郎］少佐及田中、橋本、鶴巻偕行社別館ニ於テ左記研究ヲ行ヘリ
イ、日「ソ」問題ヲ中心トスル帝国今後ノ対外施策ニ関スル観察
ロ、右ニ基ツキ当面ノ対「ソ」施策

三月十八日　日曜

一、本朝来九州各地（主トシテ飛行場）ニ敵艦載機来襲中ナリ、夕刻迄ニ延一、四〇〇機ニ達シ正規空母十数隻ヲ基幹トスル機動部隊、九州東南部海上ニ接近シアルカ如シ、我カ海軍航空ハ朝来之ヲ攻撃中ナリ
在九州ノ陸軍第六航空軍ハ予定ノ如ク朝鮮ヘ退避セリ、

二、陸軍省ノ編成改正ヲ決意セラレ本日午前次官ヨリ之カ具体案ノ研究ヲ関係者ニ伝達セリ、

三、昨夜両大臣、両総長懇談セルモ陸海軍問題ニ関シテハ具体的ニ話ナシ、作戦連絡ニ総理及両大臣出席ノ件話

合成立セリ、
四、昨夜陸海軍兵備大綱ヲ決定セリ、

三月十九日　月曜

一、本早朝B-29一六〇機再ヒ名古屋地区ニ大挙来襲セリ、
二、本日昨日ニ引続キ艦載機、広島、阪神、京都地区ニ来襲セリ
三、軍事特別措置法本日ノ閣議ニ於テ決定ス
四、夜杉山［元］陸軍大臣ハ院内ニ於テ、陸海軍問題ニ関シ、米内［光政］海相ト二時間ニ亘リ懇談セルモ何等ノ結論ニ到達セス
即チ米内海相ハ杉山陸相ノ提案ニ対シテハ全然応スルノ意志ナク執拗ニ反覆セルモ興味ナシ、
ノミナラス御下問ニ対シテハ、奉答セスト称シアリ
右ニ対シ現状ノ儘放置スルハ不可ナルモ、サリトテ陸軍大臣単独上奏ノ決意ハ無キカ如ク、結局今後海軍ノ案ヲ提出セシメテ、之カ促進ヲ図ル以外ニ方法ナキモノト考察セラル、

三月二十日　火曜

一、本日突然内閣ヨリ重慶工作ニ関シ、明日最高会議ヲ開催致度トノ提案アリ
目下「繆斌《ミョウヒン》」来京中ナルヲ以テ、総理カ「繆斌」ノ意見ヲ聴取シタル結果思ヒ付キタルモノト判断セラル
繆斌ノ和平思想左ノ如シ
(イ)国民政府抹殺
(ロ)即時無条件撤兵
(ハ)最近ハ重慶ヲ仲介トスル日米和平ヘ変化シアリ
陸軍トシテハ斯カル工作ハ相手ニセサル方針ナリ
二、夜陸相官邸ニ於テ小磯、杉山、畑［俊六］、梅津、首脳懇談ヲ実施シ左記ヲ話合ヘリ、
イ、先ツ杉山陸相ヨリ陸海軍問題ニ関シ昨日米内海相トノ懇談経緯ヲ説明シタル後、本問題ハ今後海軍部内ノ意見ヲ徴シテ促進セシムヘキコトニ落着セリ、
尚ホ梅津総長ハ本件ニ関シテハ単独上奏スヘシトノ強硬ナル意見ナルカ如シ
ロ、次テ新党々首問題ヲ協議シ平沼氏ヲ党首ト予定セルモ応諾セス、取リ敢エス総理自ラ就任シテハ如

何トノ意見アリ

三、硫黄島ノ最後ノ大本営発表ハ明日実施スルコトトナレリ、

四、夜市ヶ谷別館ニ於テ先般研究セル対「ソ」施策ニ関シ、軍務課、二十班ノ合同研究ヲ行ヘリ、
軍務課加藤［丈夫］中佐ハ乗気ナラサルモ本研究案ヲ以テ各々上司ニ報告ノ上強力ニ外務省ヲ指導スルコトトス

三月二十一日　水曜

一、本日十五時ヨリ構成員ノミヲ以テ第五十四回最高会議ヲ開催シ、対重慶工作（繆斌工作）ニ関シ協議セルモ、何等結論ニ達セス

三月二十二日　木曜

一、敵機動部隊ニ対スル我カ攻撃戦果左ノ如シ（報告綜合）
一八日　A三撃沈
一九日　A一　B～aA［特設空母］一　C一撃沈
D一撃沈
二〇日　A一撃沈　A一火災
二一日　A一　〃
合計　空母六隻撃沈一隻撃破、戦艦若クハ巡洋艦一隻撃沈
今回敵機動部隊ノ兵力ハ空母一五（内五ハ巡改）戦艦八隻ヲ基幹トセルモノ、如ク、二十一日ノ司偵捜索ニヨレハ南西諸島東方海上ヲ南下中ノモノハA八、B四ヲ基幹トシアリ、

二、船舶一元運用問題ニ関スル陸海軍間ノ話合ハ現在迄左ノ如シ
(イ)長官ハ海軍トナスコト（海軍意見）
(ロ)一元運用ヲ実施スルモ地域ヲ陸海軍ニ分ケテ実施スルコト
従ツテ神戸、横浜ハ海軍ニ担任セシムルコト、
右ノ如キ海軍主務者ノ意見ナルヲ以テ、之カ結論ニ到達スルハ相当ノ時日ヲ要ス、総長ノ意図ハ無理ヲシテ迄実施ノ要ナシ、

三、「レイテ」附近ニ集結中ノ敵船舶八〇万屯ノ三分ノ二以上ハ十七日以降行方不明ナリ、新ナル作戦開始ヲ予期セラル

四、先般ノ機動部隊ノ攻撃ニヨリ海軍ノ空母及艦〔ママ〕船ハ殆ント大部ヲ損傷セリ（瀬戸内ニアルモノ）
五、今後敵機動部隊ニ対シテハ左ノ如ク判断シアリ（十九―二〇日頃）
(イ)二十日頃敵ハ退避スルナラン
(ロ)爾後洋上補給ヲナスヘシ
(ハ)二十四―二十六日ノ間　南西諸島ニ来襲スヘシ
(ニ)二十七―二十九日ノ間　艦砲射撃ヲ実施スヘシ
(ホ)二十九―三十日ノ間　南九州ニ来襲スヘシ
(ヘ)四月一日頃南西諸島ニ上陸スヘシ

三月二十三日　金曜

一、本日ヨリ作戦連絡ニ総理及陸海軍大臣出席ス
二、本朝来敵機動部隊再ヒ南西諸島ニ近接中ナリ
三、本日先般ノ戦果ヲ左ノ如ク大本営発表ス

空母	五	撃沈
戦艦	二	
巡洋艦	三	
未詳	一	

飛行機撃墜一八〇機　未帰還一五〇機

三月二十四日　土曜

一、本日予メ判断セル如ク敵艦載機南西諸島ニ来襲セリ。延七〇〇機
二、敵ノ南西諸島攻略企図明瞭トナルヲ以テ、作戦課ハ各課高級部員ニ対シ、左記事項ノ促進方要望セリ
(イ)九州若クハ上海地区ニ対スル来攻ハ六月頃ノ算大トナレルヲ以テ作戦準備ハ六月初頭ヲ目途トシテ進ム
(ロ)千島ノ海上機動旅団ヲ北海道、若クハ本土ヘ集結ノ企図アルヲ以テ関係課ニ於テ研究アリ度
(ハ)四月上旬門司ニ上陸予定ノ戦車第一師団ハ上陸後一時九州ニ待機セシム
(ニ)満州ヨリ転用兵力57Ｄ、11Ｄノ輸送ヲ促進ス
(ホ)九州方面兵備中拘束集団ノ編成完結ヲ五月末ニ繰上クルコト
(ヘ)南九州、川内宮崎天草ニ新ニ三ヶ旅団ノ新設ヲ研究ス
(ト)南九州ノ軍司令部ヲ速カニ発令スルコト
三、三月中（月末頃迄）ニ南西諸島方面ニ使用可能ノ陸軍特攻兵力左ノ如シ

第六航空軍　一〇隊
第八飛行師団　三隊（外ニ自隊編成一六隊）
計　二十九隊　三四〇―三五〇機ナリ、
但シ実働二〇〇―二五〇機程度ナルヘシ、

三月二十五日　日曜

一、本日七時三十分沖縄本島西方二十粁ノ慶良間列島、阿嘉島、渡嘉敷島ニ敵上陸用舟艇一〇〇隻ヲ以テ上陸ヲ開始セリ、
二、本早朝B-29一三〇機名古屋地区ニ来襲セリ、
三、欧州西部戦線ニ於テハ米英軍ハ「ライン」河ノ「レマーゲン」橋頭堡ヲ拡大シ「ボン」ヨリ「コブレンツ」ニ至ル巾五〇粁縦深一五粁ノ地区ヲ獲得セリ、今後西部戦線ハ急速ニ進展スヘシ、正ニ東西相呼応シ四月二十五日ヲ目標トスル強引ナル攻勢ト称スヘシ
四、西班牙遂ニ我カ利益代表ヲ拒否セリ、

三月二十六日　月曜

一、昨日陸海軍問題ニ関シ両大臣懇談ノ上中間奉答ヲ為スコトニ意見一致セリ
二、昨日「ソ」連機三機撫遠東方約二十粁ノ満領ニ不時着セリ
三、本朝来沖縄本島ニ対シ敵鑑砲射撃中ナリ、
四、本日海軍ハ天一号作戦ヲ発令ス
台湾軍ハ本日十八時天一号作戦ヲ発令ス
帝国ノ安危ヲ決スル決戦ハ将ニ展開セラレントス、政、戦略的見地ヨリ天号ノ成否ハ真ニ帝国ノ運命ヲ決ス、之カ初動成功ヲ希念シテ已マス
五、第八十六通常議会本日閑〔閉〕院式ヲ行ハセラル
六、本日陸海軍大臣ハ夫々別箇ニ陸海軍問題ニ関スル先般ノ　御下問ニ奉答セリ、約一ヶ月間ニ亘ル努力モ遂ニ水泡ニ帰セリ、帝国陸海軍ハ今次戦争間遂ニ合一スルコトナキカ、
国家興亡ノ関頭ニ立チ斯クノ如キ事テ如何ニシテ勝ツカ最早議論スルノ価値ナシ

奉　答（陸軍大臣）

「過般陸海軍ノ合一ニ関シ洵ニ畏キ　御下問ヲ拝シマシタガ爾来速カニ大御心ニ副ヒ奉ルヘク海軍大臣等トモ隔意ナク相談イタシマシタガ、未タ充分意見ノ一致ヲ見ルニ至ラズ、急速ニ運ビマセヌノデ誠ニ恐懼ノ至

リデ御座居マス、然シナガラ終局ノ目標ニ就キマシテハ陸海相通スルモノカアリマスノデ急ニ理想ニ趨ラズ、又形式ニ捉ハレズ能ク現実ニ即シ、序ヲ逐ヒ刻下ノ戦局ニ処シテ実質的ニ目的ヲ達成スル様、至誠以テ更ニ〳〵工夫ヲ重ネ必ズヤ大御心ニ副ヒ奉ランコトヲ期シテ居リマス

右謹ミテ奉答イタシマス」　昭和二十年三月二十六日

三月二十七日　火曜

一、目下南西諸島附近ニ行動中ノ敵機動部隊ハ制式空母一〇―一三隻ヲ基幹トシアリ、

本日陸軍特攻ハ十機ヲ以テ十艦ヲ屠レリ

二、南西諸島ノ我カ兵力配置左ノ如シ、

先島群島地区、28D59B60B45B　計歩兵一九大隊、

沖縄本島地区、24D62D44B46B　計歩兵二五大隊、

奄美大島　歩兵六大基幹、

(八)［特攻艇］八〇〇隻ヲ準備シアリ、

三、本早幹［暁］南西諸島攻略ト策応シB-29一五〇機九州地区ニ来襲シ、夜間引キ続キ六〇―七〇機ヲ以テ北九州ニ来襲ス

四、昭和二十年度前期陸海軍戦備ニ基ツク鋼材配分ニ関シテハ二十六日陸海軍局部長会議ニ於テ次ノ如ク決定セリ、

(イ)陸海軍需要量ヲ供給力四十六万屯ニ比例配分ス

A　二一・八万屯（在庫五万＋新規一六・八万屯）

B　二四・二万屯（〃一〇万＋〃　一四・二〃）

(ロ)陸海軍兵力量ハ両統帥部ニ於テ戦局ノ推移ニ応スル如ク要スレハ修正ス

此ノ期ニ及ヒテモ尚ホ海軍ノ取込ミ主義ハ右ノ如シ斯クテハ陸軍ノ必勝軍備望ムヘカラス

五、第六航空軍ノ昨二十六日ニ於ケル出動可能機数ハ特攻ヲ含ミ約一七〇機ナリ、特攻兵力ハ逐次増大ノ予定ナリ、

六、南［次郎］大将新党総裁ニ就任ス

老人ノ無感覚モ事此処ニ至リテハ寧ロ敬服ス

七、［「］ロイドジョージ」死去ス　八十二才ナリ、

三月二十八日　水曜

一、本日本土決戦ニ即応スル国内通信整備ニ関シ通信院ヲシテ、各種通信施設ヲ一元化セシメ作戦上必要アル場

合ニ於テハ軍之ヲ指揮シ得ル如ク研究ス
右案ハ通信課ノ案ナルモ即急ニ具体化ノ要アルモノト認ム、
二、本土陸戦担任地域ニ関スル陸海軍ノ分担決定ス
海軍ノ担任地域左ノ如シ
横須賀、呉、佐世保、大湊、舞鶴、徳山、鎮海、馬港、高雄、旅順
三、軍務局長交［更］迭ス　後任ハ吉住［積正雄］整備局長ナリ、
交［更］迭ノ経緯左ノ如シ、
(イ)陸軍省編成改正ニ依リ整備局廃止ノ為ノ義理、
(ロ)陸海軍問題解決セサル為ノ直接ノ責任者
(ハ)陸軍大臣ニ対シ辞職ヲ勧告セルモ納レラレス、
真田局長辞任前ニ於ケル活動ハ大イニ多トスル点多ク特ニ現危局ヲ打開シ、清鮮気鋭ノ士ヲ推挙スル為、杉山大臣ノ辞職ヲ勧告セル態度ハ上司補佐ノ真情ヨリ出タルモノニシテ、現下幇間的幕僚ノ多キ時節ニ実ニ見上ケタル態度ナリ、後任局長ニ対シテハ唖然トシテ云フヘキコトナシ、陸軍ノ政治力ハ頓ニ後退スヘシ、
四、本朝来南部九州地方ヘ再ヒ艦載機来襲セリ
南西諸島攻略前ノ我航空増援阻止ト判断セラル、

三月二十九日　木曜

一、本日モ終日敵艦載機九州各地ニ来襲セリ
二、目下沖縄本島周辺地区ニアル、敵輸送船団ハ約一八〇隻一〇〇万総屯、三ヶ師団ト判断セラル
更ニ後続二梯団アリ、
三、第一、第二総軍司令官問題ハ東久邇宮［稔彦］殿下及朝香宮殿下御就任ヲ予定シ数回ニ亘リ懇請セルモ二十八日夕刻遂ニ御辞退アラセラレ茲ニ爾後ノ人選ニ困却シアリ、
臣下ヨリ選定スル場合ハ自ラ両元帥ニ落着スヘク然ル場合ニ於テハ陸軍大臣ノ交［更］迭トナリ、遂ニハ内閣ノ生命ニモ影響スヘク、政治的ニモ波及スル所大ナリ、両殿下御辞退ハ裏面ニ政治的策謀アリヤニモ観察セラレ注意ヲ要ス
四、本日十四時ヨリ第五十一回最高会議ヲ開催シ第二回大東亜会議開催ノ件ハ現下ノ情勢ニ鑑ミ延期スルコトニ決定セリ、
但シ「ラウレル」大統領ハ予定通リ来朝セシムルモノ

トス

右終了後重光外相ヨリ左ノ如ク発言セリ

(イ)「マニラ」ニ於ケル西班牙人逆［虐］殺事件ニ対シテハ一応慰藉料ヲ支払テツハ如何

(ロ)「チモール」撤兵問題ハ此ノ際改メテ考慮シ得サルヤ

(ハ)在香港「ソ」連船問題ハ未タ解決セス

(ニ)対「ソ」施策ニ関シテハ逐次電報ニテ処置シアリ、次テ両軍務局長ヨリ先般来、陸海軍間ニ於テ研究中ノ船舶一元運営ニ関シ中間報告ヲナセリ、右ニ対シ書記官長ヨリ本問題ハ政府トシテハ問題アル旨応答セリ、

三月三十日　金曜

一、総軍司令官ノ人事依然難航ス

二、船舶一元運営問題未タ陸海軍間ニ不一致ノ点アリ

三、巷間南大将ノ新党［総］裁就任セハ陸軍三長官ノ推薦ニ依ルモノナリトノ噂アルモ斯カル事実ナシ、就任ニ際シ了解ヲ求メタルニ依リ同意セルノミナリ、

四、桑港会議ニ対スル「ソ」側代表ヲ正式ニ発表セリ代表ハ駐米大使ニシテ随員ハ駐「カナダ」公使以下陸海軍将官ニシテ二流以下ノ人物ナリ、「モトロフ」ノ出席セサルハ意味深長ナリ、但シ「ソ」ノ対日態度、就中日「ソ」中立条約ニ対スル考ヘ方ニハ何等変化ナカルヘク、飽ク迄モ自主的ノ行動ト判断セラル、

三月三十一日　土曜

一、昨夜B-29五〇機九州及名古屋附近ニ来襲シ各々磁気機雷ヲ投下セリ、

二、来攻中ノ第五十一機動部隊ハ二十八日頃四群、空母十一隻ヲ基幹トシアルカ如ク、別ニ沖縄本島附近ニ補助空母九隻アリ、右ニハ英国艦隊ヲ含ミアリ、

三、二十九日迄ニ挙ケタル綜合戦果ハ艦船轟撃沈破五六隻ナリ、

四、本日昼間B-29約一〇〇機九州ニ来襲シ、主トシテ飛行場ヲ攻撃セリ、

四月一日　日曜

一、数日来三長官熟議中ノ総司令官ノ人選ハ昨夜決定セルカ如シ、但シ政治的影響甚大ナルヲ以テ当分極秘トセ

ラル、

二、本日沖縄本島ニ対シ予期ノ如ク八時頃ヨリ主力ヲ以テ嘉手納方面ヨリ、一部ヲ以テ湊川方面ヨリ上陸ヲ開始セリ（湊川方面上陸ハ誤報ナルコト判明ス）

三、本日班長海軍関係課長ト船舶一元運営並ニ陸海軍問題ニ関シ懇談セル結果左ノ如シ、

(イ)船舶一元運営ニ関シ問題トナルヘキ点

1、野村［直邦］大将ヲ長官トナシ参謀副長ヲ入レル

右ハ司令部ノ市ヶ谷勤務ニ対スル「バーター」制ナリ、

2、海運長官ハ業務ニ関シ兵站総監ノ指示ヲ受ク

3、海上輸送総司令部ノ性格ハ陸海軍ノ中間機関ハ不可ニシテ、陸軍機関タラシムルヲ要ス

4、戦力会議ハ大本営ニ置キ制度化セサルコト

(ロ)陸海軍問題

1、統帥部一元化ハ海軍不同意ナリ（朝香宮殿下御提案ノ大本営総長案ヲ陸軍案ト誤解シアリ）

兼任補職制ハ制度上同意ナルモ配員ニ難点アリ、

2、同一場所勤務ハ可ナリ、天皇ノ大本営トシテ宮中勤務ヲ可トス

但シ陸海一本ノ前提ナラハ不同意ナリ、

3、陸軍大臣ノ御下問奉答ノ内容ヲ誤解シアリ、

四月二日　月曜

一、昨後半夜B-29五〇機帝都ニ来襲セリ一二機撃墜ス

二、昭和十九年度ノ南方石油還送量ハ一五〇万竏ナリ、

右ノ中、下半期ハ

第三、四半期　二五・八万竏

第四、四　〃　二一・四〃

三、本日ノ作戦連絡ニ於テ

(イ)総理ヨリ琉球ノ戦況見透如何トノ質問アリ之ニ対シ第一部長ヨリ結局敵ニ占領セラレ本土来寇ハ必至ト応答ス

更ニ総理ヨリ支那ニ於テハ思ヒ切ッテ兵力ヲ北支ニ集結シテハ如何トノ発言ニ対シテハ第一部長ヨリ、斯カル見解モ考慮セラルル一案ナリト答フ、

(ロ)次テ総理ヨリ両統帥部ハ宮中ニテ勤務シテハ如何ト提案セルニ対シ、軍令部総長ヨリ、不可能ナリト答フ、殊ニ海軍省軍務局カ来ナケレハ意味ナシ、

四月三日　火曜

一、神武天皇祭

二、橋本少佐第二総軍参謀ヘ転任ノ内命アリ
第二十班在任一年半ナリ、

三、本日陸、海軍大臣、外務大臣ヲ御召シノ上支那問題（主トシテ繆斌工作）ニ関シ御下問アリ、

四月四日　水曜

一、昨後半夜B-29約九十機帝都ニ来襲セリ
曇天ノ為戦果挙ラス、相当ノ損害アリ、

二、次長関東軍総参謀長ヘ転出ノ内命ヲ内示セラル、後任ハ河辺虎四郎中将ナリ
秦次長ノ在任満二年、戦局一日トシテ好転ノ日ナク、杉山元帥、東条大将、梅津大将三代ノ間克ク部内ヲ統制シ、難局突破ニ邁進セラレタル功績ハ偉大ナリ、今日第二ノ故郷タル満州ヘノ転出ハ次長個人ノ為ニモ慶賀ニ堪ヘス

四月五日　木曜

一、小磯総理ハ昨夜内閣総辞職ヲ決心シ本日九時閣議決定十時参内シ辞表ヲ奉呈セリ
後継内閣首班ハ鈴木貫太郎海軍大将（枢府議長）及畑元帥ノ呼声高シ、
重臣層カ今後ノ戦争遂行ニ対シ如何ニ考ヘアルヤニヨリ人選決定スヘシ、

二、本日午後七時内閣総辞職ノ帝国政府声明ヲ発表セリ

三、十八時ヨリ後継内閣首班ノ選定ニ関シ、重臣会議ヲ開キ鈴木貫太郎海軍大将ヲ奏薦スルニ決シ二十二時同大将ヲ御召ノ上大命降下セリ

四月六日　金曜

一、本朝橋本少佐第二総軍参謀ヘ転補セラル

以上

自昭和十八年十一月十三［二］日
至昭和二十年四月五［六］日
之間　橋本少佐記ス

四月七日　土曜

一、組閣ニ対スル陸軍ノ要望、
1、飽ク迄大東亜戦争ヲ完遂スルコト、
2、勉メテ陸、海軍一体化ノ実現ヲ期シ得ル内閣ヲ組織

スルコト、

3、本土決戦必勝ノ為、陸軍ノ企図スル施策ヲ具体的ニ躊躇ナク実行スルコト、

二、新陸軍大臣ノ入閣ノ際ノ応答資料、

1、陸軍ノ企図スル陸海軍一体化ノ限度如何

速カナル陸、海ノ合一ヲ前提トシテ差シ当リ左ノ実現ヲ図ルニ在リ、

イ、陸、海軍省中枢部ノ兼勤ヲ採用スルト共ニ航本、燃本、兵本（艦本）ノ合一ヲ図ル、

ロ、統帥部ノ速カナル合一ヲ促進スルコト

2、総理ヲ大本営ニ列セシムヘキヤ

列セシムルヲ可トス

3、戦争指導会議ノ構成ヲ如何ニスヘキヤ

戦争指導会議ハ之ヲ存置セシム

但シ政府側ヨリ構成員ハ総理及陸海軍大臣トシ其ノ他ノ閣僚ハ臨時ノ構成員トシテ随時参加セシム、

三、佐藤駐蘇大使ヨリ日「ソ」中立条約破棄通告時ニ於ケル「モロトフ」トノ問答経過ヲ報告シ来ル、「モロトフ」カ案外冷厳ナル態度ヲ持シアル点ヨリ観テ既ニ「ソ」ハ帝国ヲ准敵国視スル腹ナルヘシ、

四、本日一〇、〇〇頃ヨリP51（三十機）ヲ随伴セルB-29約九十機帝都西郊地区ニ対スル爆撃アリ

地上基地ヨリスル戦爆連合ノ初回爆撃トシテ注目ヲ要ス

四月八日　日曜

発GF参謀長宛三十二軍参謀長、

一、第一遊撃部隊ハ八日早朝沖縄西方海面ニ突入所在敵艦船及輸送［船］ヲ撃滅ノ上、敵上陸軍ヲ攻撃ノ予定、貴軍モ之ニ策応シ八日朝総攻撃ヲ決行スルヲ有利ト認ム、

二、本日午後沖縄ニ対スル海軍総攻撃ノ発表アリ

六日、七日ノ攻撃ニ於テ敵ニ与ヘタル損害ハ撃沈破三十数隻ニシテ我カ方ハ戦艦一、巡洋艦一、駆逐艦三ヲ失ヘリ、

第二課ノ報告ニ依レハ今回出動セル大和以下悉ク撃沈セラレタル趣ナリ、

前項GF電モ亦笑ヒ草トナル

皇国ノ運命ヲ賭シタル作戦ノ指導カ慎重性、確実性ヲ欠ク嫌アルコトハ極メテ遺憾ナルモ戦艦ノ価値昔日ノ

比ニアラサルヲ以テ驚クニ足ラス

三、関東軍ヨリノ電報ニ依レハ大連総領事ハ五日突然莫斯科ヨリ「戦争中ハ交易ハ中止スヘシ」ト指令アリタリトテ、取引中止方申入レタリ、対「ソ」政策上「ミ」号工作ハ相当重要視セラレアリシニ拘ラス事茲ニ至ル曩ニ外蒙経由密貿易ヲ新ニ「ソ」総領事ガ提案シタル際「ミ」号工作ハ成功ノ見込ナシト判断セシガ果シテ真実ト化シ、対「ソ」外交ハ亦進展性ノ芽ヲ摘マレタリ

四、比島要員20名大使館側10名ヲ台湾ニ輸送ヲ終了セリ、

四月九日　月曜

一、内地ノ第一、第二総軍司令官ニ大命ヲ伝宣セラル

二、補任課長新宮〔陽太〕大佐ヨリ「陸軍省ノ編制改正ニ伴フ人事ノ移動ト省部合体ニ伴フ人事ノ移動ヲ同時ニ行ヒ度次官迄ハ決裁セラレタルモ参本ノ意見如何」ト申込アリ、

種村〔佐孝〕大佐ハ直チニ総長、次長ノ御意図ヲ聞キシトコロ即座ニ同意シ、省部合体ヲ迅速ニ実施スヘク決心セラレタリ

依ツテ種村大佐ハ此ノ旨陸軍省関係者並ニ次官迄通報ス

四月十日　火曜

一、第二十班ノ編成更改セラレ第四班長西村〔敏雄〕少将ハ第二十班長兼勤、第四班附恒石少佐〔中佐〕ハ第二十班兼勤、第二十班附田中中佐ハ第四班兼勤トナル

種村大佐ハ第二十班附トシテ勤務ス

本件ハ曩ニ橋本少佐ノ転出ニ際シ種村大佐ヨリ秦次長ニ意見具申セラレシ人事カ新次長ニ依ツテ決行セラレタルモノナリ、

二、大島大使電ニ依レハ大島大使ハ三月十七日「リ」ト会談シ其ノ後二十八日迄ニ三回ニ亘リ会談セリ、

其ノ要旨ハ「リ」個人ノ意見トシテ、独「ソ」和平ヲ提唱シ其ノ意図ヲ秘密裡ニ「ソ」連ニ日本ノ斡旋ニテ通告ノ方法ナキヤヲ質シタルヲ以テ、大島大使モ相当積極的ニ働キ出サレタルモ「リ」ニ躊躇ノ色アリシガ二十八日ニ至リ「ヒ」総統ノ決心変更ナキ理由ヲ以テ、本会談ノ内容ハ取消シ度旨「リ」ヨリ申込ミ幕トナル

四月十一日　水曜

一、最高戦争指導会議ノ構成員ニ就テ
内閣側ヨリ
書記官長並ニ綜合計画局長官及次長、次官ヲ幹事トセハ如何ト提案シアリ
当班トシテハ綜合計画局長官ノミヲ幹事トスルコトハ適当ニシテ陸軍側ノ幹事ハ省部合体ノ様相ヲ考ヘ戦争指導部長タルヘキ軍務局長即チ第四部長之ニ任スルヲ適当トスル意見ナリ

二、大東亜大使会議ニ就テ
本日ノ幹事補佐会議ニ於テ大東亜大使会議ノ綜合計画ハ陸、海、外決定トシ議題ノ内容ハ戦争会議決定トスルコトニ申合セス
尚統帥部トシテハ本会議開催ニ異存ナキモ鈴木内閣ノ第一回ノ事業トシテハ余リニ些少事ニシテ且戦政局ノ実体ト遊離シアルヲ以テ此ノ際鈴木内閣ハ現局ニ即シ重要問題ヲ取リ上クヘキナリトノ意見ヲ申入レタリ、
尚共同宣言案トシテ平和機構並国際保障機構ヲ云々スルハ外務省関係者ニ動モスレハ和平思想アルヲ以テ其ノ影響ノ大ナルヲ虞レ不同意ナリ、

三、上海ニ外国人及支那人ノ避難地区ヲ設定スル件ヲ外務省ヨリ事務的ニ提案アリタルモ第二十班トシテハ上海ノ魅力ヲ重慶工作ニ利用致シ度キ含ミニテ不同意ヲ表明シ置ケリ、

四月十二日　木曜

一、情報交換ノ件
稲田［周一］内閣総務課長ヨリ情報交換ハ従来通リ実施致度旨提案アリ、統帥部ハ異存ナキ旨回答ス

二、対葡措置ノ件
西国カ対日断交セルニ鑑ミ一般ノ情勢ノ推移ヲ判断スルニ葡国モ亦近ク此ノ種措置ニ出スヘキコト略々確実ナルヲ以テ墺門等ノ武力処理ヲ進メラレ度旨並ニ帝国ノ対葡措置ハ葡側ノ措置ニ遅レテ順応スルコトヲ一般方針トスヘキ旨ヲ支総並南総ニ打電ス

四月十三日　金曜

一、東郷［茂徳］外務並ニ総理ニ情勢判断ヲ説明アリ度旨内閣ヨリ申込アリ、
戦争傍観者奴！ト云フ感ヲ深クスルト共ニ時局解決ノ

自信アリヤヲ疑フ

二、国民戦斗組織ノ件、本日閣議ニ於テ決定ス
本案ニ依リ男子ハ十五才ヨリ五十五才迄、女子ハ十七才ヨリ四十五才迄ヲ以テ義勇隊ヲ組織シ置キ戦局ノ推移ニ依リ「兵役法」ヲ適用スルコトトナレリ、正ニ事実上ノ全国民皆兵ニシテ従来ノ兵役法ヨリ層倍ノ義務関係ヲ律セシモノト云フヘク斯クシテ大東亜戦争モ最後ノ決戦段階ニ入レリ、

三、淡波［阿波］丸敵潜ニ依リ撃沈セラル、昨日桑港放送ニ依レハ四月一日米潜ニ依リ撃沈セラレタル船ハ救助セラレタル一名ノ生存者ノ言ニ依リ淡波［阿波］丸ナリシコト判明セリト、
非道、悪逆此ノ上ナシ、帝国ハ堂々ト正論ヲ以テ世界ニ訴フルヲ要ス

四、「ホワイト・ハウス」発表ニ依レハ米国大統領「ルーズヴェルト」ハ十二日午後脳溢血ノ為死亡セリト
伊勢ノ神域ヲ汚シ、大和民族ノ精神力ノ根源モ物質力ノ前ニハ価値ナシ悉ク破壊セヨト豪語セシ彼ニ神罰正ニ降レリト云フヘシ
「ル」ノ死亡カ米国ノ戦争指導又ハ戦意ニ影響スルコトハ万無カランモ従来国際関係ヲ牛耳リ事実上ノ専政［制］者トシテ国内ニ君臨セル原因ハ「ル」個人ノ力量ニ在リシヲ思ヒ且後任タルヘキ副大統領ノ余リニ小物ナル点ニモ鑑ミ今後世界政局ノ推移ニ「ル」指導トハ趣ヲ異ニスル相当ナル変化アルコトハ想像シ得ラルヘシ、

五、最高会議構成員ニ就テ
迫水［久常］書記官長ヨリノ連絡ニ依レハ「構成員ハ従前通リトス」ト陸軍ヨリ正式ニ通告アリト、次長、次官協議シ書記官長ニ伝ヘシモノ、如シ、種村大佐ハ右ノ事実ヲ総長ニ報告セシトコロ、総長ハ依然トシテ外相ヲ除外スル意見ナルヲ以テ、種村大佐ハ直接迫水ニ面会シ強硬ニ総長ノ意見ヲ説明ス
迫水ハ本件ニ関シ総理並ニ外相ノ意見ヲ取纏メ連絡スヘキヲ約束セシカ、数時間ヲ経テ「御趣旨ハ御尤ナルモ取リ敢ヘス現状ニテ行キ度」総理ノ意向ナル旨回答アリ、総長ノ機嫌益々悪ク「外相ノ意向ハ如何」更ニ確カムル要アリ」ト述ヘラレタルヲ以テ当班トシテハ内閣ニ諾否ノ返事ヲ当分見合スコトトセリ

四月十四日　土曜

一、戦争会議ハ「昭和二十年度食糧関係配船調整案」ノ印刷、期限内ニ完了セサル為ニ取止メトナリシカ内閣側テハ「構成員決定セサル為会議ハ開催スルコト能ハス」ト曲解宣伝シ暗ニ統帥部ノ能度ヲ批難セントノ傾向アルハ警戒ヲ要ス

情報交換ノ席上総長自ラ外務大臣ト構成員ニ関シ議セシモ外相ノ明答ヲ得ル能ハサリキ、午後一時ニ次官ハ総長、外務大臣会談ヲ知ラスシテ、外相ヲ訪問シ構成員ニ関シ論セシカ外相ヲ動カス事ヲ得ス、種村大佐纏メ役トナリ、総長ノ意見ニ基ツキ得タル案左ノ如シ

今後ニ於ケル最高戦争会議運用ニ関スル件

1、今後ニ於ケル最高戦争指導会議ノ運用ハ主トシテ戦争指導ノ根本方針ヲ策定スルヲ本旨トス

右ニ伴ヒ本会議ノ構成員ハ従前通リトス

2、本会議ハ定例的ニ開催スルコトナク、必要ニ応シ之ヲ開キ特ニ重要ナル事項ノ審議ニ方リテハ御親臨ヲ仰クモノトス

3、政戦両略ノ吻合調整ニ関スル事項ニ就キ、大本営政府間ノ意志確定ニ当リテハ陸、海軍大臣主トシテ両者間ノ協調ヲ図ルモノトス

4、大本営政府情報交換ハ従来通リ続行スルモノトス

右ニ依リ総長ノ意図ハ陸軍大臣トノ個人的関係並省部合体ノ実現ニ照ラシ明瞭トナリ、当班ノ執務上ノ指針ヲ得タルモノト云フヘシ、

四月十五日　日曜

一、特記事項ナシ

四月十六日　月曜

一、独ノ駐日空軍武官「ケスラー」ノ渡日方法ハ去年ノ八月頃以来ノ問題ニシテ結局潜水艦ニ依ルコトニ決定シアリシカ、最近又高級補佐官 Wild 少将ハ北極—「ベーリング海峡」—幌筵ノ空路ヲ経テ渡日致度申込アリ、

統帥部トシテハ「ケスラー」一行ノ来朝ハ技術的ニ貢献スルトコロ多々アランモ、日「ソ」関係ノ徴［微］妙ナルニ鑑ミ万一蘇領ニ不時着スルコトアランカ失フトコロ極メテ大ナルモノアルヲ以テ空路利用ハ不同意ナリ、

二、「ソ」連ハ極東兵備ヲ増強ス

「チタ」領事館員ノ三月一日ニ於ケル目撃、伝書使ノ四月上旬ニ於ケル視察ニ依レハ「ソ」連ハ極東ニ狙撃兵団並ニ相当数ノ飛行機戦車等ヲ極東ニ輸送ヲ開始セルモノ、如シ、

独「ソ」戦ノ現況ニ基ツキ対日戦兵備ヲ既ニ準備中ナリト第二部ハ判断シアルモ若シ之ガ真実ナリトセバ由々シキ問題ニシテ、其ノ対日開戦ノ時期判断ト之カ対応措置ノ急速ナル完整トハ大東亜戦争完遂ノ致命的鍵トシテ最大ナル関心ヲ払フノ要アリ、

三、最高戦争指導会議〔『敗戦の記録』参照〕

1、今後ニ於ケル最高戦争指導会議ノ運用ニ関スル件

2、昭和二十年米穀年度食糧関係配船調整案

第一議題ニ関シ海軍大臣ヨリ戦争指導ノ根本方針ノ意義如何、和平問題ナリヤ等質問アリ、

陸軍々務局長ヨリ重要問題ナル意味ナル旨ヲ答フ、又軍令部総長ヨリ陸海軍大臣カ協調ヲ図ル等ト今更決定ノ要ナキニアラスヤト質問セシニ対シ、軍務局長ハ当然ナルモ事実ハ然ラスシテ重要ナラサル問題迄モ戦争会議ニテ議シアリ、今後ハ閣議ヲ重視致スコトニ致度旨答ヘ本件ハ申合セトシテ決定セリ、

第二議題ニ関シテハ議論紛々タリ、

軍ノ繰越米、集積糧秣カ議論ノ焦点ナリシカ陸軍々務局長宜シク裁キタルモ、農商大臣ノ再検討ヲシテ呉レ、海軍ノ馬糧ハ何テスカ、海軍ニハ召集者ニ対スル不正配給アリ、等々ノ毒舌アリ、

結局約三週間ニ亘リ事務当局ノ折衝ニ於テ議論トナリタル海軍用糧秣ノ計数カ亦議論ノ種ナリシカ如シ、

而シテ「本件ハ第二案ヲ可トス、軍需ノ内容ニ付テハ至急再検討ス」ト決定ス

四、去ル十三日午後十一時頃ヨリ約三時間ニ亘リB-29約百六十機ノ空襲アリテ宮城ニモ相当数ノ焼夷弾落下シ明治神宮亦全焼ノ不詳事件アリ、

防総モ焼ケ市ヶ谷台ノ周囲悉々ク灰燼ニ帰シタリ、

昨十五日二二、〇〇頃ヨリ〇〇、五〇ニ亘リB-29約二〇〇機来襲シ、主トシテ川崎、蒲田、大森地区ヲ爆撃シ殆ント全域火災ニ包マレ烏有ニ帰ス

米軍ハ爆撃ヲ以テ帝国ヲ屈伏セシメ得ヘシト豪語シアルトコロ近時ニ於ケル空襲被害ノ甚大ナルヲ思フ時、

特ニ生産施設ノ壊滅ヲ思フトキ戦争ノ将来ニ対シ慄然タルモノアリ

速カニ所要施設ノ地下転移ヲ完遂シテ長期戦遂行ニ遺憾ナカラシムルト共ニ所要生産施設ヲ大陸ニ移駐スルヲ要ス

四月十七日　火曜

一、支総作戦課長西浦［進］大佐ノ報告アリ

支那派遣軍トシテ心痛シアル点ハ

1、敵カ支那ニ上陸スルコトナク直接本土ニ迫ル虞アルコト

2、対「ソ」準備トシテ兵力ヲ北域ニ集中スル時軍需資材ノ移動ハ不可能ニ近キヲ以テ戦力ハ集中機動ニ依リ損耗スルノミニシテ、米軍接岸ニ際シ遊兵トナルヘキコト

3、枢軸国ノ作戦正面中唯一ノ攻勢方面タル支那ヲ放棄スルコトハ、如何ニモ残念ナルノミナラス防勢作戦ヲ以テシテハ支那軍ノ圧力ヲモ排撃シ能ハサルヘキコト

4、南方軍トノ連絡ヲ放棄スルコトハ南方軍ニ対シ忍ヒ得サルコト、

等ニシテ寧ロ此ノ際南方軍ヲ畳ムニ如カズト為ス

実ニ支那方面ノ兵力ヲ集約スルコトハ支那事変以来ノ最モ重大ナル決心事項ニシテ茲ニ至ル上ハ国力ヲ勘案シ、米「ソ」「重慶」ニ対シ如何ナル手順ニテ内線作戦ヲ実施スヘキヤ、真剣ニ研究ヲ要スルニ至レリ、

四月十八日　水曜

一、戦争指導ノ基本大綱

参謀本部内ノ意向ハ西村少将自ラ奔走シ纏メ得タルモ軍務局ノ意見ハ「本案ヲ陸軍ヨリ提案セハ十六日ノ戦争会議ニ於テ会議ノ運用ニ関シ海軍ヨリ和平云々ノ発言アリシ経緯モアリ穏カナラサルヲ以テ総理ヨリ提案スルコトトシ異存ナシ」ト云フニ在リ、

爾今本案ハ次長、次官ニテ審議スルコトニ申合セリ

二、対支政略施策

案ヲ書クコト数回、西村少将自ラ加筆修文セシ案ヲ原案トシ陸軍省ト交渉ヲ開始ス

当方案ハ対重慶並ニ対延案［安］施策ハ併進案ナルモ軍務課長ノ意見ハ対重慶施策ヲ主トスルニ在ルモノ、

如シ、

三、報道宣伝機関ノ簡素強化ニ関スル件
昨十七日松村［秀逸］報道部長、西村班長、第二部長協議シ、「情報局ヲ改組シ、軍事部、対内部、対外部ノ三部ニ分ツコトトシ、軍事部ハ陸、海軍報道部要員ヲ以テ編成シ軍事部長並ニ所要ノ部員ハ大本営報道部長並ニ全部員ヲ兼ヌ」ヲ骨子トスル案ヲ得シテ以テ本日中間報告トシテ総長ノ決裁ヲ受ケ陸軍省ニ移牒セリ
陸軍省ハ例ニ依テ例ノ如クA、B報道部ヲ一本ニスルコトカ先決問題ニシテ本案ハ其ノ次ニ決定スヘキナリトノ意見ニテ至極尤モナルモ手続ノ複雑化ヘト進ムコトハ不同意ナリ

四、一昨日ノ最高会議ノ席ニ於ケル総理ト両総長トノ諒解ニ基ツキ内閣総理大臣カ大本営ニ列スル件、明十九日大本営政府ヲ代表シテ鈴木総理内奏ノ旨内閣総務課長ヨリ連絡アリ
御言葉ニ関シテハ侍従武官府ヨリ内奏スルコトニ連絡スミ

四月十九日　木曜

一、一〇、〇〇頃B-29三機P51約六十機ヲ以テ調布飛行場ヲ短時間襲撃セリB-29僅少ニシテ戦闘機ノ多キヲ特徴トス

二、本日ノ新聞ハ三月二十三日ヨリ四月十八日ニ至ル沖縄戦ノ総合戦果ヲ掲載ス
航空母艦撃沈破二一、戦艦撃沈破十九ヲ筆頭ニ撃沈二一七隻撃破一七六隻計三九三隻ノ偉大ナル戦果ナリ、
之ニ依レハ残存戦艦六隻空母ハ僅カニ五隻トナル
一般ノ沖縄戦局ヲ観ルニ空軍ノ圧力ハ半減セシ感シアルモ海、陸ヨリノ圧力ハ寧ロ加増ノ傾向ニアリ
敵艦隊ニ与ヘタル損害ノ確実性ヲ疑ハサルヲ得サル所以ニシテ国民済シク疑問トスルトコロナルヘシ、
豊田［副武］連合艦隊司令長官ガ最前線ノ戦闘指揮所ニ佇止セル写真ガ各新聞ニ発表セラル　海軍ノ戦果発表振リト云ヒ識者ノ笑ヒ種ヲ提供スルノミナリ

三、総理ヲ大本営ニ列セシムルノ件、
御言葉ニ関シ郷［卿］ハ…トアルヲ内閣総理大臣ハ…ト変更方侍従武官府ニ連絡シアリシカ正午種村大佐武官府ニ招カレ鳩首協議セラレシモ内大臣ノ意見ハ「同

様ナル事柄ヲ異ツタ文字ヲ使用スルコトハ宮廷記録ニ残ス関係上不同意ニシテ内閣ノ変ル毎ニ同様ナル御言葉ヲ拝スル如クセン」ト云フニ在リ、武官長モ我ヲ折リ已ム無ク賛意ヲ表シ次テ種村大佐ノ斡旋ニ依リ総理、軍令部及参謀総長モ納得セリ

茲ニ於テ本件ニ関シ午後二時鈴木総理内奏スル運ヒニ至レリ

四、報道、宣伝、機構ノ簡素強化ニ関スル件ハ陸軍大臣モ異存ナク戦争指導ノ基本大綱モ省部ノ意見纏リ、大臣、総長ノ決裁ヲ得タルヲ以テ今日ヨリ外部トノ交渉ニ入ル、

四月二十日　金曜

一、対重慶及延安政謀略施策ニ関スル大陸指案ヲ起案ス

其ノ要点ハ

1、現下ニ於ケル対支戦略態勢ノ優位ヲ活用シ、対重慶政治工作及対延安謀略施策ヲ強行［硬］ニ実行シ重慶トノ停戦ノ具現ニ努ム

2、対延安施策、対重慶施策ノ補助トシテ利用ヲ図ルモノトシテ、極秘裡ニ重慶並ニ延安ニ対シ差シ当リ各別ニ施策ヲ進ム

3、支那派遣［軍］総司令官之ヲ担任スト言フニ在リ

主任者ノ企図スルトコロハ対延安、対「ソ」対重慶政策ニ徹底シ之ヲ把握利導シテ、対外施策ノ根基タラシメントスルニ在リテ、終戦計画ノ一環トシテ少ナクトモ重慶ヲ利用シテ敵ノ対日要請ヲ緩和セシムルニ資スルヲ要スヘシ

支那ノ戦略態勢ハ対「ソ」戦備上修正ノ已ム無キトコロ、而シテ帝国ノ戦政面ハ最終段階ニ突入シアル際、対重慶政治攻勢ノ機ハ絶対ニ逸スルヲ以テ強力ニ本方策ヲ実行スルヲ要スルモノト確信ス

二、占業者側ヨリ観タル世相ニ関シ、局長会報ニテ憲兵司令官ノ報告アリ

之レニ依レハ三月十日ノ爆撃前迄ハ来ル者女カ60%ヲ占メ、運勢判断多カリシ為、其ノ後ハ青年層、中堅層多ク上流社会ノ者ニ及ヒアリテ戦局判断、疎開ニ関スル判断、出征者ノ安否判断多シト云フ、

三、支那ノ戦略態勢ノ整理ニ伴ヒ対支政略ノ変更ハ武漢地方ヲ撤退スルヤ、否ヤ、決定セシ後ニ決定スル方針ヲ

総長ハ包［抱］懐シアルカ如シ、

四月二十一日　土曜

一、沖縄作戦ニ関シ今後使用シ得ル陸軍特攻隊ハ本月末現在十二戦隊ノ予定ニシテ、菊水第五号ハ二十四日、五日頃、菊水第六号ハ五月上旬初ニ決行スル計画ナルモノヽ如シ、

沖縄作戦ヲ打切ル時期ニ関シテハ諸因ヲ検討ノ上慎重ニ決定スヘキトコロ、特攻機モ右ヲ以テ後結［詰］ハ皆無ナル趣ナルヲ以テ沖縄作戦ノ帰趨モ判断シ得ヘシ、茲ニ回想スルモノハ本作戦開始ニ方リ賜ハリタル勅語ニシテ国家ノ安危ニ関スル本作戦モ挙軍力ヲ尽セシカ否ヤハ別問題トシテ職ヲ軍ニ奉スルモノ居テモ立ツテモ居ラレヌ責任ヲ痛感スル次第ナリ、

二、対重慶政治工作ニ関スル件、

西浦大佐評シテ曰ク「宮本武蔵ヨリ刀ヲ取リ上ケテ戦ヘト言フ様ナモノナリ」ト、評シテ妙ト言フヘキトコロナルモ国家ノ要請ハ今ヤ能否ヲ論スルコト無ク、方法ト条件トノ兼合ヒヲモ考ヘ不可能ヲ可能ニスル事ナリト信ス

之ヲ以テ対支敗戦ト云フモ可ナリ、一歩ニテモ企図スル方面ニ進捗セシメ皇国ノ永遠ヲ計ルヘキナリ

四月二十二日　日曜

一、行政協議会々長ノ親任官トナルニ伴ヒ地方長官ノ大異動発表セラル、

安井［英二］（大阪）熊谷［憲一］（北海道）小畑［忠良］（愛知）丸山［鶴吉］（宮城）大塚［惟精］（広島）木村［正義］（香川）戸塚［九一郎］（福岡）等々ノ人事モ遅レナカラモ決戦態勢ノ緒ニ就ケリ

二、支那方面戦略態勢ノ縮整ニ関シ第一部立案ノ計画ニ対シ、上層部ニ於テハ不賛成乃至ハ決心躊躇ナル情報アリ、恐ラク対重慶政治工作ト対「ソ」関係（南満ニ兵力ヲ集約スルコトハ対「ソ」静謐ノ主旨ニ反ストノ見解）上ノ考慮ニヨルモノナルヘシ

時ハ即チ戦力ナリ、荏苒徒費ヲ許サス

三、省部合体ニ伴フ室ノ配当決定シ第二十班ハ発展的ニ解消シ三階ノ新第十二課ニ移転ヲ開始ス　寂寥ノ感ナキニアラス

四月二十三日　月曜

一、一三、〇〇省部合体ニ伴フ人事発令セラル
第四班長ヲ命ス　大本営陸軍部付　西村敏雄
第四部附　〃　　軍務局課員
　　　　　　　　大本営陸軍参謀　種村佐孝
第一部附　〃　　大本営陸軍参謀　田中敬二
西村少将ノ第二十班兼勤期間ハ極メテ短少〔小〕ナリシト雖モ此ノ間戦争指導ノ基本大綱、対重慶延安施策要領、報道宣伝機関ノ簡素、強化ニ関スル件ニ就キ、大臣、総長ノ決裁ヲ経ラレタル功績ハ真ニ偉大ナルモノアリ、

二、自　四月七日
　　至　四月二十三日　　田中中佐記ス

三、自　昭一八、一二、七
　　至　昭二〇、四、二三　　浅倉〔靖三〕大尉清書

機密戦争日誌　其十

自　昭和二十年四月二十三日
至　昭和二十年八月一日

四月二十三日　月曜

一、省部一体化人事発令セラル　蓋シ維新以来ノ中央部大改革ナリ、

戦時指導ハ第四部第十二課、軍務局軍務課タルノ性格ニ於テ上司ヲ補佐スルコトニ定メラル

今後ノ軍用ノ妙味存ス。

四月二十四日　火曜

特記事項ナシ

四月二十五日　水曜

一、種村、迫水書記官長ヲ訪問シ来ル二十七日総理官邸ニ於ケル陸海内閣懇談ニ関スル総理ノ真意ヲ伺フ。

陸海軍問題ニ関シ組閣当時ノ陸軍申入レニ対シオ茶ヲニゴサントスルモノナルベシ

総長出席ニ決セラル。

四月二十六日　木曜

一、午後二時ヨリ明日ノ会談ノ為大臣室ニ於テ次官次長軍務局長大臣ヲ中心ニ打合ス

大局的ニ陸海統合ノ必要性ヲ説クニ止メ具体的問題ニ触レサルコト、セリ

一、此度転出ノ高橋〔満蔵〕中佐、鈴木〔主習〕中佐、山崎〔藤吉〕中佐、松尾〔次郎〕少佐ノ送別ヲ兼ネ課団結ノ会食ヲ偕行社ニ盛大ニ行フ。

四月二十七日　金曜

一、午後四時ヨリ総理官邸ニ於テ会談行ハル

総理　書記官長

A　大臣　総長　次長　次官　軍務局長

B　同　右

オ茶ヲニゴシテ出来ルモノカ　デヤルトイフコトニ定マル

総理ノクド〱シキ話ヲ聞キ何等ノ結論ヲ得ズシテ解散セリ

四月二十八日　土曜

一、対支政謀略ニ関シ曩ニ西浦大佐出張ノ節内示セルニ全然同意ニシテ万難ヲ排シテ実行スル旨来電アリ、

直チニ大陸指ヲ発動セラル、ト共ニ次長次官ヨリ激励

電ヲ発セラル。
コレニテ対支問題ニ関スル中央ノ意図定マル

四月二十九日　日曜

一、天長佳節
祝意ハ敵撃滅ノ戦意トナリテ表ハル。

一、曩ニ省部決定シ海軍ニ内示セル戦争指導大綱ノ十日ヲ経ルモ返ナキニ付永井課長ヨリ請求セルニ彼等ハ天号ノ見透シツク迄持久戦ノ如シ。

一、独崩壊ノ報来ル。宿命カ。
之カ処理ニ関シ
　大詔喚発
　第三十一条ノ発動
　三国同盟ノ取扱
　対「ソ」施策ノ方法
等ニツキ書記官長軍務局長ヲ中心ニシテ協議スルトコロアリ

四月三十日　月曜

一、「今後採ルベキ対「ソ」施策ニ関スル意見」並ニ之ニ基ク対「ソ」施策要綱ヲ起案　種村ヨリ大臣総長次長次官ニ意見ヲ具申ス。

一、「独屈伏セル場合ノ措置要綱」午後二時最高会議ニ於テ決定ス〔『敗戦の記録』参照〕
昨年九月内定セルモノヲ基礎トセリ
去二十七日ノ総理官邸ニ於ケル陸海軍トノ懇談ニ関シ新聞発表ス　〔「〕完全ナル意見一致セリ」ト　呵々。

五月一日　火曜

一、独総統「ヒットラー」ノ戦死、「ムッソリーニ」ノ銃殺ニ関スル悲報アリ
天命トハ云ヘ感ナキ能ハズ、
次ハ悲報カ快報カ我等ノ頭上ニ在リ　神ノミ之ヲ知ラン。

五月二日　水曜

一、最近支那方面作戦ノ実施ニ関シ積極、収縮各種各様アリテ定マラズ　上司ノ意向モ定マラサルニ支那派遣軍及関東軍ヲ見殺シテ内示セントスルヤ総長大臣ヨリノ一喝ヲ喰ヒテ全然御破算スル等第一部内ノ業務処理適

当ナラザルモノアリ
上司ノ意向ヲ確定ヲ俟ツコトナク自己ノ主観ニヨリ軽々ニ作戦ハ勿論政謀略ヲ律セントスルモノアルハ一考ヲ要ス
抑々政戦略ノ最高ニ属スルコトハ云フヘキモノト決シテ云フベカラザルモノト　決セントスルモ決スベカラザルモノアリ
此ノ辺ノ呼吸何人カ知ル。？

［五月三日　欠］

五月四日　金曜

一、課長　松岡洋右氏ノ健康ヲ打診シ且之カ意見ヲ聴取スル目的ヲ以テ伊豆ニ出張ス。人ヲ得ルハ対「ソ」施策展開ノ鍵ナルヲ以テナリ。
海軍ヨリ海南島撤退東印度ノ独立ヲ提議シ来ル、云フコト二年遅シ。
鈍見モ甚ダシ。

五月五日　土曜

一、支那及満州方面作戦指導ノ大綱決セラレ、支那ヨリ第五九、六三、一一七、三九師団を抽出シテ満州ニ派遣スル件並作戦連絡ノ為次長出張ノ件通報セラル、
一、外務省萩原［徹］第二課長来部ノ上東印度独立、安南独立「チモール」ノ撤退　上海ノ中立化等ニ関シ協議ス
一、最近東「ソ」ニ対スル兵力増加ノ徴多シ。
「ラングーン」ニ米英軍入城ノ報アリ
三年前「ラングーン」入城ノ夢如何
「ビルマ」派遣軍ハ「バーモ」「ボース」ト共ニ「モルメン」ニ撤退ス。千里兵ヲ派スルモノハ敗ルノ古言真カ、田中新一将軍　辻政信ノ感慨如何。
一、国内情報交換ヲ自今毎週土曜ニ実行スルコト、セリ上司へ報告シ、政略指導ノ御参考ニセントスルニアリ
一、六月上旬政変説真ナリヤ？

五月六日　日曜

一、五月四日以来再興セル沖縄方面ノ海軍ノ総反撃ハ遂ニ六日ニ至リ大損害ヲ受ケテ失敗ト決定ス。

コレニテ大体沖縄作戦ノ見透ハ明白トナル。コレニ多クノ期待ヲカクルコト自体無理　一旦上陸ヲ許サバ之ヲ撃攘ハ殆ント不可能　洋上撃滅思想ヘノ徹底ニヨリ不可能ヲ可能ナラシメサルヘカラズ　コレ本土決戦ヘノ覚悟ナリ

一、杉田大佐朝鮮及九州視察ノ報告ニヨレバ九州ノ作戦準備ハ極メテ不充分也

参謀長交代　稲田［正純］少将。

一、九州探題ノ必要愈々迫ル。陸上小運送ノ陸軍担任。鉄道通信ノ軍管理。朝鮮ノ二位一体等問題山積シアリ。

一、飛行機四月ノ生産八一四　愁眉ヲ開ケリ

発動機工場ノ爆撃ヲ受クルモノ陸軍関係工場ノミナリトコレ又宿命カ。

五月七日　月曜

一、憲法三十一条ノ解釈ニ関シ森山［鋭一］顧問ノ意見ヲ聴取ス。

速カニ発動並ニ之ニ伴フ要措置事項ニ関シ陸軍ノ意志ヲ確定シ政府側ニ提示スルコト、セリ、

迫水ハ大串［兎代夫］ヲ躍ラシテ之ニヨリ政府ニ統帥ノ実ヲ入レント策動シアルニアラザルカ。

五月八日　火曜

一、杉原［荒太］支那事務局長ヨリ対重慶和平問題就中対米和平ヘノ底意ト仲介ニ関スル陳公博ノ申出ニ対スル返答案ニ関シ協議ヲ受ク。

重慶ヲ引張リ出ス策トシテ種村限リノ意見トシテ同意シ局長課長ニ報告ス。

已ニ本件ニ付東郷ヨリ大臣ニ協議アリ、

一、対「ソ」問題ヲ最高会議ニ於テ議スル為構成員ノミニテ行ヒ度旨東郷ヨリ首相ニ申出テアリ、同意ス（本件ハ総長ノ意図ヲ受ケ種村ヨリ六日東郷外相ニ申出テタルニヨル）→迫水忌避、重臣ヘノ漏洩ヲ恐ル。

一、十一日金九時ヨリ宮中ニテ第一回会談ヲ行フコトニ決セリ　進歩カ。

五月九日　水曜

一、大臣官邸ニ於テ陸軍省課長会報行ハル。

戦局ニ関スル認識ヲ一ニシテ之カ対策ヲ確立スヘキコト

五月下旬ヲ目標トセル超決戦施策（三十一条）ノ件
和平思想ノ絶滅、臨時議会ノ排撃ノ件
報告ス
大臣ハ戦局困難ヲ極ムルニ従ヒ仰イテ富嶽ノ重キヲ感セシムルカ如キ腹並洋上撃滅ノ必要ヲ説ク

一、朝総理官邸ニ迫水書記官長ヲ訪レ臨時議会不同意ノ旨ヲ伝達ス

一、独ハ八日米英「ソ」ニ無条件降伏セル旨明ラカニナレルヲ以テ午後四時臨時閣議ヲ開キ帝国政府声明発表ス。簡ニシテ要ヲ得タリ　但シ決定ニ至ル間大臣諸公ニ敢闘ノ意気燃ユルモノナシ。

五月十日　木曜

一、第二総軍参謀長若松［只一］中将井本［熊男］片山［二良］大佐以下上京総軍ノ性格ヲ明ラカニセラレ度旨報告スルトコロアリ
要ハ総軍々管区的性格ヲ与ヘヨト云フニ在リ、陸軍省ノ決心多［ママ］キニ鑑ミ大臣総長次長次官ニ特ニ其ノ意図ヲ明ラカニセラル、要アル旨具申ス。

総軍成立ノ経緯ニ鑑ミ軍務局下僚ハ仲々同意セス

五月十一日　金曜

一、次長ニ随行種村満鮮支ニ出張、所沢ヨリ飛ヒ立チシモ天候不良ノ為引返ス。四月廿日頃以来患ヒシ両眼全快セルニヨリ省部合同以来ノ日誌ヲ一括記述ス。

一、総軍ニ軍政総監ノ任ヲ与ヘ内容的ニ調整スル如ク概ネ意見一致、白井［正辰］中佐九州出張小笠原［清］中佐支那出張ヨリ帰任ス。
白井中佐ハ十日付綜合計画局参事官ニ転出、国家政策ノ重任ハ彼ノ双肩ニ在リ。

一、九州探題タラシムヘク西部軍ニ塚本政登士、芝生［英夫］中佐ヲ転用スヘク意見具申ス。

一、本日米内海軍大臣陸軍大臣ヲ訪レ左記ヲ申入レタリ、
一、Ｂハ米一割ヲ民ニ先ンシ減ス
二、三国同盟ヲ廃棄シテハ如何
且之カ責任者ヲ如何ニスヘキヤ
三、海軍次官ニ多田［武雄］中将　軍令部総長ニ豊田副武　次長ニハ小沢［治三郎］中将
右ニ対シ阿南［惟幾］大臣ヨリ
一ハ陸軍モ亦然リ
二ハ其必要ナシ「ロンドン」条約ノ責任者ヲ如何ニ

スルヤ？

五月十二日　土曜

一、昨十一日九時ヨリ約二時間宮中ニ於テ対「ソ」問題ニ関シ最高会議アリ（幹事ヲ除ク）本日モ亦引続キ九時ヨリ宮中ニ於テ続行ス

生ミ出スモノハ何カ。昨十一日第二総軍ニ対シ省部ノ回答アリ　総軍管区ニ就テハ其ノ必要ニ基キ強行〔硬〕ニ指導スル様示達セラル。

一、雨、本日モ亦出張ヲ延期ス。

一、昨十一日内閣ニ於テ第三十一条問題ヲ討議シ其ノ結果早速道州制問題ニ関シ総合計画局案ヲ送付シ来ル（陸軍案ヲ審査ノ上）白井中佐ヲシテ検討セシムルコトトス。

五月十三日　日曜〜二十日　日曜

一、次長随行支那　満州　朝鮮　方面ニ出張ス。出張間ノ所見左ノ如シ総長　次長　大臣　次官　第一部長　第二部長ニ報告ス

全般
(1)大陸ニ於ケル政略指導ハ戦略指導ニ開連シ根本的ニ再検討ヲ要ス。
(2)右方針確立セハ之ヲ現地ニ示達シテ大陸全権委任ニ徹底スルヲ要ス

支那

1、中央集権主義ヨリ徹底セル地方分権ニ徹底ス

2、対支経済施策ハ対日寄与第一主義ヨリ現地自活第一主義ニ転換スルヲ要ス
右ニヨリ大東亜省的性格ヲ一擲シ軍政的色彩ニ転換ス

3、在支現地機構ハ速カニ軍司令官大使ノ二位一体制ヲ確立ス

4、帝国外政機構ヲ改革シ大東亜省ヲ外務省ニ改変ス。

5、対重延工作ハ甚タ不統一、次長出張ニヨル泥縄式報告ニスギズ。更ニ推進ノ為人的機構的努力ヲ要ス

6、支那派遣軍全般ニ対「ソ」考慮ナシ
上海「ソ」連人ノ取扱ヲシテアヤマランカ東洋ノ「バルカン」トナルヲオソル、

7、在支日本人ノ戦力化ニ関シ更ニ徹底セル施策ヲ要ス。

満州

1、新情勢ニ基キ満鉄及鮮鉄ノ軍管理及委托［託］経営問題ニ関シテ関東軍ハムシロ満州国ノ負担増加ナリトシテ熱意ヲ有セズ。

2、満州国決戦施策進展シ特ニ中央官庁ヲ半減シテ地方分権ヲ確立シアルトコロ敬服ニ値ス。

作戦

1、支那方面作戦ヲ大本営ノ意図スル如ク指導スル為ニハ岡村［寧次］大将ヲ交［更］迭スルヲ要ス。

面従腹背ニ陥ルノオソレナシトセズ。

2、全般ニ対米大陸決戦思想ナシ　持久後退ヲノミ事トス。支那満州朝鮮尽ク然リ、オソルベシ。

3、関東軍ト朝鮮軍トハ北、南ト其ノ作戦方向ニ分シ之カ調節大問題タルベシ。

関東軍ハ北ノミ朝鮮軍ハ対米策ニ徹底セシムルヲ要ス。

以上

出張間十五、十六日各軍管区参謀副長ヲ集合セシメ軍事特別措置法ノ普及

国民義勇隊及義勇戦闘隊ニ関スル説明

兼ネテ地方行政協議会長及地方長官ヲ召集中ナリシヲ以テ参事官ノ会同ヲ求メ其ノ効果大ナルモノアリ

又十九、二十日ハ大陸連絡会議ヲ政府主催ニテ総理官邸ニ催サル、トコロアリ、言ヲ変ヘテ申セハ政治的ニ大陸トノ別離宴ナリト云フヘシ。

十五日閣議ニ於テ地方総監府設置ニ関スル件決定ス。

（道州制ノ制定喜フヘシ）

五月二十日　日曜

一、大臣ニ対シ大陸会議ニ出張中ノ池田［純久］関東軍、今井［武夫］支那派遣軍ノ参謀副長ノ報告アリ

大臣ヨリハ

1、現地自活ノ徹底

2、輸送ノ現地ノ処理

3、「闇ヲ明ミヘ」ノ新政策ノ採用

（満州ニテ成功）

4、大陸内地間ノ輸送ハ作戦輸送ニ徹底スヘシ

5、決戦ノ為必要トスル努力ハ万難ヲ排シテ行フベシ人間万事不可能ニアラズ。

終ツテ今井少将ヨリ大臣ニ対シ対重延施策ヲ報告ス。今迄ノオサラヒニテ新味ナシ。

大臣ヨリ対重慶ヲ主眼トシテ停戦成立ヲ目標トシテ善処ヲ要望セラル。

二、陸軍大臣十七、十八、十九三日間西九州方面ニ出張第一線特ニ特攻隊ノ出撃ヲ激励セラル。

大臣売名ニナルヲオソレテ新聞発表ヲ避ケラル床シ。

［五月二十一日　欠］

五月二十二日　火曜

一、臨時議会ノ召集ニ関シ迫水ニ左ノ如ク申入レタリ。

沖縄ノ推移悪化セル場合ヲ考慮シ開催ヲ企図シアルカ如シ　之ニ対シ陸軍ハ如何ナル態度ヲ以テ望ムヘキヤ「強ヒテ反対セサルモ開クモノトセハ一刻モ早ク行ヒ且全権委員［任］法ヲ通過セシメ期限二日間トシ最終議会タラシムルヲ要ス」ノ旨ヲ内閣書記官長ニ通ス。沖縄ノ推移悪化セル後議会ヲ開カントセハ足払ヒヲ喰ヒテ政府ハ頓死スヘシ。

五月二十三日　水曜

一、国民義勇隊ト義勇戦斗隊トノ年齢問題ニ関シ昨二十二日ノ閣議ニ於テ突如提案アリ、

（実ハ陸軍ノ推進ヨリ義勇隊ト戦闘隊ノ年齢トヲ一致セシムル為義勇隊ノ年齢65才ヲ60才ニセントスルニ在リ）陸軍大臣ニハ報告シアラズ（次官迄）

農商大臣ノ反対ニテ成立セズ。陸軍大臣又同意ス。

主務者トシテ全ク申訳ナシ。夜課長会報ニテ大臣ニオ詫ヒス。

度々ノ変更政府ノ信ヲ天下ニ失フ

五月二十四日　木曜

一、義勇隊戦闘隊トノ年齢ノ例

	男	女
義勇隊	65以下	45以下
戦斗隊	60以下	40以下

其他ハ志願ニヨルモノトシ大臣ニ於テ改メテ決裁セラル。

二、学徒隊編成ニ関シ文部省ヨリ大々的ニ発表アリ。
義勇隊トハ別個ナリトスル思想ニ対シ陸軍大臣ノ反対意志表明アリ
関係方面ノ強硬ナル交渉ヲ開始ス。

三、沖縄戦開始以来戦果左ノ如シ

	A	(A+B)
船舶撃沈	三四一	五〇〇
特攻	六〇〇	
其他	二〇〇	
総出動	一四〇〇	

(特攻・其他)損害計(A)

BハAノ兵力出シ惜シミヲ口ニシツツ全ク其ノ状況不明ナリ　Bカ最近沖縄作戦ノ責任問題ヲAノ兵力出シ惜シミヲ宣伝シ且出来モセザルニ沖縄逆上陸作戦ヲ申入レ実行不能論ニヨリテ引キ込ミタルアリ。

四、迫水書記官長ヨリ沖縄作戦ニ伴フ政府ノ施策ニ関シ左記ノ如ク総理ニ具申セル旨松谷［誠］秘書官ヨリ連絡アリ。

（四長官会議ニ於テ）

イ、御前会議

ロ、政府声明

ハ、大詔喚発

ニ、輿論指導方策

ホ、憲法第三十一条ノ発動

ヘ、重臣ノ取扱ヒ

ト、特攻兵器ノ査閲

何レモ着想可ナルモ之ヲ行ハシメントスル力ト組織ナシ。

国家前途オソルヘシ

五、「チャーチル」辞職英国政変ノ報ニ一同乾杯ス。
戦ヒ抜クモノニ戦勝ノ光栄到来ス。

五月二十五日　金曜

一、小運送問題解決ノ為軍需省ヨリ自動車ノ整備ニ関シ陸軍ニ権限委譲方先般交渉中ナリシモ煮エ切ラサルヲ以テ局長ノ意図ヲ受ケ戦備課長種村両名午後五時軍需次官ヲ訪レテ二時間ニ亘リ協議ス

二、夜林別館ニ於テ次田大尉沼倉大尉大隊長転出ノ庶務将校会食ニ立会ス。

三、夜　空前ノ大爆撃アリテ帝都ノ中心部ヲ焼失ス。
宮中正殿ノ炎上　真ニ申訳ナシ

海軍省　大東亜省　外務省焼失。

五月二十六日　土曜

一、午前七時ヨリ東部軍海軍省軍令部内務省内閣ヲ訪レテ焼跡ノ状況ヲ視察シ且左ノ四件ヲ申入ル

一、ＡＢノ一所勤務

二、戒厳ノ発動

三、中央機構ノ簡素化

四、地方総監府ノ急速完成人員送リ出シ

二、九時ヨリ局長室ニ於テ省部課長以下集リテ戒厳ヲ論セシモ陸軍ノ責任回避的意見ヨリ定マラス。

第二課長ノ無責任ナル態度、軍事課長ノ反対。

大臣ハ「受ケテ立ツ」「必要ナリ」ノ態度　十時ヨリノ臨時閣議ニ出席ス。

席上海軍大臣ニ対シ一所勤務ヲ勧誘セシモ米内　軍令部ハ壕内ニ海軍省ハ航空本部ニ於テ勤務スルヲ口実ニシテ反対　体ヨク断ハル、ＡＢ一所勤務ニ関シ軍務局長又海軍省ニ至リ多田次官ニ申入レ亦同様ナリ

三、午後四時半ヨリ引続キ戒厳ヲ中心トシテ閣僚懇談アリ陸海軍大臣ヲ欠キ夫々次官出席ス

其後戒厳ハ不同意。小運送ノミハ陸軍担任セラレ度旨小日山［直登］運輸大臣ノ発言アリ、右ニヨリ兼テ準備中ノ小運送問題ヲ一挙解決スヘク白井中佐ヲ招致シテ一案ヲ作成ス（軍管区司令官ヲシテ実施セシムル案）

四、永井［八津次］少将昨夜焼夷弾ノ為大焼ケドヲ負フ。払暁直チニ入院ス。

五、支那派遣軍ノ行フ対重延施策ノ機構及人［陣］容ニ関スル現地ノ要望ヲ聴取ス。（次長次官ヨリ）

兼ネテ機構ニ関スル当方ノ考案中ノ四案ヲ内示ス（永井少将ヨリ）

六、早朝宮中御詫申上クル件及省部首脳ノ地下壕常勤ニ関シ上司ニ機ヲ失セス意見具申ス。

五月二十七日　日曜

一、海軍記念日

感ナキカ如シ

無神経ヲオソル

二、午前九時ヨリ内閣ニ昨日ノ閣僚懇談ニ基キ戦災非常対策ヲ協議ス

小運送問題ニ関シ完全ナル意見ノ一致ヲ見サルマ、ニ
午後四時半ヨリ臨時閣議アリ
小日山大臣ノ反対ニテ再検討スルコト、ナレリ。

五月二十八日　月曜

一、次官会議ニ於テ
一、国民義勇隊ト戦斗隊トノ年齢ノ件（決定）
二、空襲激化ニ伴フ非常対策
小運送ハ京浜地区ニ限リ陸軍カ一元的ニ行フコト
ト定マル
整備修理燃料問題ニ関シ陸海軍需、運輸トノ間ニ
定マラズシテ運営ノミ京浜ニ限定セラル、モ実行
不可能ニ至ルヘキヲ以テ明日閣議ニ決定セラルハ
後害ヲノコスコト大ナリトシテ局長ニ意見ヲ具申
シ局長ヨリ次官　迫水ニ反対意見ヲ表明　遂ニ次
官モ納得シテ明日ノ閣議ニハ提出セサルコト、ナ
レリ。
軍需大臣ハ本朝来再三ニ亘リ戦備課長ヨリ努力ス
ルモ遂ニ自動車ノ整備ニ関シ陸軍ニ委譲スル件不
同意、心外千万ナリ。

二、支那派遣軍ニ対シ中北支ニ対シ兵力集結ノ大命下ル。

五月二十九日　火曜

一、朝来数百機ノ戦爆連合ノ大爆撃横浜ニ対シ行フ。
二、過日第二総軍ニ対シ地方行政協議会長ヲ集メテ行フ懇
談中止方ノ電報ヲ次長次官ノ依命電ニテ発セシトコロ
総軍ヨリ縷々陳弁開催方ノ要請アリ諒承セラル旨返電
ス。
三、本日閣議ニ於テ左記ヲ決定ス
(イ)地方総監部官制ニ関スル件
(ロ)地方総監部要員ノ前線進出ニ関スル件（事前措置）
席上総理大臣ヨリ
「天号ノ見透悪化セル場合ノ措置ニ関シ特ニ陸海軍ノ
意見ヲ承リ度」
ト発言アリ曩ニ五月八日頃今日アルヲ予想シテ研究セ
ルトコロニ基キ更ニ課内ノ研究ヲ行フ。

五月三十日　水曜

一、局長室ニ於テ第二、第三戦備課長ヲ集メ「沖縄決戦ノ
推移ニ伴フ措置要綱」ヲ研究ス　沖縄作戦推移如何ニ

拘ラス直チニ実行ニ着手シ六月中旬ヲ目途ニ必達ヲ期スル如ク意見具申ス

一、十時ヨリ各省政務官一同ニ対シ種村ヨリ一般戦況ノ説明ヲ行フ　約一〇分間沖縄作戦ノ推移予想ヲ端的ニ説明シタル後質疑応答二時間　十分其ノ目的ヲ達成セリ。

小山［邦太郎］政務次官感謝シ来ル。

特ニ陸海軍問題ノ解決コソ勝利ノ道ナルヲ解［説］ク。

一、午後一時ヨリ臨時次官会議アリ「戦時緊急措置ニ関スル件」（全権委任法）ノ研究アリ

明日更ニ次官会議ニ於テ研究ヲ続ケルコト、セリ

一、大串登代夫［兎代夫］来リテ全権委任法ノ憲法違反ナルヲ説ク。

本日定例ノ重臣会議アリ終ツテ総理陸海軍大臣間ニ臨時議会ノ開催ニ付懇談アリ

海軍大臣ハ不同意ヲ述へ［ママ］テシモ陸軍大臣同意ヲ述べ遂ニ海軍大臣モ納得愈々開催スルコト、ス。

今後ノ諸準備ヲ進ムルコト、セリ特ニ

1、陸軍大臣ノ議会演説ヲ重点トス

2、内閣瓦解ノオソレナシトセス　ソノ際ノ対策ヲモ併セ至急研究スルコト、ス

議会ニ於テ提案セラルヘキモノ左ノ如シ

1、全権委任法

2、義勇兵役法

政府ハ第三十一条ノ非常大権ヲ忌避シ（解釈ノ区々タルニヨル）全権委任法ニヨリ乗リ切ラントスルモノノ如シ

平和カ　嵐カ！

五月三十一日　水［木］曜

一、第一総軍ト第十方面軍ノ状況報告ヲ聴ク　兵力温存絶対持久主義カ沖縄作戦ヲ害シ且本土作戦ニムシバミツ、アルヲ感取ス　総長ヨリ特ニ拘束兵団、決戦兵団、機動兵団ノ名称ヲ避クル如ク指示セラル、

昨日発令ノ朝鮮軍ニ与フル大命ニ於テモ敵撃滅思想ヲ明ラカニセルハ最モ力強シ

一、総長次長ニ対シ沖縄戦ノ推移ニ伴フ緊急措置ノ概要ヲ説明ス

一、総長明一日発大連ニ出発ニツキテハ沖縄方面ノ戦況ニモ鑑ミ其ノ出張ノ可否ヲ案セラル　御尤ナリ、其後対「ソ」問題其ノ後ノ推移ヲオ伺ヒセルニ外相陸相総理

ノ意見一致シ総理亦之ヲ聴取納得目下外相ニ一任シテ
諸事ノ進捗中ナリト

1、ソ支米日ノ関係ヲ東亜ニ於テ如何ニ立ツルヲ「ソ」ノ為ニ賢明トスルヤ　ソレカ為ニハ「ソ」ハ日本ヲ如何ニスルヲ可トスルヤノ世界政策的政治論ニヨリ日「ソ」間ノ意見ヲ一致セシムルヲ可トス

2、其際「ソ」側ノ要求スルコトアルヘキヲ予想シ其ノ譲リ得ヘキ限度ヲ決定セリ

3、人選ニ関シテ東郷梅津間ニ完全ニ意見一致シアリト

一、本日午後三時ヨリ臨時閣議アリ　議会開催ニツキ主トシテ協議ス　政府ハ二日迄ニハ決心シアルモノノ如シ
次官会議ニ於テ戦時緊急措置ノ件（全権委任法）ヲ概定速カニ法律化シテ議会ニ提出スルコト、ナレリ

一、大本営ノ西方移転ヲ顧慮シテ軍及政府ノ機構ヲ如何ニスルヲ可トスルヤヲ軍務局ヲ中心トシテ研究ヲ開始ス

一、第二部ニテ二ヶ年間ニ亘リ実施セシ技術情報交換ヲ中止シ第四部（軍務局）中心戦力推進会議ヲ実施スルコト、ナレリ
第二部長機嫌悪シ　呵々

六月一日　金曜

一、参謀総長岡村山田［乙三］両総司令官ニ会見ノ為大連ニ向ケ出発ス（一三〇〇）
天野少将同行、作戦以外ノ懇談要目ヲ種村自筆呈上セリ

一、昨日ノ閣僚懇談ニ於テ（総理A、B大臣、左近司［政三］、安井［藤治］国務相）海軍大臣及左近司ヨリ戦争遂行ノ前途ニ開シ投槍［遣］的ニ発言アリ　陸軍大臣総理毅然トシテ反駁セル経緯ニ鑑ミ総長出発ニ先ンジ次官ヨリ仔細ヲ報告セシム。

一、本日ノ閣議ニ於テ来八日召集十、十一日議会召集決定セラル　先ニ反対セル米内海相ヨリハ何等ノ発言ナシ。
海軍ノ苦衷又察スヘシ

一、夜次長室ニテ九時ヨリ一時迄久シ振リニ痛飲ス
「不同意ニアラス」哲学カドコ迄引張リ得ルヤ
阿南大臣梅津次官ヲ本来ノ性格上可トス
好人物吉積ヲイヂメル勿レ。
「ウヰスキー」三本ヲ平ゲタリ

六月二日　土曜

一、午前十時内閣ニ至リ迫水末沢［慶政］ト共ニ今後ノ戦争指導ニ関シ協議ス。

議会前ニ御前会議ヲ奏請（七日又ハ八日）スルコトトス

議題ハ今後採ルヘキ戦争指導ノ大綱及情勢判断国力判断トシ大綱ニ関シテハ先ニ陸軍ヨリ提示セルトコロニ基キ内閣案ヲ提示シ之ヲ研究。上司ニモ通スルトコロアリ固ヨリ異存アルナシ。迫水ノ努力賞スヘシ、尚大本営令ノ改正ヲ提議シ来ル

固ヨリＡＢ一本ヲ前提トシテ異存アルナシ　嘗テ研究セルトコロニ基キ陸軍案ヲ携行午後五時竹下［正彦］中佐ヨリ迫水ニ対シ説明ス

明三日日曜ニ拘ラス臨時幕僚会議ヲ開キ

戦争指導大綱

大本営機構（政戦関係）

ヲ審議スルコト、シ準備ス

昼夜ヲ分タヌ課員一同ノ努力ニ感謝ス。

六月三日　日曜

一、午前九時半ヨリ貴賓室ニ於テ次長次官統裁ノ下ニ戦争指導会議アリ

吉積局長ヲシテ十分手腕ヲ発揮セシムル如ク準備ヲ完了シ置ケリ

迫水ノ大本営令改正案ハ政治的狙ヒノミニシテＡＢ一本ナキタメ不同意ノ意見ナリ

一、迫水ニ対シ戦争指導ニ関シ当方異存ナキ旨通報ス。明四日総理ヨリＡＢ両大臣ニ相談アル筈事務的ニ取扱ハサルコト、セリ

一、軍管区副長一同ニ対シ内政班一同ニテ午前中詳細国内事情ヲ説明シ大イニ張リ切ルトコロ在リ。

一、次長ヨリノ急命ニヨリ夕食後三鷹陸軍大臣私邸ニ至リ御前会議ニ重臣ヲ列セシムル件並御前会議進行要領ニ関シ次長意見ヲ具申ス

「ウヰスキー」黒三杯ヲ頂戴十一時帰ル。

一、課内陳［陣］容ノ刷新ニ関シ軍事課長ト協議南中佐飯尾［裕幸］少佐ノ取得同意ヲ得ス

六月四日　月曜

一、午前起床卜共ニ永井少将ヲ病院ニ訪レ諸事ヲ報告ス

一、午前十時ヨリ内閣顧問一同ニ対シ戦況説明ヲ行フ

沖縄戦況ノ見透

沖縄ヘ兵力前送出来サリシ理由

敵ノ企図及其ノ時機

必勝ノ方法

一、午後三時ヨリ内閣ニ於テ全権委任法ノ審議アリ政府ハ議員ニ迎合シテ修正セルヲ以テ反対ノ意志ヲ表明ス

議会ニ於ケル総理演説ヘノ要望ニ関シ陸海軍一体ヲ述ブヘキヤ否ヤニ関シ両論アリ軍事課長及軍務局長ノ反対ニテ中止ス

陸軍大臣演説要旨ヲ立案世紀ノ大演説ヲ行フニ決ス。

一、夜構内将集ニテ課内会報アリ食料配給論ニテ花カ咲ク。

一、課内ノ陣容強化ノ為内外政班ノ区分ヲ削除シテ全員一致内政ニ専念スヘキ意向ニ一致セリ

六月五日　火曜

一、午前ノ閣議ニ於テ六日最高会議　七日重臣会議　午後臨時閣議八日御前会議ニ決定ス。

依テ正午発東条大将邸ニ至リ種村ヨリ重臣会議ニ関スル一般情勢ヲ説明ス。

半焼ノ家ニ将軍元気旺盛也　開戦前ニ於ケル重臣会議ト御前会議関係ヲ説明セラル。

一、戦時緊急措置法ハ本日ノ閣議ニ於テ昨日ノ意見ノ如ク大臣ヨリ修正。但シ爾後報告ノ件ハ然ラズ。官吏カ法ノ適用ヲ受クヘキヤ否ヤニ関シテハ紀スコトナクシテ決定ス　防衛ノ強化及秩序ノ維持カ入リタルタケ結構、名前モ「行政」ヲ削除ス。

又義勇兵役法、同刑法特例ニ関スル件モ難ナク通過シ陸軍ノ議会関係準備ハ進捗ス。

一、午後八時発小磯大将ニ重臣会議模様ヲ報告スヘク逗子駅ニ至リシモ遅クシテ木賃宿ニ海軍機関兵曹二人ト共ニゴロ寝　蚤ニ悩マサル。

此ノ夜部内ニ於テハ海軍ヨリ来リシ情勢判断ニゴタ〳〵アリ三時迄第一部長次長ヲ訪レテ騒キシトカ滑稽ナリ。コンナ小人輩何ヲカナサン、次長ノ採決ニ茫然タリ。

六月六日　水曜

一、逗子駅前海軍バスニ便乗　秋谷《アキヤ》ニテ下車小磯大将別邸ニ寝込ヲ襲フ。大将トノ会談一時間　白米ノ朝食ヲ喫シテオ別レス。大本営位置論等野ニ在リテハ不相変ノ闘士ナリ　朝ニ上リテ無為ナリシハ幕僚ナカリシニヨルカ？十二時帰任。

一、午前九時ヨリ十二時迄　二時ヨリ六時迄最高会議アリ

　今後採ルヘキ戦争指導ノ大綱
　世界情勢判断
　帝国国力ノ現情
　　　　　　　　　　等ヲ討議ス。

終ツテ三幹事ニテ御前会議ノ「プログラム」ヲ決定ス

一、軍令部総長国民ハ戦争ニ無関心ナリ、最後ノ血ノ一滴迄戦ハシメサルヘカラズ声魂凛々タルトコロヲ示シ心強シ此ノ日和平論出スヤト総長不在ノ為次長ハ代席シ相当憂慮シアリシモ然ラス。大臣ハ責任完遂セサルトキハ腹ヲ切ツテオ詫ビスヘシト烈々タル責任論迄出ツ、可ナリ。

一、総理ノ議会演説案来レリ見ルニ「陸海軍ハ論争ナシ敵ノ謀略ニカ、ルナカレ」トＢノ謀略ニヨリＡＢ統一論ノ阻止ニアルカ却ツテ反作用起リテ不利ヲ生スヘシ削除セシム。

一、小運送ヲ陸軍カ担任スヘキヤニ関シ先般来議進ミアリシモ25／5ノ戦災対策ニ関連シテ東京ノ「トラック」ノミ陸軍之ヲ担任スルトイフ馬鹿ノ議論アリ（次官会議）シヲ以テハネツケシニ最近軍需省ハ整備ヲ運通[輸]省ハ修理及運用ヲ海軍省ハ燃料担任ニツキ夫々意見一致スルトコロアリ近日中ニ閣議決定、七月一日ヨリ発足スルコト、シテ浴[宗輔]中佐ヲシテ急速ニ進展セシム。

六月七日　木曜　雨

一、総理大臣演説原稿ニ関シ特ニ陸海軍問題解決ノ意図ナキヲ言及セントシアルヲ以テ之カ削除方ヲ厳ニ要請ス

一、参謀総長米子ニ滞在シ雨天ノ為帰京シ得ス
明日ノ御前会議ハ参謀次長代席スルコトニ定メラル御前会議ニ関シ次長ノ命ニヨリ侍従武官長ニ報告ス

一、罹災者ノ身ヲ思ッテ身ヲ切ルガ如シ

一、本日閣議ニ於テ
　一、総理演説　陸軍修正通リ決定

二、御前会議案　説明

三、戦時緊急措置法案第四条ハ削除スヘキトコロ昨日来議員ヨリ事前審議ヲ要求シ来ル。政府之ニ同意セントセシモ陸軍大臣ハ之ヲ拒否シ議員慰撫ニ関シ岡田〔忠彦〕厚生大臣ニ一任スルコト、ナレリ

※

〈上欄〉※本件議会ニ於テ政府ノ命トリトナル算アリ

本日午前陸軍大臣ヨリ特ニ左ノ件御注意アリタリ

一、最近最高会議又ハ閣議事項ノ漏洩アリ注意ヲ要ス。昨日モ自分ノトコロヘ情報ヤガ「和平論ニ対シ案アリヤ」ト自分カ述ヘタコトヲ真否尋ネ来リタルモノアリ。

二、枢密院議長ヲ御前会議ニ入ル、ニ至リタル理由左ノ如シ　総理ヨリ

(イ)「コンドノ御前会議ニハ重臣ヲ入レテハドウカ牧野〔伸顕〕内府ヲ入レテ東条ヲ欠席サセテハドウカ」トノ相談アリ所見如何

(ロ)陸軍大臣
不同意　重臣ノ意味不明　カクテハ東条大臣〔大将〕ニ死ヲ与フルニ等シ　初期作戦ノトキ誰カ東条ヲ恨ミシモノアリヤ　今日此ノ如キ言ヲ弄スルモノアリトセハ以テノ外ナリ

(ハ)米内大臣
ドウモオカシイ

(ニ)陸軍大臣
枢府議長ニ対シソレ程重臣カ必要ナレバ重臣タル身分ニ於テ御諮詢アツテハ如何

(ホ)総理
ソレデハ枢密院議長ヲ列席セシムルコトニ致度

一、本田〔日〕侍従武官長ヲ訪問セル際左ノ談話アリ
内府ハ「近衛モ和平論ヲ抑圧シアリ現状ニテハ無条件降伏ヨリ外ナシ　方法アラハ何時殺サレテモ出カケル」ト云ヒタリ
又海軍士官カＡＢ一体論ヲ称ヘ来リシヲ以テ米内大臣ニ聞ケト申シオケリ
陸軍ノ中堅将校ニテ戦争前途ナク和平論ヲ説キシモノアリ注意セラシ度

一、陸軍大臣議会演説ヲ松村少将ニ依嘱セシトコロ名文句出来上リタリ。
各方面熱心ナリ修文意見アリ。

一、夜議会ニ於ケル質疑応答及陸軍大臣演説ヲ内政班ヲ中心ニ審議ス
此日陸軍大臣ハ高級副官々邸ニ入ル。

六月八日　金曜

一、午前八時総理官邸ニ迫水書記官長ヲ訪レ左記ヲ申入ル
イ、政府カ議会ニ臨ム断乎タル態度
ロ、大本営改革案ニ対スル（ＡＢ）態度
1、最高戦争指導府設置ノ件
2、大本営名称ノ変更不可
御前会議準備ニ関シ更ニ仕上ケヲ手伝フトコロアリ、
二、午前十時ヨリ御前会議アリ
予定通リスラ〳〵ト取運ブ
和平論者ノ大将トモ申スヘキ平沼［騏一郎］カ徹底継戦ヲ主張シ徳義主義ヲ述ブ。
御前会議ノ目的ヲ十分達シアリ。
河辺参謀次長参謀総長代理トシテ晴ノ御前会議ニ出席ス。得意思フベシ。
決定
「今後採ルヘキ戦争指導ノ基本大綱」
参考
1、世界情勢判断
2、帝国々力ノ現状　　［『敗戦の記録』参照］
一、［ママ］参謀総長夕刻帰任　府中鳩林荘ニ入ル。

六月九日　土曜

一、議会開院式　午前九時
中部東海地区空襲下ニ無事終ル。

総理ノ演説、陸海軍大臣ノ演説中陸軍大臣ノ演説断然光ル。

太田正孝ノ質問ニ対シ総理答弁シ得ス。

戦時緊急措置法案ニ於テ作田高太郎氏ノ質問ニ対シ総理耳遠クシテ答ヘ得ス。左近司出テ、弥次リトバサレ、議場騒然休止ノヤムナキニ至ル。

殆ント一人ノ輿党ナク議会ノ信望ヲ失墜スルコト甚タシ。

余亦愛憎［想］ヲツカシタリ。

此ノ如キ内閣ヲ奏請セル重臣ノ責務ヤ亦大ナリ。

大臣委員会ニ於テモ亦戦況ノ急迫ヲ説ク。

何レモ本法ヲ繞リテ議会ノ闘争開カレタリ
1、議会会期延長ヲ狙フモノ
2、憲法第三十一条ノ発動ヲ称フルモノ
3、総動員法ノ修正ヲ説クモノ

六月十日　日曜

議決セスシテ政府遂ニ会期ヲ延長ス、負ケノ第一歩也
但義勇兵役法ノミハ無事両院通過午後八時終了ス
柴山［兼四郎］次官ノ戦況説明並質疑応答、田島［俊康］少佐ノ「バス」準備カ貴院ノ感情ヲ軟ケシメタリ。
院内閣議ニテ小運送ノ陸軍移管決定ス。

六月十一日　月曜

小山亮ノ「日米戦ハバ両国共ニ天罰ヲ受クヘシ」トノ総理演説ニ対スル質問ニ対シ総理「御詔書ノ天佑トイフオ言葉ニ対シテハ学者間ニモ異議御座ヰマシテ［□］ト述フルヤ議場騒然五時間休憩。遂ニ亦一日再延長
　貴院ニ対スル敬意トシテ（大臣）

六月十二日　火曜

一、貴院ニ於ケル戦時緊急措置法ノ審議春風駘蕩タリ。此ノ政府ハ貴院ノ支持絶対カ。
此ノ日省部内ノ輿論ヲ激化セシメサル目的ヲ以テ各課高級部員ヲ集メテ議会ノ空気並ノ言論ヲ戒シムヘキコトヲ伝フ。大臣ハ正直ニソノ「プリント」ヲ迫水ニ渡シ唖然タラシム。

六月十三日　水曜

一、大臣曇天ノ中ヲ新潟地区長野地区ニ⋈［飛行機］出張ス。
一、第三回戦力会議開カレ七月分ノ輸送配分決定ス乃チ総輸送力五八万屯（除機帆船）ニ対スル要請一五三万屯之ヲ如何ニスヘキカニ存［ママ］ニアリ。遂ニ五八万屯ニ圧縮。

六月十四日　木曜

一、従来第四班ヨリ第十二課ニ引継キアリシ宣伝ニ関スル実務ヲ一切報道部ニ移管スルコトニ定メ申渡ヲ行フ
一、小運送ノ陸運部内ニ於ケル実施要領ヲ漸ク局長ノ決裁

ヲ得タリ　遅々トシテ決セス　顧ミテ他ヲ云フノ価値ナシ

一、夜政変対策ヲ研究シ結局陸軍部内ノ強化若返リニツクルコト、ナレリ。

六月十五日　金曜

一、敵潜日本海ニ入ルオソルベシ　我海軍ノ無力ヨ。

二、次長ニ対シ

1、陸軍人事若返リニ関スル意見具申ヲ行フ。

2、政変ノ対策ヲ御覧ニ入レタルトコロ作戦準備即政治ノ全部也トノ指示アリ

此ノ人相当ノ識見ト文才ヲ有ス。

次官下［柴］山中将ハ気ニ入リタルモノ、如シ。

六月十六日　土曜

一、陸上小運送ノ陸軍部内ニ於ケル編成及人事決定ス

市ヶ［谷］台ニ位置スル件軍事課ノ反対ヲ押シ切ツテ快哉ス

一、夜三田浜ニテ課ノ課員以上ノ会食ヲ行フ。

午後三時頃ヨリ軍需動員部隊長トノ懇談アリ竹下中佐出席ス　結論ナシ。

六月十七日　日曜

一、午前九時半ヨリ総理官邸ニ於テ書記官長両軍務局長関係課長集合、憲兵情報ヲ基礎トシテ陸海軍ノ協調問題ヲ論議ス

余発言シテ曰ク

一、現在ノ陸海軍首脳ノ政治感覚ヲ以テシテハ解決不可能

一、陸海軍ノ監督官ヲ全廃シテ国民ヲ信頼セヨ

一、戦力カ一時下ツテモヨロシ㊉ノ大ナルコトヲ考ヘテ断行セヨ。

一、午後三時半ヨリ三幹事ノ「最高幕僚府」ニ関スル編成化ノ協議アリ。

局長其ノ感覚ヲ有セス

一、陸軍部内ノ若返リ革新化ヲ行ハスシテ何ノ政変対策ゾヤ、此時岩畔［豪雄］少将ノ招致発電セラル

六月十八日　月曜

一、「最高幕僚府」案ニ対シテハ大臣総長共ニ同意スルト

コロトナラス。何レモ政府カ自己保身ノ為ノ措置トナスニ於テ不快ヲ感スレハナリ。

一、小笠原中佐上海陸軍部附ニ発令。後任中村〔雅郎〕中佐発令セラレズ督促ス。

一、地方総監会同席上陸軍大臣挨拶及兵務局長ノ説明ヲ準備ス。

六月十九日　火曜

一、早朝永井少将ヲ見舞フ

右手未夕宜シカラス。

一、次長明二十日ヨリ九州地方出張ニ方リ特ニ種村ヲ招シテ

『松井石根大将来訪陸軍ノ戦争決意ヲ伝ヘタリ

1、南ヲ入レテ内閣ノ首班タラシムルノ意志ナシ

2、参謀総長カ総理タルコトナシ

3、沖縄作戦ノ責任ヲトリ総長引責セラル、トセハ畑将軍位ナルヘシ

即チ三長官ノ重鎮タルコト

4、陸軍ヨリ首班ヲ出ストセハ阿南大臣ヲ措キテ他ナシ』

付テハ出張間異変アラハ然ルヘク処置セヨトノ事ナリ

次官次長不在課長入院局長不行小官ノ任ニハ稍々重シ奉行セヨ。

一、午後一時ヨリ地方総監会同ヲ行フ、大臣所信ヲ述ヘ協力ヲ求ム

局長之ヲ補足シ作戦準備就中航空及地上ニ対スル協力、小運送　四国中国ノ軍管区新設等ニ就キ説明ス

会議始マルモ局長赴カス政治力発揮ノ気力無キヲオソル。

地方総監府主幹会議ニ於テ義勇兵役法ニ関シ兵務局長説明ス

六月二十日　水曜

小運送ニ関シ自動車整備ノ軍需省ヨリノ移管ヲ本日ヲ以テ完了ス。

陸軍大臣ヨリ関係諸会社ニ対シ訓示ス。

一、次長九州地方面ニ出張ス

次官次長共ニナシ。

一、恒石中佐55A参謀内命発令セラル

六月二十一日　木曜

一、午前十時半ヨリ偕行社ニ於テ匪躬会（在郷将官）ノ会合アリテ中村孝太郎大将以下約二十名ニ対シ時局ノ講演質疑応答ヲ行フ（種村）共ニ憂フルトコロハ同シ。意ヲツヨクシ得タリ。

一、明日午後三時ヨリ宮中ニ最高会議構成員ヲ召サセ給フノ報伝ハル（内閣総務課長ヨリ）

同時侍従武官長総長ヲ訪レルアリ　内容不明ニ付軍務局長書記官長ヲ訪レテ談スルモ彼モ亦トボケタルカ知ラス、

三鷹ノ私邸ニ帰ヘリタル大臣ニ訪タルニ其ノ内容ヲ概ネ知悉［悉］シアルモノ、如シ但シ触ル、コトヲ欲セス

此日駐「ソ」［ポ］」公使森島［守人］二十六日出発ノ飛行機搭乗ヲ申込ミ来ル、対「ソ」問題ニアラサルカ。

本日次官会議ニ於テ中央官庁ノ集合執務ノ件討議セラル

白井中佐苦心ノ作ナリ。

ＡＢノ一所勤務行ハレサルニ何ヲカナサンヤ、

「最高幕僚府」案ハ海軍案ナリト特ニ議長総理案カ本案ノ狙ヒナリト海軍軍務局長主張ス。

筋トシテハ正シク可ナリ陸軍局長真向ヨリ反対ス。

六月二十二日　金曜

一、午後三時宮中ニ最高会議構成員ヲ召サセ給フ

会議ノ内容不明ナルモ対「ソ」外交ニ関スルモノ、如ク大臣ノ局長ニ漏セルトコロニヨレハ外務大臣説明シ総理及参謀総長一言セルノミ十五六分ニテ終レルモノ、如シ　参謀総長ハ異常ノ決心ヲ以テ出席セルモ難ナク終了セルヲ以テ安堵セラレアリ。

二、本日宮中ニ於テ総理ヨリ沖縄ノ将兵及官民ニ賞詞（勅語、詔書）ヲ賜ハル如ク意見ノ開示アリ　一昨日戦況上奏ノ際賜ハリシオ言葉ヲ参考ノ為内閣ニ連絡ス

三、沖縄終戦ニ伴フ報道宣伝ニ関シ省部ノ意向ヲ一ニシタル後海軍及内閣ニ連絡ス。

二十六日朝刊ニテ発表トス。

四、綜合計画局ノ部長以下一同ニ対シ戦況ヲ中心トシテ質疑応答説明ヲ行フ、克ク徹底セルモノ、如シ。

五、永井課長箱根湯本ニ白木［義孝］少佐ハ下部温泉ニ転地ス

〈上欄〉次長出張ヨリ帰任ス

六月二十三日　土曜

一、吉積軍務局長勇ヲ鼓シテ米内海軍大臣ノ内大臣就任阻止運動ニ関シ陸軍大臣ニ意見具申ス。

一、迫水ヨリ朝鮮総督兼任制ノ時機来ル

一、総長ニ対シ種村ヨリ
　米内ニ内大臣説
　朝鮮総督ノ兼任制
　寺内［寿一］元帥ノ召還
　支那二位一体制
等ニ関シ意見ヲ具申ス

一、陸相義勇隊ニ付放送ス

一、午後四時四十分発熱海桃山荘ニ清遊ス　加藤［丈夫］大佐伊藤属同行。

六月二十四日　日曜

熱海桃山荘ニ国事ヲ忘レテ熟睡、自動車ヲ駆ツテ湯河原猪熊氏宅ヲ訪レ清談　明日在箱根近衛公トノ対談ヲ約シテ分ル。

夕刻帰京。

六月二十五日　月曜

沖縄終戦ニ関スル大本営発表アリ。襟ヲ正シテ自省自奮アルノミ、

右ニ伴フ明日行フヘキ総理談又ハ告諭ニ付内閣ニ於テ討議ノ結果告諭トシテ発表スルコト、ナレリ。

午後五時発小田原山荘ニ近衛公ヲ訪ル（種村）

途中国府津ニテ岡村憲兵ト奇遇スルアリ秘密行ス。

政談ヲ一切抜キニシテ専ラ軍事情勢ニツキ公ニ本土決戦必勝ノ信念ヲ与フル如ク力説スルコト三時間公ヲシテ電燈ヲトリテ門前ニ予ヲ送ラシムルニ至ル。

公三国同盟ノ締結及独「ソ」開戦当時、
大東亜戦争前等ヲ思ヒ感慨深ク語ル
食糧問題ハ大政治問題化スヘシトテ
陸戦隊化シタル海軍ノ整備ヲ論ス。
（惓［恰］モ死児ノ齢ヲ数フルカ如シト前提シテ）

再会ヲ約シテ去ル、一重臣ヲシテ戦意ニ燃エシメタリトセハ千万人ト雖モ我往カン。

午後十一時三十分徒歩三十分ニシテ湯本吉池旅館ニ永井少将ヲ訪レ同宿御見舞ス

箱根街道ハ三百年前ノ昔ノ如ク深夜人ナシ。感激深シ。

公曰ク「此ノ次ハ陸軍ノ時代ナリ宜シク御奮闘ヲ祈ル」ト

六月二十六日　火曜

早暁同宿ノ阿野〔信〕中佐（中風）中山〔忠雄〕中佐（負傷入院）ニ奇遇見舞ツテ五時三十分箱根発帰京。八時、早起、早寝ノ利得ヲ知ル。閣議延長午後ニ及ブ。此ノ間内閣改造説　米内辞職説等乱飛ブ。

夜江湖〔要二〕少将ノ送別課長会報アリ　余リノ美食ニ眼ヲ掩フテ咽ニ入ラス早引ス。

口伝（本土決戦必勝ノ確算ニツキ）ヲ各方面ヲ通シテ開始ス。

今ヤ国民ハ必勝作戦ノ具体的方策ヲ論セサレハ不可。

本日総務局長会報ニ於テ離島作戦ト本土決戦ノ差異不明ナリトノ質問出テシカ如シ。

沖縄ニ増援ナカリシ理由不明、Ｂノ宣伝ニオドラサレタルモノナラン。

六月二十七日　水曜

一、幹事補佐ノ会合ニテ陸海軍問題ニ関シ海軍部内ノ意向統一ヲ要請ス。
一、沖縄官民ノ活動状況ニ関スル電報ヲ内務省及文部省ニ呈示ス。
一、大東亜省杉原総務局長ニ対シ戦局ヲ説明シテ支那ニ於ケル軍政ノ一本問題ヲ要請シ重慶問題ノ重要性ヲ語ル。
一、高松宮〔宣仁〕殿下軍令部戦争指導班ニ御転任遊サル。三笠宮〔崇仁〕殿下ノ御取扱ト同様カ？
一、内閣ニ要請スヘキ新政策ニ関シ研究ス
一、防空非常措置ニ関シ各課主任者ヲ集メテ検討。明日ノ内務省提案ヲ阻止シテ陸軍ヨリ二、三日中ニ根本策ヲ提示スルコト、セリ
一夜中村周一来訪ス。

六月二十八日　木曜

定例書記官長トノ会食ニ於テ
1、少数内閣制ノ可否
2、最高戦争指導会議ノ制度化
ニ関シ提案アリ
本日ノ次官会議ハ〇八三〇－一三〇〇迄十三問題ヲコナス。
事務的連絡殆ンドナシ。

防空非常対策並政府ニ要望スヘキ諸施策ヲ研究ス

六月二十九日　金曜

「ラウエル」大臣総長ヲ訪問シ
苦言トシテA、B司令官交［更］迭頻繁ニヨル施政ノ不徹底ヲ説ク

十一時高松宮ヲ軍令部ニ訪問　陸海軍問題、食糧問題等ヲ説ク。殿下スラ出シ惜ミ問題ヲ云ル〔ママ〕　海軍内ノ空気オソルヘシ。

杉原大東亜省総務課［局］長ヨリ対重慶工作ニ関シ北京伝［涇波］ノ利用ニ関シ説明アリ　河相達夫ヲ真相ヲタシカメル為派遣致度意見トカ。

綜合計画局ニ於テ一四〇〇ヨリ陸軍提案ニヨル防空非常対策ヲ検討説明ス。一括シテ綜計ニ移ス。

行政要望案局長ヲ中心ニ研究ス。

沖縄終戦ニ際シ牛島［満］、長［勇］両将軍ノ切腹武人ノ最後ヲ飾ル。

局長小官ノ近衛訪問ヲ誰カラカ知ル。（自ラ恥ズルトコロナシ）

南総裁ヲ訪問シ国民義勇隊中央協議会長就任ニツキ反省ヲ促スヘク議事堂ニ至リシモ九州地方出張中ニテ不在ナリ、秋永［月三］長官ハ「何レカノ時機ニ日政会ヲ自壊セシメ南大将ヲシテ日政総裁ヲ辞職セシムヘキナリ」ト主張ス。

本日閣議数時間ニ及ヒ十数題ヲ決ス。

次官会議ト閣議ヲ重複スルハ閣議予備研究タラシメントスルモノ、如シ（秋永中将）

六月三十日　土曜

一、陸上小運送ノ引継ヲ完了。
本日ヨリ整備行政共ニ陸軍大臣ノ所管トナリ陸運部長中村［儀十郎］少将ノ活動ヲ期待スルヤ大、輜重兵ノ更生大発展　志気明ニ昂ラン。
軍務局長「ラヂオ」放送ス。

一、午後三時半議事堂ニ金光庸夫氏ヲ訪レ南大将カ日政総裁トシテ国民義勇隊中央協議会長タルハ不同意ナル旨文書ヲ以テ提示ス。
日政ノ行方ニ関シ彼等自身更生スルヲ要ス
南大将ヘノ人気ハ南陸軍大将ナルカ故ニシテ日政総裁タルカ故ニアラス、代議士カ戦意昂揚ノ中心ノ如キハ云フヘクシテ行ハレズ。人亦信セズ。

「陸軍カ内務ト「グル」ニナリテ日政ブチ壊シヲ始メタリ」ト感シアルカ如ク愉快ナリ。

一、夕刻陸運部誕生ノ会食アリ。鶴巻温泉ニ於テ留学生関係学校ヘノ謝礼ノ宴ヲ行フ加藤大佐出席ス。

七月一日　日曜

一、軍務課宿舎ヲオ茶ノ水周辺ニ整備ス初宿泊ス。平原重吉　東株ノ大将也

七月二日　月曜

一、食糧対策ニ関シ農商省案飽キ足ラス陸軍案ヲ提示終日綜計ニ於テ説明ス
農商省面子問題ノ如シ
防空対策ニ関シテモ陸軍案ヲ中心ニ本週中ニ閣議決定スヘク推進中ニシテ畑中［健二］、椎崎［二郎］ヲシテ奮戦セシム。

七月三日　火曜

一、参謀総長ニ対シ左記ヲ意見具申ス
1、陸軍次官ノ交［更］迭
2、南総裁ノ国民義勇隊中央協議会長就任反対
3、伝*工作ニ関スル件

一、軍務局長ヨリ
局長会報ニ於テ「政府ニ要望スヘキ決戦施策」ヲ説明シ上司ノ意向ヲ体シテ再検討スルコト、ス。

一、辻大佐ヲ対重慶政治工作ノ為上海陸運部ニ採用スル件大臣電報ヲ種村起案発電ス。政治的人事ト云フヘキカ。

一、敵ノ上陸ヲ本年初秋ノ候ニ見サル場合専ラ戦略爆撃ニヨル本土攻撃ニ対スル方策ヲ研究スルノ要アリ　局長ニ意見具申ス

一、本日ノ閣議ニ於テ
食糧一割減ノ件決定シ直チニ発表ス。
国民ヲシテ食糧事情ヲ深刻ニ知悉シテ増産ニ精進セシメンカ為農林［商］大臣ノ強キ意志ニヨル、

一、柴田［芳三］総務課長東海軍参謀長転出送別会素焼アリ。

＊　燕京大学の伝涇波とスチュワート学長を通じた重慶和平工作。

七月四日　水曜

次長帰任ス

夜大東亜次官杉原総務局長河相［元］公使ト神田龍名館ニ於テ会食　伝工作問題ニ関シ懇談ス。陸軍提案ノ対重及食糧対策ヲ午後半日ヲ費シテ内閣ニ於テ審議ス。農商省ノ抵抗強ク眼界狭シ。

七月五日　木曜

一、午前第二部情勢判断ヲ総長以下ニ報告冗長ニシテ要点ヲ失シ政治的ニ流レテ作戦ヲ忘却ス

今日ノ急務ハ敵ノ採ルヘキ各案ヲ如何ニシテ迅速ニ判断セントスルヤニ存ス　点数取ニ了ル勿レ。

一、陸軍提案ノ防空対策次官会議ニ於テオ流レトナル。

一、午後杉田高倉［盛雄］両名ノ南方ヨリノ帰任報告アリ「ビルマ」ノ撤退ニ伴フ森［ビルマ方面軍］ニ対スル作戦批判アリ

軍人ハ最後ヲ最モ正シクスヘシ、

木村［兵太郎］将軍ノミヲ責ムルヘカラズ、

南大将長男重義少佐ニ対シ大将ノ進退問題ニ関スル予ノ意見ヲ伝達セシム

七月六日　金曜

一、中央協議会長南総裁就任問題ニ関シ陸軍ノ態度ヲ決定スヘク大臣ニ対シ意見ヲ具申ス。

大臣ノ態度ハ

1、内務大臣ノ態度ヲ支持ス

2、些細ナル本件ニ介入ヲ好マス

一、建川［美次］中将ヲ河田町偕行社別館ニ招シテ金二万円ヲ交付シ東方社問題ヲ解決ス。

寺内大将ヨリノ黒「ウヰスキー」ヲサービスス。

一、午後一時半ヨリ新任兵団長（第三次兵備）飯村［穣］中将以下ニ対シ軍事特別措置法、戦争指導、国内重要問題等ニ関シ約一時間ニ亘リ説明ス

一、夜課内会報　高倉中佐報告ヲ聴取ス。

七月七日　土曜

一、支那事変記念日　何ノ感覚モナシ。

一、次長ニ対シ留守中ノ概要ヲ報告ス。

一、正午頃総理大臣秘書官鈴木武　西村〔直巳〕ノ両名直接小官ヲ訪レ中央協議会長問題ニ関スル総理ノ心境ヲ訴フルトコロアリ　乃チ総理ハ白紙ナリ迫水カ御手洗〔辰雄〕（南大将ノ秘書）ニ南ノ協議会長就任ヲ約束セルニ端ヲ発シタルモノナリ　総理ノ小節ノ信義ノミ。ト言外ニ予ノ善処ヲ要望シ来レルモ「迫水ノ部下タル秘書官カ迫水ヲ補佐セスシテ予ニ迫水ノ不当ヲ訴フルハ適当ナラス迫水ヲ補佐セヨ」トテ帰ラシメタリ

一、午後一時半ヨリ総理官邸ニ於テ軍需省ノ特攻兵器　燃料計画ヲ聴取ス　要ハ

　大本営直轄軍需総監部ヲ設置セントスルニ在リ

　陸海軍ノ統合ヲ云々スル等

各省総務局長ヲ集メテ云々スルモノニタヨラス

本日軍需大臣ヨリ右ノ件A・B大臣ニ提議下ケ渡シトナル。

七月八日　日曜

午後八時—九時ノ間下北沢ノ私邸ニ南大将ヲ訪問

大将ノ中央協議会長就任ニ関スル陸軍ノ態度内閣ノ希望（辞任）大将ノ進退（五案）総理トノ面接等ニ関シ意見具申ス　騎兵ノ大先輩ニ接スル心境ニテオ話シスレハ大将モ亦後輩ト語ルノ心境ニテ十分目的ヲ達シテ辞去ス。大将モ本件今日迄総理ヨリ直接聞キシコトナシ

正午陸軍大臣ニ大将ノ伝言ヲ伝達ス

総理本朝大詔奉戴日ニテ明治神宮参拝ノ節陸軍大臣ニ対シ中央協議会長問題ニ関スル総理ノ心境ヲ語ルトコロアリ。即チ従来ノ態度ヲ一変シ

一、既定ノ国民義勇隊中央協議会及中央事務局ヲ撤回ス

一、右ニヨリ内閣ヲ安定セシム

　日政トノ正面衝突亦ヤムナシ。

陸軍大臣之ニ同意スルトコロアリ　直チニ南大将ニ面会ヲ申入レ午後三時総理南大将会見ニヨリ円満解決ス　後ハ日政対政府ノ問題ノミ。

書記官長ヲ中心トシ防空対策ヲ再審議ス

秋永中将胃潰瘍ニテ臥床　白井、竹下ト共ニ林檎ヲ持テ見舞ス。

七月九日　月曜

一、九時三十分ヨリ瀬島〔龍三〕中佐（関東軍転出　中将ノ希望ニヨル）ノGF在任間ノ報告アリ

総結論
1、ABノ協同可ナルモ常ニA主動タルヘシ
2、海峡封鎖ニBヲシテ徹底セシムルヲ要ス
3、情報ノ蒐集ニ関シAB協力シ事前ニ企図偵知ニ遺憾ナキヲ要ス

一、中央協議会問題ニ関シ総長ニ報告セントスルヤ大臣来室シ同様オ話シアリ
陸軍ノ厳正ナル態度カ今日ノ結［決］定ヲ見ルニ至リシモノト認ム
同慶ノ至リナリ。

一、南少佐父大将ノ命ヲ受ケ昨日ノ円満解決ヲ報告シ来ル。予ノ誠意通シタリト云フヘシ。
老大将ノ日政操縦困難ヲ極ムルヘクオ気ノ毒ナルモ国家ノ為ナリ。迫水ノ対日政政治的立場極メテ険悪トナリ之ヲ固トシテ内閣ノ危機ヲ察セラル。

一、次官会議ニ於テ空襲及食糧応急対策附議セラル。

七月十日　火曜

一、閣議ニ於テ
食糧対策
空襲対策 ｝決定ス

一、綜合計画局長官ノ後任問題ニ関シ海軍ハ高木［惣吉］少将ヲ推シタルモノ、如シ、石川信吾ハ如何ヤト申シ置ケリ。
陸軍ヨリハ積極的ニ出サヽルコト、ス、若シ出ストセハ池田純久ナルヘシ然ル場合関東軍ノ第四課長トシテ一部出馬ヲ希望セラル
迫水ハ吉積中将ヲ希望ス

一、夜毎日新聞ノ高田及吉岡ト会食ス　彼等亦彼等ノ進ム道ヲ求メントスルニアルモノ、如シ。
「新聞ノ検閲制度撤廃」ヲ要スヘシ
一、艦載機八〇〇機来襲
一機モ損スルトコロナシ。
大本営発表ニ撃墜機ナキハサビシ。
航空撃滅戦転移ノ第一日ナリ。

七月十一日　水曜

一、午後最高会議臨時召集対「ソ」問題ヲ協議セルモノ、如シ　沓［杳］トシテ不明ナルモ難航ニアラサルカ。

一、午後四時半ヨリ大臣ヲ前ニシテ陸軍省課長会報アリ会報ニアラスシテ報告ナリ。

一、閣議ニ於テ最近細小事ヲ議スルコト多シ　大臣ヨリ再三ノ注意アリシモ改マラス

大臣皇軍人事ヲ説ク。

人ヲ代ヘルヘカラス　人ヲ運用スベシ

大臣ノ訓示（沖縄失陥ニ伴フ）ノ大臣ノ軍政方針ナリト

一、夜平原別館ニ於テ市町村強化方策ヲ現地視察ノ結果研究ス。

七月十二日　木曜

一、燃料問題ニ関シ大臣総長ニ対シ報告ス。（南中佐ヨリ）

今後如何ニスヘキヤヲ決スルコトナク単ニ窮状ヲ訴フルノミニテ恰モ軍需省報告ノ如シ。

一、地区司令部配属将校ノ送別会ヲ行フ。

一、大東亜省政務一課長以下ト会食アリ　彼等ノ心理疑フモノ多シ。

七月十三日　金曜

対泰措置及東印度独立施策ヲ幹事補佐ニ於テ研究ス。

高倉中佐出張一ヶ月ノ結言ヲヒツクリ返シテ相スマヌモノアリ　現地ニテ強姦セラレタ彼ヲシテ中央案ニ返ラレムルモ気ノ毒ナルヲ以テ買テ出テタルモノナリ

加藤大佐一週間ノ待機ノ後漸ク出発ス

陸軍次官若松中将決定シ来週発表ノ如シ　彼何ヲカ為スカ。

七月十四日　土曜

一、大将会アリ　第二部長及軍務局長ノ報告アリ　彼等ノ無能コレヲ馬鹿大将ト云フ。

一、午後一時ヨリ自由市場ニ関シ閣僚懇談アリ

大臣局長出デズ種村出席必要ヲ認メ来週中ニ農商省ヨリ提案スルコト、セリ　陸軍案ヲ定ムルニ二ヶ月　陸軍案出テ、綜計案出発一ヶ月、綜計案出テ、二週間ニシテ農商案生ルカ、時期已ニ失スルニ至ルヘシ

一、東北、北海道ニ機動部隊来襲　釜石ニ艦砲射撃、青函連絡船四隻撃沈セラル。

一、軍需大臣ヨリ先般大本営ノ下ニ軍需総監部設置案ヲ提案シ来ル。

大臣ヨリ好意的ニ研究スル如ク指示アリタルモ陸軍ハ
態度曖昧ナリ
木曜日書記官長AB局長遠藤［三郎］中将間ニ研究アリ
本日更ニ軍需大臣ノ微衷ヲ両局長ニ述ヘントセシモ局長箱根ニ次官ヲ訪問セシニヨリ延期トナル。
最近局長ハ此種問題ニ関シ陸軍ノ態度ヲ定ムルニ軍務課ヲ埒外ニ置クハ不愉快千万ナリ。殆ント実行ノ緒ニ就カントスルノ熱意ナク陸軍ノ消極的態度遺憾ニ堪ヘス。

一、軍事課長ノ義勇戦闘隊座談発表アリ
昨日ノ［軍需省航空兵器（空白）総局長官遠藤三郎］談トモ関係アリテムシロ滑稽千万ト云フヘシ

一、午後三時ヨリ首相官邸ニ於テ総理陸海外相対「ソ」問題ニ関シ協議スルトコロアリ

七月十五日　日曜

一、次長上海方面ニ出張作戦準備ヲ実施［視］ス

一、東印度ノ独立措置及対泰施策ヲ大臣（在私邸）ニ報告ス

一、本朝来ノ機動艦隊ノ行動ニヨリ青函連絡外全滅ス遺憾ニ不堪
釜石、室蘭砲撃ヲ受ケ不面目此ノ上モナク言訳ノ余地ナシ。

七月十六日　月曜

一、地方総監会同ヲ実施セラル、
総理以下ノ発言ハオ座ナリニシテ此ノ作戦下総監ヲ集メテ云フホトノコトモナシ。
陸軍大臣ヨリ
　1、機動艦隊ヲ跳梁セシメタルニ対シオ詫ビス
　2、軍ノ正シカラサルヲ進ンテ進言セラレタキ件
　3、義勇隊ノ育成ニ尽力スルト共ニ義勇戦斗隊ノ編成ニ協力セラレタキコト
軍務局長ヨリ
　1、小運送業務運営要領
　2、陸軍ノ中央権限委譲要領
大塚［惟精］中国総監ノ活発ナル発言アリ
各大臣ヒヨロ〳〵ナリ。各総監ノ発言ニ基キ今後措置スヘキ件ハ

イ、沿岸地帯住民撤退ノ時機明示ノコト
（九州四国以外）
ロ、防空対策中三万以下ノ都市ト雖モ必要ニ応シ疎開実施可ナルコト
ハ、関門ノ国道ヲ陸軍ニ於テ担任スルノ可否。

一、夜外務省政務局長ノ招宴アリ闇料理トテ無理スルコト大ナリ。

一、陸海軍軍務課ノ懇談会ヲ船橋三田浜ニテ行フ。（予ハ欠席、柴［勝男］大佐出席ニテ残念ナリ）

七月十七日　火曜

一、竹下中佐東部軍青年将校及在郷軍人連合分会長以下ヲ集メテ共立講堂及船橋三田浜ニ於テ本土決戦必勝ノ確算ニツキ講演ス。堂ニ満チテ盛会ナリ。

二、午後二時ヨリ地方総監府主幹連中ニ対シ種村ヨリ
1、作戦及戦争指導ノ見地ヨリスル国内施策ニ対スル要望
2、国民義勇隊ノ指導育成ニ関スル軍ノ要望
ニ付口演ス

三、午後二時ヨリ宮中ニ於テ最高会議開カレ
一、東印度独立施策
（大東亜大臣説明）
一、対泰施策
（吉積局長説明）
ヲ決定シ
［『敗戦の記録』参照］
一、軍需大臣ニ対スル統帥部ノ要望
（釜石、室蘭、青函ノ被害ヲ受ケテ作戦上ノ要請ニ副ヒ難キコト）
最高会議ノ諒解トシテ軍需大臣ヨリ上奏セシムルコトトス。

四、本日ノ閣議ニ於テ陸軍次官ノ交代ヲ決定ス
若松只一中将ナリ。柴山次官静養地ノ箱根ヨリ上京。
憔悴オ気ノ毒ナリ、大東亜戦争ノ犠牲ナリ

七月十八日　水曜

一、東条内閣瓦解一週［周］年、
近来天候冷涼昨年今日ノ暑熱ト比ヘテ感殊更ニ深シ。
恒例ニヨル土用前ノ内閣グラツキナキモ天候ノ為カ。

一、軍務局長ニ対シ国内施策上内閣ヘノ要望（案）報告研究ス

一、夜政務次官ノ招宴アリ戦備軍事課長ト共ニ会食ス。

一、次官交〔更〕迭　若松中将発令。

一、内務省保安課長ノ招宴ニテ竹下、椎崎、畑中出席ス。

七月十九日　木曜

一、柴山中将若松中将ニ対スル留送〔別〕ノ挨拶アリ。新次官トコマテヤルカ着眼タケテハイカヌ。トコトン迄ヤラネハナラヌ？

一、竹下中佐共立講堂及三田浜ニテ第二次講演ヲ行ヒ聴衆堂ニ満ツ。

一、東印度独立指導ニ関シ南方軍総司令官ハ海軍々政機関ヲ区処スヘキ旨漸ク海軍側ヲシテ納得セシム。画期的トイフヘシ

一、新次官ニ対スル情況報告資料ヲ調製ス。最高会議及閣議決定綴ト共ニ。

一、大臣水戸、仙台、札幌方面ニ出張ス。

一、昨年ノ本日ハ梅津参謀総長挨拶ノ日十九日トイフ日ハ奇シキ日哉。

一、総理国務司令室ヲ巡視ス

一、此ノ日国内班ト右翼トノ会食ヲ丸ノ内「ホテル」ニテ行フ至極円満也

七月二十日　金曜

一、「部下ヨリ侮辱セラレタルトキ」ノ上官ノ立場ヲツク〴〵本日程我身ニシミタルコトナシ職ニ止マルコトヲ潔シトセズ。但シ正ヲ践ミテ堂々恥ツルコトナキモノ、ミ最モ強シ。

一、東条大将ヨリノ電話ニヨリ自宅ニ参上対「ソ」交渉ニ関スル情勢判断右ニ伴フ注意事項

1、飽ク迄戦フ意志ヲ明カニスルコト

2、国体改革ノ如キ思想問題ニ留意ノコト

大将ノ国ヲ思フノ一念敬意ヲ表スルモノアリ、直チニ局長ニ報告シ善処ヲ要請ス。

一、「孝子烈婦ノ表賞ノ件」閣議決定　近頃ヤルコトナキモノ、如シ。

七月二十一日　土曜　雨

一、杉田大佐朝鮮軍ニ転出。種村、親泊〔朝省〕、村上〔正二〕、四人ニテ会食。

一、午後一時ヨリ「自由市場ニ関スル次官懇談」

一、午後四時ヨリ「支那経済ニ関スル件」次官懇談アリ

一、支那問題ニ関シ苟クモ陸軍ト協議スルコトナク内閣ノ問題トスル件ニ関シ大東亜次官ニ抗議セルトコロ陳弁アリ

国内問題ヲ解決シ得サル内閣ノ無力カ支那問題ニ乗リ出サントスルニアルモノ、如シ。

田尻〔愛義〕次官如何ニスヘキヲ問ヒシヲ以テ簡単ニ片ツケル如ク申入レ置ケリ。

一、雨ノ為大臣ノ帰任遅ル。次官ハ着任早々次官会議ニテオ気ノ毒ナリ

フラ〳〵セザランコトヲ恐ル。

多年支那問題ノ為奔走セシ堂ノ脇〔光雄〕大佐病ノ為遂ニ死去ス。

天候ノ為大臣北海道ヨリ未タ帰ラズ。

七月二十二日　日曜

一、帝都防衛軍主催ノ軍官民合同会議ニ於テ種村口演、防衛軍ノオ先棒ヲカツグ。

一、竹下中佐常岡〔滝雄〕少佐統率ノ神風特攻後続隊ヲ石神井ニ視察ス　乙女ノ純情ニ感激ス。

一、重慶工作並対「ソ」密貿ニ関スル上奏案ヲ起案セシム

一、大臣夕刻帰任。

一、東印度独立指導ニ関スル大陸指ヲ示達ス、大臣総長不在ナルモ陸海軍決定ニ海軍同意シ来リタルヲ以テ直チニ発令セリ。

独立指導ニ関シ陸軍ノ区処ヲ受ケシムルコトヲ海軍カ納得セルハ蓋シ海軍南方軍政放棄ニ等シ　大作業ナリ

但シコトオソシ。此ノ次ハ支那ノ一元化ナリ。

七月二十三日　月曜

一、午前十時ヨリ内閣顧問ニ対シ本土決戦確算ニ関シ一問一答ヲ行フ要ハ敵ノ空爆戦法ニ対スル対策如何ニ存スヘシ。

一、対支新対処方策現地ノ一元化ヲ中心トシテ研究ス

一、夜総長ノ課長以上招宴アリ、一杯気〔機〕嫌ニテ上々ナリ

一、国民義勇隊指導要綱ヲ内務、海軍、綜計ニテ研究ス。

七月二十四日　火曜

一、航空総軍ノ報告アリ

低調ナリ釜石、室蘭ニ敵艦砲ヲ見セテ航空ヲ信頼セヨ

トイフモ無理ナリ

一、海軍ニ対シ対支方策陸軍案ヲ交付ス、

一、大臣対「ソ」交易ニ関シ上奏ス。

一、総長ヨリ日泰協同作戦協定並東印度独立措置ニ関シ陸軍処置ヲ上奏ス。

一、三笠宮　大宮陛下ノ軽井沢疎開ニ関シ「敵性国人及重臣財閥ヲ追払フヘシ」トノ種村意見ニ「ビックリ」シテ大臣ニ直訴セラル。

七月二十五日　水曜

一、参謀副長会同アリ

軍紀風紀ノ刷新及人事措置ノ改正徹底ヲ目的トス

大臣ヨリ六月二十八日ノ訓示ヲ附加説明セリ堂々必勝ノ信念ヲ説明ス

一、午後一時間半ニ亘リ国内事情ヲ種村ヨリ説明ス

和知〔鷹二〕中将ノ参謀総長ニ対スル報告アリ

七月二十六日　木曜

一、高瀬通ナルモノ来訪内閣ノ改造説ヲ伝フ、

迫水ニ伝達ス

一、松岡上京参内内府ニ面接ス　対「ソ」問題ニ関連シ国民ノ関心大ナリ

一、和知中将ト懇談南方政務ノ概要ヲ説明ス。

一、陸運部ノ会議大臣訓示ニ関シ細事ニ関シ軍事課ノ小僧共筆ヲ入レ不届千万ナリ

弱キヲ扶ケニ局長ヲ納得セシム

七月二十七日　金曜

一、早朝同盟ノ大森君来宅

1、「チャーチル」ノ敗北

2、英米支ノ「ポツダム」対日声明（米英「ソ」会談ノ結論トシテ）

3、南方派遣同盟記者ノ軍属化

ヲ報告　意見上申シ来ル。

感謝シテ彼ノ要求ヲ入レテヤル。

一、和知中将コ〔ラ〕レテ国内情勢一般ヲ報告ス

一、本日作戦連絡後宮中ニ於テ三国声明ニ関シ外相ヨリ最高会議構成員ニ対シ説明アリ

帝国ノ態度ヲ決シテ閣議ニ臨ム

英米支声明（最後通牒）ニ対シ之ヲ発表スヘキヤ否ヤ

ニ関シテ容易ニ定マラス　午後二時ヨリ四時迄閣議長談義アリ［ソ］ノ結果七時ノ「ニュース」ニテ発表ス

一、加藤大佐出張（満支）中ノトコロ二週間振ニ無事帰ル。

一、竹下中佐石原莞爾将軍ト面会ノ為山形ニ出張ス。

一、対支経済施策ニ関シ大蔵省ヨリ陸軍ニ一任スヘシトノ案アリ（昨日ノ次官懇談ニテ）、海軍次官返ナシ軍務二課長ト十時ヨリ研究セントセシモ下達セラレアラスシテ無駄トナル。

七月二十八日　土曜

一、加藤大佐大臣ニ対シ支那出張報告アリ

大臣対重慶工作ノ対米工作ヘ移転時機ニ関シ明快ナル判定アリ此ノ人最近物事ヲ深ク考フル人トナレリ。対支機構ノ一元化ニ関シ大臣決心ス。

午後支那経済及自由市場ニ関シ次官懇談アリ午前ノ大臣決心ニ基キ閣議決定案及陸海軍中央協定案ヲ省部決定シ次官ニ携行セシムルト共ニ種村海軍省ニ至リ軍務二課長ニ交付ス

第二課ハ信義的ニ現地ＡＢ間ヲ解決スルコトヲ欲セス決戦ノ時期迫リタル今日何故海軍ハ面目ヲ捨テ、指揮下ニ入ラザル。

七月二十九日　日曜

一、「午前中野ニ旧隣組ヲ訪問戦災ナク一同元気ナリ」

右ハ私用ニシテ私用ニアラズ

一、永井課長病院ヨリ脱シテ一時健顔ヲ見セル双肩軽キカ如シ　イロ〳〵報告且ツ相談申上グ

一、次長ニ支那問題報告セルニ次期内閣問題ニ関シ忌憚ナキ御意見アリ

※──1、総　理　阿南（一本ノコト）

2、陸　相　再任然ラサレハ横山［勇］（河辺トモ云フ）

3、軍需相　安田［武雄］

4、食糧相　栗橋［保正］

5、内　相　兼任次官　大城戸［三治］

克ク研究上司ヲ補佐セサルヘカラス

統帥部ノ陣容及陸軍々務局長ノ陣容ニ関シ善処アリ度旨意見ヲ具申ス

〈上欄〉※総長本件ヲシテ如何ニシテ決心セシムルヤニヨリ小生労ヲトルヘシ。

七月三十日　月曜

一、永井少将政変ニ伴フ内閣陣容ノ一案ヲ内示ス（昨夜特ニオネカヒセルモノナリ）

種村ノ信スル一案ヲモ伴〔併〕セテ局長ニ意見具申ス

一、午後「ポツダム」宣言並東「ソ」兵力増送ニ伴フ第五課ノ情勢判断ヲ作戦室ニ聴取ス

口ヲ開ケハ対米必敗ヲ前提トシテ対「ソ」外交ノミニ頼ラントスルノ風第二部第一部特ニ五課二課ニ漲リアルヲ以テ大喝作戦必勝ヘノ善謀善戦ヲ強調ス。

此ノ内幕ヲ国民知ランカオソロシキ事ナリ逆ニ彼ヲシテ此ノ儘放置センカ赴クトコロヲ知ラス　嗚呼

一、此ノ日明治天皇祭ナルモ国旗ヲ掲クルモノナシ国体ヲ忘ル、ノ流ノ一端ニアラザルカ

寂寥ヲ深ウス。

七月三十一日　火曜

一、第二総軍橋本正勝中佐情況報告ノ為上京

午前十時ヨリ堂々タル説明ヲ聴取ス

彼ハ純正ナル国軍第一流ノ人物ナリ　起用ヲ忘ルヘカラス。

一、内閣ニ於テ総務局長会報アリ

1、日本ノ対米和平申入ニ関シ「デマ」放送

2、東「ソ」兵力ノ増送

3、機動艦隊ニ対スル戦法

4、裏日本ノ戦備

ニ関シ種村ヨリ説明協力ヲ求ム

一、大東亜省ニ至リ次官及杉原局長ニ対シ対支現地機構問題及重慶工作ニ関シ説明ス。

二位一体問題ニ関シテハ容易ニ納得セサルモノ、如シ

先ＡＢ間ノ一致ヲ先決トスヘシ

一、竹下中佐石原莞爾将軍ト会見多大ノ収穫ヲ以テ帰京ス

一、小運送関係者ノ会同アリ　出席ス　最後ニ

1、陸運部設置ノ由来（陸軍担任）

2、現下ノ情勢特ニ本土決戦ト陸運ノ地位

ニ付説明ス

一、夕刻　局長ヨリ種村朝鮮軍作戦主任ニ転出ノ内命ヲ受ク。昭和十四年十二月以来丸五年八ヶ月ノ中央御奉公ノ終止符

感又今日何ヲカ云ハン　最後ヲ全ウセン。此日妻ヨリ「自ラ省ミテ正シケレハ千万人ト雖モ我往カントス」

トノ父上ノ激励ヲ回想シテ退学届ヲ出シテ食糧増産ニ精励シアルヲ報シ来ル。私事ニシテ私事ニアラス青年タノムヘシ。

我第一線ニ骨ヲ埋メ既往ノ罪ヲ血ヲ以テ償ハン。

右ヲ以テ昭和十五年六月一日ヨリ起草セル機密戦争日誌ヲ終ルコト、ス

後世ノ史家採ツテ以テ参考トスルモノアリトセハ第二十班以来ノ盟友原、橋本、田中、野尻［徳雄］諸兄ノ労作又以テ慰スルニ足ルヘシ

戦争指導班長トシテ死生ヲ共ニシ遂ニ南溟ニ戦死セラレシ

有末次中将

庶務将校トシテ予ニ仕フルコト限リナク愛情忘レ難ク「サイパン」ニ戦死セシ

山際［伝］大尉

ノ御英霊ヲ謹ミテ慰ミ奉リ且大東亜戦争必勝ヲ祈念シテ筆ヲ措ク

昭和二十年八月一日午前八時

於大本営　　種村大佐　誌

機密作戦日誌

（自　昭和二十年八月九日
至　昭和二十年八月十五日）

軍務課内政班長
竹下正彦中佐

［西内雅『昭和天皇の聖業　大東亜戦争の終局』
錦正社、平成三年刊より転載］

八月九日　金〔木〕曜

一、七時十分、渋井別館ニ於テ軍務課岩佐曹長ヨリ、至急登庁方、同時、次官秘書官広瀬〔栄一〕中佐ヨリ、「ソ連宣戦セリ、至急登庁」ノ電話連絡アリ、八時前登庁ス。

二、山田〔成利〕大佐ト協議ノ上、ソ連宣戦ニ伴フ処置トシテ、

陸軍意思ノ決定

大臣、総長局部長会議　九・〇〇

最高戦争指導会議　一一・〇〇

閣議　一三・〇〇

御前会議　一五・〇〇

決意開〔闡〕明　一七・〇〇

ノプログラム作製〔成〕上申ス。

三、「ソ」連ノ宣戦布告ニ伴ヒ、帝国ノ採ルベキ態度案トシテ別紙作製〔成〕。

「ソ」ノ参戦ニ伴フ戦争指導大網（案）

昭和二〇・八・九

方針

帝国ハ「ソ」ノ参戦ニ拘ラズ、依然戦争ヲ継続シテ、大東亜戦争ノ目的完遂ニ邁進《まいしん》ス。

要領

(一)「ソ」連ニ対シテハ宣戦ヲ布告セザルモ、自衛ノ為飽ク迄交戦ス。

(二)「ソ」連、若《もしく》ハ中立国ヲ利用シテ、好機ニ乗ジ戦争終結ニ努力ス。

但シ、皇室ヲ中心トスル国体ノ護持及国家ノ独立ヲ維持スルヲ最少〔小〕限度トシ、当分対「ソ」交渉ヲ継続ス。

(三)国民ヲシテ大和民族悠久ノ大義ニ生クル如ク、重大決意ヲ促スモノトス（詔勅）。

(四)速カニ国内ニ戒厳ヲ施行ス。

四、十時三十分ヨリ最高戦争指導会議開催。

出席者構成員ノミ（総理、陸海軍大臣、参謀総長、軍令部総長、外務大臣ノ六名）

十三時三十分終了（予定ヨリ一時間半延長）、論尽キズ決定ニ至ラズ、閣議ニ譲リシモノノ如シ。

五、綜合計画局参事官白井〔正辰〕中佐、長官ノ命ニ依リ軍務局長ノ許ニ来訪、総理、陸海軍、外務大臣（最戦指出席者）不在中ノ閣僚　書記官長等ノ気分ヲ披露ス。

即㈠、対「ソ」見透《みとほ》シヲ誤リタル責ニヨリ、総辞職スベキナリ、㈡、戦争ニハ勝テヌ、㈢、統帥部ノ作戦ニ関スル見透シヲ軍ニ尋ネムトノ空気ナル由ニテ、竹下中佐ハ局長ノ命ニ依リ、宮内省内、最高戦争指導会議室ニ至リ、大臣、総長ニ右ノ空気ヲ伝達、閣議ノ参考ニ供セリ。

六、引キ続キ、総理官邸ニテ閣議開催、一七・三〇一旦散開。一八・三〇再会［開］、二二・二〇終了。前後実ニ九時間ニ及ビ、遂ニ決定ヲ見ルニ至ラザリシモノノ如シ。特ニ第一次ニ於テハ、閣僚ヨリ国力ノ現状　食糧ノ見透シ　作戦ノ見透シ等ニ附、質問続出セル模様ニテ、陸軍大臣ハ今頃カカルコトガ分ラヌデハ困ル旨、発言アリシ模様ナリ。小田原評定トハ正ニコレヲ評スベキカ。

七、二三・〇〇ヨリ、御前会議開催、　参集員最高戦争指導会議構成員（幹事含ム）。

八、午前ノ最高戦争指導会議ノ内容ハ、極秘ニ附サレアリシモ、軍事参議官会同席上、参謀総長ノ発言ヲ聞キタル軍事課高山［信武］大佐ノ洩ラス所ニ依レバ、陸軍提案ノ和平四条件ハ、㈠、国体ノ変革許サズ、㈡、外地日本軍隊ノ武装解除ハ外地ニテ行ハズ内地ニテ日本自ラ行フ、㈢、保障占領許サズ、㈣、戦争責任者ノ処罰許サズ、ニシテ右条件ニ附、意見ノ一致ヲ見ザリシ模様ナリ（仄聞《そくぶん》スル所ニ依レバ、外相ハ第一項ノミニテヤリ度《たき》意向）

右ニ附、飯尾［裕幸］、畑中［健二］等陸軍ガ和平条件ヲ出シタルコトニ附、不満ノ意ヲ表セリ、徹底抗戦以外ニナシト言フ

九、軍事参議官会同、一八・三〇ヨリ開催。東久邇［稔彦］、朝香［鳩彦］、杉山［元］、土肥原［賢二］、梅津［美治郎］各将軍参集セラル。

十、今後ノ準備ノ為、内政班ハ班長竹下中佐ハ全般及戦争指導輔佐、浴［宗輔］中佐班業務総轄、椎崎［二郎］、畑中政変対応、江口［利夫］中佐宣伝情報、田島［俊康］少佐戒厳法規、白木［義孝］少佐庶務ニ臨時分担ヲ定メ、二〇・〇〇ヨリ班内会報ヲ開ケリ。

十一、加藤［丈夫］大佐ハ、午后、東条［英機］大将ニ情況ヲ報告ス。

小磯［国昭］大将ハ所在不明ナリ。

八月十日　土［金］曜

一、昨夜二十三時ヨリ開カレタル御前会議ハ、本朝三時過終了、引キ続キ閣議アリ。

二、九三〇分ヨリ地下防空壕ニ於テ、陸軍省高級部員以上ノ集合ヲ命ゼラレ、大臣ヨリ昨日ノ御前会議ノ模様ニ附、左記要旨ノ説明アリ。

左記

昨夜十一時ヨリ本朝三時ニ亘《わた》リ、御前会議開催セラレ、皇室ノ保全ヲ条件トシテ、ポツダム宣言内容ノ大部ヲ受諾スルコトニ、御聖断アラセラレタリ。

然レ共、之ガ実効ヲ見ル為ニハ、皇室保全ノ確証アルコトヲ前提トスルモノナリ。予ノ微力遂ニカカル帰結ニ至ラシメタルハ、諸官ニ対シ申訳ナク、深ク責任ヲ感ズルモ、御前会議ニ於テ、予ガ主張スベキコトヲ十分ニ主張シタルコトニ就テハ、予ヲ信頼シ呉レルモノト信ズ。コノ上ハ唯、大御心ノママニ進ム外ナシ。此ノ際左記ニ注意セヨ。

(一)、総《すべ》テヲ捨テテ厳粛ナル軍紀ノ下団結シ、越軌《えっき》ノ行動ヲ厳ニ戒ム。国家ノ危局ニ際シ、無統制ナル行動ハ国ヲ戒ル因ナリ。

(二)、国民ノ動向ヲ十分観察シ、之ヲ把握シ、大御心ニ従フ如ク指導スルコト肝要ナリ。難局ニ立チタル大和民族ノ方向ヲ誤ラザラシムルコト。

(三)、軍ノ自粛ハ必要。海外軍隊ノ処理ニ就テハ最痛心事ナリ。

(四)、今後ノ外交交渉ノ経過ヲモ考ヘ、軍ハ和戦両用ノ態勢ヲ以テ臨ム要アリ。

三、大臣説明ニ続キ、吉積［正雄］軍務局長ヨリ細部ノ説明アリ。

四、此ノ夜、大臣官邸ニ大臣ヲ訪ヒ、九日ニ於ケル状況ヲ聴取セル所左ノ如シ。

1、午前ノ最高戦争指導会議ニ於テハ、外務大臣及ビ米内［光政］海相ヨリ和平論アリ、和平交渉ニ入ル為、敵ト何等カノ手掛リヲ得ルコト絶対必要ニテ、之ガ為ニハ最少［小］限ノ要求タル皇室ノ保全ノ一条項ヲポツダム宣言内容ニ含マルルモノトノ了解ノ下ニ受諾シ度トノ論ニ対シ、大臣ハ戦争ノ継続ヲ主張シ、交渉ノ余地アラバ五頁（九日の条の八）記載ノ四ヶ条ヲ、国体護持ノ最少［小］限条件トシテ附スルノ要アル旨力説シ、梅津総長、豊田［副武］軍令部総長之ニ同意セル由ナリ。

2、此ノ会議ノ間、軍令部次長大西［滝治郎］中将来リ、大臣ヲ呼ビ出シ、米内ハ和平ナル故心許《こころもと》ナシ　陸軍大臣ノ奮闘ヲ期待スル旨依頼セルニ対シ、大臣ハ承諾シ、且海軍部内ノ立場モアルベク、本件ハ聞カザルコトトシ度《たき》旨答ヘタリ。

3、会議ハ意見対立シ議決ニ至ラズ。一四三〇ヨリ閣議ニ入ル。閣議ニ於テハ、鈴木［貫太郎］総理ヨリ最高戦争指導会議ノ模様ヲ御伝ヘスル旨宣シ、東郷［茂徳］外務大臣ニ発言セシム。東郷ハ、和平交渉ノ手掛リヲ得ル為ニモ一ヶ条ノ条件附ニテ受諾ノ要アル旨述ベタリ。之ニ対シ大臣ハ、夫レハ外相ノ意見ニテ最高戦争指導会議ノ内容トハ異ル旨詰《なじ》ル。外相ハ之ヲ是認シ、今ノハ自己ノ見解ナル旨述ブ。次デ米内海相ハ戦局ノ不利ヲ述ベ（此ノ時敗北ト云ヒタルニ対シ、大臣ハ敗北ハナシアラズト詰《つ》メ寄リ、不利ト訂正セシム）、軍需大臣、農商大臣、運輸大臣等ニ対シ逐次戦争継続ノ可能性アリヤト質シ、各相交々《こもごも》困難ナル事情ヲ答フ。茲《ここ》ニ於テ大臣ハ、カカルコトハ既ニ十分承知ノ事ニテ、本日今更繰リ返ヘスノ要ナシ、カカル状態ニ於テ之ニ堪ヘテ戦争ヲ遂行スベキ［カ否カ］ガ今日ノ決心ナラズヤト断ズ。

――一時間休憩

4、一八三〇頃ヨリ閣議再会［開］。今度ハ端的ニ、ポツダム受諾ヲ一ヶ条件デヤルヤ、四ヶ条附ケルヤニ附議セラル。和平交渉ノ手掛リヲ得ルナラ、四ヶ条ヲ附ケテハ駄目ナラント云フ意見多シ。安井［藤治］国務相ハ陸相ヲ支持セリ。松阪［広政］法相ハ国体護持ヲ条件トスル以上、軍備ノ保有、駐兵権ノ拒否ハ当然ノ条件ナルベシト正論ヲ唱フ。岡田［忠彦］厚相モ右ト同ジ、但シ現実ノ状況ハ和平ノ要アルベシト述ベタリ。――二二一〇終了。

5、閣議ハ意見対立シ、議決ニ至ラズ。二二五五ヨリ御前会議開催トナル。此ノ間、鈴木総理ハ参内、閣議ノ経過ヲ上奏セリ。

6、御前会議

㊤

○総理　○阿南陸相　○梅津総長　外ニ
両軍務局長
迫水書記官長
○平沼枢相　○米内海相　○東郷外相　○豊田軍令部総長

会議室ニ入ルヤ、机上ニ議案トシテ外相案印刷配布シアリ。即、天皇ノ国法上ノ地位ヲ確保スルヲ含ムトノ諒解ノ下ニ、ポツダム宣言案ヲ受諾スルノ案ナリ。大臣ハ之ヲ見テ、総長ニ対シ、条件問題ヲ議スルヲ止メ、戦争遂行一点張リデ論議スルノ要アル旨耳打チシ、総長同意ス。

陛下臨御ノ上、会議開始。総理ヨリ開催ヲ宣シ、東郷、議案ヲ説明、次デ米内、原案ニ同意ノ旨発言　次デ陸軍大臣ハ左ノ如ク発言ス。

之ノ原案ニ全然不同意ヲ表明シタル后、

イ、天皇ノ国法上の［ノ］地位確保ノ為ニハ、自主的保障ナクシテハ絶対ニ不可。臣子ノ情トシテ我ガ皇室ヲ敵手ニ渡シテ、而モ国体ヲ護持シ得ルトハ考フルコト能ハズ。

ロ、今次ノ行キ方ハ、伊太利屈服ノ時ト同様ナリ。敵ノ謀略ニ乗ル能ハズ。

ハ、カイロ会談ノ承認ハ、満州始メ他ノ大東亜諸国ニモ申訳ナシ。仮令《たとへ》戦争ニ敗ルトモ、最后迄戦フコトニ依リ、日本ノ道義ト正義ト勇気ハ永久ニ残ルベシ。之レ国家トシテ悠久ノ大義ニ生キルコトニシテ、精神ニ於テハ天壌無窮ト云ヒ得ベシ。

ニ、戦争継続ニ進ムベキモ、万一交渉ノ余地アラバ国体護持ノ自由的保障タル軍備ノ維持、敵駐兵権ノ拒否ヲ絶対必要トシ、戦争犯罪者ノ処分ハ国内問題トシテ扱フベキ旨、主張スル要アリ。

ホ、最后ニ重ネテ、「ソ」連ハ不信ノ国ナリ、米ハ非人道国ナリ　カカル国ニ対シ保障ナキ皇室ヲ敵ニ委スルコトハ絶対反対ナリ。

ヘ、尚作戦上ノ判断ニ就テハ両総長ニ譲ル。

次デ、梅津総長ヨリ陸相ニ全ク同意ノ旨、且、作戦上ノ所見開陳アリ　次デ、総理ハ豊田総長ヲ措《お》イテ、平沼［騏一郎］枢相ノ発言ヲ促シヲ以テ、大臣ハ紙片ニ、「豊田ハ？」ト記シテ渡シタリ。平沼ハ二時間ニ亘リ、突如参列セシ為、一般状況ニ通暁セザルノ故ヲ以テ、各参列者ニ質問ノ上、「原案ニ同意ナルモ、陸相ノ四ヶ条モ至極尤ナル故、十分考慮サレ度旨」。賛否明瞭ナラザル発言ヲナセリ。尚、其ノ間「天皇ノ国法上ノ地位」云々ニ附、日本天皇ノ地位ハ国法上ノモノナラズ、憲法以前ヨリノモノナルコトヲ述べ、「天皇大権ノ確保」ノ趣旨ニ訂正ヲ要求シ、修正セラレタリ（大臣ハ平沼ハバドリオノカモフラーヂニ非ズヤ、ト疑惑ノ念ヲ有タル）。次デ、豊田軍令部総長ヨリ阿南陸軍大臣ノ意見ニ全ク同感ノ旨述べ、且、海軍トシテモ尚一戦ノ力アル旨奏セリ。大臣ハ平沼ノ意見賛否何レナルヤ分明ナラザル点モアリ、之ヲ追及スベク「議長」ト発言ヲ求メタルモ、総理ハ左耳悪ク聞エズ、発言ヲ開始セリ。即、遺憾乍ラ議分レテ決セズ。三対三ナルヲ以テ、此ノ上ハ陛下ノ御聖断ヲ仰グ旨奏ス。

此ニ於テ、陛下ハ原案ニ同意セラレ、彼我戦力ノ懸隔《けんかく》上、此ノ上戦争ヲ継続スルモ徒ラニ無辜《むこ》ヲ苦シメ、文化ヲ破壊シ、国家ヲ滅亡ニ導クモノニシテ、特ニ原子爆弾ノ出現ハコレヲ甚シクス、依テ終戦トスル。忠勇ナル陸海軍ノ武装解除ハ忍ビス、又、戦争犯罪者ハ朕ノ忠臣ニシテ、之が［ガ］引渡シモ忍ビザル所ナルモ、明治大帝ガ三国干渉ノ時、忍バレタル御心ヲ心トシテ、将来ノ再興ヲ計ラムトスルモノナル旨聖断アリタリ。

7、次デ閣議アリ、大臣ハ其ノ席上、敵ノ信用程度如何、皇室保全ノ確証ナキ限リ陸軍ハ戦争ヲ継続スル旨述べ、更ニ総理ニ対シ、天皇大権ヲハッキリ認ムルコトヲ確認シ得ザル時ハ、戦争ヲ継続スルコトヲ首相ハ認ムルヤト訊《とひただ》シタルニ対シ、総理ハ小声ニテ認ムル旨答ヘタリ。更ニ海相ニ対シ同様ノ質問ヲ発シ、米内ハ戦争ヲ継続スル旨答ヘタリ。

五、午後、［ママ］重臣会議アリ。

六、午后、臨時閣議アリ。発表方法ニ附検討セラレシ模様。

七、夜、予ハ九時頃ヨリ大臣ヲ訪問、十一時頃迄第四項ノ如キ話ヲ承ハル。

八月十一日　日［土］曜

一、九日ノ御聖断ハ和平ヲ基礎トスルコト勿論ナルモ、議案ハ単ニポツダム宣言ニ対スル帝国ノ申入レ要領ヲ決定セラレタルニ止マル。省部内、騒然トシテ何等カノ方途ニ依リ、和平ヲ破摧《はさい》セムトスル空気アリ。之ガ為、或ハテロニ依リ、平沼、近衛、岡田［啓介］、鈴木、迫水、米内、東郷等ヲ葬ラムトスル者アリ。又陸軍大臣ノ治安維持ノ為ノ兵力使用権ヲ利用シ、実質的クーデターヲ断行セムトスル案アリ。諸氏［処士］横議漸ク盛ナリ。

二、情報局ハ、九日御聖断ニ基キ、所要ノ発表ヲ為サムトス。

陸軍ハ、和戦両用ノ構ヘニ基キ、ソ連参戦以来二日、未ダ何等ノ意思表示ヲ為サズシテハ、軍ノ士気ノ崩壊ヲ恐レ、飽ク迄軍隊ハ任務ニ邁進スベキ大臣訓示ヲ発セラル。

予ハ右発表ヲ、ラジオ及新聞ヲ通シテ発表方処置ス。

三、然ルニ本件ハ、聖旨必謹ニ反スルモノトシテ重大化シ、軍事課長、軍務局長ヨリ注意ヲ受ケ、局長ハ各新聞社ヲ歴訪シ、発表停止ニ努メタルモ及バズ。

四、此ノ日、梅津参謀長、豊田軍令部総長、東郷外務大臣、平沼枢府議長、鈴木総理ハ交々《こもごも》参内、上奏スル所アリ。

五、井田［正孝］、畑中、大臣ヲ私邸ニ訪フ。

八月十二日　月［日］曜

一、朝三時過ギ、次官秘書官広瀬中佐、自動車ニテ渋井別館ニ来リ、九日ノ我カ申入レニ対スル敵側回答ノ放送アリシ由告ゲタルニ依リ、竹下、浴、加藤、ソノ車ニテ登庁シ、五課ニ寄リ、傍受情報ヲ見、軍事課長室ニ至ル。

二、軍事課長荒尾［興功］大佐ノ下ニハ課員皆在リ。極度ノ緊張ヲ呈シアリ、蓋シ昨夜、井田、畑中、大臣邸ニ至ルヤ、巡査六人護衛ニ来在リ、「バドリオ」側ガ、反対ニ大臣ヲ保護監禁セントスルニ非ズヤトノ判断ニテ、憲兵二十名ヲ畑中引率ノ下ニ差遣シ、且、台上警戒ノ処置ヲ講ジツツアリ。

三、九日ノ後手ニ鑑ミ、訳文不充分に［ニ］拘ラズ、局長ハ直チニ外務次官ノ許ニ、軍事課長ハ書記官長ノ許ニ、次官ハ侍従武官長ノ許ニ至リ、各々本回答ニテハ受諾シ難キ陸軍ノ意思ヲ通シ、情勢馴致ニ努ムル所アリ。

四、昨日ニ予定セシ大臣ノ上奏ハ、手続ノ為本日トナリ、人事上奏後、九日ノ件ニ附軍ノ実情等ニ附、委細上奏セリ　此ノ時陛下ハ、「阿南心配スルナ、朕ニハ確証ガアル」旨、却テ御慰藉《いしゃ》的ノ御言葉アリシ由（通常ハ陸軍大臣ト御呼ビ遊ハサレ、阿南ノ姓ヲ呼バルルハ、侍従武官時代ノ御親シキ心持ノ表現ナル由）。

五、竹下中佐ハ、昨日来計画セル治安維持ノ為、東部軍管区及近衛師団ヲ用ヒテ、宮城、各宮家、重臣、閣僚、放送局、陸海軍省、両統帥部等ノ要処ニ兵力ヲ配置シ、陛下及皇族ヲ守護シ奉ルト共ニ、各要人ヲ保護スル偽装クーデター計画ニ附、次官ニ意見ヲ具申ス（人事局長等同席）。

ソノ席上、佐藤［裕雄］戦備課長入室シ、コノ計画ノ不可ナル理由ヲ具申ス。

次官ハ必スシモ同意ノ意ヲ表セズ。寧《むし》ロ民間テロヲ可トスル意見ヲ附シ、折シモ閣議ニ出デントスル大臣ニ該案ヲメモトシテ渡スベキ由ヲ命ジ、竹下ハ之ヲ行ザ可カラザル一般情勢ト該案ノ骨子ヲ記ス。

六、メモハ林［三郎］秘書官ニ、次官ヨリ手交シ、大臣ニハ次官ヨリ極メテ簡単ナル説明ヲ行ヒタル模様ナリ。

然ルニ竹下、次官室ヲ出ヅルヤ、省部二課　軍事課、軍務課ノ少壮将校十数名、室外ニ屯《たむろ》シ、直接大臣ニ意見具申スルノ要ヲ説キシ為、全員入室、大臣ニ対シ、竹下ヨリ要旨説明ヲ行ヒタリ。稲葉［正夫中佐］補足。次官、局長二、三、荒尾、山田大佐、竹下、椎崎、畑中、稲葉、井田、原［四郎］等同室。此ノ時、畑中少佐ハ軍内既ニバドリオ通謀者アリト発言、竹下ハカカルモノハ即刻人事的処理ヲ加ヘラレ度旨述ブ（目標、佐藤裕雄大佐）。大臣ハ相互不信ヲ戒メラル。

竹下ハ、更ニ東部軍及近衛師団参謀長ヲ召致シ、万一ノ為ニ準備ヲ命ゼラレ度《たき》旨具申、大臣ハ許可シ次官ニ処理ヲ命ゼラル。

更ニ広瀬中佐ノ発意ニ依リ、省内将校ハ大臣ヲ中心トシ、一糸紊レズ行動スヘキ旨、竹下ヨリ発言スル所アリ。

七、一五・〇〇－一七・〇〇間、皇族会議《ママ》開催セラル。後ニ諸情報ヲ綜合スルニ、午前中予備会議アリ、午后、天皇親臨ノ下ノ皇族会議《ママ》ニ於テハ、宮殿下ヨリノ御発言ハナク《ママ》、陛下ヨリレイテ以来ノ戦蹟ニ基ク軍不信《ママ》ノ御言葉ノ后、和平ノ御決意鞏《かた》キ由述ベラレ、タノムタ《ママ》ノムト宣《のたま》セラレシ由ニ承ハル。

因ニ、近来三笠宮［崇仁］殿下ノ御言動ノ和平的ニシテ、且、陸軍ノ驕慢ヲ反省スベシトノ過激ナル御言動、同期生、曲等ニ洩ラシ、我等憂慮ノ念深シ。

八、大臣、夜、三笠宮邸へ伺候。

九、竹下中佐、夜、竹田宮［恒徳］邸へ伺候。殿下、皇族会議内容ニ就テハ触ルルヲ避ケラル。

八月十三日　火［月］曜

一、朝、菅波三郎氏ト共ニ、大臣ヲ官邸ニ訪問。特ニ大臣ハ内大臣邸ニ行キ不在ナリ。帰来ヲ待チ、最高戦争指導会議出席前小時ヲ、自動車側ニテ立話シス。三笠宮殿下、木戸［幸一］、共ニ動カズ。三笠宮殿下ハ、大臣ニ対シテモ、相当強ク云ハレシ模様ナリ。サレド大臣ハ、コノ憂愁《いうしう》ニ拘ラズ、予ヲ見ルヤイツモノ微笑ヲ以テ迎ヘ、予ヲ麾《さしまね》キテ簡単ニ立話セラレタリ。

二、吾等少壮組ハ、情勢ノ悪化ヲ痛感シ、地下防空壕ニ参集、真剣ニクーデターヲ計画ス。竹下、椎崎、畑中、田島、稲葉、南［清志］、水原［治雄］、中山安［安正］、中山平［平八郎］、島貫［重節］、浦［茂］、国武［輝人］、原等、二、三課、軍務課ノ面々ナリ。竹下ヨリ大綱ヲ示シ、手分ケシテ細部計画ヲ進メ、更ニ秘密ノ厳守ヲ要求ス。

今ヤ吾人ハ、御聖断ト国体護持ノ関係ニ附、深刻ナル問題ニ逢着セリ。計画ニ於テハ要人ヲ保護シ、オ上ヲ擁シ聖慮ノ変更ヲ待ツモノニシテ、此ノ間国政ハ戒厳ニ依リテ運営セムトス。

三、此ノ日、吉本重章大佐、軍務課長ニ補セラレ著［着］任。恰《あたか》モ前課長永井［八津次］少将モ本日帰京。急ニ頭ガ揃ヒタリ。吉本大佐ハ詔書必謹、山田成利大佐ハ態度明瞭ナラザリシモ、課長著［着］任スルヤ詔書必謹トナル。

四、夕方米紙ニューヨークタイムス及「ヘラルドトリビユーン両紙ノ、日本皇室ニ関スル論説放送アリ。皇室ハ廃止セラルベシトノ露骨ナルモノナリシヲ以テ、大イニ喜ビ急遽《きうきよ》印刷ノ上、閣議席上ノ大臣ニ届ケタレドモ―山田大佐持参―迫水、閣議中配布セザリシ由ナリ。

五、三笠宮殿下、吉本課長ト山田大佐トヲ呼ビ、例ノ調子ニテ陸軍ヲ責メ、特ニ陸軍大臣ノ態度ハ聖旨ニ反シ不適当ナリト云ハレシ様ナリ。

課長ハ陸軍ノ自粛等諒承セルモ、陸軍ノ主張ハ真ニ国体ヲ思フ切々ノ至情ニ出ヅル点、御諒承願ヒ度《たき》旨申上ゲテ帰ル。

六、夜、竹下ハ稲葉、荒尾大佐ト共ニ、「クーデター」ニ関シ、大臣ニ説明セント企図シアリシ所、二〇〇〇頃閣議ヨリ帰邸セル大臣ヨリ招致セラレ、椎崎、畑中ト同行官邸ヲ訪ヒ、相次デ来リシ荒尾、稲葉、井田ト共ニ、仮令《たとへ》逆臣トナリテモ、永遠ノ国体護持ノ為、断乎明日午前（始メノ計画ハ今夜十二時ナリシモ、大臣ノ帰邸遅キ為不可能トナル）、之ヲ決行セムコトヲ具申スル所アリ。大臣ハ容易ニ同ズル色ナカリシモ、「西郷南州ノ心境ガヨク分ル」、「自分ノ命ハ君等ニ差シ上ゲル」等ノ言アリ。時々瞑目《めいもく》之ヲ久シウセラル。十時半頃散会トシ、一時間熟考ノ上、夜十二時登庁、荒尾大佐ニ決心ヲ示シ、所要ノ指示ヲセラレ度旨述ベ、三々五々帰ヘル。

予ハ最后ニ残リ、大臣一人ノ時、賛否ヲ尋ネシニ、人ガ多キ故アノ場デハ言フヲ憚リタリト答ヘ、暗ニ同意ナルヲ示サル。尚、皆帰ヘル時、今日頃ハ君等ニ手ガ廻リ、逮捕セラルルヤモ知レザルヲ以テ、用心シ給ヘ、トノ注意アリキ。他ヨリ入手セル情報ニ基クモノノ如シ。

七、皆、役所ニ帰ヘリ、夫ヨリ更ニ計画ヲ練ル。予ハ特ニ左ヲ提案シ、全員ノ一致賛同ヲ得タリ。

明朝ノコトハ、天下ノ大事ニシテ、且、国軍一致蹶起ヲ必須トス。苟《いやしく》モ友軍相撃ニ陥ラザルコトニ就テハ、特ニ戒ムルノ要アリ。依テ明朝、大臣、総長先ヅ協議シ、意見ノ一致ヲ見タル上、七時ヨリ東部軍管区司令官、近衛師団長ヲ招致シ、其ノ意向《いかう》ヲ正シ、四者完全ナル意見ノ一致ヲ見タル上立ツベク、若シ一人ニテモ不同意ナレバ、潔《いさぎよ》ク決行ヲ中止スルコト。

決行ノ時刻ハ十時トスルコト。

等ナリ。

近衛師団長ノ進退ニ就テハ、昨日ヨリ問題トナリアリ。軍事課島貫中佐ハ、彼レハ大命ニ非ル限リ、仮令《たとへ》大臣ノ命ナリトモ、絶対ニ立ツコトナシ。二、三日前、訪問シテソノ心境ヲ知リアリト述ベ、若シ然ル場合ノ措置トシテ、師団長ヲ大臣室ニ招致シ、聴カザレバ監禁セントスルモノ、大臣カ呼ンデモ来ルコトナカルベシ、然ル場合ハ師団ニ行キ師団長ヲ斬リテ、水谷［一生］参謀長ニヨリテ事ヲ行ハムトスベシトノコトトナル。

八月十四日　水［火］曜

一、七時、大臣、総長前後シテ登庁、大臣ハ荒尾大佐ト共ニ総長室ニ至リ、決行同意ヲ求ム。然ルニ総長ハ、先ヅ宮城内ニ兵ヲ動カスコトヲ難ジ（計画ハ本日十時ヨリノ御前会議ノ際、隣室迄押シカケ、オ上ヲ侍従武官ヲシテ御居間ニ案内セシメ、他ヲ監禁セントスルノ案ナリ）、次デ全面的ニ同意ヲ表セズ。茲《ここ》ニ於テ計画崩レ万事去ル。

二、大臣ハ自室ニ帰レバ、東部軍〔管区〕司令官田中〔静壱〕大将、参謀長高島〔辰彦〕少将アリテ待ツ。大臣ハ一般的ニ治安警備ヲ厳ニスベキ旨指示サレタルニ対シ、参謀長ヨリ降伏受諾ノ結果トナラザルコトニ関シ、縷々《るる》具申シ、継戦トナレバ治安ヲ維持スルコト可能ナルモ、降伏トナリテハ請《う》ケ合ヒ兼ヌル旨述ベ、且、仮令御聖断アルモ詔書ニ副書セザレバ、効力発生セズトノ意見等述ベ、又治安出兵ノ為ニハ、筆記命令ヲ貰ヒ度《たき》旨述ベタリ。

三、一方、此ノ日、畑〔俊六〕元帥広島ヨリ到着、次官之ヲ迎ヘ、此ノ頃陸軍省ニ出頭セラル。白石〔通教〕参謀随行。原子爆弾ノ威力大シタコトニ非ラザル旨語レルヲ以テ、元帥会議ノ際、是非其ノ旨、上聞ニ達セラレ度《たく》頼ム。

四、茲《ここ》ニ一ヶノ挿話《そうわ》アリ。即、大臣、総長室ヲ出、自室ニ帰ヘリ、東部軍管区司令官ト面会終リシ頃、井田中佐、大臣室ニ来リ、総長が〔ガ〕先程上奏ニ出ラレシモ、二課、総務課ニ訊《とひただ》スモ、上奏案件ナク、今ノ大臣ノ計画ヲ暴露ニ行カレシニアラズヤ、且、総長ハ昨日鈴木、東郷、迫水ト会シアリ、本日ノ御前会議ニ於テハ、和平論ヲ唱フルコトトナリシ風説アリトノコトヲ述ブ。真逆トハ思ヘドモ、今日ノ計画ガ計画丈ケニ棄テ置カレズ、サリトモ処置モナシ。大臣ハソンナコトハナイ、二課ヲヨク調ベヨトノコトニテ、井田ハ退室セルモ、再ヒ来リテ、二課ニテハ本日上奏案件ナシト云フ、参内ハ確実ナリト云フ。サレド大臣ハ、ソンナコトハナイヲ繰リ返ヘセラレタリ。

五、昨日ヨリノ計画ニテ、八一〇ニハ省内高級部員以上集合シアリ。大臣ハ不決行ト決マリシヲ以テ、訓示内容ヲ変更シ、本日ハ重大時期ナルコト全省ノ一致結束ヲ説カレタルニ止マル。

六、本日午前ニ予定サレアリシ御前会議ハ、一三三〇ニ延期セラレ、午前ハ閣議ノミトナル。

然ルニ、閣議参集ノ閣僚、及平沼、両総長、最高戦争指導会議幹事ニ対シ、突如一〇三〇ヨリ、宮中ニ御召シ遊バサレ、歴史的御前会議ハ突如開カレ、世記〔紀〕ノ御聖断ハ下ルコトトナリタリ。

陸軍ノ昨夜ノ計画ト思ヒ合ハセ、此ノ御前会議ノ変更過程ハ、何等カノ関連ヲ予想セラレ、即、部内ニ政府ト通ズルモノナキヤヲ思ハシムルニ十分ナリ。

七、竹下ハ万事ノ去リタルヲ知リ、自席ニ戻リシガ、黒崎[貞明]中佐、佐藤大佐等相踵《あいつ》イデ来リ、次ノ手段ヲ考フベキヲ説キ、特ニ椎崎、畑中ニ動カサル。

次デ、総長ガ決心ヲ固メ、大臣ト共ニ最后迄ヤル旨述ヘタリトノ報アリ。

細田[熙]、松田[正雄]、原等ノ具申ニ依ルモノノ如シ。

茲ニ於テ「兵力使用第二案」ヲ急遽起案ス。要旨左ノ如シ。

(一)、近衛師団ヲ以テ、宮城ヲ其ノ外周ニ対シ警戒シ、外部トノ交通々信ヲ遮断ス。

(二)、東部軍ヲ以テ、部内各要点ニ兵力ヲ配置シ、要人ヲ保護シ、放送局等ヲ抑へ。

(三)、仮令聖断下ルモ、右態勢ヲ堅持シテ、謹ミテ、聖慮ノ変更ヲ待チ奉ル。

(四)、右実現ノ為ニハ、大臣、総長、東部軍[管区]司令官、近衛師団長ノ、積極的意見ノ一致ヲ前提トス。

此頃ニ於テ、吾等ハ大臣ハ閣議中ニテ、御前会議ハ午后ナリト思ヒ込ミアリタリ。

八、竹下、右計画ヲ持参シテ宮内省ニ到リ、此処ニテ最高戦争指導会議メンバー及閣僚全部ガ御召シニヨリ、参集中ナルヲ知リタリ。

十二時頃終了、大臣ノ跡ヲ追ヒテ総理官邸閣議室ニ到リ、御前会議ノ模様ヲ承ハル。陸相、両総長ノミニ発言ヲ許サレ、其ノ後、御聖断アリシ由。細部第九項。

大臣は[ハ]沈痛ナリ。予ハ閣議室ヲ眺メ硯箱《すずりばこ》ノ用意ヲ見テ、大臣ニ辞職シテ副書[署]ヲ拒ミテハ如何ト申セシ所、意大イニ動キ林秘書官ニ対シ、辞表ノ用意ヲ命ジタルモ、辞職セバ陸軍大臣欠席ノ儘、詔書渙《かん》発《ばつ》必至ナリ。且、又、最早御前ニモ出ラレナクナル、ト呟《つぶや》キ取止メラル。

予ハ此ノ時、兵力使用第二案ヲ出シ、詔書発布迄ニ断行セムコトヲ求ム。之ニ対シ、大臣ハ意少カラズ動カレシ様ナリ。又、閣議迄ノ間、一度本省ニ帰ヘル旨云ハレシニヨリ、次官、総長ト御相談ノ上、決意セラレ度旨述ベタリ。

之ヨリ先、総長ガアレヨリ朝ノ案ニ同意セラレタリトス。

述ベタルニ対シ、「ソウカホントカ」トテ、兵力使用第二案ニ意動カレシヲ察セリ。

九、午后一時ヨリ三時迄閣議アリ、其ノ後大臣ハ課員以上全員ヲ、第一会議室ニ集メ、左ノ趣旨ノ訓示ヲ為セリ。

本日午前、最高戦争指導会議構成員、及閣僚ヲ御召シ遊バサレ、御聖断ニ依リ、ポツダム宣言内容ノ大要ヲ受諾スルコトトセラル。其ノ時、御上ニハ此ノ上戦争遂行ノ見込ナキコトヲ述ベラレ、無辜《むこ》ノ民ヲ苦シメルニ忍ビズ、明治天皇ノ三国干渉ノ時ノ心境ヲ以テ、和平ニ御決心遊バサレ、一時如何ナル屈辱ヲ忍ビテモ、将来皇国護持スルノ確信アリ、忠勇ナル軍隊ノ武装解除ハ堪ヘ難シ、然レ共為サザルヲ得ズト云ハレ、特ニ陸軍大臣ノ方ニ向ハレ、陸軍ハ勅語ヲ起草シ、朕ノ心ヲ軍隊ニ伝ヘヨト宣《のたま》ハセラル。又、武官長ハ侍従武官ヲ陸軍省ニ派遣スル由。

御聖断ニ基キ、又重ナル有リ難キ御取リ扱ヒヲ受ケ、最早陸軍ノ進ムベキ道ハ唯一筋ニ、大御心ヲ奉戴実践スルノミナリ。

皇国保持ノ確信ニ就テハ、本日モ、「確信アリ」ト云ハレ、又元帥会議ニ際シテモ、元帥ニ対シ、朕ハ「確証ヲ有ス」ト仰セラレアリ、三長官、元帥会合ノ上、皇軍ハ御親裁ノ下ニ進ムコトト決定致シタリ。

今後、皇国ノ苦難ハ愈々加重スベキモ、諸官ニ於テハ過早ノ玉砕ハ、任務ヲ解決スル途ニ非ザルコトヲ思ヒ、泥ヲ喰ヒ野ニ臥《ふし》テモ、最後迄、皇国護持ノ為奮闘セラレ度《たし》。

十、次デ、軍務局長ヨリ、本日御前会議ニ於ケル御言葉ヲ伝達ス。要旨左ノ如シ。

自分ノ此ノ非常ノ決意ハ変リハナイ。

内外ノ動静国内ノ状況、彼我戦力ノ問題等、此等ノ比較ニ附テモ軽々ニ判断シタモノデハナイ。

此ノ度ノ処置ハ、国体ノ破壊トナルカ、否《しか》ラズ、敵ハ国体ヲ認メルト思フ。之ニ附テハ不安ハ毛頭ナイ。唯反対ノ意見（陸相、両総長ノ意見ヲ指ス）ニ附テハ、字句ノ問題ト思フ。一部反対ノ者ノ意見ノ様ニ、敵ニ我国土ヲ保障占領セラレタ後ニドウナルカ、之ニ附テ不安ハアル。然シ戦争ヲ継続スレバ、国体モ何モ皆ナクナッテシマヒ、玉砕ノミダ。今、此ノ処置ヲスレバ、多少ナリトモ力ハ残ル。コレガ将来発展ノ種ニナルモノト思フ。

――以下御涙ト共ニ――

忠勇ナル日本ノ軍隊ヲ、武装解除スルコトハ堪エラレヌコトダ。然シ国家ノ為ニハ、之モ実行セネバナラヌ。明治天皇ノ、三国干渉ノ時ノ御心境ヲ心トシテヤルノダ。

ドウカ賛成ヲシテ呉レ。

之ガ為ニハ、国民ニ詔書ヲ出シテ呉レ。陸海軍ノ統制ノ困難ナコトモ知ッテ居ル。之ニモヨク気持ヲ伝ヘル為、詔書ヲ出シテ呉レ。ラヂオ放送モシテヨイ。如何ナル方法モ採ルカラ。

十一、閣議ハ午后七時二十分ヨリ八時半迄開カレ、更ニ九時ヨリ十一時三十分迄開カレタリ。此ノ間、詔書案文議セラル。閣僚署名アリ。

十二、竹下ハ、連日不眠ヲ医スル為、駿河台渋井別館ニ帰ヘリ、白井、浴両中佐ト語リタル後、二十三時頃就寝シタル所、二十四時半頃、畑中来訪シ、「近歩二連隊長芳賀［豊次郎］大佐ハ、本日近歩二ガ守衛上番ナルヲ機トシ、更ニ一ヶ大隊ヲ赴援シ、軍旗ヲ捧ジテ蹶起スルノ決心ヲ固メ、本夜二時ヲ期シ、宮城ヲ固ムルノ処置ヲ採ルニ決ス。近衛師団中ニハ、別ニ四ヶ大隊蹶起ニ同意セシメタリ。自分ハ今ヨリ近衛師団長ノ許ニ至リ、之ヲ説得スルモ、若シ聴カザル時ハ之ヲ許［斬］リテモ実行ス。石原［貞吉］、古賀［秀正］ノ両参謀ハ同意シアリ」ト述べ、予ニ対シ、大臣ノ許《もと》ニ至リ、本朝来ノ計画ニ基キ、近衛師団ノ蹶起ヲ機トシ、全軍蹶起ニ至ラシメラレ度依頼ス。竹下ハ東部軍ガ立タズシテハ問題トナラズ、近衛師団長モ難シカルベク、東部軍ハ今トナリテハ恐ラク同意セザルベク、成功ノ算少キヲ以テ、計画中止ヲ静ニススメタルモ、畑中ノ決心牢固《ろうこ》タルモノアリ。且、予ハ嘗《かつ》テ予自ラ捧持セシ軍旗ガ動キ、大臣ニ取リテハ之亦嘗テ之ヲ仰ギタル軍旗ガ動クコトハ、天意カモ知レズト大イニ心動キタルヲ以テ、畑中ニ対シ、大臣ノ許ニ至ルヲ約ス。但、昨日来ノ決心ト同ジク、近衛師団長、東部軍司令官ノ同意ヲ先決トシ、近衛師団長ハ斬リテ代理者ニ依リテ動クナラ兎《と》モ角《かく》、東部軍管区司令官ガ立ダサル時ハ、大臣命令ノ発動ハ要求セズ、若シ両者策応蹶起セバ、大臣ニ対シ力ノ限リ蹶起ヲススムベシト約シ同車出発、畑中ハ一寸役所ニ寄リ、軍事課ノ諸士ニ東部軍ヘノ工作ヲ依頼シ、直チニ予ヲ大臣官邸ニ送リ、自ラハ近衛師団ニ向ヒタリ。

十三、十四日夜、即十五日一時半、竹下、大臣官邸着。案内ヲ乞ヒタル所、大臣ハ自室ニ在リ、「何シニ来タカ」ト、一寸咎《とが》メル如キ語調ナリシモ、軈《やが》テ、ヨク来タトテ室ニ請《しょう》ズ。室内ニハ床ヲ展《の》ベ、白キ蚊帳ヲ吊リアリ、ソノ奥ニテ書物ヲセラレアリシ如ク感ズ、——遺書ナリ——机上ニハ膳ヲ置キ、一酌始マラントシアリシ模様ナリキ。大臣ハ予ニ対シ、本夜予《かね》テノ覚悟ニ基キ、自刃スル旨述ベラル。之ニ対シ予ハ、覚悟尤《もっと》モニシテ、其ノ時機モ本夜カ明夜カ位ノ所ト思フニ附、敢テ御止メセズト述ベタル所、大臣ハ大イニ喜ビ、君ガ来タノデ妨ゲラルルカト思ヒシガ、夫《それ》ナライイ却《かえっ》テヨイ処ニ来テ呉レタトテ、盃ヲ差シ頗《すこぶ》ル上機嫌トナリ、本夜ハ十分ニ飲ミ、且、語ラムトテ、夫ヨリ五時頃迄語ル、其ノ要旨左ノ如シ。

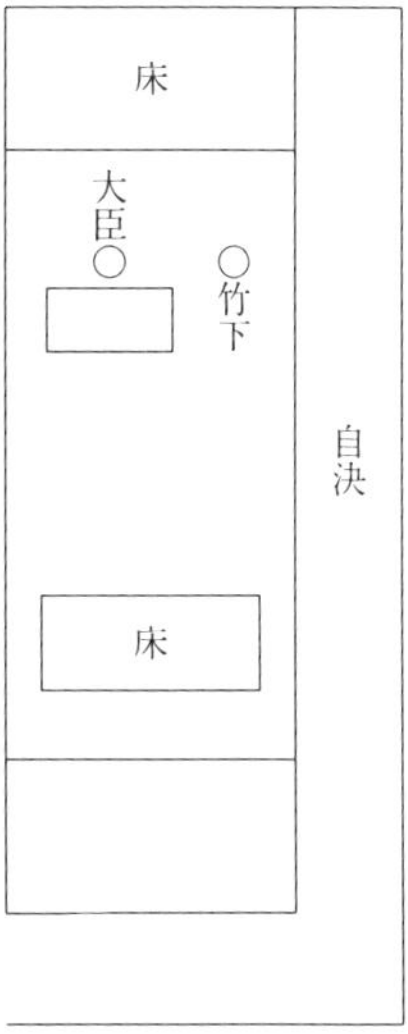

予ハ平素ニ似ズ飲マルルヲ以テ、アマリ飲ミ過ギテハ、仕損ズルト悪シ、ト云ヒシ所、否、飲メバ酒ガ廻リ血ノ巡リモヨク、出血十分ニテ致死確実ナリト、予ハ剣道五段ニテ腕ハ確カト笑ハレタリ。

問答要旨、前後不同。

一、若シバタバタセル時ニハ君ガ、仕末《しまつ》シテ呉レ。然シソノ心配ハナカラム。

一、遺書ハ、「一死以テ大罪ヲ謝シ奉ル、昭和二十年八月十四日夜、陸軍大臣阿南惟幾」ト、既ニ書キアルヲ示サレシガ、裏ニ、更ニ「神洲不滅ヲ確信シツツ」ト書キ足サレタリ。

辞世「大君ノ深キ恵ニ浴《あみ》シ身ハ言ヒ残スベキ片言モナシ、八月十四日夜、陸軍大将阿南惟幾」ハ、コレハ戦地ニ出ル時ノ、イツモノ心境ナリト云ハル。

一、短刀デヤルガ、卑怯《ひきょう》ノツモリデハナイ。

一、畳ノ上ハ、武人ノ死ニ場所デハナイ。外デハ見張リニ妨ゲラレルノデ、縁側デヤル、向キハ、皇居ノ方向デアル。

一、大臣ハ夜、風呂ニ入リアリ、自決ノ時ハ侍従武官時代、拝領セシ下着ヲ身ニ附ケラル。コレハオ上ガオ肌ニ附ケラレタルモノデアル。コレヲ着用シテ逝《ゆ》クノダト。

一、本夜、畑中等ノ件ニ附テハ、蹶起時刻タル二時迄ハ触レザリシモ（事前ニ知レバ、大臣トシテ中止ヲ命ズルノ責モ生ズベキヲ考慮シタルモノナリ）、二時過ギ説明シタル処、東部軍ハ立タヌダラウト言ハレタリ。其ノ後、三時頃窪田〔兼三〕少佐来訪。竹下ノミ面会シ、同少佐ヨリ森〔赳〕師団長ハ肯《がへ》ゼザリシ為、畑中少佐之ヲ拳銃ニテ射撃シ、窪田少佐軍刀ニテ斬リタル由、又、居合ハセタル白石参謀（第二総軍）ハ制止セル為、之又、窪田少佐斬殺セル由。窪田少佐ハ報告ニ来リ、今ヨリ守衛隊本部ニ行ク由ヲ聞キ取リ、東部軍ノコトハ分ラヌ由モ聞キ、少佐ノ帰リタル后、大臣ニ報告セル所、森師団長ヲ斬ッタカ、本夜ノオ詫ビモ一緒ニスルト洩ラサレタリ。四時頃、井田中佐来訪。大臣ニ会ヒ、東部軍ハ立タヌ、万事去ツタ由ヲ大臣ニ対シ述ベタリ。

之ヨリ先、大臣ハ十三日、大臣室ニ於テ、井田中佐ガ〔ガ〕「大臣ハ変節サレタノカ、ソノ理由ヲ承リ度」ト云ヒシコトニ附、アノ際ノ返答ハ井田ヲ後ニ残シタカッタノダト云ハレ、井田中佐ニヨロシク伝ヘテ呉レト云ハレ居リシガ、井田来訪スルニ及ビ、相擁シテ語ラレタリ。

一、井田中佐帰リタル後、大城戸〔三治〕憲兵司令官来邸、近衛師団ノ変ヲ報告ニ来ラル。大臣ハ夜ガ明ケルカラ始メル、司令官ニハ、オ前会ヘトテ、竹下ヲ応接間ニ出シ、其ノ後ニテ自刃セラレタリ。

林秘書官、此ノ頃、近衛師団ノ件ニテ来邸、応接間ニテ竹下ニ会ヒ、大臣ノ登庁ヲ要スト云ハレシガ、大臣室ニ至リ自刃中ナルヲ知リ、竹下ニソノ旨伝ヘラル。

一、細田大佐ニヨロシク。

一、安井国務大臣ニ御世話ニナッタ。

一、林秘書官ニ礼ヲ云フテ呉レ、ヨイ秘書官ダッタ。

一、総長ニ長イ間御世話ニナリマシタ、書キ遺シマセンガ、閣下ニハ御世話ニナリマシタ、国家ハ閣下ガ指導シテ下サイ。

一、竹下ノ婿トシテ、阿南家ノ陸軍大将トシテ、堂々ト死ンデユク、笑ッテ逝ク。

一、アア六十年ノ生涯、顧ミテ満足ダッタ。ハハハハ。

一、惟敬ニ対シ、アア云フ性格ダカラ、過早ニ死ナヌ様、呉々伝ヘテ呉レ。

一、惟晟ハ、ヨイ時死ンデ呉レタ。惟晟ト一緒ニ死ンデ逝ク。

大臣ハ三時頃、例ノ下着ヲ着換ヘ、ソノ上ニ一度、勲章ヲ全部佩用《はいよう》シテ軍服ヲ着シ、竹下ニ対シ、ドウダ堂々タルモノダニウト云ハレ、此時両人相擁セリ。軈テ服ヲ脱イデ床ノ間ニ残置サレ、終ッタラ体ノ上ニカケテ呉レト頼マレシガ、ソノ際両袖ノ間ニ、惟晟ノ写真ヲ抱クガ如ク安置サレタリ。

人一倍家族ニ対スル情ノ強キ人トテ、之ヲ見タル予ハ、強ク胸ヲ打タレタリ。

一、惟正以下男ノ子ガ三人モ居ルカラ大丈夫。

一、綾子ニ対シ、オ前ノ心境ニ対シテハ信頼シ感謝シテ死ンデユク、ト伝ヘテ呉レ。

一、姉ヲ始メ親戚一同ニ、ヨク分ッテ呉レルダラウ。

一、惟道ハ、オ父サンニ叱ラレタト思フト可愛想ダガ、此ノ前帰ッタ時、風呂ニ入レテ洗ッテヤッタノデ、ヨク分ッタラウ、皆ト同ジ様ニ可愛ガッテ居ルコトヲ伝ヘテ呉レ。

一、家族ノコト等《など》、君ガ来タカラ伝ヘラレタノダ。

一、次官ニ後ヲ頼ム。

一、豊田、大西、畑閣下ニ厚思ヲ謝ス。

一、板垣、石原、小畑［敏四郎］閣下同ジク。

一、荒木［貞夫］閣下ニヨロシク。

一、米内ヲ斬レ。

一、台上各位ニヨロシク。

一、野口、除野《よけの》、久雄［阿南尚男］サンニヨロシク。

一、辞表ノ日附ハ十四日トセラレ度。

一、モウ十五日ダガ、自決ハ十四日ノ夜ノ積《つもり》ナリ。十四日ハ父ノ冥日《めいにち》デ此日ト決メタ。ソウデナイ場合ハ、二十日ノ惟晟ノ命日ダガ、夫デハ遅クナル。

十四、林秘書官ノ知ラセニテ、竹下ガ現場ニ到レバ、大臣ハ既ニ割腹ヲ了ハリ、喉ヲ切リツツアリ、予ガ介添シマセウカト言ヒタルニ対シ、無用、アチラニ行ケト云ハル。暫クシテ来リ検スルニ、少々右前ノメリトナリ居ラレタルモ、呼吸十分ニ聞ユルヲ以テ、予ハ苦シクハアリマセンカト呼バハリタルモ、既ニ意識ナキ如キモ手足モ少々動クヲ以テ、短刀ヲ取リテ介添ヘス。

其ノ後、載仁親王ヨリ拝領ノ軸物ヲ側ニ展ケ、遺書ヲ並べ、軍服ヲ体ニカケタリ。

十五、陸軍省ヨリ再度連絡アリシニ依リ、三度、大臣ノ死ヲ慥《たしか》メ登庁ス。コノ時、未ダ呼吸アリ。

八月十五日　木［水］曜

一、次官閣下以下ニ報告。

二、十一時二十分、椎崎、畑中両君、宮城前（二重橋ト坂下門トノ中間芝生）ニテ自決。

午后、死体ノ引取リニ行ク。

三、大臣、椎崎、畑中三神ノ茶［荼］毘《だび》、通夜。

コレヲ以テ愛スル我カ国ノ降伏経緯ヲ一応擱筆ス。

付表

付表1　大本営組織図（昭和16年12月開戦時）

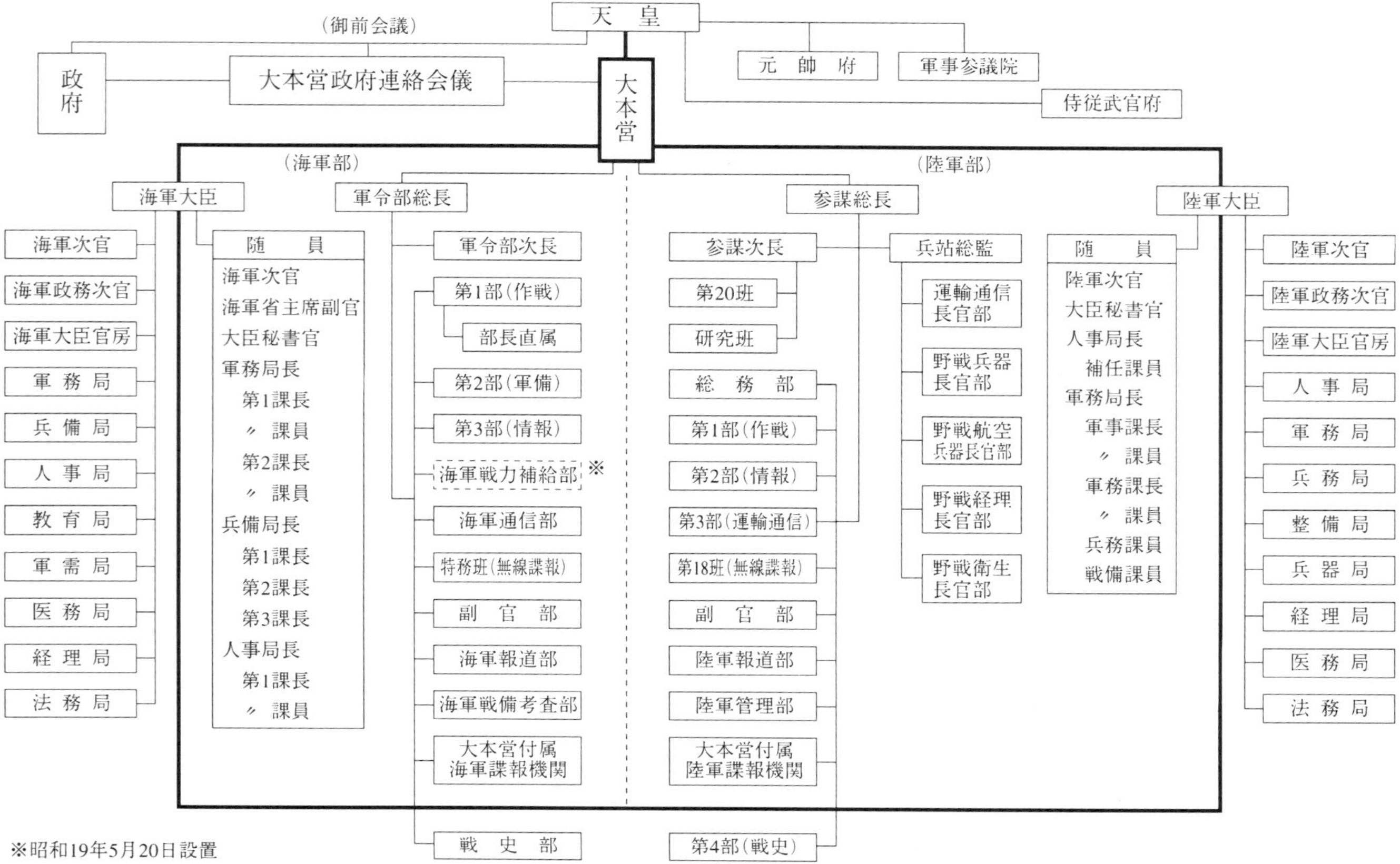

※昭和19年5月20日設置

付表2　戦争指導班変遷表

年	班（課）の名称	班（課）長	班（課）員
昭和11〜14	11.6.5　第1部第2課 （戦争指導課） 12.10.26　第2課第1班 （戦争指導班）	11.6.5　石原莞爾(22) 12.3.1　河辺虎四郎(24) 12.10.26　高島辰彦(30) 13.7.15　堀場一雄(34) 14.12.1　櫛田正夫(35) （第1班長）	13.1　秩父宮(34) 14.12　種村佐孝(37)
15	10.10　次長直轄 第20班	8.1　種村佐孝(37)（第1班長） 10.10　有末　次(31)	(6.発病) 10.10　武田　功(34) 11.　原　四郎(44)
16			3 12.　山口敏寿(42)　鈴木卓爾(34)
17	1.22　第1部第15課	1.22　甲谷悦雄(36)	1.　1.　1.　1. 11. 12　田中敬二(39)
18	10.15　次長直轄 第20班	2.14　櫛田正夫(35) 3.11　松谷　誠(35)	2.　野尻徳雄(41) 5.　塚本政登士(42) 10　11.10 11.　橋本正勝(45)
19		7.3　種村佐孝(37)	1 7.18　田中敬二(39)
20	4.23　陸軍省軍務課と合併　第12課	4.10　西村敏雄(32) 4.23　永井八津次(33) 8.12　吉本重章(37)	4.6　4.23　4.23　恒石重嗣(44) 8.5　6

（　）の数字は陸士の卒業期、------ は兼務

付表3-1　陸海軍主要官職変遷表

	主要職	昭和15年	昭和16年	昭和17年	昭和18年	昭和19年	昭和20年
大本営陸軍参謀部	参謀総長	載仁親王　10.3 杉山元				2.21 東条英機　7.18 梅津美治郎	
	参謀次長	沢田茂　11.15 塚田攻	11.6 田辺盛武		4.8 秦彦三郎		4.7 河辺虎四郎
	参謀次長					2.21 7.18 後宮淳	
	第1部(作戦)長	冨永恭次　10.10 田中新一		12.7 綾部橘樹	10.15 真田穣一郎	12.14 宮崎周一	
	第2課(作戦)長	岡田重一　9.28 土居明夫	7.1 服部卓四郎	12.14 真田穣一郎	10.20 服部卓四郎		2.12 天野正一
	第2課作戦班長	高月保　11.13 服部卓四郎	7.10 櫛田正夫	3.16 辻政信　12.12 高瀬啓治		4.1 杉田一次	7.16 細田煕
	第2部(情報)長	土橋勇逸　12.7 若松只一	4.1 岡本清福	8.17 有末精三			
	第5課(ロシア)長	9.28 土居明夫　11.9 磯村武亮	10.15 松村知勝		10.15 林三郎	6.21 武田功　9.2 白木末成	
	第6課(欧米)長	唐川安夫	3.1 天野正一	4.20 山本新	10.15 杉田一次	4.1 江湖要一	6.19 山本新
	第7課(支那)長	園田晟之助	3.1 都甲徠	4.1 鈴木卓爾	10.15 晴気慶胤		
	第8課(謀略)長	臼井茂樹	3.1 唐川安夫　9.9 武田功	8.20 西義章	7.12 永井八津次	(第4班)	2.20 4.23 西村敏雄
	第3部長	鈴木宗作	9.15 加藤鑰平	12.22 若松只一	10.15 額田坦		2.4 磯矢伍郎
	第10課(船舶)長	池谷半二郎	11.6 市田一貫	5.2 荒尾興功			4.16 二神力
陸軍省	陸軍大臣	畑俊六　7.22 東条英機				7.22 杉山元	4.7 阿南惟幾
	陸軍次官	阿南惟幾	4.10 木村兵太郎		3.11 冨永恭次	8.30 柴山兼四郎	7.18 若松只一
	軍務局長	武藤章		4.20 佐藤賢了		12.14 真田穣一郎	3.27 吉積正雄
	軍務課長	河村参郎	3.1 佐藤賢了	4.20 真田穣一郎　12.14 二宮義晴		7.24 赤松貞雄	2.20 永井八津次　8.12 吉本重章

付表 3-2

	主要職	昭和15年	昭和16年	昭和17年	昭和18年	昭和19年	昭和20年
陸軍省	軍務課高級課員	永井八津次	6.19 石井秋穂 11.6 大西一				2.12 山田成利 4.30 種村佐孝 8.5 山田成利
	軍事課長	岩畔豪雄	2.5 真田穣一郎	4.20 西浦進		12.8 二神力	4.16 荒尾興功
	軍事課高級課員	西浦進	10.15 松下勇三		8.1 高崎正男		4.6 高山信武
	整備局長	山田清一		4.24 吉積正雄			4.27 (廃止)
	整備課長	岡田菊三郎			3.11 佐藤裕雄		
大本営海軍参謀部	軍令部総長	博恭王	4.9 永野修身			2.21 島田繁太郎 8.2 及川古志郎	5.29 豊田副武
	軍令部次長	近藤信竹	9.1 伊藤整一			11.8 小沢治三郎	5.19 大西滝治郎
	第1部長	宇垣纏	4.10 福留繁		6.15 中沢佑	12.5 富岡定俊	
	第1部長直属	大野竹二	11.10 小野田捨次郎		10.1 藤井茂	6.27 末沢慶政 8.20 柴勝男	
	第1課長	中沢佑 10.15 富岡定俊			1.20 山本親雄		1.6 田口太郎 8.3 大前敏一
	同作戦班長	川井巌 11.15 神重徳		6.15 佐藤毅	11.22 榎尾義男		1.20 大前敏一 8.3 猪口力平
海軍省	海軍大臣	吉田善吾 9.5 及川古志郎	10.18 島田繁太郎			7.17 野村直邦 7.22 米内光政	
	海軍次官	佐山徳太郎 9.6 豊田貞次郎	4.4 沢本頼雄			7.18 岡敬純 8.5 井上成美	
	軍務局長	阿部勝雄 10.15 岡敬純				8.1 多田武雄	5.15 保科善四郎
	第1課長	矢野英雄 11.15 高田利種		7.14 山本善雄			7.10 長沢浩
	第2課長	山口次平 11.1 鹿目善輔 11.15 石川信吾		6.1 矢牧章			2.8 末沢慶政

や　行

ら・わ行

ま　行

は　行

な　行

た　行

さ　行

か　行

索　　引

あ　行

大本営陸軍部戦争指導班《だいほんえいりくぐんぶせんそうしどうはん》

〔新装版〕機密戦争日誌《きみつせんそうにっし》　下

平成十年十月二十六日　第一刷発行
平成二十年五月二十日　新装版　第一刷
平成二十九年二月二十日　新装版　第二刷

全二巻〔分売不可〕

編者　軍《ぐん》事《じ》史《し》学《がっ》会《かい》
代表者　高橋久志
発行所　㈱錦正社
〒一六二―〇〇四一
東京都新宿区早稲田鶴巻町五四四―六
電話　〇三（五二六一）二八九一
FAX　〇三（五二六一）二八九二
印刷所　㈱平河工業社
製本所　㈱ブロケード

（下）ISBN978-4-7646-0325-7
（セット）ISBN978-4-7646-0323-3